Forum Wissenschaft Studien · Band 52

Christina Kaindl (Hg.)

Subjekte im Neoliberalismus

Kritische Wissenschaften, Bd. 2

BdWi-Verlag

Subjekte im Neoliberalismus

Kritische Wissenschaften, Bd 2

Hg. v. Christina Kaindl

Thomas Barfuss • Torsten Bultmann
Mario Candeias • Klaus Dörre • Susanne Draheim
Jörg Flecker • Gudrun Hentges • Uwe Hirschfeld
Christina Kaindl • Andreas Merkens • Iris Nowak
Jörg Nowak • Sven Opitz • Jan Rehmann
Tilman Reitz • Thomas Seibert
Frieder Otto Wolf

Forum Wissenschaft
Studien 52

Christina Kaindl (Hg.):
Subjekte im Neoliberalismus – Kritische Wissenschaften 2
Mit Beiträgen von: Thomas Barfuss, Torsten Bultmann,
Mario Candeias …
Marburg, BdWi-Verlag, 2007
Forum Wissenschaft Studien Bd. 52
ISBN 978-3-939864-03-5

Umschlaggestaltung: Julia Schnegg

Verlag: BdWi-Verlag – Verlag des Bundes demokratischer
Wissenschaftlerinnen und Wissenschaftler (BdWi)
[VN 11351]
Gisselberger Str. 7 • 35037 Marburg
Tel.: (0 64 21) 2 13 95 • Fax: (0 64 21) 2 46 54
Email: verlag@bdwi.de
www.bdwi.de

Druck: Difo-Druck, Bamberg

Preis: 18,00 EUR
ISBN 978-3-939864-03-5
BdWi-Verlag

Inhalt

Vorwort

Lange waren die Menschen als handlungsfähige, ihre Welt gestaltende in einem ›toten Winkel‹ in den Sozialwissenschaften so unsichtbar wie in der verwalteten Welt des Fordismus unerwünscht. Aus diesem ›toten Winkel‹ sind die Subjekte in den letzten Jahren ins Zentrum der Aufmerksamkeit gerückt. Dabei sind sie durchaus weiter Objekte von herrschaftlichen Strategien. Die vielfältig verwandte Vorsilbe des »Selbst« aber weist darauf hin, dass sich die Strategien mit Blick auf die Einzelnen gewandelt haben. Die Kritik der (Post-)68er, Frauen, Libertären und anderen sozialen Bewegungen am paternalistischen, fordistischen Staat mit seine repressiven Funktionen aufgreifend, entlässt der neoliberale, »schlanke«, »aktivierende« Sozialstaat seine »Kunden« in Eigenverantwortlich- und Selbst-ständigkeit, die ihnen teuer sein sollen und sie teuer zu stehen kommen. Was als Aktivierung der Einzelnen auftritt, ist bei näherem Hinsehen doch (auch) ein Empowerment des Staates, der von seinen Kunden Mitwirkungspflicht einfordert, die Herausbildung von »Beschäftigungsfähigkeit« erzwingt und sich von pflichtvergessenen Kunden abwendet.

Wie der fordistische Sozialstaat dient auch der neoliberale der »Erziehung der Arbeitskräfte«: Diese sind in der neuen Produktionsweise verstärkt zur »Selbststeuerung«, zu Mobilisierung ihrer subjektiven Ressourcen und Aktivierung ihre »emotionales Kapital« aufgerufen. Wie sie in die Lage versetzt werden, den gesellschaftlichen Anforderungen nachzukommen und welche (psychischen) Kosten dabei zu zahlen sind, ist Gegenstand kritischer (Subjekt-)Wissenschaften. Subjektivierung, Gouvernementalität, der neue Geist des Kapitalismus: zwischen dem jubilierenden Gedanken, dass den Subjekten eine größere Wirkmächtigkeit zukommt und der »entmächtigenden Handlungsfähigkeit«, zu der die Subjekte in der Sorge um sich selbst aufgerufen sind, spannen sich die Theorien.

Der vorliegende Band versammelt die Beiträge der Tagung »Subjekt(e) und Subjektwissenschaften im Neoliberalismus«, die der BdWi zusammen mit den Stiftungen Helle Panke und Rosa Luxemburg durchgeführt hat (September 2004 in Werftpfuhl bei Berlin). Analysen der gesellschaftlichen Segmentierungen, der

Veränderung der Klassengesellschaft und damit der Aktualität eines Klassenbegriffs (Klaus Dörre) werden verbunden mit Analysen der Subjektanforderungen der neuen Produktionsweise (Mario Candeias) und der Frage einer politischen, emanzipatorischen Perspektive (Frieder Otto Wolf, Thomas Seibert, Mario Candeias, Jörg Nowak). Auch anti-emanzipatorische Bewegungen machen in und mit den neuen Subjektanforderungen Politik (Gudrun Hentges/Jörg Flecker).

Die Gouvernementalitätsstudien thematisieren die neuen Subjektverhältnisse (in der Arbeit) in Anlehnung an Foucault und werden seit einigen Jahren stark rezipiert. Die Beiträge von Sven Opitz, Tilman Reitz/Susanne Draheim, Jan Rehmann und Christina Kaindl spüren den analytischen Möglichkeiten und Grenzen dieser Ansätze nach und ringen um einen kritisch-emanzipatorischen Subjektbegriff. Thomas Barfuss zeigt, wie die Subjekte mittels Ironie beweglich den schneller wechselnden gesellschaftlichen Anforderungen nachkommen und sich gleichzeitig der eigenen Distanz und Handlungsfähigkeit versichern können.

Iris Nowak geht dem Ringen um neue Geschlechterverhältnisse nach, die Hegemonie im Zusammenspiel von Produktions- und Lebensweise ermöglichen. Pädagogik, Bildung und soziale Arbeit kommt bei der Vermittlung und Erzeugung der neuen subjektiven Fähigkeiten zentrale Bedeutung zu; sie werden in den Beiträgen von Andreas Merkens, Torsten Bultmann und Uwe Hirschfeld untersucht.

Mit unterschiedlichen theoretischen Konzeptionen geraten unterschiedliche Handlungsfähigkeiten der Subjekte in den Blick. Die Frage nach Widerstand, nach einem politischen Subjekt, wird nicht in der Theorie entschieden, aber entscheidend ist doch, ob sie theoretisch gedacht werden kann und ob kritische Wissenschaft so dazu beiträgt, die herrschaftliche Anrufung der Selbstbestimmung für eine emanzipatorische, »dialektische Wendung« oder zumindest für ein wenig Subversion zu nutzen.

Christina Kaindl
Berlin im März 2007

Mario Candeias

Konjunkturen des Neoliberalismus

Mitten in der Krise des Sozialen wird von Seiten der Linken meist defensiv an der Verteidigung der nationalen, fordistischen Form von Sozialstaat und Arbeitsgesellschaft festgehalten. Diese verbreitete retronormative Blickrichtung verfehlt dabei, dass hierfür nach 30 Jahren Neoliberalismus die Grundlagen weggebrochen sind; transnational erweiterte Wettbewerbsstaaten und flexibilisierte Arbeitsverhältnisse von heute haben nicht mehr viel mit den alten Formen zu tun. Die Verteidigung mühselig ertrotzter Errungenschaften ist natürlich nicht falsch, erschöpft sich aber allzu oft darin. Damit verbunden sind Probleme der Theorie, die das Neue nur als Dekonstruktion des Alten begreifen, nicht seine eigene Qualität ins Zentrum rücken – was sich schon am Begriff des *Postfordismus* zeigt, der sich eben nur durch das *nicht mehr* bzw. seine zeitliche *Nach*-Ordnung vom Fordismus unterscheidet. Bislang, so der Tenor, sei es keiner Koalition gesellschaftlicher Gruppen gelungen, dem sich herausbildenden postfordistischen Akkumulationsregime eine entsprechende Regulationsweise zur Seite zu stellen, gesellschaftliche Widersprüche *stillzustellen*.

Symptomatisch ist die implizite Vorstellung von gleichgewichtiger, stabiler, krisenfreier kapitalistischer Entwicklung – obwohl bspw. regulationstheoretische Ansätze das immer zurückweisen würden. Tatsächlich zielt die Regulationstheorie gerade auf die Analyse der Regulation von Widersprüchen ohne sie eliminieren zu wollen – in der Praxis läuft das aber meistens darauf hinaus, Widersprüche, Konflikte, Kämpfe und Krisen als Ausdruck von Inkohärenzen zu interpretieren. Kohärenz wird dann hinten herum doch zur Widerspruchslosigkeit. Eine derart enge Kohärenz zwischen Kapitalverwertung und Reproduktion der Arbeiterklasse, zwischen Produktivitätsfortschritten und Lohnsteigerungen, wie sie im Fordismus teilweise zu finden war, ist eine in der historischen Entwicklung des Kapitalismus seltene Konstellation – und doch bildet sie die Folie, vor der das Neue bislang kategorisiert wird. Hegemonie ist dabei nur eine redundante Kategorie, Ergebnis der Regulation – gesellschaftliche Auseinandersetzungen kommen kaum vor. Hegemonie wird entweder auf Herrschaft reduziert (v. a. wenn es um die internationale Position der USA geht) oder auf Konsens (wobei Zwangselemente im letzten Fall dann wieder als Inkohärenzen gefasst werden). Das Verhältnis und Zusammenspiel von Zwang und Konsens gerät kaum in den Blick.

Damit verbunden ist eine Neigung, Neoliberalismus auf ein reines *Überbauphänomen* zu reduzieren, auf einen *Mythos, Lüge* oder *falsches Bewusstsein*. Verfehlt wird, dass die neoliberale Ideologieproduktion als das organisierende Element einer krisenhaften Transformation aller gesellschaftlichen Verhältnisse fungiert: vom Geldverhältnis über Arbeits- und Produktionsverhältnisse, Geschlechter- und Klassenverhältnisse bis hin zu staatlichen und raum-zeitlichen Verhältnissen. Ideologie meint dabei eben nicht »falsches Bewusstsein«, ist vielmehr eine »Form der Rationalisierung«, in der gesellschaftliche Realität neue Definitionen erfährt (Hauser 1996, 501), bezeichnet also eine Realität der verkehrten gesellschaftlichen Verhältnisse, die sich im Alltagsverstand einnistet, damit Teil der »gegenständlichen Wahrheit« (MEW 3, 533) wird. Eine neue Produktions- und Lebensweise ist also mit veränderten Subjektivitäten verbunden: Der geschichtliche Block des Neoliberalismus kann sich trotz seiner antisozialen Politik auf aktive und passive Zustimmung stützen, weil er die Interessen subordinierter Gruppen aufnimmt, ihre Ziele allerdings *ver-rückt*. Seine schmalere gesellschaftliche Basis und geringere Kohärenz verleiht zugleich dem Zwang größere Bedeutung.

Obwohl Sozialabbau und gesellschaftliche *Reform*projekte v. a. als nationale Probleme behandelt werden, handelt es sich dabei um einen transnationalen Prozess. Der Begriff des Transnationalen ist dabei kein Synonym für international. Transnationale Prozesse sind vielmehr solche, die simultan in subnationalen, nationalen und internationalen Arenen stattfinden. Das erfordert eine Erweiterung des Blicks, um die entscheidenden Elemente einer transnationalen Produktions- und Lebensweise, der damit verbundenen gesellschaftlichen Verschiebungen und Formen in ihrem Zusammenwirken zu analysieren, um das Gemeinsame und die Wechselwirkungen der Veränderungen kenntlich zu machen. Mit Marx versuche ich dabei die Widersprüchlichkeit und Krisenhaftigkeit der Verhältnisse herauszustellen, mit Gramsci die Art und Weise ihrer hegemonialen Regulation über Zwang und Konsensproduktion. Entscheidend ist nicht die Stilllegung oder Lösung von Widersprüchen, als vielmehr sie in einer Weise *bearbeitbar* zu machen, dass sie beherrschbar bleiben. Ein solcher Begriff von Hegemonie fragt also nicht nach der Stabilität einer bestimmten Ordnung als vielmehr nach der bestimmenden Entwicklungsrichtung der Bearbeitung von Widersprüchen. Ich versuche im Folgenden kursorisch entsprechende Konjunkturen des Neoliberalismus zu unterscheiden, die umkämpfte Reartikulationen des herrschenden Projekts repräsentieren.

1.

Die erste Konjunktur ist gekennzeichnet durch einen molekularen Prozess der Zersetzung des alten geschichtlichen Blocks und der Durchsetzung neoliberaler Reformen. Es handelt sich in erster Linie um einen Prozess der Verschiebung von Kräfteverhältnissen, der Begrenzung der Macht kollektiver gesellschaftlicher Organisationen und der Freisetzung von Marktkräften. Er zielt auf eine Restauration/Revolution des gesamten Ensembles der gesellschaftlichen Verhältnisse, einschließlich der Subjektivitäten. Ganz wesentlich werden in dieser Periode die Grundlagen für eine Transnationalisierung des Kapitals befördert, nationale Kompromisse aufgelöst. Diese erste Phase des Neoliberalismus ist von *Instabilitäten und revolutionären Umwälzungen* geprägt. Die sozialen, ökologischen und ökonomischen Verwerfungen, die sie nach zehn, 15 Jahren produziert hat, führte zur Abwahl konservativ-liberaler Regierungen in nahezu allen bedeutenden Industrieländern und machte somit letztlich das Scheitern *eines konservativ-orthodoxen* Neoliberalismus deutlich. Zu sehr schien der enge ökonomisch-korporative Charakter des herrschenden Machtblocks durch, zu deutlich die strukturelle und klassenspezifische Selektivität, die auffällig mit den Interessen des Kapitals korrespondierte (Röttger 1997, 191). Dies offenbarte sein legitimatorisches Defizit: die gesellschaftliche Basis blieb zu schmal. Der konservativ-liberale Block versuchte zwar, sein Projekt dauerhaft als das der gesamten Gesellschaft darzustellen und durchzusetzen – es gelang ihm aber nur teilweise, einen realen Prozess der *Verallgemeinerung* von Interessen, der die Beherrschten mit einschließt, im Sinne einer passiven Revolution anzustoßen (Demirovic 1992, 154).

Zahlreiche Autoren folgerten daraus, der Neoliberalismus sei »eine vorübergehende dominante Ideologie kapitalistischer Restrukturierung, aber als hegemoniales Projekt [...] gescheitert« (Krebs 1999, 6), unfähig, ein kohärentes Modell der Akkumulation mit entsprechender Form von Regulation zu etablieren. Neoliberale Umbaupolitiken werden als Ausdruck einer fortgesetzten Krise des Fordismus betrachtet (vgl. Bischoff u. a. 1998, 71 u. 91). Die Abwahl der konservativ-liberalen Regierung von Major, Bush, Kohl etc. galt als Beleg dieses Scheiterns – »als Tod des Neoliberalismus« (Hobsbawm 1999). Es habe sich erwiesen, dass der freie Markt auf »markt-unabhängige Institutionen« angewiesen bleibt, dass eine »Politik des extremen Laissez-faire-Kapitalismus« nicht funktioniere (Bischoff/Detje 2001, 110). Diese Positionen sind in mehrfacher Hinsicht verkürzt: 1. Sie verfehlen, dass der Neoliberalismus die Existenz außer-ökonomischer Institutionen in den Mittelpunkt seiner Theoriebildung stellt und Institutionen selbst als marktförmige reartikuliert (Candeias 2004, 86 ff) 2. sie übersehen, dass in diesem Sinne neoliberale Praxis immer schon über Formen des *laissez faire* hinaus ging; dass es 3. gelang, solche Praxisformen im Sinne einer »transnationalen Herrschaftssynthese« (Röttger 1997, 119) zu institutionalisieren: ich nenne hier nur kurz die Schaffung global-liberalisierter Geld- und Kapitalmärkte, der WTO (zur Sicherung des Freihandels), den Bedeutungswandel des IWF zur Strukturanpassung nicht-liberalisierter Wirtschaftssysteme und das europäische Binnenmarktprojekt sowie den Vertrag von Maastricht, der für Europa eine bestimmte Form monetaristischer Stabilitätspolitik mit harten Konvergenzkriterien und die starke Unabhängigkeit einer Europäischen Zentralbank zementiert; 4. wird unterschätzt, dass die damit verbundene Einschränkung von Handlungsspielräumen das Terrain und die Richtung der Bearbeitung von gesellschaftlichen Widersprüchen eingrenzt – alle gesellschaftlichen Kräfte müssen sich auf dieses Terrain begeben, sich auf die vom Neoliberalismus geschaffenen Grundlagen beziehen, sofern sie Anteil an der Macht erringen wollen; 5. schließlich wird der Neoliberalismus als statisches Programm, eine Art Blaupause, konzipiert, ohne die dynamischen Formen der Reartikulation mit und durch andere gesellschaftliche Gruppen zu beachten. Insofern erweist sich erst nach dem Scheitern des orthodoxen Blocks, wie hegemonial der Neoliberalismus im Alltagsverstand der Menschen und in der politischen Praxis des jeweiligen Blocks an der Macht verankert ist.

2.

Sozialdemokratische Parteien traten an, um die schlimmsten Folgen rechts-konservativer Politik sozialverträglich abzufedern, um die Funktionsfähigkeit nationaler Wettbewerbsstaaten auf globalisierten Märkten in einer etwas langfristigeren Perspektive zu gewährleisten und die Umverteilung von oben nach unten zumindest zu verlangsamen. Über die Einbeziehung größerer sozialer Gruppen in einen *Klassenkompromiss der neuen Mitte* bei weiterer Marginalisierung schwächerer Gruppen, über eine stärkere Orientierung auf Innovationen, Produktivitätswachstum und Requalifizierung wurde zunächst die Stabilisierung und größere Kohärenz des Systems angestrebt – freilich ohne die herrschende ökonomische Logik zu hinterfragen. Mit der ideologisch-politischen Wende der *new democrats*, von *new labour* und *neuer Mitte* gelang dem Neoliberalismus während der 90er Jahre im Sinne von Gramscis *»transformismo«* (*Gef.* 5, 966) die Einverleibung oppositioneller Gruppen in einen neuen herrschenden Block. Ehemals mehr oder weniger gegenhegemoniale Gruppen wie eben die Sozialdemokratie, große Teile der 68er Bewegung, der Öko-Bewegung und von NGOs, Teile der Gewerkschaften und die Klassenfraktionen der gut entlohnten Arbeiter wurden in den herrschenden Machtblock integriert. Die Linke wurde Richtung Zentrum verschoben und mit ihr rückt das gesamte politische Spektrum nach rechts. Der verbleibende Rest linker *Traditionalisten* oder radikaler *Extremisten* wurde marginalisiert. Erst durch seine sozialdemokratische Form wurde der Neoliberalismus hegemonial *verallgemeinert*.

Denn schließlich ist der Neoliberalismus mitnichten als »reine Destruktivkraft« (Bourdieu 1998, 110) oder »konservative Restauration« (Bischoff u. a. 1998, 9) zu begreifen. Er entfaltet durchaus *produktive Kräfte*: die Rücknahme extremer (tayloristischer) Arbeitsteilung in der Produktion kann die Arbeit der Beschäftigten von Monotonie befreien, neue Produktionsformen können deren Wissen integrieren, Computerisierung und Automatisierung uns von schwerer körperlicher Arbeit entlasten; die Internationalisierung von Kultur- und Warenwelt kann uns vor nationaler Borniertheit bewahren, Entstaatlichung uns von Bevormundung retten und die Suche nach neuen kollektiven Formen befördern. Beispielsweise Forderungen der Frauenbewegung aufgreifend *befreit* der Neoliberalismus die Hausfrauen aus patriarchalen Familienverhältnissen und zwingt sie auf den Arbeitsmarkt. Die Früchte dieser Kräfte werden jedoch ungleicher verteilt als jemals zuvor seit Ende des Zweiten Weltkrieges.

3.

Die Kohärenz war allerdings angesichts der Widersprüche zwischen dem Primat ökonomischer Liberalisierung und dem Begehren halbwegs sicherer Existenz- und Arbeitsbedingungen nicht dauerhaft herzustellen. Die Zustimmung zum radikalen gesellschaftlichen Umbau basiert in erster Linie auf einem Versprechen zukünftiger gesellschaftlicher Prosperität bzw. auf die Positionswahrung im verschärften globalen Wettbewerb. Eine solche Position kann jedoch niemals gewahrt werden ohne fortgesetzte Mobilisierung aller Ressourcen. Das Ziel wird nie erreicht, während die Konkurrenz und generische Krisen immer weiteren Verzicht, neue Einsparungen und Sozialkürzungen erforderlich machen. Die verschärften Ungleichheiten produzieren Verunsicherungen und Unzufriedenheit. Zugleich finden letztere im Moment der hegemonialen Verallgemeinerung des Neoliberalismus keine adäquate Form der Artikulation innerhalb des bestehenden Rahmens.

Es kommt zu einem Zwiespalt zwischen Repräsentierten und Repräsentanten. Poulantzas greift diese Figur Gramscis auf und führt eine solche Situation zurück auf Widersprüche innerhalb des herrschenden Machtblocks. Keine seiner Fraktionen ist in der Lage, die anderen Gruppen des Machtblocks unter ihre Führung zu bringen, was »zur charakteristischen Inkohärenz der gegenwärtigen Regierungspolitik [...], zum Fehlen einer deutlichen und langfristigen Strategie des Blocks an der Macht, zur kurzsichtigen Führung und auch zum Mangel an einem globalen politisch-ideologischen Projekt oder einer ›Gesellschaftsvision‹« führt (Poulantzas 1978, 226 f). Sowohl die orthodox-konservative als auch die sozialdemokratische

Form des Neoliberalismus haben sich als nicht ausreichend erwiesen, um den Gegensatz zwischen der Umwälzung aller gesellschaftlichen Verhältnisse und dem Bedürfnis nach Orientierung und Existenzsicherung in für die Mehrheit befriedigender Weise zu bearbeiten. Der orthodoxe Neoliberalismus steht zu deutlich für eine Umverteilung von unten nach oben – der sozialdemokratische wird unglaubwürdig: an eine Verbindung von neoliberalen Reformen und *Sozialverträglichkeit* glaubt kaum noch jemand. Die neoliberale Ideologie gerät in die Krise, verliert an Überzeugungskraft. Solche Tendenzen sind wie gesagt noch nicht unmittelbar gleichbedeutend mit einem Hegemonieverlust: Es kommt auf die wirksame Bearbeitung der Widersprüche an.

Die Durchsetzung eines hegemonialen Blocks hängt nicht nur von der ideologischen Anziehungskraft bestimmter Ideen und der durch sie geschaffenen Artikulationsräume für unterschiedliche Interessen, oder von *materiellen Zugeständnissen* an subordinierte Gruppen ab. Nochmal Gramsci: Ein hegemonialer Block gewinnt seine besondere Stärke in den Perioden, in denen die ihn tragende »gesellschaftliche Gruppe wirklich progressiv ist, das heißt, die ganze Gesellschaft wirklich vorantreibt, indem sie nicht nur ihren existenziellen Erfordernissen nachkommt, sondern ihre eigenen Kader durch eine fortwährende Inbesitznahme neuer produktiv-ökonomischer Tätigkeitsbereiche erweitert« – im Falle des Neoliberalismus konkret durch das Management des Übergangs zur hochtechnologischen Produktionsweise und die Transnationalisierung der gesellschaftlichen Verkehrsverhältnisse. Hinter die damit gesetzten Bedingungen kann kein zukünftiges Projekt mehr zurückfallen. »Sobald die herrschende gesellschaftliche Gruppe aber ihre Funktion erschöpft hat, neigt der ideologische Block zum Zerfall, und die Spontaneität kann dann ersetzt werden durch den Zwang in immer weniger verhüllten und indirekten Formen.« (*Gef.* 7, 1949) In solchen Momenten deuten sich Risse in der hegemonialen Apparatur an.

4.

»An einem bestimmten Punkt ihres geschichtlichen Lebens lösen sich die gesellschaftlichen Gruppen von ihren traditionellen Parteien, das heißt, die traditionellen Parteien in der gegebenen Organisationsform, mit diesen bestimmten Männern, die sie bilden, vertreten oder führen, – sie werden von ihrer Klasse oder Klassenfraktion nicht mehr als ihr Ausdruck anerkannt.« (*Gef.* 7, 1577 f) Zum einen manifestiert sich darin eine Krise traditioneller Ideologieelemente und Werte wie (Industrie-)Arbeit, Familie, Nation, Geschlecht, ohne dass eine neue Artikulation gesellschaftlicher Formen eine vergleichbare identitäre Sicherheit böte. Der subjektiv erfahrenen Ungerechtigkeit kann individuell nicht begegnet werden, was Ohnmachtsgefühle verstärkt. Da die Funktion jeder Ideologie darin besteht, gesellschaftliche Individuen als Subjekte zu konstituieren, verwandelt sich diese ideologische Krise notwendig in eine »Identitätskrise« der sozial Handelnden (Laclau 1981, 90). Es erwächst eine Sehnsucht nach Selbstkohärenz, die sich zum Teil gewaltsam äußern kann. Je stärker die Überforderung, desto heftiger der Affekt. Die mangelnde Repräsentation ihrer Interessen bringt wachsende Teile der Bevölkerung, insbesondere die bedrohten *Mittelschichten* in Gegnerschaft zur vorhandenen Form der Vergesellschaftung. Diese diffusen Mittelschichten weisen trotz ihrer unterschiedlichen Stellungen in den ökonomischen Beziehungen einen gemeinsamen Grundzug auf: ihre Trennung von den zentralen Positionen im herrschenden Machtblock. Nach Heitmeyer u. a. (2002) glauben z. B. 57 % der deutschen Bevölkerung, dass eine politische Einflussnahme als Bürger nicht möglich ist. Auch an der abnehmenden Wahlbeteiligung und dem Wegbrechen der Mitgliederbasis von Parteien und Verbänden zeigt sich die Krise der politischen Repräsentationsmechanismen. Und natürlich an den verbreiteten Protesten.

Werden diese Verunsicherung und Interessen nicht von links aufgegriffen – was angesichts der Schwäche der radikalen Linken und der neoliberalen Durchdringung der gemäßigten durchaus fraglich ist –, wird diese Situation schnell nach rechts umschlagen. In Deutschland ist der Neofaschismus bisher nur partiell in parteiförmig organisierter Form aufgetreten – in vielen anderen europäischen Ländern kann er erhebliche Erfolge aufweisen (von seinen gewaltsamen und terroristischen Formen ganz zu schweigen). Der Neoliberalismus produziert Rechtsextremismus (wobei beide ein durchaus kooperatives aber auch konfliktives Verhältnis haben, vgl. Candeias 2004, 338 f).

5.

Die Bearbeitung der Krise: Die herrschenden Gruppen reagieren mit einer Beschleunigung des immer Gleichen. Krisen wurden schon in der Vergangenheit genutzt, um den neoliberalen Umbauprozess zu vertiefen – eine Form der Politik, die die Krise absorbiert, indem sie sie organisiert (Demirovic 1987, 121). Immer wieder wird sich auf vermeintlich fortbestehende Rigiditäten des alten bezogen: auf verkrustete unflexible Arbeitsmärkte, staatliche Überregulierungen, die Kostenexplosion des Sozialstaates, staatliche Haushaltskrise etc. – die tatsächlichen Ursachen der Probleme werden entnannt. Die Gültigkeit der Diagnose wird kaum noch in Frage gestellt, womit dann die Richtung der vermeintlichen Therapie bereits vorstrukturiert wird. Die Vermittlung von Bildern des Stillstands angesichts einer dynamischen Entwicklung der sog. Globalisierung verdeckt zugleich den rasanten Umbau der Gesellschaft, inklusive der Form des Sozialstaates. Solche allgegenwärtigen Krisenideologien dienen zur Einschränkung des Terrains gesellschaftlicher Auseinandersetzung und zur Produktion von aktivem Konsens zum vermeintlich notwendigen Umbau. Proteste im Sinne einer einfachen Negation der Umbauprozesse bleiben relativ wirkungslos, weil eine Rückkehr zu den alten Formen als unmöglich erscheint. Die Anerkennung der Vorstellung, dass keine Alternativen zur jeweiligen Form der Vergesellschaftung existieren, ist dabei eines der entscheidenden Momente von Hegemonie.

Darüber hinaus werden Zwangselemente stärker betont, Sicherheitsdispositive in den Vordergrund gerückt, Nationalismus und Standortkonkurrenz hervorgekehrt – besonders sichtbar bei Asylgesetzgebung und Migrationsregime, Schengen-Abkommen, polizeilicher Aufrüstung und allgemeiner Ausdehnung der staatlichen und privaten Sicherheitsapparate, der Militarisierung von Außenpolitik bis hin zu Angriffskriegen. Aber eben auch bei der Verschärfung von Zumutbarkeitskriterien und Zwang zu Niedriglohnarbeit, Abbau von Sozial- und Arbeitsrechten, Leistungskürzungen, Haushaltszwängen, Entdemokratisierungstendenzen. Wohlgemerkt sind dies keineswegs Prozesse, die einfach von *oben* kommen, sondern von großen Teilen der Bevölkerung in höchst widersprüchlicher Weise passiv und aktiv gestützt werden (etwa durch Ressentiments gegen sogenannte »Ausländer«, »Asylanten«, »Arbeitsfaule«, »Sozialschmarotzer«).

Der aktive Konsens zum neoliberalen Projekt ist zerborsten. Der Mangel an alternativen Projekten erhält aber noch einen brüchigen passiven Konsens. Dieser Mangel ist eines der stärksten Elemente von Hegemonie – gemeint ist aber *nicht nur* eine fehlende Alternative auf Ebene der parlamentarischen Repräsentation, sondern eine Veränderung im Verhältnis von Repräsentierten und Repräsentaten. Die Frage ist, ob es einem autoritären Neoliberalismus mit neuem Personal gelingt, diesen brüchigen Konsens populistisch zu erhalten, gar neue Konsensangebote zu unterbreiten, oder sich bereits Elemente eines *Post-Neoliberalismus* andeuten. Völlig unklar ist dabei, ob es gelingt, von links Bearbeitungsformen des Widerspruchs zwischen Regierten und Regierenden zu entwickeln, die über den neoliberalen Rahmen und sozialdemokratische Symbolpolitik hinausweisen. Oder ob der Widerspruch gewaltförmige Lösungen provoziert. Das ist, wie ich finde, aktuell die brennende Frage. Das Potenzial des Neoliberalismus, möglichst alles und jedes in eine Ware zu verwandeln, ist noch nicht ausgeschöpft. Diesen Prozess hegemonial zu verfolgen gelingt dem Neoliberalismus nur unzureichend, aber nach wie vor setzt er die Maßstäbe.

Literatur

Bischoff, Joachim, Frank Deppe und Klaus-Peter Kisker (Hg.), 1998: *Das Ende des Neoliberalismus?*, Hamburg

Ders. und Richard Detje, 2001: »Finanzgetriebenes Akkumulationsregime oder neue Ökonomie?«, in: Mario Candeias und Frank Deppe (Hg.), *Ein neuer Kapitalismus?*, Hamburg, 108–30

Bourdieu, Pierre, 1998: *Gegenfeuer*, Konstanz

Candeias, Mario, 2004: *Neoliberalismus – Hochtechnologie – Hegemonie. Grundrisse einer transnationalen kapitalistischen Produktions- und Lebensweise*, Berlin/Hamburg

Demirovic, Alex, 1987: *Nicos Poulantzas. Eine kritische Auseinandersetzung*, Hamburg/Berlin

Ders., 1992: »Regulation und Hegemonie«, in: ders., H.P. Krebs, Th. Sablowski (Hg.): *Hegemonie und Staat*, Münster, 128–57

Gramsci, Antonio, 1991 ff: *Gefängnishefte*, hg. v. Klaus Bochmann und Wolfgang Fritz Haug, Berlin/Hamburg

Heitmeyer, Wilhelm, u. a., 2002: »Feindselige Mentalitäten. Zustandsbeschreibungen zur angetasteten Würde von Menschen in Deutschland«, dokumentiert in: *FR* v. 8. November

Hauser, Kornelia, 1996: »Die Kategorie Gender in soziologischer Perspektive«, in: *Das Argument* 216, 38.Jg., 491–504

Hobsbawm, Eric, 1999: »Der Tod des Neoliberalismus«, in: Marxism Today/Supplement *Sozialismus*, H.1, 7–21

Krebs, Hans-Peter, 1999: »Das dreifache Elend des Neoliberalismus«, in: *Kurswechsel*, Heft 1

Laclau, Ernesto, 1981: *Politik und Ideologie im Marxismus. Kapitalismus, Faschismus, Populismus*, Berlin

Marx, Karl, und Friedrich Engels, 1957 ff: Werke (zit. MEW), Berlin/DDR

Poulantzas, Nicos, 1978: *Staatstheorie*, Hamburg

Röttger, Bernd, 1997: *Neoliberale Globalisierung und eurokapitalistische Regulation*, Münster

Klaus Dörre

Prekäre Klassengesellschaft?

Zur Strukturierung und Verarbeitung sozialer Ungleichheit im Finanzmarkt-Kapitalismus

Als Wissenschaftler wie der Historiker Paul Nolte[1] zu Beginn des Jahrzehnts dafür plädierten, die Kategorie der ›Klasse‹ als sozialen Ordnungsbegriff zu rehabilitieren, wirkte das noch provokativ. Denn solche Statements trafen auf eine *scientific community*, die das unwiderrufliche Ende der Klassengesellschaft in ihrer übergroßen Mehrheit für eine ausgemachte Sache hielt. Spätestens seit Mitte der 1980er Jahre dominierte in der Bundesrepublik ein Diskurs, der Ungleichheiten vornehmlich aus der Perspektive von Differenzierung, Pluralisierung und Individualisierung wahrnahm.[2] Inzwischen hat sich das Blatt noch nicht komplett gewendet, aber das Interesse von Sozialwissenschaftlern an den »groben sozialen Unterschieden« beginnt wieder spürbar zu wachsen.[3] Solche Denkbewegungen reflektieren den internationalen Trend hin zu einer neuerlichen Verschärfung sozialer Ungleichheiten und die Suche nach angemessenen Kategorien zur Analyse dieses Phänomens. Wenn dabei der Klassenbegriff wieder entdeckt wird, geschieht dies mitunter in einer geradezu affirmativen Weise, etwa als Kritik an einer gesellschaftlichen

1 Nolte, Paul (2001): Unsere Klassengesellschaft. Wie könnten die Deutschen angemessen über ihr Gemeinwesen sprechen? Ein unzeitgemäßer Vorschlag. In: Die Zeit Nr. 2 vom 4. Januar 2001, S. 7

2 Wie andere Autoren hatte z. B. Ulrich Beck einen irreversiblen Auflösungsprozess der Klassengesellschaft konstatiert, den er wesentlich auf einen Individualisierungsschub zurückführt, der nun die Sozialformen der industriellen Moderne – darunter auch Klassen und Schichten – ihrer lebensweltlichen Verbindlichkeit beraubt. Beck, Ulrich (1986): Risikogesellschaft. Auf dem Weg in eine andere Moderne. Frankfurt a. M. Siehe auch: ders. Jenseits von Stand und Klasse. In: Kreckel, Reinhard (1983): Soziale Ungleichheiten. Soziale Welt, Sonderband 2. Göttingen.

3 So ist es denn auch nicht verwunderlich, dass der Klassenbegriff bereits im Eröffnungsreferat des letzten zurückliegenden Soziologentages auftauchte (Rehberg 2004). Bei anderen vollzieht sich der Abschied vom Abschied von der »Großgruppengesellschaft« subtiler. Ratschläge an »die Linke«, die Kategorie der »sozialen Exklusion« für sich zu entdecken, paaren sich mit den üblichen Distinktionsgesten gegenüber Marx und Lafontaine, dem Klassenbegriff und einem vermeintlich »naiven Antikapitalismus« (Bude 2006).

underclass, deren problematische Verhaltensweisen zur Belastung sozialer Sicherungssysteme werden.

Nachfolgend versuche ich, eine andere Verwendung des Klassenbegriffs plausibel zu machen. Mein Vorschlag ist, ihn als Instrument für die Analyse der Sozialstruktur des Finanzmarkt-Kapitalismus (Windolf 2005) der Gegenwart zu nutzen. Dies jedoch nicht als eine bloße Ordnungskategorie, sondern in einer kritischen Tradition, die an der Marxschen Grundlegung des Klassenbegriffs nicht vorbei kommt. Diese Sicht der Dinge will ich in mehreren Schritten entfalten. Ich beginne mit der Skizze einiger empirischer Trends (1.), gehe auf den Marxschen Klassenbegriff ein (2.), analysiere sodann die sozioökonomischen Triebkräfte der Ent- und Neustrukturierung von Klassenverhältnissen (3.) sowie deren soziale Ausprägungen (4.), um abschließend einige analytische Konsequenzen (5.) zu formulieren.

1. Einige empirische Trends

Die empirische Ungleichheitsforschung hat bis in die 1970er Jahre hinein in den meisten entwickelten Kapitalismen bei zentralen Indikatoren einen leichten Trend zur Abschwächung vertikaler sozialer Ungleichheiten feststellen können. Dieser Trend hat sich, mit einiger Verspätung auch in der Bundesrepublik, inzwischen wieder umgekehrt (vgl. Hradil 2005, 460 ff). Trotz unzureichender Datenlage spricht einiges dafür, dass die Vermögensungleichheit hierzulande wieder wächst (Bundesregierung 2001, Armutsbericht Anhang, 81). In vielen anderen entwickelten Ländern ist die Bewegung hin zu einer etwas gleichmäßigeren Verteilung von Vermögensbeständen schon seit Ende der 1970er Jahre zum Stillstand gekommen.[4] Zugleich hat sich auch die Schere zwischen Einkommen aus abhängiger und selbstständiger Arbeit weiter geöffnet. Trotz völlig unzureichender Datenlage gibt es starke Indizien für eine fortschreitende Spreizung bei den Einkommen. So ist der Anteil der wohlhabenden Vollzeit-Beschäftigten mit mehr als 125 % des Durchschnitteinkommens zwischen 1975 und 1995 in Deutschland spürbar gestiegen. Der Anteil mit mittleren Einkommen (75–125 %) sank im gleichen Zeitraum von 57 auf 48 %, während die Einkommensklasse derjenigen, die weniger

4 In Ländern wie Großbritannien und vor allem in den USA hat die Vermögensungleichheit besonders rasant zugenommen. In den USA stieg der Anteil des Vermögens der 1 % reichsten Haushalte von 22 % im Jahr 1976 bis auf 42 % im Jahr 1992. Von allen Vermögensbeständen, die zwischen 1983 und 1989 in den USA neu entstanden sind, entfielen volle 99 % auf das vermögensreichste Fünftel der Haushalte.

als 75 % des Durchschnittseinkommens verdienen, von 28 auf 36 % angewachsen ist.[5]

Fakt ist auch, dass absolute und relative Armut in Deutschland wieder zunehmen. So ist der Bevölkerungsanteil der Sozialhilfeempfänger in Deutschland seit den 1970er Jahren angestiegen, um seit Ende der 1990er Jahre auf wesentlich höherem Niveau zu stagnieren. Sozialhilfe in Form von »Laufender Hilfe zum Lebensunterhalt« erhielten in der zweiten Hälfte der 1960er und der ersten Hälfte der 1970er Jahre weniger als 1 %, im Jahre 1997 aber 3,5 %, im Jahre 2000 immer noch 3,3 % der Bevölkerung (Stat. Bundesamt 2002, 470). Rechnet man eine Dunkelziffer von Personen hinzu, die, sei es aus Scham oder aus Angst, Familienmitglieder könnten zu Regresszahlungen herangezogen werden, keine Sozialhilfe bezogen, obwohl sie dazu berechtigt waren, und berücksichtigt man auch die Menschen, die Leistungen nach dem »Asylbewerberleistungsgesetz« erhielten, so kommt man zum Ergebnis, dass im Jahr 2000 nach Maßgabe der Sozialhilfegrenze mindestens 5 % der Menschen arm waren. Die Zusammenlegung von Arbeitslosen- und Sozialhilfe hat inzwischen allerdings das wahre Ausmaß sozialer Bedürftigkeit ans Licht gebracht. Im März 2005 gab es 4,79 Mio. ALG-II-Empfänger; nach Schätzungen haben bis zu 43 % der bedürftigen Haushalte die Sozialhilfe aus Angst vor Stigmatisierung zuvor gar nicht in Anspruch genommen.

Eine ähnliche Tendenz zeigt sich, wenn man die relative Armutsgrenze betrachtet. Von der Nachkriegszeit bis Mitte der 1970er Jahre ging der Bevölkerungsanteil der Menschen in Westdeutschland stetig zurück, der weniger als die Hälfte des Durchschnittseinkommens gleich großer Haushalte zur Verfügung hatte. Seither wuchs der Anteil der relativ armen Menschen wieder stetig an. Häufig ist relative Armut mit Arbeitslosigkeit und/oder einer Beschäftigung im Niedriglohnsegment verbunden. Schon Ende der 1990er Jahre gelangten Bäcker u. a. (1998) zu dem Ergebnis, dass 2,5 Mio. Menschen in den alten Bundesländern weniger als 75 % des Durchschnittseinkommens (Brutto) und 1 Mio. (6,7 %) weniger als 50 % des Nettoeinkommens verdienten. Insgesamt gehörten nach dieser Erhebung 8,5 Mio. Menschen Haushalten an, die von einem Einkommen unterhalb von 50 % des durchschnittlichen Haushaltseinkommens leben mussten. Die genannte Studie belegt nicht nur einen relativ hohen Differenzierungsgrad von Einkommen; sie zeigt auch das »weibliche Gesicht« potenzieller Armut. Insgesamt 45 % aller Arbeitnehmerinnen verfügten zum Erhebungszeitpunkt über weniger als 75 % des Durchschnittseinkommens. Gerade mit Blick auf Frauen konnte man

5 Schäfer, C. (2001): Von massiven Verteilungsproblemen heute zu echten Standortproblemen morgen. In: Stadlinger, a. a. O., 86 ff

bereits vielfach von prekärem, weil an spezifische soziale Voraussetzungen (stabile Partnerschaften) gebundenem Wohlstand sprechen (ebd., 26 f).

Eine wichtige Ursache zunehmender Ungleichheit ist die Zunahme prekär Beschäftigter. Dazu zählt nicht nur die Masse der Mini- und Midijobber, der Leih- und Zeitarbeiter, befristet Beschäftigten, abhängig Selbständigen oder auch der Teilzeitarbeiter/-innen wider Willen, sondern auch das Gros der Vollzeitbeschäftigten im Niedriglohnbereich (Brinkmann u. a. 2006). Als Niedriglohnbezieher gelten nach einer gängigen Definition diejenigen Beschäftigten, deren Lohn weniger als zwei Drittel des so genannten Medianlohns beträgt. Nach einem Absinken der Quote (gemessen an allen sozialversicherungspflichtigen Vollzeitbeschäftigten in Deutschland) Mitte der 1990er Jahre hat der Anteil der Niedriglohnbezieher seither kontinuierlich zugenommen. Von 1997 bis 2001 ist er in Gesamtdeutschland von 15,8 auf 17,4 % gestiegen (Rhein u. a. 2005), inzwischen liegt er bei über 18 %.[6] Die Ausdehnung des Niedriglohnsektors ist indessen nur ein Indikator für die Zunahme prekärer, weil nicht dauerhaft Existenz sichernder Arbeitsverhältnisse (vgl. Brinkmann u. a. 2006). Die Entwicklung hin zu unsicherer Beschäftigung konstituiert eine Ungleichheitsdimension, die viele schon für überwunden hielten. Nicht nur materielle und finanzielle Güter, auch die Verfügung über »Sozialeigentum« (Castel 2005), d. h. über ein Eigentum zur Existenzsicherung und zur Minimierung sozialer Unsicherheit in Gestalt von Rentenansprüchen, tariflichen Normen, Arbeits- und Kündigungsschutz sowie Partizipations- und Mitbestimmungsrechten, ist wieder stärker ungleich verteilt. Robert Castel hat diesen Prozess zu Recht als »Wiederkehr sozialer Ungleichheit« in den reichen Gesellschaften des Westens bezeichnet.

An Castels Beobachtung möchte ich nachfolgend anknüpfen. Meine These lautet, dass es inzwischen einige Theorieangebote gibt, die es aussichtsreich erschei-

6 In der Literatur werden vor allem zwei Ursachen genannt. Erstens die tarifvertragliche Deckungsrate in Deutschland, die seit 1990 deutlich zurückgegangen ist. Heute unterliegen 30 % der westdeutschen und 46 % der ostdeutschen Beschäftigten keiner Tarifdeckung mehr; wobei die Tarifbindung vor allem in den klassischen Niedriglohnbranchen des privaten Dienstleistungssektors besonders schwach ist (Ellguth/Kohaut 2004). Zweitens kommt hinzu, dass eine Reihe von Tarifverträgen Niedriglohngruppen fest geschrieben haben, die sich auf dem Niveau von Armutslöhnen bewegen (Bispinck/Schäfer 2005, Schulten 2005, 17). Die spezifischen Risiken des Niedriglohnsektors sind seit langem bekannt: instabile und nur kurz dauernde Beschäftigungsverhältnisse befördern keine längerfristige Integration in den ersten Arbeitsmarkt. Als eine Rechtfertigungsvariante für einen Niedriglohnbereich schwingt in den politischen Debatten in der Regel die Erwartung einer Ausweitung von Beschäftigungsverhältnissen und eine Aufstiegsmobilität für die dort Beschäftigten mit. Neuere Studien lassen hingegen den Schluss zu, dass von einer deutlich zurückgehenden Aufstiegsmobilität auszugehen ist. So spricht das IAB (2005d) vom wachsenden Risiko der Niedriglohnarmut durch die »Niedriglohnfalle«.

nen lassen, die Herausbildung neuer »Zonen« der Ungleichheit klassenanalytisch zu deuten. Natürlich kann ich meine Ansicht an dieser Stelle weder mit einer ausdifferenzierten Begriffsgeschichte noch mit einer eigenen, empirisch fundierten Klassenkonzeption begründen. Mein Ansinnen ist sehr viel bescheidener. Es geht mir um den »Begründungskontext von Klassenstrukturen« (ebd., 70 ff), um eine Eingrenzung des Terrains, auf dem Klassenanalyse heute sinnvoll betrieben werden kann. Dabei knüpfe ich an einen Gedanken Max Webers an, demzufolge gerade Erschütterungen zuvor relativ stabiler sozialer Ordnungen die Klassenlage gegenüber anderen, etwa ständischen Ungleichheiten in den Vordergrund schieben. Bevor ich diesen Gedanken ausführe, möchte ich klären, was gemeint ist, wenn ich von Klassen spreche. Dabei will ich mich an der Systematik des Marxschen Klassenbegriffs orientieren, der noch immer die Kontrastfolie zu den meisten zeitgenössischen Ungleichheitsdiskursen liefert.

2. *Der Marxsche Klassenbegriff und seine kritische Reformulierung*

Von seinen Kritikern häufig auf ein simples Verelendungskonzept reduziert, zeichnet sich der authentische Marxsche Klassenbegriff durch vier Bestimmungen aus. *Erstens* beansprucht er, Ordnung in die chaotische Vielfalt sozialer Ungleichheiten zu bringen, indem er in der ökonomischen Struktur des Kapitalismus verankerte, empirisch fassbare *Klassenlagen* beschreibt. *Zweitens* – und das ist sein eigentliches Spezifikum – ist der Marxsche Klassenbegriff ein relationaler. Eine Klasse ist nur in ihren Beziehungen zu anderen Klassen bestimmbar. Die Spezifik der Klassenspaltung im Kapitalismus ergibt sich aus der Fähigkeit einer Klasse, den Besitz an Produktionsmitteln weitgehend zu monopolisieren und sich die unbezahlte Mehrarbeit einer anderen Klasse anzueignen, die ausschließlich vom Verkauf ihrer Arbeitskraft lebt. *Drittens* impliziert der Marxsche Klassenbegriff ein besonderes Herrschaftsverhältnis. Obwohl es formell auf Äquivalententausch basiert, bedarf das kapitalistische Ausbeutungsverhältnis zu seiner Reproduktion zusätzlich außerökonomischer, etwa staatlich-politischer Herrschaftsmittel. *Viertens* schließlich dient der Marxsche Klassenbegriff in seiner ursprünglichen Verwendung der Kritik von Klassenherrschaft und gegebenenfalls einer sozialen Mobilisierung zur Aufhebung eben dieser Herrschaft.

Die geschichtsphilosophische Aufladung der Marxschen Klassenkonzeption (»historische Mission des Proletariats«) ist durch die Geschichte selbst erfolgreich destruiert worden. Wissenschaftliche Kritik entzündete sich vor allem an dem ungeklärten Verhältnis von Struktur und Handeln, das in dieser Konzeption angelegt ist. So hat Marx (1982, 11 ff) im *18. Brumaire des Luis Bonaparte* am Beispiel der französischen Parzellbauern gezeigt, dass objektive Klassenlagen entstehen können, die aufgrund fehlender sozialer Verkehrsformen und Kommunikationsverhältnisse bewusste Klassenbildung ausschließen. Zugleich unterscheidet er in dieser Schrift bereits zwischen Klassenfraktionen, sozialen Bewegungen und politischer Repräsentation. Aufgrund welcher Faktoren die »Klasse an sich« zu einer »Klasse für sich« wird, bleibt im Marxschen Werk letztlich ungeklärt. Die verschiedenen Versuche zur Rekonstruktion der Klassenanalyse Ende der 1960er, Anfang der 1970er Jahre haben die Dichotomie von Klassenstruktur und -handeln etwa in der Frontstellung zwischen dem Strukturalismus Althussers (1969) und der handlungstheoretisch fundierten Klassenanalyse E.P. Thompsons (1987) eher noch verfestigt.

Mittlerweile gibt es jedoch aussichtsreiche Versuche, solch unproduktive Frontstellungen zu überwinden. Das gilt vor allem für Bemühungen, die Klassenkonzeption Pierre Bourdieus produktiv aufzunehmen. Obwohl explizit nicht marxistisch, schließt diese Konzeption auf originelle Weise an das relationale Klassenkonzept von Marx an. Durch die Erweiterung des Kapitalbegriffs um eine soziale und eine kulturelle Dimension gelingt Bourdieu (1988) die Konstruktion eines mehrdimensionalen Raums, in welchem Klassenfraktionen auch auf der horizontalen Achse miteinander konkurrieren. So wird nachvollziehbar, dass der Raum der Lebensstile vermittelt über das Klassenunbewusste, über die inkorporierte Struktur gleichsam zur zweiten Natur geronnener Habitusformen, mit dem Raum der Klassen korrespondiert. Dabei folgen die Bewegungen im Raum der Lebensstile allerdings einer Logik der Distinktion, die den Wettlauf um »feine Unterschiede« zu Kämpfen um alles oder nichts aufbauscht, was zur Verschleierung von Klassengegensätzen und zur Festigung symbolischer Herrschaft beiträgt.

Andere, teilweise nur auf der metatheoretischen Ebene ausgearbeitete Konzeptionen, wie die von der Gruppe um Benschop kreierte »transformelle Klassenanalyse«[7], suchen – im Anschluss an Giddens – ebenfalls zu einem mehrdimensionalen, nicht reduktionistischen Verständnis von Klassenbildung zu gelangen. Wie Dangschats regulationstheoretisch inspirierter Versuch einer Rekonstruktion der Klassenanalyse oder der Ansatz der Hannoveraner Forschergruppe um Michael Vester, der auf eine Identifikation relevanter Klassenmilieus zielt, sind sie bemüht, das Bourdieusche Habituskonzept produktiv aufzunehmen und weiter zu entwickeln.[8] Ohne diese höchst differenten Ansätze über einen Leisten schlagen zu wollen, sehe ich dennoch so etwas wie einen Grundkonsens neuerer Klassentheorien. Danach

7 Vgl. Bader/Benschop/Krätke, 1997.

8 Innovationen kommen auch vom analytischen Marxismus, vom machttheoretisch fundierten Klassenkonzept Michael Manns, dem konflikttheoretischen Ansatz Reinhard Kreckels und feministisch inspirierten Klassenmodellierungen, wie sie von Nancy Fraser und anderen vorgelegt worden sind.

sind Klassen nicht homogene Kollektivsubjekte, sondern soziale Konstruktionen, die ihre Realitätstauglichkeit in – auch wissenschaftlichen – Klassifikationskämpfen beweisen müssen. Klassenkategorien lassen sich mindestens auf das, wie Kreckel es nennt, »korporative Dreieck« von Lohnarbeit, Kapital und Staat sinnvoll anwenden. Ihre Stärke besitzen sie in der Ursachenanalyse von Ungleichheiten, die für die Konfliktdynamik einer Gesellschaft zentral sein können, aber nicht bestimmend sein müssen. So genannte askriptive Ungleichheiten wie Geschlecht und Ethnie lassen sich nicht auf Klassenunterschiede zurückführen, sie beinhalten jedoch häufig klassenspezifische Relationen. Klassenbewusstsein findet sich mit großer Wahrscheinlichkeit eher bei den herrschenden Klassen. Dagegen bezeichnen Konkurrenz, Fragmentierung, Vereinzelung und Spaltung den Normalzustand vor allem subalterner Klassenfraktionen. Dieser Normalzustand ist überwindbar, wenn entsprechende soziale Verkehrsformen und Kommunikationsverhältnisse eine Mobilisierung von Klassenmitgliedern zulassen. Maßgeblich dafür sind Bildungsprozesse, die ein bewusstes Überschreiten habitualisierter, auf horizontale Konkurrenzen ausgerichtete Praktiken ermöglichen. Grundsätzlich zielt Klassenhandeln auf eine Verbesserung individueller und/oder kollektiver Positionen im sozialen Raum. Ist schon der Übergang von individuellem zu kollektiv-organisiertem Klassenhandeln äußerst voraussetzungsvoll, so muss revolutionäres Klassenhandeln historisch gesehen als Ausnahmephänomen betrachtet werden. Und selbst für diesen Typus des Klassenhandelns gilt, dass er, wie schon Antonio Gramsci wusste, aufgrund erweiterter staatlich-politischer Regulationsfunktionen nur selten einer Klassensemantik folgt. Da Klassenbildung neben der gesellschaftlichen Arbeitsteilung auch von raumzeitlichen Koordinaten und politisch-ideologischen Zyklen abhängt, ist wahrscheinlich, dass Phasen der Entstrukturierung und Neubildung von Klassen einander im historischen Verlauf immer wieder ablösen werden (Deppe/Dörre 1990).

3. *Neustrukturierung von Klassen im Finanzmarktkapitalismus*

Natürlich lässt sich der hohe Anspruch, den die unterschiedlichen klassentheoretischen Ansätze zumindest implizit formulieren, nur mittels intensiver und umfangreicher Forschung einlösen. Das kann hier nicht annähernd geschehen. Ich will dennoch zumindest andeuten, in welche Richtung gedacht und geforscht werden müsste. Nach meiner Auffassung haben wir es gegenwärtig mit dem Zerfall der Klassenstruktur des fordistischen, politisch und sozial hoch integrierten Kapitalismus und der einer sich parallel vollziehenden Neustrukturierung von Klassenverhältnissen zu tun. Beide Prozesse, Ent- und Neustrukturierung, überlagern einander und bilden eine schwer analysierbare Gemengelage, in deren Zentrum die

Rekommodifizierung von abhängiger Erwerbsarbeit steht. Ich will diesen Prozess anhand der Kriterien analysieren, die ich dem Marxschen Klassenbegriff entlehnt habe.

Beginnen wir mit dem sozioökonomischen Fundament der neuen Klassenverhältnisse. Die fortschreitende Marktsteuerung von Erwerbsarbeit ist in gewisser Weise Funktionsbedingung eines Modus' der Kapitalverwertung, dessen innere Dynamik darauf basiert, dass der Warencharakter der Arbeitskraft sukzessive wieder hergestellt wird. Lief die Herausbildung und institutionelle Absicherung sozialstaatlich regulierter Normarbeitsverhältnisse in ihren gesellschaftlichen Konsequenzen auf eine partielle Entkoppelung von Beschäftigungsrisiken und Erwerbsbiografien hinaus (Castel 2005), so wird diese Entwicklung nun teilweise zurückgenommen, weil der Modus »flexibler Akkumulation« (Harvey 2004, 183 ff) eine größere Variabilität der lebendigen Arbeit erzwingt.

3.1 Polit-ökonomische Triebkräfte der neuen Klassenverhältnisse

In der einschlägigen politökonomischen Literatur ist unbestritten, dass sich seit den 1970er Jahren eine makroökonomische Konstellation herausgebildet hat, die wesentlich durch die Wirkung globalisierter Finanzmärkte beeinflusst wird. Als einer der ersten hat der französische Ökonom Michel Aglietta (2000) von einem finanzmarktgetriebenen Akkumulationsregime, ja, von einem »Wachstumsregime der Vermögensbesitzer« gesprochen, das sich in den entwickelten Staaten zu verallgemeinern beginne. Das neue Akkumulationsregime übernehme »vom angelsächsischen Kapitalismus die Vorherrschaft der Konkurrenz, die Unternehmenskontrolle durch die institutionellen Anleger, das bestimmende Kriterium des Profits und die Kapitalisierung an der Börse« (Aglietta 2000a, 66). Trotz aller Fehlentwicklungen und Krisenherde sei jedoch eine »positive Verkettungen« der Systembestandteile dieses Akkumulationsregimes prinzipiell möglich.

Agliettas Argumentation hat, zumal unter dem Eindruck von Börsencrash und dem vorläufigen Ende der New Economy, scharfen Widerspruch ausgelöst (Brenner 2003). Entlastet man die Akkumulationsregime-Hypothese von einer Prosperitätsannahme, muss man sie dennoch nicht ad acta legen. Darauf haben Autoren wie Chesnais (1997; 2004), Orléan (1999) oder Lordon (2000) aufmerksam gemacht. Für Chesnais steht außer Zweifel, dass das Anlagekapital seit Mitte der 1980er Jahre eine Position erreicht hat, die es ihm erlaubt, entscheidenden Einfluss auf die Ausrichtung der Investitionen und die Verteilung der Erträge zu nehmen. In einem originellen Rückgriff auf den Marxschen Begriff des fiktiven Kapitals (Marx 1976, 482 ff, 524 f) begründet Chesnais jedoch, dass sich die relative Verselbständigung dieser Kapitalform keineswegs in parasitären Effekten erschöpfen muss. Akkumulation bestehe nicht nur im Anwachsen von Investitionsmitteln und Produktionskapazitäten; sie lasse sich auch durch die Ausweitung privatkapitalistischer Produktionsverhältnisse auf nicht erschlossene Bereiche (Privatisierung, Deregulierung) oder durch »Mehrwertabschöpfung« realisieren, die infolge der Macht fokaler Unternehmen über ihre Zulieferer oder eben mittels Flexibilisierung und Prekarisierung der Arbeit erreicht werden könne.

Exakt das ist für unseren klassenanalytischen Kontext der springende Punkt. Akkumulation lässt sich nach der Interpretation von Chesnais auch mittels Erhöhung des Exploitationsgrades der Arbeitskraft stimulieren; Flexibilisierung und Prekarisierung von Arbeit sind hierfür probate Mittel. Das finanziarisierte Regime motiviert maßgebliche Akteure zu tief greifenden Veränderungen im System der *corporate governance* (Höpner 2003; dies relativierend: Vitols 2003, 133; Kädtler 2003, 227 ff); es beeinflusst Fusionen und die Reorganisation von Unternehmen ebenso wie die Steuerung des Konsumniveaus. In der Konsequenz »wirken alle Spannungen, die das finanziarisierte Regime erzeugt, konzentriert auf die Lohnabhängigen ein« (Lordon 2003, 60). Die Politik der Flexibilisierung und Prekarisierung von Erwerbsarbeit ist nichts anderes als der Versuch, »dem Faktor Arbeit das Prinzip der Liquidität aufzuzwingen, mit der die Finanzmärkte das Kapital ausstatten« (ebd.; Chesnais 2004, 235). Aus der Perspektive finanzmarktgetriebener Akkumulation werden Löhne, Arbeitszeiten und Arbeitsbedingungen zu einer Restgröße, die flexibel an Markterfordernisse angepasst werden muss. In der Folge geben Unternehmensleitungen Marktrisiken mehr und mehr an ihre Belegschaften weiter. Sämtliche Schutzmechanismen von der tariflichen Begrenzung der Wochenarbeitszeiten bis hin zum arbeitsrechtlich garantierten Kündigungsschutz werden tendenziell zum Zielobjekt »entgrenzender« Verwertungsstrategien. Durch das Verschieben jener Limitierungen des Arbeitsmarktes, die dadurch entstehen, dass regulierende Institutionen den Warencharakter der Arbeitskraft einschränken, kann eine Art Flexibilisierungsarbitrage, Bourdieu (1989) spricht von »Flexploitation«, erwirtschaftet werden, die allerdings auf nur kurzfristig wirksamen und zudem höchst fragilen Kostenvorteilen beruht. Aus der Flüchtigkeit dieser Wettbewerbsvorteile ergibt sich, dass der Prozess der Rekommodifizierung von Arbeit nie zu Ende ist. Wo immer Regeln und Institutionen den Warencharakter lebendiger Arbeit begrenzen, sind neue »Landnahmen« möglich. Führen Flexibilisierung und Prekarisierung von Arbeit nicht zu den prophezeiten Beschäftigungseffekten, muss der Arbeitsmarkt aus Sicht der Finanzmarktakteure und ihrer Interessenvertreter eben noch umfassender dereguliert und flexibilisiert werden.

3.2 Unternehmen, Staat und Politik als Zerstörer alter und Schöpfer neuer Klassenverhältnisse

In der Folge wird der alte fordistische Nexus aus Managementkonzepten, Firmenorganisation, Bildungssystem und industriellen Beziehungen, die in einen überwölbenden sozialstaatlichen Basiskompromiss eingebettet waren, aufgebrochen. Allerdings findet keine radikale De-Institutionalisierung statt. In jedem Nationalstaat wirken nicht nur die Beharrungskräfte spezifischer institutioneller Filter, sondern auch darauf bezogene »konservierende« Politiken der Rekommodifizierungstendenz entgegen (mit unterschiedlichen Positionen: Hall/Soskice 2001, Crouch/Streeck 1997; vgl. auch die Beiträge in Beyer 2003). Offen ist auch, in welchem Ausmaß die »Entbettung« von Beschäftigungsverhältnissen vorangetrieben werden kann, ohne dass nicht intendierte Effekte der Marktöffnung gesellschaftszerstörend wirken. Schon deshalb ist die flexible Akkumulation nicht mit einer totalen Entinstitutionalisierung und Deregulierung identisch. Realisiert wird sie mittels spezifischer Politiken, die in unterschiedlichsten sozialen Feldern auf eine Implementation marktzentrierter Produktions- und Tauschnormen hinauslaufen (Röttger 2003, 95 ff). Die Durchsetzung marktkompatibler Normen vollzieht sich auf dem Weg einer Korrektur eingespielter Kompromissgleichgewichte und nicht durch umfassende Beseitigung regulierender Institutionen. Dennoch kann kein Zweifel daran bestehen, dass es sich – auch hierzulande – um einen Prozess kapitalistischer »Landnahme« handelt, der sich unweigerlich auf die Sozial- und Klassenstruktur auswirkt.

Kapitalistische Wirtschaftsdynamik beruht seit jeher nicht nur, aber eben auch auf einer »Landnahme« nichtkapitalistischer Milieus (Luxemburg 1975, 428 f). Burkard Lutz (1984) hat gezeigt, dass die Nachkriegsprosperität nicht zuletzt aus einer solchen »Landnahme« (Aufhebung des Arbeitsmarktdualismus von Stadt und Land) resultierte. Der zeitgenössische Finanzmarkt-Kapitalismus betreibt nun eine »Landnahme« völlig anderer Art. Seine Dynamik beruht – neben einer in die Subjekte und ihre Lebensweisen hineinreichenden Landnahme, aber auch äußerer Expansion (etwa die Erschließung Osteuropas) – wesentlich darauf, dass er kollektives Sozialeigentum (tarifliche Normen, Mitbestimmungsrechte, Sozialleistungen, öffentliche Güter) einschränkt, begrenzt, beschneidet oder gar beseitigt. Das ist der Grund, weshalb die wirtschaftliche Prosperität und Profitabilität von Großunternehmen hierzulande inzwischen häufig auf Kosten zumindest eines Teils der Beschäftigten erzielt werden. Es sind vor allem drei Felder, auf denen dieser Prozess vorangetrieben wird.

In den Feldern des Unternehmens und des Betriebes (zum an Bourdieu angelehnten Feldbegriff vgl.: Dörre 2003, 13 ff) manifestiert sich die Durchsetzung marktzentrierter Produktionsnormen in einem Bündel von Reorganisationsmaßnahmen, die die externe, wie auch die interne Flexibilität der Wirtschaftsorganisationen erhöhen sollen (Boltanski/Chiapello 2003, 261 ff). Die Bildung von Holdings mit relativ eigenständigen Töchtern, Shareholder-Value-Steuerung, Konzentration aufs Kerngeschäft, Verringerung der Fertigungstiefe, Wegfall so genannter »Quersubventionierungen«, Ausgründungen, Auslagerungen und Centerbildungen bedeuten faktisch, dass kleinere Organisationseinheiten entstehen, die in höherem Maße von Konjunkturschwankungen abhängig sind. Durch Benchmarking und Führung über Gewinnvorgaben gelingt es zudem, dezentrale Organisationseinheiten in einer ständigen Wettbewerbssituation zu halten. Die daraus resultierende Konkurrenz unter den Arbeitern und Angestellten ist der entscheidende Hebel, um neben Arbeitsformen, Arbeitszeiten und Entgelten auch die Beschäftigungsverhältnisse zu flexibilisieren.

Die praktizierten und häufig als Co-Management verklärten Formen betrieblicher und unternehmensbezogener Interessenvertretung dienen dazu, das Ausmaß der Rekommodifizierung innerhalb der bestehenden Mitbestimmungsinstitutionen auszuhandeln (am Beispiel der Shareholder-Value-Steuerung: Vitols 2003). Standortkonkurrenzen und betriebliches *consession bargaining* sorgen jedoch unweigerlich dafür, dass Betriebsräte primär daran interessiert sind, die Beschäftigung zumeist schrumpfender Stammbelegschaften wenigstens auf Zeit zu sichern. Häufig sind es dann auch befristete Beschäftigungsgarantien für Stammbeschäftigte, die im Tausch für Zugeständnisse bei der Flexibilisierung von Löhnen, Arbeitszeiten und Arbeitsbedingungen eingehandelt werden. Doch befristete Beschäftigungsgarantien fordern, zumal bei gleichzeitiger Steigerung interner wie externer Flexibilität, ihren Preis. In Kombination mit einer Arbeitsweise, die auf knappen Personal-, Zeit- und Materialpuffern basiert, erschweren zeitlich begrenzte Absicherungen von Stammbelegschaften Neueinstellungen. Aus diesem Grund kommt es zumindest in weltmarktorientierten Konzernen selbst in Phasen anziehender Konjunktur nur in vergleichsweise geringem Maße zu Neueinstellungen. Produktionsspitzen werden mit flexiblen Arbeitskräften, mit befristet Beschäftigten, Leih- und Zeitarbeitern abgefedert. Und auch in Zeiten blühender Profitabilität müssen selbst qualifizierte Beschäftigte mit Entlassungen rechnen.[9]

9 So will z. B. die deutsche Telekom trotz eines Konzerngewinns von allein 2,4 Mrd. Euro in einem Quartal bis zu 32000 Stellen abbauen. Henkel streicht ungeachtet eines Rekordprofits 3000 Arbeitsplätze. Bei IBM sind es ebenfalls bei rekordverdächtiger Profitabilität 620 Stellen. Die Liste von in Deutschland ansässigen Dax-Unternehmen, die ähnlich verfahren, ließe sich erheblich verlängern. Mercedes-Benz (-8500), Siemens (-2400), die Deutsche Bank (-1920), Infinion (-800) und AEG/Elektrolux (-1750) gehören genauso in diese Unternehmens-Phalanx wie Samsung (-800), Continental (-400) oder – als einer der jüngsten und spektakulärsten Fälle – der Versicherungskonzern Allianz (-7500) (vgl. z. B. FR, 23.06.06; »Die Zeit« 29.12.05, »Die Zeit«, 01.12.05). Immer

Wichtig ist nun, dass die Durchsetzung des flexibel-marktzentrierten Arbeitsmanagements im politischen Feld inzwischen immer weniger durch eine entkommodifizierende Sozial- und Arbeitsmarktpolitik abgefedert wird (Dörre 2005). Flexibilisierungen in- und außerhalb der Unternehmen vollziehen sich zunehmend synchron. Auf dem Feld der Arbeitsmarkt- und Sozialpolitik wird in gewisser Weise nachgeahmt, was der Finanzmarktkapitalismus den Unternehmen abverlangt. Die Hartz-Reformen markieren einen entsprechenden Paradigmenwechsel. Statt Statussicherung zu garantieren, soll der Zwang zu »Eigenverantwortung« und »Selbstaktivierung« der Arbeitslosen zu mehr Beschäftigung führen. Paradigmatisch gilt die arbeitslose Person *de facto* als »Unternehmer ihrer eigenen Arbeitskraft«. Sie selbst soll für ihre »Beschäftigungsfähigkeit« sorgen. Dieser Ansatz unterstellt freilich den berühmten *homo oeconomicus*, der durch sinkende Anspruchslöhne und strenge Zumutbarkeitsregeln dazu »motiviert« wird, der Arbeitslosigkeit jede reguläre Arbeit vorzuziehen. Doch wie immer, wenn soziales Verhalten auf ökonomische oder gar betriebswirtschaftliche Rationalität reduziert wird, ist die Rechnung ohne den Wirt gemacht. Kalkulierendes, ökonomisch rationales Denken ist, darauf hat Pierre Bourdieu (2000) in seiner großartigen Studie *Die zwei Gesichter der Arbeit* aufmerksam gemacht, an soziale Voraussetzungen gebunden. Unterhalb eines ökonomischen Niveaus, »beruhend auf der Sicherheit des Arbeitsplatzes und der Verfügung über ein Minimum an regelmäßigen Einkünften«, »können sich rationale Verhaltensdispositionen nicht« (ebd., 20) oder nur schwer herausbilden. Erst die Verknüpfung von Lohnarbeit mit Sozialeigentum hat in einem langen historischen Prozess zur Ausbreitung und Verinnerlichung ökonomisch rationaler Verhaltensweisen am Arbeitsmarkt geführt. Das Wechselspiel von Finanzmarkt-Kapitalismus und marktzentrierter Sozialpolitik läuft nun jedoch darauf hinaus, Unsicherheit für wachsende Gruppen zu verstetigen. Damit werden gerade den Schwächsten in der Gesellschaft elementare soziale Voraussetzungen für Verhaltensweisen entzogen, wie sie das Leitbild vom »Arbeitskraftunternehmer« als quasi natürlich gegeben voraussetzt. Mehr noch, großen Gruppen kann Lohnarbeit nicht mehr als stabile Basis einer längerfristigen Lebensplanung dienen. Die Disziplin des Marktes wirkt bis tief in die formal in sichere Beschäftigung integrierten Gruppen hinein. Sie unterminiert qualitative Ansprüche an »gute« Erwerbsarbeit, schwächt Wi-

häufiger fallen den einseitig kosten- und renditeorientierten Wettbewerbsstrategien profitable Betriebe zum Opfer. Aufhellende Konjunktur und die leichte Entspannung am Arbeitsmarkt, mitunter bereits als »Beschäftigungsruck« (»Die Zeit«, 27.06.06) gefeiert, dürften an dieser Grundkonstellation wenig ändern.

derständigkeit und trägt so zur Produktion »gefügiger Arbeitnehmer« (Boltanski/Chiapello 2003) bei.

4. *Soziale Ausprägung der neuen Klassenverhältnisse*

Was bedeutet dieser Prozess der Prekarisierung von Lohnarbeit nun für die De- und Restrukturierung von Klassenverhältnissen? Beginnen wir an der Spitze der gesellschaftlichen Hierarchie, bei den herrschenden Klassen.

4.1 Die herrschenden Klassen

Einige wichtige neue Analysen sehen das Spezifikum von Klassenverhältnissen im Finanzmarktkapitalismus in der Herausbildung einer transnationalen herrschenden Klasse. Ich bin in diesem Punkt skeptisch. Zwar lässt sich laut Manuel Castells tatsächlich ein Meta-Netz von industriellen Komplexen, Think Tanks, Elite-Schulen und Cosulting-Unternehmen identifizieren, das die kapitalistischen Interessen auf globaler Ebene quer durch Sektoren und Tätigkeitsbereiche integriert.[10] Eine homogene, wirklich internationale herrschende Klasse existiert jedoch bislang nicht. Bei den Spitzen des revitalisierten Kapitalismus kann es sich – wie in den USA – um ein buntes Gemisch historischer Schichten handeln, das vom traditionellen Banker über den neureichen Spekulanten bis hin zum Self-made-Genie reicht, das in die Kaste der führenden Unternehmer aufgestiegen ist. Es können aber auch, wie in Frankreich, die Top-Manager staatlich kontrollierter Konzerne oder, wie in anderen Regionen der Welt, die Clanstrukturen übersee-chinesischer Familienunternehmen zur Rekrutierungsbasis herrschender Klassen werden. Für all diese Klassenfraktionen und Eliten gilt, dass ihr Wirkungsbereich – noch – national oder regional begrenzt ist.[11] Sinnvoll wird die Vorstellung einer internationalen herrschenden Klasse allenfalls, wenn es, wie das Klassen-Konzept der so genannten Amsterdam School, auf Fraktionen zielt, die federführend an der Aushandlung von Leitbildern und Kompromissformeln zur Ausgestaltung der internationalen Beziehungen beteiligt sind. In diesem Sinne kann man mit van der Pijl (1998; 2001), nicht von einer globalen, wohl aber von einer »atlantischen

10 Castells, Manuel, 2001: Das Informationszeitalter. Teil 1 der Trilogie. Der Aufstieg der Netzwerkgesellschaft. Opladen, S. 533.

11 Managementzentrierte Analysen bestätigen diese Sichtweise. Ein Blick auf die Vorstände und *executive boards* internationaler Schlüsselunternehmen zeigt, dass für Spitzenpositionen noch immer schwerpunktmäßig im nationalen Rahmen rekrutiert wird, wenngleich die Veränderungsdynamik in diesem Feld unübersehbar ist.

Klasse« sprechen, deren entscheidende Machtbasis allerdings noch immer der Nationalstaat ist.

Die Abhängigkeit von nationalen Machtressourcen und Kompromissbildungen erklärt zugleich, weshalb sich das Großbürgertum in den führenden Nationen der kapitalistischen Welt noch immer weitgehend aus sich selbst rekrutiert. Diese Aussage gilt – wie Michael Hartmann gezeigt hat – ohne Abstriche auch für die Bundesrepublik. Offenkundig sorgt ein klassenspezifischer Habitus dafür, dass die Rekrutierungsbasis für das Top-Management der hundert größten deutschen Unternehmen immer elitärer wird. Gab es in der Nachkriegszeit noch eine relative Durchlässigkeit zu Spitzenpositionen, so stammen inzwischen $^4/_5$ dieser Manager aus den gehobenen Schichten. Die Erfolgsquote für den Zugang zu den oberen Rängen ist im Falle eines großbürgerlichen Hintergrunds um 60 bis 180 % größer, als bei einer Herkunft aus anderen sozialen Gruppen. Zwar gibt es in Deutschland nicht jene Elite-Schulen und exklusive Universitäten, aus denen sich der Führungsnachwuchs in Frankreich oder den USA wie selbstverständlich rekrutiert. Doch die distinkten Persönlichkeitsmerkmale des großbürgerlichen Habitus' und das fraglose Beherrschen der ungeschriebenen Verhaltensregeln, die in den »besseren Kreisen« gelten, werden von den Personalverantwortlichen großer Konzerne umso treffsicherer erkannt. Für die Top-Manager ist ihr klassenspezifischer Habitus gleich doppelt funktional. Nach innen schafft er Vertrauen, die ›Chemie‹ unter Gleichen stimmt; nach außen sorgt er für die in solchen Positionen unerlässliche Kreditwürdigkeit. Hartmanns Daten belegen soziale Schließungseffekte, die schon wegen der zunehmenden Blockierung klassischer Hauskarrieren in den Großunternehmen weiter an Bedeutung gewinnen werden.

Lässt sich hier soziale und kulturelle Kontinuität der Klassenbildung feststellen, so verweisen der Übergang zum Finanzmarkt-Kapitalismus und die damit korrespondierenden kapitalmarktorientierten Formen der Unternehmenssteuerung auf Fraktionierungen und Konflikte innerhalb der herrschenden Klasse. Im Grunde beinhalten die Shareholder-Value-Doktrin den Versuch, die Eigentümer- gegenüber den Managerinteressen wieder stärker zu gewichten. Damit soll das so genannte Prinzipal-Agent-Problem aus der Zeit des organisierten Kapitalismus behoben werden. Eine strikte Aktionärsorientierung soll die Verselbständigung des Top-Managements eindämmen und auch längerfristig für eine größere Effizienz der Unternehmenssteuerung sorgen. Das ist der Anspruch. Faktisch läuft die Aktionärsorientierung jedoch darauf hinaus, die evolutionäre Vergesellschaftung der Unternehmensentscheidungen, die mit dem »ausgehandelten Unternehmen« des koordinierten Kapitalismus erreicht war, zurückzurollen und sie im Namen der Liquidität einer auf bornierte Einzelinteressen gegründeten externen Kontrolle zu unterwerfen.

Mit ihrem primären Interesse an der Liquidität der Unternehmen verändert sich die Stellung der Aktionäre real. Doch trotz der proklamierten Zentralität ihrer Interessen sind die Eigentümer zumindest in Hinblick auf die koordinierende Tätigkeit des Top-Managements Outsider. Erfolg und Misserfolg koordinierender Tätigkeiten können sie im Grunde nur *ex post* beurteilen. Gleiches gilt im Übrigen für jene Akteure, die zu Rate gezogen werden, um dieses Dilemma zu beheben, also für Analysten und Rating-Agenturen. Wo diese ihre Bewertung von gesichertem Faktenwissen ablösen, operieren sie mit in die Zukunft verlängerten Gegenwartstrends, mit Erwartungen und Erwartungserwartungen, die einen hochgradig spekulativen Charakter besitzen. Sie machen sich die Ressource Nichtwissen zu Eigen und nutzen das Vertrauen in ihr vermeintliches Expertenwissen (Strulik 2004) für ihre Beratungsfunktion gegenüber den Eigentümern. Die Ungewissheitszone, die das strategiefähige Top-Management aufgrund seines Insiderwissens als Machtressource nutzen kann, lässt sich auf diese Weise aber nicht schließen. Im Gegenteil, in dem Maße, wie die Eigentümerorientierung dazu führt, dass unternehmensinterne Kompromissbildungen ignoriert werden, schwindet der Einfluss von Insidern, die in der Lage wären, die Autonomisierung von Managementinteressen zu korrigieren. Insofern führt die Shareholder-Value-Doktrin schon logisch-konzeptionell nicht zu einer Einschränkung der Macht des strategiefähigen Managements. In gewisser Weise ist das Gegenteil der Fall. Die aktionärsorientierte Unternehmensführung verhilft einer neuen Managerelite zum Durchbruch, die sich weder einem kollektiven Unternehmenswillen verpflichtet fühlt, noch auf Wachstumsziele festlegen lässt, sondern stattdessen von einer hohen Übereinstimmung zwischen Eigen- und Unternehmensinteressen ausgeht und das Streben nach kurzfristiger Gewinnmaximierung ins Zentrum des eigenen Handelns stellt.

Daher bleibt der im Shareholder-Value-Konzept formulierte Anspruch einer wirksamen Kontrolle des strategiefähigen Managements ein frommer Wunsch. Aufgrund seines nicht einlösbaren Kontrollversprechens ist das Leitbild einer effizienten Shareholder-Value-Steuerung im Grunde so instabil, dass es sich in Reinform gar nicht verwirklichen lässt (klassisch: Berle 1963, 28). Die Logik des Finanzmarkt-Kapitalismus verspricht, »viele Leute reich zu machen«: »die Führungskräfte, deren Einkommen via Optionen überproportional mit den Aktienkursen steigen, die Investment-Banker, Unternehmensberater oder Rechtsanwälte, die sich an allfälligen Kapitalmarkt-Transaktionen goldene Nasen verdienen« (FR, 23.06.06). Laut FAZ (21.09.05) sind die Bezüge der Vorstandsmitglieder deutscher Großunternehmen allein 2004 um durchschnittlich 8 % (durchschnittlich 1,6 Mio.) gestiegen. Damit blieben sie allerdings noch hinter der Steigerung der Gewinne, vor allem aber hinter den Spitzengehältern von US-CEOs zurück, die schon 2003 das bis zu Vierhundertfache eines Facharbeitergehalts ausmachten (Dörre/Brinkmann 2005, 105).

4.2 Die Erosion der sozialen Mitte

Solche Bereicherungstendenzen innerhalb herrschender Klassenfraktionen korrespondieren in der viel beschworenen »Mitte der Gesellschaft« mit gravierenden Kontinuitäts*brüchen.* Im Kontrast zur Marxschen Polarisierungsthese und ihren Nachfolgern stellen Lage und Verhalten der Mittelklassen-Fraktionen den Schlüssel zum Verständnis der Sozialstruktur reicher kapitalistischer Metropolen dar. Dabei zeichnet sich die Bundesrepublik – darauf haben milieutheoretische Arbeiten der Vester-Gruppe hingewiesen – durch eine Besonderheit aus. Die bundesdeutsche Gesellschaft ist oder war bis in die jüngste Vergangenheit eine Arbeitnehmergesellschaft. Statistisch ließe sich ein Großteil der ca. 90 % Erwerbstätigen, für die kapitalistische Arbeitsmarktbedingungen gelten, durchaus einer »Arbeiterklasse auf dem Papier« zurechen. In ihrem habitualisierten Selbstverständnis orientieren sich tragende Arbeitnehmermilieus jedoch seit langem an der sozialen Mitte. Zwar hat sich Lohnarbeit weit über die Industriearbeiterschaft und auch über die Geschlechtergrenzen hinaus verallgemeinert. Zugleich sind jedoch typische Elemente eines bildungsbürgerlichen Habitus' wie etwa Gratifikationsaufschub, Leistungsorientierung und das Streben nach höherwertigen Schulabschlüssen »nach unten abgesunken« und zur sozialen Natur eines großen Teils auch der Lohnabhängigen geworden. Daraus resultierenden Aufstiegsorientierungen sind inzwischen Grenzen gesetzt. Die beschriebenen Rationalisierungseffekte und ungewohnten Arbeitsmarktrisiken treffen zunehmend Gruppen, die sich lange Zeit sicher wähnen konnten und die ihren Beitrag zur gesellschaftlichen Produktivität für geradezu unverzichtbar hielten. Von den 64 % der Bevölkerung, die sich zur leistungsorientierten Mitte zählen, leben inzwischen ca. 20 % in »prekärem Wohlstand«. Ein Schicksalsschlag genügt, und schon ist der Abstieg vorprogrammiert. Ein Fünftel der Mittelklassen-Angehörigen war bereits ein- oder zweimal arbeitslos.[12] Und in den Arbeitsverhältnissen, die die »arbeitnehmerische Mitte« besetzt, nehmen Leistungsstress und psychosoziale Belastungen zu.

Gleichzeitig rüttelt eine Ideologie, die den Erfolg gegenüber der Leistung privilegiert, an den auf sozialen Ausgleich gerichteten Integrationsvorstellungen alter und neuer Mittelklassefraktionen. Der in diesen Gruppen verbreitete Glaube, alle Probleme der Gesellschaft ließen sich lösen, wenn nur die Mittelklasse genügend wachse, ist nachhaltig erschüttert. In Teilen der arbeitnehmerischen Mitte

12 Michael Vester, 2000: Die neue Mitte und die Neuen Macher. Modernisierung oder Demontage der Arbeitnehmergesellschaft. In: Widerspruch 39, 41–53.

geht die »Angst vor dem Absturz« (Ehrenreich 1991) um. Andere Teile machen sich berechtigte Hoffnungen, zu der größer werdenden Gruppe der wirklich Wohlhabenden aufzuschließen. Diese unterschiedlichen Orientierungen provozieren, darauf haben Neckel und Sutterlüty (2005) aufmerksam gemacht, Klassifikationskämpfe innerhalb und zwischen den verschiedenen Mittelklasse-Fraktionen, aber auch Abgrenzungen gegenüber den vermeintlich unproduktiven, »parasitären« Teilen der Gesellschaft. Just zu einem Zeitpunkt, da sie im politischen Projekt der »neuen Mitte« zu Ehren gelangte, setzten in der sozialen Mitte der Gesellschaft Abstiegsprozesse und -ängste ein, die im Übrigen einen wichtigen Kristallisationspunkt für Prekarität bilden (Castel 2000, Dörre 2006).

4.3 Die »Unterschichten« – Prekarisierung und Kontrolle

Die unübersichtlichen, noch kaum erforschten Umgruppierungen innerhalb der Mittelklassen berühren bereits die Restrukturierung der untersten sozialen Klassenfraktionen, zu denen u. a. das klassische Arbeitermilieu (5 %) sowie die Unterprivilegierten (12 %) zählen, die die Vester-Gruppe ausmacht. In den unteren Klassenfraktionen ist die Lage besonders unübersichtlich. Belegt ist, dass vor allem un- und angelernte Arbeiter, unter ihnen überproportional viele Frauen und Migranten, verstärkt der Lohnkonkurrenz ausgesetzt sind. In diesen Gruppen gibt es – trotz aller Verzeitlichungseffekte – auch eine Verfestigung von Arbeitslosigkeit, Armut und Ausgrenzung (Kronauer 2002). Sicher ist ferner, dass die sozialen Risiken mit abnehmendem Bildungs- und Ausbildungsniveau wachsen. Der Übergang zur viel beschworenen Wissens- oder Informationsgesellschaft wird diese Entwicklung voraussichtlich *verstärken*. Selbst positive Szenarien, die der *informational economy* eine Tendenz zur Höherqualifizierung zuschreiben, gehen von einer Verschärfung sozialer Ungleichheiten aus, die sich vornehmlich über den Zugang zu Bildung herstellen wird. Die hohe Abhängigkeit der Bildungschancen von der sozialen Herkunft, die z. B. in den Arbeiten von Mayer/Blossfeld oder jüngst in der PISA-Studie nachgewiesen worden ist, lässt erwarten, dass soziale Schließungsprozesse auch in den unteren Rängen der Gesellschaft noch an Bedeutung gewinnen werden.

Entscheidend für den Prozess der Ent- und Neustrukturierung von Klassenverhältnissen ist indessen, dass der Prozess der Rekommodifzierung von Lohnarbeit in Gestalt des wachsenden Heeres der unsicher Beschäftigten und sozial Ausgegrenzten am klarsten zu Tage tritt. Der fordistische Kapitalismus hatte eine sozial relativ befriedete, politisch integrierte Lohnarbeitsgesellschaft geschaffen, in der Klassenzugehörigkeiten an lebensweltlicher Relevanz einbüßten. Wichtigster Integrationsfaktor war das schon erwähnte Sozialeigentum, dessen individuelle Verfügbarkeit an die Ausübung einer Vollzeit-Erwerbsarbeit gekoppelt war. In der fordistischen Lohnarbeitsgesellschaft wurden Ungleichheiten bis zu einem gewissen Grad toleriert, weil die harten Konflikte um Wachstumsgewinne im Rahmen eines geregelten Konfliktmanagements ausgetragen wurden und zudem auf jeder Stufe der sozialen Hierarchie der Eindruck bestand, dass genügend Mindestressourcen vorhanden seien, um die eigene Unabhängigkeit zu sichern. Die neuerliche »Landnahme«, die auf die Enteignung von Sozialeigentum zielt, erzeugt eine soziale Struktur, die Robert Castel treffend als soziale »Zonen« bezeichnet hat:

> Ich habe eine allgemeine Hypothese vorgeschlagen, die der Komplementarität zwischen dem, was sich auf einer Achse der Integration durch Arbeit – stabile Beschäftigung, prekäre Beschäftigung, Ausschluss durch Arbeit – und durch die Dichte der Integration in den Beziehungsnetzwerken der Familie und der Gemeinschaft – solide Verankerung in den Beziehungsnetzwerken, Brüchigwerden der Beziehungen, soziale Isolation – abspielt. Das so aufgespannte Koordinatensystem umfasst Zonen unterschiedlicher Dichte der sozialen Verhältnisse, die Zone der Integration, die Zone der Verwundbarkeit, die Zone der Fürsorge und die Zone der Exklusion oder viel mehr der Entkoppelung. Es handelt sich dabei jedoch nicht um mechanische Korrelationen, da eine starke Wertigkeit auf der einen Achse eine Schwäche auf der anderen kompensieren kann [...] Diese Schwäche für die Gegenwart in den Griff zu bekommen, wird noch schwieriger, da sozialstaatliche Intervention praktisch überall präsent ist. (Castel 2000, 360 f)

Das Castelsche Zonenmodell ist sicher zunächst nur eine Heuristik, die den Auflösungsprozess der wohlfahrtsstaatlich integrierten Klassengesellschaft und die Prekarisierung von Lohnarbeit abbildet. Wie u. a. eigene empirische Forschungen gezeigt haben (Dörre 2005, 55 ff.), muss dieses Modell mit Blick auf die hierzulande typischen subjektiven Verarbeitungsformen sozialer Unsicherheit erheblich differenziert werden. Vor allem jedoch darf die Erosion der fordistischen »Gesellschaft der Ähnlichen« nicht als linearer Desintegrationsprozess gedacht werden. Im Unterschied zur Situation des Proletariats im 19. Jahrhundert resultieren die zeitgenössischen Ausformungen von Prekarität aus Abweichungen vom Leitbild eines sozialstaatlich konstituierten Normarbeitsverhältnisses, das für das Arbeitsbewusstsein der Mehrheitsgesellschaft noch immer konstitutiv ist. Prekarität, d. h. sozial eine Lage, die durch unsichere Arbeits- und Lebensverhältnisse als Dauerzustand geprägt ist, und Prekarisierung, verstanden als ein Prozess, der Abstiegsängste erzeugt, die bis tief in die Mitte der Gesellschaft reichen, sind somit relationale Begriffe. Vor allem jedoch stehen sie nicht nur für Zerfall und Desintegration, sondern auch für spezifische Formen der Disziplinierung und der Re-Integration.

Die Herausbildung einer Zone unsicherer Beschäftigungsverhältnisse forciert die Umstellung auf einen neuen gesellschaftlichen Integrations- und Herrschaftsmodus. An die Stelle einer Einbindung, die nicht ausschließlich, aber doch wesentlich auf materieller und demokratischer Teilhabe beruhte, treten Integrationsformen, in denen die subtile Wirkung marktförmiger Disziplinierungsmechanismen eine deutliche Aufwertung erfährt (Heitmeyer 1997, 27). Die Disziplinierung durch den Markt kann, zumal in einer reichen Gesellschaft, eine Vielzahl an Hoffnungen, Ängsten und Traditionen funktionalisieren. Auf diese Weise sorgt die Konfrontation mit unsicheren Beschäftigungsverhältnissen nicht nur für eine »Destabilisierung des Stabilen« (Castel 2000, 357). Indem sie die einen diszipliniert und den anderen elementare Voraussetzungen für Widerständigkeit nimmt, fördert sie zugleich eine eigentümliche »Stabilisierung der Instabilität«. Die Ausgeschlossenen und Prekarisierten verkörpern ein Schicksal, dem die noch integrierten Lohnabhängigengruppen mit aller Energie zu entgehen suchen. Mehr als abstrakte Marktverhältnisse wirken die so genannten Verlierergruppen als disziplinierende Kraft. Sie liefern Anschauungsunterricht darüber, was geschehen kann, wenn man nicht alles daran setzt, der Prekarisierungsdynamik zu entgehen. Auch deshalb ist die Prekarisierung kein Phänomen an den Rändern der Arbeitsgesellschaft. Sie bewirkt eine allgemeine subjektive Unsicherheit, die bis tief hinein in die Lebenslagen der formal Integrierten reicht. Prekarität wirkt desintegrierend und zugleich als disziplinierende Kraft. Zunehmende Marktsteuerung erzeugt Flexibilitätsanforderungen und produziert doch auch neue Abhängigkeiten. Insofern stützt die Prekarisierung ein Disziplinierungs- und Kontrollsystem, dem sich auch die Integrierten kaum zu entziehen vermögen.

So verstanden, bilden die Castelschen Zonen eine soziale Realität ab, die gewissermaßen zwischen der zerfallenden, mittelschichtenzentrierten Klassengesellschaft des fordistischen Kapitalismus und den in einer »kollektiven Situation der Entkollektivierung« (Castels 2003) befindlichen Individuen angesiedelt ist. Die Zugänge zu den Zonen korrespondieren – vermittelt über soziale Herkunft, Bildung und Ausbildung – mit der Klassenstruktur der Gesellschaft. Zugleich konstituiert die Zugehörigkeit zu Zonen jedoch eine Konfliktlinie, die den »Besitz« eines Normalarbeitsverhältnisses als verteidigenswertes Privileg erscheinen lässt. Vereinfacht gesprochen werden die klassenspezifischen »Oben-unten-Konflikte« von den Auseinandersetzungen um das Drinnen und Draußen überlagert. In dem Maße, wie sich Prekarität und Ausschluss verstetigen, gewinnt die neue Konfliktdynamik an gesellschaftlicher Prägekraft. Teilhabe an »guter«, akzeptabel bezahlter, unbefristeter, inhaltlich anspruchsvoller, mit gesellschaftlicher Anerkennung und befriedigenden Sozialbeziehungen verbundener sowie mit institutionalisierten Partizipationsrechten verknüpfter Arbeit lässt sich, samt der damit verbundenen Lebenschancen, im Grunde nur mittels Zugehörigkeit zur schrumpfenden »Zone der Integration« erreichen. Alles, was jenseits dieser Zone positioniert ist, zeichnet sich durch Grade des Ausschlusses von materiellem Wohlstand, sozialer Sicherheit, reichen Sozialbeziehungen und Partizipationschancen aus. Die Teilhabe an geschützter Vollzeiterwerbsarbeit, aber auch die Gruppenkonkurrenzen um eine solche Teilhabe sind zentrales Medium der neuen Konfliktdynamik. Letztere beruht wesentlich auf unterschiedlichen »Klassen von Existenzbedingungen« (Bourdieu 2000) innerhalb des gesellschaftlichen Gesamtarbeiters. Je stärker die Logik der Gruppenkonkurrenz diese Konflikte dominiert, desto wahrscheinlicher bewirken diese Auseinandersetzungen und soziale Desintegration. Eine Gesellschaft mit relativ stabilen Funktionssystemen, bei fortschreitender sozialer Desintegration – das wäre die daraus folgende Zustandsbeschreibung einer reichen, gleichwohl desaggregierten Klassengesellschaft im Übergang zu einer neuen Sozialstruktur.

5. *Aufgaben einer zeitgemäßen Klassenanalyse*

Fassen wir zusammen: Von der Marxschen Methodik der Klassenanalyse lässt sich noch immer lernen, dass Klassenverhältnisse und -beziehungen mit der sozioökonomischen Struktur des Kapitalismus, in der Gegenwart eben mit dem Akkumulationsregime des Finanzmarkt-Kapitalismus korrespondieren. Ebenfalls zeigen lässt sich, dass Klassenverhältnisse wesentlich auf Arbeits- und Ausbeutungsbeziehungen gegründet sind, die zu ihrer Reproduktion einer politischen Regulation bedürfen. Im Verhältnis von Politischem und Ökonomischem lässt sich indessen genauer bestimmen, worin das eigentlich Neue der Klassenstruktur des Finanzmarkt-Kapitalismus besteht. Die »Landnahme«, die seine Dynamik wesentlich ausmacht, setzt an einem Prozess an, den Marx so nicht voraussehen konnte – an der sozialstaatlichen Einhegung von Lohnarbeit und ihrer darüber betriebenen Verwandlung in eine gigantische gesellschaftliche Integrationsmaschine. Diese Entwicklung, insbesondere der »kollektive Fahrstuhl« nach oben (Beck 1986), der in den 1950er Jahren einsetzte, hat der Klassenanalyse scheinbar ihre Relevanz genommen. Für die Orientierungen und Lebensplanungen der zahlenmäßig wie kulturell dominanten lohnabhängigen Mittelklassen waren Klassenkategorien und darauf gegründete Gesellschaftskonstruktionen irrelevant, ja geradezu dysfunktional. Der in den 1990er Jahren einsetzende Paternostereffekt, der dazu führt, dass die einen verlieren, was die anderen gewinnen, könnte dies ändern.

Entscheidend ist freilich, mit welchen politischen Projekten die handlungsfähigen Repräsentanten relevanter Klassenfraktionen »oben« wie »unten« auf die Neustrukturierung von Klassenverhältnissen Einfluss zu nehmen versuchen. Damit ist zugleich die kritische Funktion von Klassenanalyse und -theorie angesprochen, d. h. die Frage nach sozialen und politischen Subjekten, die in der Lage sind, sich kritisch mit Ausbeutungs- und klassenspezifischen Herrschaftsbeziehungen auseinander zu setzen. Abschließend will ich zwei Felder benennen, auf denen sich eine erneuerte Klassenanalyse als innovativ erweisen könnte.

(1) Das erste Feld ist die Frage nach der Herausbildung neuer Arbeiterbewegungen. Prognosen über die konkrete Verlaufsform einer Restrukturierung der Klassengesellschaft fallen nicht zuletzt deshalb schwer, weil über die subjektive Verarbeitung alter und neuer Ungleichheiten wenig bekannt ist. So ist der nationale Container zwar noch immer der Rahmen, in welchen Klassenunterschiede bevorzugt definiert und verarbeitet werden. Doch dieser Rahmen wird trotz aller genannten Gegenargumente zunehmend brüchig. In einer historischen Konstellation, in der sich nicht nur Unternehmen, sondern ganze Gesellschaften fortwährender ökonomischer Konkurrenz ausgesetzt sehen, können Ungleichheiten je nach Perspektive höchst unterschiedlich gedeutet werden. So erscheinen Einschnitte ins soziale Netz, die im nationalen Rahmen für große Teile der Lohnabhängigen als höchst brisant gelten mögen, aus dem Blickwinkel mancher Anhänger von Weltsystem-Theorien als vernachlässigenswertes Sonderproblem einer Arbeiteraristokratie, die sich mit ihren Interessen längst von der Lebensrealität der gleich mehrfach ausgebeuteten diversen Arbeitsklassen der dritten Welt verabschiedet hat.

Aus dem gleichen Umfeld gibt es indessen auch andere, wie ich meine interessantere Deutungen. So argumentiert Beverly Silver (2005), dass Produktionsverlagerungen in den kapitalistischen Zentren keinen schlichten Wettlauf nach unten in Gang setzen. Vielmehr schaffen geographische Verlagerungen von Produktionsstätten neue Arbeiterklassen an den jeweils bevorzugten neuen Produktionsstandorten. Mit der Verlagerung der Automobil- oder der Werftindustrie entstehen, etwa in Brasilien oder Korea, starke Arbeiterbewegungen, die für bessere Arbeitsbedingungen und höhere Löhne kämpfen und sich z. T. auch an der Spitze von Demokratiebewegungen setzen. Das Bild von den wehrlosen Arbeitsklassen der dritten Welt ist laut Silver falsch, den mit jedem neuen räumlichen *fix* entstehen Widersprüche und entstehen Voraussetzungen realer Produktionsmacht. Für die Zukunft erwartet Silver »Arbeiterunruhen« (*labour unrest*), die den Charakter von »Selbstschutzbewegungen« annehmen können, die möglicherweise wenig mit der organisierten Arbeiterbewegung Westeuropas zu tun haben. Dem Fall China kommt aus ihrer Sicht dabei welthistorische Bedeutung zu.

Allerdings wird es nach Silvers Auffassung nicht zu einer Homogenisierung von Arbeiterklassen im internationalen Maßstab kommen. Vielmehr deutet einiges darauf hin, dass sich Nord-Süd-Spaltungen reproduzieren. Denn während räumliche *fixes* Nord-Süd-Spaltungen schwächen, werden sie durch technologische und Produkt-fixes auf anderem Niveau wieder hergestellt. Die »Wiederkehr der Unsicherheit« wird daher nicht dazu führen, dass sich Klassenverhältnisse und Arbeiterbewegungen homogenisieren. Vielmehr werden nationale, ethnische und geschlechtsspezifische

Diskriminierungen für Klassenbewegungen und -beziehungen weiter konstitutiv bleiben. Arbeiter geben ihre Orientierung an klassenunspezifischen Merkmalen nicht auf, nur weil Kapital sie als Gleiche behandelt (ebd., 222). Auch deshalb bleibt die Frage nach der Entwicklung von Arbeitermacht in den führenden kapitalistischen Zentren offen. Auf der Suche nach sozialen Subjekten für Produktionsmacht stößt Silver hier auf ein sehr »uneinheitliches Bild« bei diversen Kandidaten. Auch angesichts der Tatsache, dass sich neue Leitbranchen mit hoher Produktionsmacht für Produzenten selbst in den High-Tech-Industrien nicht eindeutig herausgebildet haben, prognostiziert die Autorin, dass die Bedeutung der Organisationsmacht (Gewerkschaften, politische Parteien) in den kapitalistischen Zentren wieder zunehmen wird. Allerdings seien neue Organisationsmodelle und Bündnisse mit sozialen Bewegungen notwendig, um den Konstitutionsprozess organisierter Klassenbewegungen anzustoßen.

(2) Damit ist bereits ein zweites Feld kritischer Klassenanalyse berührt – die Beziehung zwischen noch inkorporierten und prekarisierten Gruppen und Klassenfraktionen in den kapitalistischen Zentren selbst. Diese Beziehungen sind außerordentlich spannungsreich, denn ein relatives Mehr an Sicherheit für Stammbelegschaften wird, wie gezeigt, häufig durch Überausbeutung der flexibel und prekär Beschäftigten erkauft. Dies kann dazu führen, dass die Integrierten rassistische und sexistische Diskriminierungen nutzen, um ihre »privilegierte« Position zu wahren, während die Angehörigen des Prekariats mit nationalisierenden Deutungen nach einem fiktivem Anschluss an die »Gemeinschaft der Leistungsbereiten« trachten (Dörre u. a. 2006).

Mit Blick auf Klassenbildungsprozesse wird vieles davon abhängen, ob es künftig gelingt, den »schwachen« Interessengruppen der »Prekarier« und »Entkoppelten« eine gesellschaftliche Stimme zu verleihen. Pierre Bourdieus Analysen fallen hier äußerst pessimistisch aus. Nach seiner Einschätzung schwächt die Ausweitung prekärer Beschäftigungsverhältnisse die Bereitschaft zu kollektivem Engagement unweigerlich, weil sie den Betroffenen »jenes Mindestmaß an Hoffnung und Glauben an die Zukunft« nimmt, das für eine… kollektive Auflehnung gegen eine noch so unerträgliche Gegenwart notwendig ist« (Bourdieu 1998, 97). Eine politische Kultur der Selbstorganisation und der Widerständigkeit vorausgesetzt, ist jedoch keineswegs ausgeschlossen, dass prekär Beschäftigte Präferenzen für kollektive Handlungsstrategien in ihre individuellen Kompromissbildungen einbeziehen. Wie Prekarität verarbeitet wird, hängt eben nicht zuletzt von der politischen Kultur eines Landes ab. Aus den USA ist bekannt, dass die Wahlbeteiligung mit sinkenden Einkommen und abnehmender Integration in die Arbeitswelt rückläufig ist. Hier wird eine expansive Zunahme prekärer Beschäftigung über »selbstgewählte« politische Ausgrenzung reguliert. In Frankreich hingegen spricht einiges dafür, dass prekär Beschäftigte sich eher durch die politische Linke repräsentiert sehen (Paugam 1998). Ähnliches gilt für Italien. Die politische Kultur eines Landes macht somit auch bei den Prekarisierten einen Unterschied. In unseren eigenen Untersuchungen wird – etwa bei den ostdeutschen Leiharbeitern – eine diffuse Wut auf die gesamte politische Klasse spürbar, die sich politisch in höchst unterschiedliche Richtungen entladen kann. Fremdenfeindlichkeit, Rassismus, übersteigerter Nationalismus und Offenheit für rechtspopulistische Anrufungen stellen eine mögliche Orientierung unter anderen dar. Durch Prekarisierungserfahrungen können sie zumindest verstärkt werden (Dörre u. a. 2006; vgl. Flecker/Hentges in vorliegendem Band).

Sollen demokratisch-partizipatorische Verarbeitungsformen gefördert werden, ist es freilich nötig, dass die Gewerkschaften zielgruppenspezifische Organisationsangebote für prekär Beschäftigte entwickeln. In Italien scheinen die großen Gewerkschaften diesen Weg zu gehen. Bei den Prekären verzeichnen sie ihre relativ größten Mitgliederzuwächse (Choi 2004, 428 ff). Dies auch, weil sie über ein ausgereiftes Beratungs- und Dienstleistungssystem verfügen, das auf die Problematik unsicherer Beschäftigungsverhältnisse zugeschnitten ist. In Italien bieten die großen Gewerkschaftsverbände inzwischen spezifische Organisationsangebote für Leiharbeiter, abhängig Selbständige und Heimarbeiter beiderlei Geschlechts an. Ihr Dienstleistungsangebot ist auf die spezifischen Bedürfnisse eines äußerst heterogenen »Prekariats« zugeschnitten. Wer alle Energie darauf verwenden muss, zunächst einmal über den Tag zu kommen, der erwartet von den Gewerkschaften primär Hilfe bei der Absicherung von Grundbedürfnissen. Gewerkschaften, die dies als Ansatzpunkt für aktives *Organizing* nutzen wollen, dürfen nicht warten, bis die Probleme zu ihnen kommen. Sie müssen sich selbst zu den Problemen hinbewegen.

Hier lässt sich von einigen US-amerikanischen Gewerkschaften lernen. Mit dem Rücken zur Wand haben diese Gewerkschaften Organisationserfolge bei Migranten und prekär Beschäftigten erzielt. Voraussetzungen waren lokale Bündnisse mit sozialen Bewegungen, Kirchen und Selbsthilfeorganisationen, die erheblich zur Revitalisierung gewerkschaftlicher Strukturen beigetragen haben (Voss/Shermann 2000, 303 ff). So paradox es angesichts der Schwäche der US-amerikanischen Gewerkschaften klingen mag, von solchen Beispielen können auch die deutschen Organisationen lernen. Die Politik könnte dies unterstützen, wenn sie spezifische Partizipationsrechte für prekär Beschäftigte schaffen würde. Dabei ginge es zunächst um elementare Beteiligungs- und Verstetigungsrechte. Vorschläge hierzu liegen seit langem auf dem Tisch (vgl. Matthies u. a. 1994). Sie müssten durch eine zeitgemäße »Politik der Entprekarisierung« (Brinkmann u. a. 2006, Kapitel 7) erweitert werden, die wirksame Haltelinien nach unten schafft und so den Prekarisierungstendenzen entgegen wirkt.

Ein klassenanalytisch fundierter Prekaritätsbegriff könnte eine solche Politik unterstützen. Theoretisch-analytisch wendet er sich gegen Vorstellungen von sozialer Ausgrenzung, die Exklusion als vollständiges Herausfallen aus oder als Funktionslosigkeit für gesellschaftliche Teilsysteme begreifen (Luhmann 1995; kritisch: Kronauer 1998). Gegen einen mittlerweile inflationär verwendeten Ausgrenzungsbegriff macht er geltend, dass es eine vollständige Ausgrenzung in modernen Gesellschaften im Grunde nicht geben kann. Wer aus dem Erwerbssystem heraus fällt, der wird ein Fall z. B. für die Sozial- oder die Familienpolitik (vgl. Kronauer 2002, 209). Eine starre begriffliche Bipolarität von Inklusion und Exklusion verkennt, dass es so etwas wie Ausgrenzung innerhalb des Erwerbssystems gibt. Gerade dieses Phänomen sucht die Korrespondenz von Klasse, Zone und Prekarität zu erfassen. Für eine solche Konzeption sind Langzeitarbeitslosigkeit und dauerhafter Ausschluss von regulärer Erwerbsarbeit »nur die sichtbarste Manifestation eines grundlegenden Wandels der Beschäftigungssituation«, die »Prekariserung der Arbeit ist ein weiterer, weniger spektakulärer, aber dennoch bedeutender Aspekt davon« (Castel 2000, 349). Die Prekarisierung könnte sich aber letztendlich in einer neuen Klassenspaltung niederschlagen, deren Scheidelinie zwischen integrierten, fest angestellten Lohnabhängigen auf der einen und den heterogenen Gruppen der Prekarier auf der anderen Seite verläuft.

Dass eine erneuerte Klasseanalyse zur Wiedergeburt einer homogenen Arbeiterbewegung beiträgt, kann auch deshalb analytisch ausgeschlossen werden. In der komplexen Sozialstruktur entwickelter Kapitalismen mit ihren vielfältigen Fragmentierungen ist die Vorstellung einer universellen Klasseneinheit antiquiert. Das ändert nichts daran, dass soziale Bewegungen, wie die der Globalisierungskritiker, hegemoniale Klasseninteressen attackieren und Anliegen subalterner Klassenfraktionen in ihre politischen Forderungen einbauen können. Wahrscheinlich ist, dass Impulse für ein politisches Projekt, das auf eine demokratische Re-Regulation des Finanzmarkt-Kapitalismus zielt, maßgeblich von solchen in ihrer Trägerschaft teilweise »interklassistischen« sozialen Bewegungen ausgehen werden. Eine vollständige Überwindung von Klassenunterschieden, die Utopie der klassenlosen Gesellschaft, ist aus dieser Perspektive keine sinnvolle Zielprojektion. Aber es gibt keinen prinzipiellen »Grund dafür, weshalb wir nicht die drei größten Folgen der Klassenunterschiede überwinden könnten: ungleichen Zugang zu Erziehung und Ausbildung, zur Gesundheitsfürsorge und zu einem garantierten lebenslangen Mindesteinkommen«. Es »sollte nicht schwierig sein, alle diese [...] Bedürfnisse außerhalb der Kommodifizierung zu befriedigen«, argumentiert Immanuel Wallerstein (2002, 91). Eine klassenanalytisch begründete Ansicht, über die es sich zu diskutieren lohnt.

Literatur

Aglietta, Michel, 2000: *Ein neues Akkumulationsregime. Die Regulationstheorie auf dem Prüfstand*, Hamburg

Bäcker, Gerhard und Walter Hanesch unter Mitarbeit von Peter Krause und Reinhard Bispinck, 1998: *Landessozialbericht 1998. Arbeitnehmer und Arbeitnehmerhaushalte mit Niedrigeinkommen*, Bergheim

Beck, Ulrich, 1986: *Risikogesellschaft: auf dem Weg in eine andere Moderne*, Frankfurt a. M.

Bader, Veit M., Albert Benschop und Michael R. Krätke, 1997: Eine unbequeme Erbschaft – Klassenanalyse als Problem und als wissenschaftliches Arbeitsprogramm. In: Veit M. Bader, Albert Benschop, Michael R. Krätke und Werner Van Treeck (Hg.): *Die Wiederentdeckung der Klassen*, Berlin/Hamburg, 5–26

Berle, Adolf, 1963: *The American Economic Republic*, New York

Beyer, Jürgen (Hg.), 2003: *Vom Zukunfts- zum Auslaufmodell? Die deutsche Wirtschaftsordnung im Wandel*, Wiesbaden

Boltanski, Luc, und Ève Chiapello, 2003: *Der neue Geist des Kapitalismus*, Konstanz

Bourdieu, Pierre, 1988: *Die feinen Unterschiede. Kritik der gesellschaftlichen Urteilskraft*, Frankfurt a. M.

Ders., 1989: *La noblesse d'etat: grandes écoles et esprit de corps, Paris*

Ders., 1998: *Gegenfeuer. Wortmeldungen im Dienste des Widerstands gegen die neoliberale Invasion*, Konstanz

Ders., 2000: *Die zwei Gesichter der Arbeit. Interdependenzen von Zeit- und Wirtschaftsstrukturen am Beispiel einer Ethnologie der algerischen Übergangsgesellschaft*, Konstanz

Brenner, Robert, 2003: Boom & Bubble. Die USA in der Weltwirtschaft, Hamburg

Brinkmann, Ulrich, Klaus Dörre und Silke Röbenack, 2006: *Prekäre Arbeit: Ursachen, Ausmaß, soziale Folgen und subjektive Verarbeitungsformen unsicherer Beschäftigungsverhältnisse*, Bonn

Bundesregierung, 2001: *Armutsbericht*. Anhang.

Castel, Robert, 2000: *Die Metamorphosen der sozialen Frage. Eine Chronik der Lohnarbeit*, Konstanz

Ders., 2003: Das Verschwimmen der sozialen Klassen, in: Joachim Bischoff, Paul Boccara, Robert Castel und Klaus Dörre (Hg.): *Klassen und soziale Bewegungen. Strukturen im modernen Kapitalismus*, Hamburg, 7–17

Ders., 2005: *Die Stärkung des Sozialen. Leben im neuen Wohlfahrtsstaat,* Hamburg

Chesnais, Francois (Hg.), 1996: *La mondialisation financière. Genèse, coût et enjeux,* Paris

Ders., 2004: Das finanzdominierte Akkumulationsregime: theoretische Begründung und Reichweite, in: Christian Zeller (Hg.): *Die globale Enteignungsökonomie,* Münster, 217–254

Choi, Hae-Lin, 2004: Organisierung der Unorganisierbaren. Bericht aus italienischen Gewerkschaften, in: *Das Argument* 256, 428–439

Crouch, Colin, und Wolfgang Streeck (Hg.), 1997: *Political economy of modern capitalism: Mapping convergence and diversity,* London

Dangschat, Jens, 1998: Klassenstrukturen im Nachfordismus, in: Peter A. Berger und Michael Vester: *Alte Ungleichheiten – Neue Spaltungen,* Opladen

Deppe, Frank, und Klaus Dörre, 1991: Klassenbildung und Massenkultur im 21. Jahrhundert, in: Tenfelde, Klaus (Hg.): *Arbeiter im 20. Jahrhundert,* Stuttgart

Dörre, Klaus, 2003: Das flexibel-marktzentrierte Produktionsmodell – Gravitationszentrum eines ›neuen Kapitalismus‹, in: Klaus Dörre und Bernd Röttger (Hg.): *Das neue Marktregime. Konturen eines nachfordistischen Produktionsmodells,* Hamburg, 7–34

Ders., 2005: Prekarisierung contra Flexicurity. Unsichere Beschäftigungsverhältnisse als arbeitspolitische Herausforderung, in: Martin Kronauer und Gudrun Linne (Hg.): *Flexicurity. Die Suche nach Sicherheit in der Flexibilität,* Berlin

Ders., 2006: Rabiater Kapitalismus. Zum Spannungsverhältnis von wirtschaftlicher Dynamik, Sozialeigentum und regionalen Ungleichheiten, in Wilhelm Heitmeyer (Hg.): *Deutsche Zustände.* Band 5. Frankfurt a. M.

Ders., Klaus Kraemer und Frederic Speidel, 2006: The increasing precariousness of the employment society: Driving force for a new right wing populism?, in: *International Journal of Action Research* 2 (1), 98–128

Ders. und Ulrich Brinkmann, 2005: Finanzmarktkapitalismus – Triebkraft eines flexiblen Produktionsmodells?, in: *Kölner Zeitschrift für Soziologie und Sozialpsychologie* (Sonderheft: Finanzmarktkapitalismus. Analysen zum Wandel von Produktionsregimen), 85–116

Ehrenreich, Barbara (1991): *Angst vor dem Absturz.* (o.O.)

Flecker, Jörg, und Gudrun Hentges, 2004: Rechtspopulistische Konjunkturen in Europa – sozioökonomischer Wandel und politische Orientierungen, in: Joachim Bischoff, Klaus Dörre u. a., a. a. O., 119–149

Hanesch, Walter, Peter Krause, Gerhard Bäcker u. a., 2000: *Armut und Ungleichheit in Deutschland. Der neue Armutsbericht der Hans-Böckler-Stiftung des DGB und des Paritätischen Wohlfahrtsverbandes*, Reinbek

Hall, Peter A., und David Soskice (Hg.), 2001: *Varieties of capitalism. The institutional foundations of comparative advantage*, Oxford/New York

Harvey, David 2004: Die Geographie des »neuen« Imperialismus. Akkumulation durch Enteignung, in: C. Zeller (Hg.): *Die globale Enteignungsökonomie*, Münster, 183–216

Heitmeyer, Wilhelm (Hg.), 1997: *Was treibt die Gesellschaft auseinander?*, Frankfurt a. M.

Höpner, Martin, 2003: *Wer beherrscht die Unternehmen? Shareholder Value, Managerherrschaft und Mitbestimmung in Deutschland*, Frankfurt a. M./New York

Hradil, Stefan, 2005: Warum werden die meisten entwickelten Gesellschaften wieder ungleicher?, in: *Kölner Zeitschrift für Soziologie und Sozialpsychologie* (Sonderheft: Finanzmarktkapitalismus. Analysen zum Wandel von Produktionsregimen), 460–483

Huster, Ernst-Ulrich, 2001: Reichtum in Deutschland. Die Gewinner in der sozialen Polarisierung, In: Jörg Stadlinger (Hg.): *Reichtum heute*, Münster, 9–27

Kädtler, Jürgen, 2003: Globalisierung und Finanzialisierung. Zur Entstehung eines neuen Begründungskontexts für ökonomisches Handeln, in: Klaus Dörre und Bernd Röttger (Hg.): *Das neue Marktregime. Konturen eines nachfordistischen Produktionsmodells*, Hamburg, 227–249

Kreckel, Reinhard, 1983: Soziale Ungleichheiten, in: *Soziale Welt*, Sonderband 2, Göttingen

Kronauer, Martin (2002): *Exklusion. Die Gefährdung des Sozialen im entwickelten Kapitalismus*, Frankfurt a. M./New York

Lordon, Frédéric, 2000: La ›creation de la valeur‹ comme rhétorique et comme practice. Généalogie et sociologie de la ›valeur actionnariale‹, in: *L'Anneé de la régulation*. Périodique annuel 4, 117–168

Ders., 2003: *›Aktionärsdemokratie‹ als soziale Utopie?* Hamburg

Lutz, Burkart (1984): *Der kurze Traum immerwährender Prosperität. Eine Neuinterpretation der industriell-kapitalistischen Entwicklung im Europa des 20. Jahrhunderts*, Frankfurt a. M./New York

Luxemburg, Rosa, 1975: *Die Akkumulation des Kapitals – Eine Antikritik*, in: Gesammelte Werke 5. Berlin, 413–523.

Marx, Karl, 1977: *Das Kapital: Band I: Der Produktionsprozeß des Kapitals.* (MEW Bd. 23)

Ders., 1976: *Das Kapital: Band III: Der Gesamtprozeß der kapitalistischen Produktion.* (MEW Bd. 25)

Ders., 1974: *Grundrisse der Kritik der politischen Ökonomie* (Rohentwurf). Berlin

Ders., 1982: *Der achtzehnte Brumaire des Louis Bonaparte,* in: MEW 8, Berlin, 11–207

Matthies, Hildegard, Ulrich Mückenberger, Claus Offe, Edgar Peter und Sibylle Raasch, 1994: *Arbeit 2000. Anforderungen an eine Neugestaltung der Arbeitswelt,* Reinbek

Mayer, Karl Ulrich, und Hans-Peter Blossfeld, 1990: Die gesellschaftliche Konstruktion sozialer Ungleichheiten im Lebenslauf, in: Peter A. Berger und Stefan Hradil (Hg.): *Lebenslagen, Lebensläufe, Lebensstile.* Sonderband 7 der Sozialen Welt, Göttingen, 297–318

Neckel, Sighard, und Ferdinand Sutterlüty, 2005: Negative Klassifikationen – Konflikte um die symbolische Ordnung sozialer Ungleichheit, in: Wilhelm Heitmeyer und Peter Imbusch (Hg.): *Integrationspotenziale einer modernen Gesellschaft. Analysen zu gesellschaftlicher Integration und Desintegration,* Wiesbaden

Nolte, Paul, 2001: Unsere Klassengesellschaft. Wie könnten die Deutschen angemessen über ihr Gemeinwesen sprechen? Ein unzeitgemäßer Vorschlag. In: *Die Zeit* Nr. 2, 4. Januar 2001, 7

Orléan, Andre, 1999: *Le pouvoir de la finance.* Paris

Paugam, Serge, 1998: Poverty an Social Exclusion: A Sociological View, in: M. Rhodes und Y. Mény (Hg..): *The Future of European Welfare. A New Social Contract,* London

Van der Pijl, Kees (1998): Internationale Klassenverhältnisse, in: Bader u. a., a. a. O.

Rhein, Thomas, Hermann Gartner und Gerhard Krug, 2005: Niedriglohnsektor. Aufstiegschancen für Geringverdiener verschlechtert. IAB Kurzberichte Nr. 3/2005

Röttger, Bernd, 2003: Produktionsmodell und Gesellschaftsformation. Fortgeschrittene Globalisierung und Korridore des Regulationsprozesses, in: Klaus Dörre und Bernd Röttger (Hg.): *Das neue Marktregime. Konturen eines nachfordistischen Produktionsmodells,* Hamburg, 95–110

Silver, Beverly J., 2003: *Forces of labor – Workers' Movements and Globalization since 1870,* Cambridge

Stat. Bundesamt, 2002: *Statistisches Jahrbuch 2002*

Strulik, Torsten, 2004: *Nichtwissen und Vertrauen in der Wissensökonomie*, Frankfurt a. M.

Thompson, Edward P., 1980: *Die Entstehung der englischen Arbeiterklasse*, Frankfurt a. M.

Vitols, Sigurd, 2003: Verhandelter Shareholder Value. Die deutsche Variante einer angloamerikanischen Praxis, in: Jürgen Beyer (Hg.): *Vom Zukunfts- zum Auslaufmodell? Die deutsche Wirtschaftsordnung im Wandel*, Wiesbaden, 133–154

Voss, Kim, und Rachel Sherman, 2000: Breaking the Iron Law of Oligarchy: Union Revitalization in the American Labor Movement, in: *American Journal of Sociology* 106 (2): 303–349

Wallerstein, Immanuel, 2002: *Utopistik. Historische Alternativen des 21. Jahrhunderts.*, Wien

Windolf, Paul (Hg.), 2005: Finanzmarktkapitalismus. *Kölner Zeitschrift für Soziologie und Sozialpsychologie* (Sonderheft), Wiesbaden

Mario Candeias

High-Tech, Hartz und Hegemonie

Die Fabrik ist der Ort, an dem sich »die Arbeiterklasse als determinierte, organische konstituiert« (Gramsci, zit. n. HKWM 4, 28) bzw. heute dekonstruiert und wieder neu zusammengesetzt wird. Die Fabrik darf dabei nicht mit einem einzelnen Betrieb gleichgesetzt werden, sondern umfasst »das Ensemble der Fabrikbelegschaft als ›Gesamtarbeiter‹« (*Gef.* 5, 1124) in der nationalen und internationalen Arbeitsteilung – heute müssen entsprechend die in Büros separierten Angestellten als Teil des gesellschaftlichen Gesamtarbeiters betrachtet werden. Die Fabrik entwickelt sich vom Ort physischer Präsenz der Arbeit zum Vernetzungsort des Gesamtarbeiters. Sie selbst erlebt in Folge der mikroelektronischen, informationellen Produktionsweise ihre Fragmentierung über den gesamten Globus – in unterschiedlichsten Formen von den Maquiladoras bis zur gläsernen Fabrik, von informellen Heimarbeiterinnen der Dritten Welt bis zu den modernen Telearbeitern. Ohne ahnen zu können, welche Ausmaße die Fragmentierung in Form transnationaler Produktionsnetzwerke einmal annehmen würde, hat Gramsci dafür den Begriff der »gestreuten Fabrik« geprägt (925).

Die Fragmentierung der Produktion erweist sich als Mechanismus, der gegen die von Marx prognostizierte Tendenz zur Stärkung der Arbeiter- und Gewerkschaftsmacht in großen, vertikal integrierten Unternehmen operiert (MEW 4, 470). Vereinzelte (nicht im Sinne weniger, sondern separierter) *Wissensarbeiter* und Spezialisten gefährden kaum die Position des Kapitals im Kampf um die Verteilung des Mehrwerts. Eine Verallgemeinerung ihrer Position – von der etwa der postoperaistische Diskurs bereits ausgeht, wenn er die Produktivkraftentwicklung in den Vordergrund schiebt und dabei weitgehend von den Produktionsverhältnissen und den kapitalistischen Organisationsformen »immaterieller Arbeit« abstrahiert (vgl. Hardt/Negri 2000) – wird unter diesen Verhaltnissen nicht zu erreichen sein. Der Neoliberalismus schafft die ideologischen, sozialen und ökonomischen Bedingungen, um die Herrschaft des Kapitals über die Autonomie der Arbeit zu gewährleisten, muss dabei allerdings auch unter veränderten Kräfteverhaltnissen die aktive und passive Zustimmung der Beschäftigten gewinnen.

Neues Produktionsparadigma

Gleichzeitig vollzieht sich die hegemoniale Durchsetzung eines neuen *hochtechnologischen* Paradigmas der Produktion als neuem Verhältnis von Produktivkräften und Produktionsverhältnissen, einer Kombination mikroelektronischer und informationeller Technologien mit erweitertem Wissen und Erfahrung der unmittelbaren Produzenten und veränderten Formen der inner- und zwischenbetrieblichen Produktionsorganisation und restrukturierten Arbeitsverhältnissen. Im Gegensatz zum Fordismus wird dabei stärker auf die »Produktionsintelligenz, das informelle Erfahrungswissen, die Kreativität und selbst die Emotionalität« der unmittelbaren Produzenten gesetzt (Dörre 2002, 26). Mit dieser Repositionierung des Wissens und der Subjektivität ist eine erweiterte relative Autonomie der Beschäftigten im Arbeitsprozess verbunden. Je höher der Grad an Verwissenschaftlichung der Tätigkeiten, desto schwieriger wird es, eine direkte Kontrolle über den Arbeitsprozess aufrechtzuerhalten. Der genaue Ablauf der Tätigkeiten wird nicht mehr vorgegeben, sondern den Beschäftigten weitgehend selbst überlassen – Hauptsache ist, dass das vorgegebene Ziel erreicht wird. Die Einbindung des Wissens der Beschäftigten macht die Tätigkeiten generell interessanter und vielfältiger. Ihre Faszination verführt auch zum längeren Arbeiten. »Indem Arbeit geistige Arbeit ist, kann sie vor den Fabriktoren und Bürotüren nicht halt machen. Die Probleme werden mit nach Hause genommen. Sie durchsetzen die Freizeit«, wollen gelöst werden. »Solche Praxen verändern das Familienleben, wenn sie allgemein werden.« (Haug 1996, 75)

Damit kommt die neue Form dem Bedürfnis nach Selbstverwirklichung und selbstverantwortlichen Arbeitsweisen entgegen. Eingezwängt in fremdbestimmte, betrieblich kontrollierte Grenzen beschränkt sich die Autonomie allerdings auf einen engen Bereich des für die Konkurrenzfähigkeit des Unternehmens Förderlichen. Damit sind Beschäftigte gezwungen, Flexibilitäts- und Effizienzanschauungen, unternehmerisches Denken in ihre eigenen Denk- und Handlungsmuster zu internalisieren. Die reelle Subsumtion der Arbeit unter das Kapitalverhältnis erreicht eine qualitativ neue Stufe. Die Ausbeutung abhängiger Arbeitskraft durch das Kapital wird durch Delegation erweiterter und zugleich eingegrenzter Spielräume auf das tätige Subjekt in Richtung *Selbstausbeutung* verschoben. Die hohen Löhne in der Anfangsphase des neuen Arbeitsregimes sollen die »psycho-physische Anpassung an die neue industrielle Struktur« (Gramsci, *Gef.* 9, 2096) sichern. Und neue Formen sozialer Kontrolle treten hinzu. Wer dem Druck durch Konkurrenz und Konformismus in der Arbeitswelt – der sich in den Alltag, in den Kreis von Familie und Bekannten, in die Freizeit, den Sport etc. fortsetzt – nicht standhalten kann, hat die Möglichkeit, sich über ein vielfältiges Angebot von Therapien wieder *fit* machen zu lassen. Lohn und Freizeit werden zunehmend zugunsten der individuellen Leistungsfähigkeit und ökonomischen Verwertbarkeit verausgabt – immer mehr Zeit und Geld wird für Fitness, Wellness und nicht zuletzt Psychotherapie oder andere, stärker esoterische Angebote verwendet.

Der Grad der Selbstausbeutung und der Autonomie ist dabei umkämpft. Da das Wissen der unmittelbaren Produzenten in der hochtechnologischen Produktionsweise unverzichtbar geworden ist, besteht eine gewisse Notwendigkeit zur ausgehandelten Einbindung und erweiterten Partizipation. Angesichts geschwächter kollektiver Interessenvertretung und verschärfter Konkurrenz um Arbeit gelingt es aber, die Einbindung auf die individuelle Ebene zu beschränken. Neue (oftmals kollektivvertraglich vereinbarte) Partizipationsformen wie Mitarbeiter- und Zielvereinbarungsgespräche tragen zur Individualisierung der Beschäftigungsverhältnisse bei (Dörre 2002; Boes 2002). Zum Teil werden neotayloristische Formen der Arbeitsorganisation eingeführt und die Einbindung zunehmend auf Arbeiter mit zentralen Positionen innerhalb des Produktionsprozesses beschränkt.

Neuer Arbeiter- und Menschentyp

Die konsensuale Unterwerfung wird zum einen über wettbewerbskorporatistische Bündnisse auf unterschiedlichsten Ebenen gewährleistet. Sie bringen kollektive Interessenvertretung in Übereinstimmung mit den betrieblichen Erfordernissen einer ständig verbesserten Konkurrenzfähigkeit und verteidigen gleichzeitig die Position etablierter Lohnabhängigenkerne in den Zentren – zu Lasten der Prekarisierten und Arbeitslosen in den inneren und äußeren Peripherien. Gleichzeitig trägt die spezifische Form dieser Bündnisse nicht zur Solidarisierung, sondern vielmehr zu Entsolidarisierung und verstärkter Konkurrenz innerhalb der Belegschaften bei. Für große Teile der Beschäftigten stellt sich dies jedoch nicht nur negativ als Verlust einer gemeinsamen (Arbeiter)Identität dar, v. a. für die jüngeren Generationen entspricht dies einer Befreiung von jahrzehntelanger, immer gleicher, monotoner Arbeit, einer neuen Vielfältigkeit von Lebensstilen und der Ausbildung von *patchwork*-Identitäten. Insbesondere hochausgebildete und erfolgreiche Beschäftigte fühlen sich ihrem eigenen Selbstverständnis nach nicht länger als Angestellte oder gar Arbeiter, sondern vielmehr als eigenverantwortlich handelnde, unternehmerische, denkende, selbständige Individuen, die ihre Interessen selbst vertreten können. Ihre Arbeit organisiert sich flexibel um zeitlich begrenzte Projekte, verbunden mit hohen Mobilitätserfordernissen. Für diese Beschäftigtengruppen in Forschung und Entwicklung, in unternehmensnahen Dienstleistungen, Medien, Werbung und Design, in Architekturbüros und in der Wissenschaft, aber auch für eine zunehmende Anzahl hochqualifizierter Beschäftigter in der industriellen Fertigung erhält die ideologisch überhöhte Rede vom *Arbeitskraftunternehmer* als neue gesellschaftliche Form der Ware Arbeitskraft eine gewisse Relevanz. Sie spiegelt die Etablierung eines neuen Alltagsbewusstseins wider, das den Erfordernissen neuer gesellschaftlicher Praxen entspricht. Nicht nur von den begehrten Spezialisten wird die damit verbundene Spannung zwischen persönlicher Autonomie und zunehmender Ungewissheit durchaus *auch* als Zugewinn erfahren.

Ein Beispiel: Frauen erleben die Widersprüche der neuen Arbeitsformen in besonderer Weise. Die tendenzielle Selbstverständlichkeit weiblicher Berufstätigkeit tritt zeitgleich mit der Verknappung der Arbeitsplätze aufgrund struktureller Arbeitslosigkeit und damit verschärfter Konkurrenz auf. Gegenüber paternalistischen staatlichen und familiären Verhältnissen (des Fordismus) überträgt der Markt die Verantwortung auf die Frauen selbst, verbunden mit dem Versprechen, dass die persönliche Tüchtigkeit und Leistungsbereitschaft potenziell zum Erfolg führen kann. Dies macht den neoliberalen Umbau der Gesellschaft, von Geschlechterverhältnissen und die Individualisierung der Arbeitsverhältnisse für große Teile der weiblichen Bevölkerung zustimmungsfähig und führt gleichzeitig zur Zersetzung der Frauenbewegung. Kollektive Organisationsformen zur Durchsetzung ihrer Interessen werden auch von Frauen kaum noch anvisiert, meist als altmodisch und männerfeindlich empfunden. Ein Teil der weiblichen Bevölkerung profitiert tatsächlich davon. Die gewonnene Freiheit ist zugleich ein Zwang. Einerseits sehen sich Frauen aufgrund sinkender Einkommen der Männer und der Unterminierung des fordistischen Familienernährermodells gezwungen, eine Beschäftigung aufzunehmen, andererseits haben ein verändertes Selbstverständnis und die verbesserte Ausbildungssituation von Frauen dazu geführt, dass sie eine Erwerbsarbeit als Mittel zur Selbstverwirklichung und Gleichberechtigung oder zumindest zur ökonomischen Unabhängigkeit betrachten. Entsprechend haben die geschlechtsspezifischen Einkommensdifferenzen deutlich abgenommen. Es ist heute weitaus schwieriger, die Frauen insgesamt auf schlecht bezahlte und perspektivlose Jobs abzudrängen. Die Kehrseite davon ist die wachsende Kluft zwischen hoch und niedrig qualifizierter Arbeit – auch und gerade zwischen Frauen. V.a. im informellen Sektor entstehen neue Geschlechterdifferenzen und -hierarchien, die durch klassenspezifische sowie ethnische und nationale Zuschreibungen noch einmal gravierend verschärft werden (Young 1998, 187).

Die exklusive Zuschreibung reproduktiver Tätigkeiten an Frauen, in erster Linie Haushalt, Kindererziehung und -betreuung, Pflege älterer Familienmitglieder etc., legt Frauen auf Teilzeitarbeit fest, was wiederum der Flexibilität des hochtechnologischen Paradigmas entgegen kommt. Um ihre volle Arbeitskraft auf dem Markt anbieten zu können, ist die »dreifach freie« Lohnarbeiterin erforderlich (Brensell/Habermann 2001, 67), d. h. im Anschluss an Marx nicht nur frei von Produktionsmitteln und frei, ihre Arbeitskraft zu verkaufen, sondern auch frei von den notwendigen Reproduktionsarbeiten. Erfolgreiche Karriere-Frauen können sich von alten Familienformen emanzipieren, indem sie auf die billige – häufig illegalisierte – Arbeitskraft von Migrantinnen für die häusliche Reproduktionsarbeit zurückgreifen. Auf diese Weise entstehen »globale Betreuungsketten« (Hochschild 2001, 157).

Zusammenfassend kann man sagen, dass sich ein neuer *Arbeiter- und Menschentypus* entwickelt. Im Mittelpunkt stehen dabei einerseits die neu gewonnene Autonomie der Beschäftigten im Produktionsprozess, verbunden mit tendenzieller Requalifizierung bzw. der Anrufung des eigenständigen *lebenslangen Lernens* und andererseits eine veränderte Lebensweise auf Grundlage einer verallgemeinerten Kultur des Marktes und dem Zwang zur permanenten Selbstvermarktung. Die Zustimmung allerdings bleibt aufgrund der inhärenten Widersprüche des Neoliberalismus brüchig. Die neuen Formen der Arbeit unter neoliberaler Hegemonie artikulieren eine ganze Reihe alter Forderungen der Linken (der Arbeiter- wie der Frauen- oder 68er-Bewegung) aber unter den herrschenden Kräfteverhältnissen in einer verkehrten Weise. Nichtsdestoweniger sind es gerade diese ver*rückt*en emanzipativen Momente, die das neoliberale Projekt zustimmungsfähig machen.

Neuzusammensetzung der Klassen

Die Durchsetzung einer transnationalen informationstechnologischen Produktionsweise ist – es klang schon an – mit der Zersetzung und Neuzusammensetzung der Arbeiterklassen verbunden. Es kommt zum Abbau fordistischer Arbeitsverhältnisse, der Entwicklung neuer Berufe und Branchen, sektoriellen Verschiebungen sowie zu neuen Spaltungen innerhalb und zwischen den verschiedenen Gruppen von Beschäftigten. Der Geltungsbereich des so genannten Normalarbeitsverhältnisses – d. h. der dauerhaft vollzeitbeschäftigten, mit umfangreichen sozialen Rechten ausgestatteten, häufig gewerkschaftlich organisierten, *weißen*, männlichen Arbeitnehmer wird von außen wie von innen, seitens der Arbeitgeber wie von den Beschäftigten selbst, zunehmend eingeschränkt. Jenseits dieses immer noch quantitativ bedeutsamen Torsos, der früher einmal als *Proletariat* bezeichnet wurde, tauchen zwei neue Gruppen von Beschäftigten oder Klassenfraktionen auf: Zum einen entsteht eine Gruppe hochqualifizierter, flexibler, in Projektarbeit beschäftigter Individuen, die den alten Habitus des Arbeiters abgelegt haben, gewerkschaftlichen Organisationsstrukturen skeptisch bis ablehnend gegenüberstehen, deren Tätigkeiten durch die Bedienung/Beherrschung von I&K-Technologien geprägt sind – das *Kybertariat*. Zum anderen wächst unter dem Druck hoher Arbeitslosigkeit ein wachsendes

Subproletariat in unsicheren Beschäftigungsverhältnissen und geringer Entlohnung heran – das moderne *Prekariat.*

Beiden Gruppen gemeinsam ist die deformalisierte und individualisierte Form der Aushandlung und Mikro-Regulation von Arbeitsverhältnissen; sie unterscheiden sich jedoch fundamental in ihrer jeweiligen Stellung innerhalb des Produktionsprozesses. Beide sind Teil einer allgemeinen Prekarisierung der Arbeit, die keine Randerscheinung darstellt, vielmehr immanenter Teil der ökonomischen Restrukturierung und Voraussetzung fortschreitender *Flexploitation* ist, verbunden mit einer wachsenden Einkommenspolarisierung. Sie bezieht sich nicht nur auf den Bereich *einfacher* Dienstleistungstätigkeiten in Haushalt, Handel, Gastronomie, Transport oder Pflege, sondern findet sich auch in Werbeagenturen, bei Journalisten, Webdesignern und Wissenschaftlern und hat tief greifende Auswirkungen auf die Lebensweise. Die Grenze zwischen beiden Sphären der Arbeit – etwa zwischen Putzfrau und Computerarbeiterin, auch innerhalb desselben Unternehmens – sind allerdings so scharf, dass die unterschiedlichen Arbeiten nicht mehr als Kooperationsbeziehungen wahrgenommen werden (PAQ 1987, 61), Kommunikation kaum noch stattfindet. Die Verunsicherung dringt zugleich bis in den Kern der noch sicheren Beschäftigung vor (und wird besonders spürbar, wenn reguläre Arbeitsplätze durch flexible Beschäftigung, etwa Leiharbeit, ersetzt wird – prekäre Arbeitskräfte werden dann als eigentliche Bedrohung wahrgenommen, Spaltungen zwischen Beschäftigten vertieft). Solche Spaltungen sind auch Gegenstand einer nie abreißenden Bearbeitung durch die ideologischen Mächte. Noch einmal überformt durch geschlechtliche und ethnisch-nationale Zuschreibungen, bieten sie durch die Verallgemeinerung von Prekarisierung zugleich eine Chance, die Frage nach der so genannten *Einheit* der Arbeiterklasse und der Verallgemeinerung von Positionen auf dem Niveau der informationstechnologischen Produktionsweise neu zu stellen.

Polarisierte Dienstleistungsökonomie und Erziehung der Arbeitskräfte

Diese Polarisierung der Klassen soll einen funktionierenden Markt für Dienstleistungen hervorbringen, auf dem ein billiges Angebot ungesicherter Arbeitskräfte auf eine kaufkräftige Nachfrage der *Arbeitskraftunternehmer* trifft. Solche Strategien sollen zugleich effektiv die Massenarbeitslosigkeit bekämpfen und kombinieren die Steigerung relativen Mehrwerts mit der verstärkten Auspressung absoluten Mehrwerts. Nach neoliberaler Theorie verhindern rigide Arbeitsgesetze, dass vermeintlich *unqualifizierte* und damit wenig produktive Arbeitskräfte gemäß ihres Grenznutzens entlohnt werden können. Darüber hinaus werden Gründe für Arbeitslosigkeit vorwiegend im individuellen Fehlverhalten verortet; dem Arbeitslosen tritt von vorneherein der Verdacht des Eigenverschuldens entgegen: Fehlqualifikationen, Fehlsozialisation, individuelle Defizite, Suchtverhalten, Motivationsschwächen.

In Abgrenzung von orthodox-neoliberalen Vorstellungen vom *schlanken Staat* und vollständiger Flexiblisierung stellt die neue Sozialdemokratie die Bedeutung der Beibehaltung des Sozialstaates heraus – schließlich leiste der Wohlfahrtsstaat einen wichtigen legitimatorischen Beitrag, »das Prinzip des Wettbewerbs zu akzeptieren« (Boss 2002, 1). Darüber hinaus stifte er im kommunitaristischen Sinne Gemeinschaftlichkeit, festige den Zusammenhalt der Gesellschaft. Kern der neoliberalen Reartikulation des sozialdemokratischen Projekts ist es, Ansprüche an den Sozialstaat, ungerechtfertigte Leistungen und entmoralisierende Verhaltensweisen durch eine Reorientierung auf Eigenverantwortung und Gemeinschaftlichkeit abzubauen und – wie Gramsci es ausdrückte – »die Moral der breitesten Volksmassen den Erfordernissen der ständigen Entwicklung des ökonomischen Produktionsapparates anzupassen [...] Aber wie wird es jedem einzelnen Individuum gelingen, sich in den Kollektivmenschen einzugliedern, und wie sich der erzieherische Druck auf die Einzelnen vollziehen, damit ihr Konsens und ihre Mitarbeit erreicht wird« (*Gef.* 7, 1544) – diese Kombination von Konsens und Zwang ist eine diskursive von Rechten und Pflichten. Es könne »nicht toleriert werden«, so Schröder und Blair in einem Positionspapier (1999), »wenn jemand einfach Geld vom Wohlfahrtsstaat nimmt ohne jeden Sinn für Verantwortung gegenüber der Gesellschaft«. Dies trifft auch auf die Zustimmung eines Arbeiterethos sowie rassistischer und chauvinistischer Einstellungen großer Teile der Bevölkerung, die nicht bereit sind, mit *ihrer* Arbeit über Sozialabgaben für das Auskommen nichtarbeitender *Ausländer*, *Asozialer*, *Studenten* und anderer *Faulenzer* aufzukommen. Der alte Sozialstaat verliert angesichts steigender Belastung der Lohneinkommen und gleichzeitiger Kürzungen der daraus erwachsenden Ansprüche breit an Zustimmung, was zur Entsolidarisierung zwischen Arbeitenden und Arbeitslosen, Alten und Jungen usw. führt.

Ein Sozialversicherungssystem, so Schröder und Blair weiter, »das die Fähigkeit, Arbeit zu finden, behindert, muss reformiert werden. Moderne Sozialdemokraten wollen das Sicherheitsnetz aus Ansprüchen in ein Sprungbrett in die Eigenverantwortung umwandeln« (ebd.). Hier kommen die Hartz-Gesetze ins Spiel: Die neue *Kundenorientierung* in den Ämtern hat zweifelsohne Vorteile gegenüber einer allzu oft von den Einzelnen absehenden Bürokratie, die Arbeitslose als *Störfälle* einer reibungslosen Verwaltung betrachtete – doch mit der scheinbaren Gleichstellung als Kunde verlieren die Betroffenen zugleich ihren Status als Rechtssubjekte und damit einen Anspruch auf existenzsichernde staatliche Leistungen. Der Appell an Eigeninitiative und -verantwortlichkeit ist an sich nicht falsch, die Vermittlung von Arbeitslosen besser als ihre bürokratische Verwaltung – beides sieht jedoch von den realen Bedingungen auf dem Arbeitsmarkt sowie von konkreten Arbeitsbedingungen v. a. im Niedriglohnsektor ab. Statt Menschen zur Selbstverantwortung zu befähigen, verkehrt der autoritäre Zwang diese zur permanenten Selbstdemütigung: Arbeit muss unter allen Umständen akzeptiert werden, sonst drohen Sanktionen. Der neoliberale Individualismus ist autoritär verordnet.

Die Elemente von Hartz sind bekannt: Verschärfung der Zumutbarkeitskriterien, Leistungskürzungen, Ausweitung der Leiharbeit, Subventionierung von Niedriglohn, Beschleunigung der Reintegration durch (Teil-)Privatisierung der Vermittlung von Arbeitlosen. Vermittlung wird über die Anwendung unternehmerischer Managementkonzepte betrieben: Im Rahmen einer *Neuen Freiwilligkeit* werden zwischen Vermittlern und Arbeitslosen individuelle Zielvereinbarungen getroffen. Eine Freiwilligkeit, die sich darauf beschränkt, eine angebotene Stelle anzunehmen, sich als Leiharbeiter zu verdingen oder einer anderen Maßnahme zur Reintegration in den Arbeitsmarkt teilzunehmen (bis zur Verrichtung so genannter *1-Euro Jobs*) – oder eben weitere Leistungskürzungen hinzunehmen. Für die Arbeitgeber winkt auf der anderen Seite die Möglichkeit zur Verwirklichung der *atmenden Fabrik*: die Zahl der beschäftigten Arbeitskräfte kann durch Leiharbeiter der jeweiligen Nachfrage flexibel angepasst werden. Um die Kernbelegschaften herum wird damit der Kündigungsschutz faktisch abgeschafft. Leiharbeiter können kostenlos auf Probe eingestellt werden, Langzeitarbeitslose können unterhalb der geltenden Tarife beschäftigt werden. Die Reformen setzen auf die neoliberalen Mechanismen der *Anreize*: positive Anreize für Vermittler und Unternehmen, negative für Arbeitslose. Dabei enthält die Abkehr von der ausschließlichen Kriminalisierung von Schwarzarbeit durch die Legalisierung von sozialabgabenfreien Niedriglohnexistenzen durchaus ein fortschrittliches Element, zugleich aber ist dies ein erheblicher Rückschritt, da damit auf eine Perspektive angemessener gesellschaftlicher Teilhabe durch Arbeit verzichtet und eine wachsende Gruppe der *labouring poor* – insbesondere von Frauen – staatlich organisiert wird.

Über die sprachpolitische Redefinition von Anspruchsberechtigten zu Kunden, von Niedriglohn zu Minijobs, von Scheinselbständigkeit zu Ich-AG, soll das Diskursfeld gegen die *Miesmacher* und *Bedenkenträger* hegemonial besetzt, Veränderungen in den Einstellungen und Praxen bewirkt werden. Damit soll von den tatsächlichen materiellen Verschlechterungen abgelenkt werden – das hat erfreulicherweise nicht ganz geklappt. Im Alltagsverstand ist ein Bewusstsein von erworbenen sozialen Rechtsansprüchen noch lebendig. Aber der Prozess der Prekarisierung schreitet voran. Letztlich sind die Einkommensunterschiede in der Bundesrepublik noch *zu gering*, »um das Dienen zu einem wesentlichen Erwerbszweig zu machen« (Mayer-Ahuja 2003, 310) und eine funktionierende polarisierte Dienstleistungsökonomie aufzubauen. Die Beispiele Großbritannien und USA zeigen aber, dass das durchaus funktionieren kann – sofern es nicht gelingt, aus dem wachsenden Protest eine breite, plurale linke Bewegung zu formen, die sich nicht mehr auf den Nationalstaat beschränkt.

Literatur

Boes, Andreas, 2002: »Neue Arbeitskrafttypen verfasste Mitbestimmung. Auseinandersetzungen in der IT-Industrie«, in: *Das Argument* 248, 44.Jg., 724–38

Brensell, Ariane, und Friederike Habermann, 2001: *Geschlechterverhältnisse – eine zentrale Dimension neoliberaler Hegemonie*, Rosa Luxemburg Stiftung, Berlin

Dörre, Klaus, 2002: *Kampf um Beteiligung*, Wiesbaden

Gramsci, Antonio, 1991 ff: *Gefängnishefte*, Bd.1–10 (*Gef.*), hg. v. Klaus Bochmann und Wolfgang F. Haug, Berlin-Hamburg

Hardt, Michael, und Antonio Negri, 2000: *Empire*, London. Dt. Frankfurt a. M./New York, 2002

Haug, Frigga, 1996: *Frauen-Politiken*, Berlin-Hamburg

Historisch-kritisches Wörterbuch des Marxismus, 1991 ff: Bd. 1–6, hg. v. Wolfgang F. Haug

Hochschild, Arlie Russel, 2001: Globale Betreuungsketten und emotionaler Mehrwert, in: Will Hutton und Anthony Giddens (Hg.): *Die Zukunft des globalen Kapitalismus*, Frankfurt a. M./New York

Mayer-Ahuja, Nicole, 2003: *Wieder dienen lernen? Vom westdeutschen »Normalarbeitsverhältnis« zu prekärer Beschäftigung seit 1973*, Berlin

PAQ – Projektgruppe Automation und Qualifikation, 1987: *Widersprüche der Automationsarbeit*, Berlin/Hamburg

Schröder, Gerhard, und Anthony Blair, 1999: »Der Weg nach vorne für Europas Sozialdemokraten«, in: *Blätter für deutsche und internationale Politik*, 7, 887–96

Young, Brigitte, 1998: »Genderregime und Staat in der globalen Netzwerkökonomie«, in: *Prokla* 111, 28.Jg., 175–98

Iris Nowak

Von mutigen Männern und erfolgreichen Frauen

Work-life-Balance in prekarisierten Verhältnissen

Mittlerweile hört man aus fast allen politischen Lagern die Rede von der notwendigen Vereinbarkeit von Familie und Beruf bzw. allgemeiner, von der *work-life-balance*. Zweifellos wird damit ein zentrales Problem der gegenwärtigen gesellschaftlichen Entwicklung aufgegriffen: In der Hektik der Selbstvermarktung, die uns alltäglich abverlangt wird, stellen die Pflege des persönlichen Genusses und die Herstellung befriedigender Beziehungen, die nicht der Marktorientierung folgen, sondern Platz geben für die Auseinandersetzung mit persönlichen Vorlieben und Problemen, fast schon einen Luxus dar. Zugleich sind solche Praxen eine grundlegende Notwendigkeit, da anderenfalls die alltäglichen Krisen, die der flexible Kapitalismus in unseren Leben produziert, kaum so verarbeitet werden könnten, dass wir darin handlungsfähig blieben. In der Entscheidung für oder gegen Kinder spitzt sich dieser Widerspruch zwischen der Aufforderung zur Selbstvermarktung und Beziehungen, die nicht (vollständig) der Effizienzlogik unterworfen werden können, weiter zu: Sich für das Aufziehen von Kindern verantwortlich zu erklären, muss fast schon als irrational betrachtet werden, wenn die lebenswerte Gestaltung der eigenen Existenz verschärft an den eigenen Markterfolg gekoppelt ist und dieser Erfolg als etwas gilt, dem man sich über lange Phasen vollständig hingeben soll. Die Verbindlichkeit, die das Aufziehen von Kindern den Einzelnen abverlangt, ohne dass es hierfür gesellschaftlich organisierte Unterstützung gibt, steht dieser Hingabe im Wege. Wie wir wissen, entscheidet sich trotzdem die Mehrzahl der Menschen für das *Wagnis Kind*. Offenbar betrachten sie dies trotz der Verhältnisse als Normalität und/oder sehen hierin gerade deshalb eine zusätzliche Lebensqualität, weil sie das Familienleben als einen Raum betrachten, der ihnen andere Entfaltungsmöglichkeiten eröffnet als die ewige Frage nach den Ansprüchen von Arbeit- und Auftraggebern. Und wie wir wissen, widerspricht es auch herrschenden Interessen, wenn immer mehr – vor allem hochqualifizierte – Deutsche auf eigene Nachkommen verzichten.

Von herrschender Seite wird mit der Rede von der Vereinbarkeit bzw. der Balance auf ideologischer Ebene daran gearbeitet, uns zu vermitteln, dass der Widerspruch zwischen befriedigenden (Liebes-)Beziehungen, Familiengründung und der Aufforderung zur Selbstvermarktung gar nicht existiert, bzw. durch ein paar kleine Veränderungen in Gesetzen, im Betriebsalltag und zu Hause ohne weiteres lebbar gemacht werden kann. Im Folgenden setze ich mich mit der medialen Darstellung dieser Rede auseinander und frage nach linken Perspektiven auf die darin erörterten Probleme. Ich werde zunächst mit Hilfe von Antonio Gramsci aufzeigen, wie die Kämpfe um Lebensweisen, die von der Masse der Menschen entwickelt werden, zu der Durchsetzung neuer Produktionsverhältnisse ins Verhältnis gesetzt werden können. Ich verdeutliche danach an einem konkreten Beispiel, wie ehemals radikale Gesellschaftskritik heute selbstverständlichen Eingang in den neoliberalen Mainstream gefunden hat, um anschließend danach zu fragen, ob linke Politik hierauf eine adäquate Antwort gefunden hat. Dabei schreibe ich unter der Perspektive, dass kritische Eingriffe in dieses Feld keinesfalls nur ein Anliegen von Eltern bzw. von Frauen sind. Sie dienen auch nicht nur dazu, die allgemeine Bereitschaft zur Familiengründung zu stärken. Vielmehr wird hier um Menschen- und Weltbilder gerungen, die den Einzelnen ein relativ widerstandsloses Einfügen in die marktorientierten Gesellschaftsstrukturen nahe legen. Ihre Zurückweisung stellt daher ein allgemeines Anliegen dar.

Lebensweise als zentrales Moment von Hegemonie

Gramsci arbeitet heraus, dass ein »bestimmter Produktionstyp [...] um fortgeführt und weiterentwickelt zu werden, eine bestimmte Lebensweise und folglich bestimmte Verhaltensregeln« verlange (H.8, § 153, 1028). Wenn eine fortschreitende Rationalisierung der Arbeitsformen und -methoden durchgesetzt werden solle, sei dafür die Entwicklung und Verallgemeinerung bestimmter Formen von Zusammenleben und Erziehung ebenso notwendig wie die Verallgemeinerung entsprechender Verhaltensnormen und alltäglicher Gewohnheiten. Die Ausbildung immer neuer Formen gesellschaftlicher Konformität, die sich auf alle Lebensbereiche bezieht, und die Kämpfe um diese sind ein zentrales Element der Weiterentwicklung kapitalistischer Gesellschaften. Im Prozess des Auftauchens solch neuer »Zivilisationstypen« sind Dimensionen von Zwang/Gewalt und der Herstellung von gesellschaftlichem Konsens unauflösbar ineinander verwoben. Ihre Durchsetzung geschehe zunächst als »Mechanisierung«, d. h. »durch brutalen Zwang«, wodurch die Massen »in die Hölle der Unterklassen« gestürzt oder ganz eliminiert würden. Für die »Anpassung an die neue Arbeit« werde »ein Druck auf den gesamten gesellschaftlichen Zusammenhang« ausgeübt (H.22, § 9, 2082). In diesem Sinne beschreibt

Gramsci im Zuge seiner Fordismusanalyse die Einflussnahme von Industriellen und vom Staat auf das Leben der Arbeitenden, die auf die Durchsetzung einer puritanischen Sexualmoral und die Beschränkung des Alkoholkonsums abzielte, als zunächst gewaltförmigen Eingriff. Zugleich diskutiert er diese Anpassung als einen Prozess, der notwendigerweise eine selbsttätige Aktivität der Individuen darstellt. Eine neue Lebensweise oder eine »neue Zivilisation« (H. 3, § 10, 340) könne nur von jenen gefunden werden, »deren Schicksal an die neuen Methoden gebunden ist« und die »materiellen Grundlagen dieser neuen Ordnung« (ebd.) schaffen. Dass dies in Amerika sehr viel schneller und reibungsloser funktionierte als in Europa, betrachtet Gramsci als eine wesentliche Voraussetzung für die ökonomische Vorherrschaft Amerikas. Die Umformung der individuellen Haltungen und Gebräuche der Arbeitenden und die selbsttätige Veränderung ihrer Lebensweise stellt dabei sowohl einen Moment verschärfter Unterwerfung als auch den Ansatzpunkt für Befreiung dar: Gramsci stellt der erfolgreichen Anpassung an die neuen Arbeitsmethoden den vollständigen »physiologischen Zusammenbruch« (H. 22, § 11, 2087) gegenüber, bzw. spricht mehrmals von der massenhaften Eliminierung der Arbeitenden. Damit verdeutlicht er den extremen Zwang, unter dem die Arbeitenden daran arbeiten müssen, die neuen Anforderungen zu inneren Haltungen werden zu lassen. Zugleich betont er, dass von den Arbeitenden ein neues »Lebenssystem« gefunden werden müsse, »um ›Freiheit‹ werden zu lassen, was heute ›Notwendigkeit‹ ist« (H. 22, §15, 2099). Auf diese Weise betrachtet er die selbstbestimmte, kollektive Auseinandersetzung mit der beschriebenen Notwendigkeit einer verallgemeinerbaren Lebensweise als einen wesentlichen Ausgangspunkt emanzipatorischer Praxen. Der Ausbildung von herrschaftsförmiger Konformität setzt er keinesfalls die Vorstellung eines besonders ausgeprägten Individualismus bzw. einer möglichst weitreichenden individuellen Selbstbestimmung entgegen. Das, was notwendig ist, zu »Freiheit« zu machen, erläutert er wie folgt: Subalterne Gruppen müssen, um Handlungsfähigkeit zu entwickeln, dagegen kämpfen, dass ihnen Prinzipien und Bewusstseinsformen von anderen angetragen werden, anstatt dass sie diese autonom und initiativ gestalten. Bei der Entwicklung eines selbstbestimmten, autonomen Bewusstseins sind nicht alle von außen bisher angetragenen Elemente einfach abzulehnen. Aus ihnen »Freiheit« zu machen, hieße statt dessen, sich kollektiv eine Vorstellung über die eigene Verortung in gesellschaftlichen Prozessen zu erarbeiten und auf dieser Grundlage selbstbestimmt »anzuerkennen«, welches Notwendigkeiten sind, denen man sich gerade gegenüber sieht, und wie man diese gestalten will (H. 8 § 152, 1027).[1] Zur

1 Hierzu gehört auch eine Reflexion darüber, dass die Wahrnehmung bestimmter Verhältnisse als »natürliche« ein Produkt gesellschaftlicher Verhältnisse ist und keinesfalls einer überhistorischen Erkenntnis unterliegt (vgl. ebd., 1026).

Entwicklung einer emanzipatorischen Perspektive (für die eigene Gruppe ebenso wie für Gesellschaft) gehört so betrachtet, sich über neue Formen des Zusammenlebens auseinander zu setzen und dabei den konkreten historischen Entwicklungsstand von Gesellschaft ebenso zu berücksichtigen wie die eigene Positionierung darin.

Der im Folgenden vorgestellte *Stern*-Artikel stellt einen ideologischen Eingriff in das Ringen um hegemoniale Vorstellungen über die richtige Lebensweise dar. Dabei ist es zweifellos nicht die primäre Aufgabe von Zeitschriften wie dem *Stern*, zu einer emanzipatorischen Entwicklung der Fähigkeiten subalterner Gruppen beizutragen. Die Zielsetzung des möglichst großen Absatzes der Zeitschrift lässt vielmehr darauf schließen, dass die Artikel in erster Linie anschlussfähig sein sollen an Probleme, die den potenziellen LeserInnen unter den Nägeln brennen. Solchen Artikeln können daher Hinweise auf Erfahrungen und Denkweisen entnommen werden, die bei dem angesprochenen Massenpublikum stark verbreitet sind. Deren Erörterung muss dabei leicht verdaulich bleiben und zugleich die Erwartung nähren, dass hierüber so viel Neues zu erwarten ist, dass der Spannungsbogen beim Lesen bis zuletzt aufrechterhalten bleibt.

Welcher Stress frisst wessen Liebe?

Die Überschrift des Artikels lautet *Partnerschaft: So meistern Sie die Krisen. Stress frisst Liebe.* Der Untertitel verspricht uns, dass wir erfahren werden, wie wir die »Balance zwischen Berufs- und Privatleben« wiederfinden können. Die Aufmachung verweist damit auf die Konflikte, denen sich die Einzelnen gegenüber sehen, wenn sie trotz der Anforderungen eines hochflexiblen Kapitalismus darum ringen, ihre Liebesbeziehung erfüllend zu gestalten. Spontan wird jeder nachvollziehen, dass die Orientierung des gesamten Lebens am Bedarf (potenzieller) Arbeit- oder Auftraggeber im Widerspruch zu Sinnlichkeit und Vertrauen und anderen Qualitäten, die mit den Begriffen *Liebe* und *Partnerschaft* mitschwingen, steht. Zugleich macht dieser Titel deutlich, wer aufgefordert ist, mit den Widersprüchen zwischen den beiden Bereichen einen Umgang zu finden: »Sie«, also wir als LeserInnen. Der Artikel beginnt mit der Beschreibung eines Paares, bei dem die Frau, Stefanie, nach der Geburt des zweiten Kindes ihre Arbeit, die ihr Spaß macht, aufgibt, weil der Mann, Martin, schlichtweg klarstellt: Weder Erziehungsurlaub noch Teilzeit kämen für ihn in Frage. Er wird zitiert: »Ist doch schön, einfach nur Mutter zu sein?« (Stoessinger, 2003, 86)[2] Sofort wird Stefanies Empörung hierüber artikuliert: »Einfach? Nur?« Natürlich sei ihr dies als »gut ausgebildeter und ambitionierter

2 Soweit nicht anders angegeben, beziehen sich die folgenden Seitenangaben auf diese Quelle.

Frau« zu wenig. Sie will mit dem gleichen Maßstab ihr Leben gestalten können wie ihr Mann, dem es ja auch viel zu wenig wäre, nur Vater zu sein.

Die Übernahme der individuellen Empörung von Stefanie und damit der feministischen Kritik am traditionellen Frauenbild ist ein wesentliches Kennzeichen des Artikels. So wird anschließend Hans-Peter Blossfeld als Soziologe dahingehend zitiert, dass Frauen heute gleichermaßen berufstätig sein wollen wie Männer, aber dass ihnen, selbst wenn sie dies annähernd schaffen, immer noch allein die Verantwortung für die Hausarbeit übertragen wird. Eine Änderung dieser Verhältnisse würde, so heißt es, der »männlichen Rollendefinition« (88) zuwider laufen. An anderer Stelle wird gefragt, warum es überhaupt so sei, dass die Geburt von Kindern quasi naturgegeben zur Krise führe. Antwort: »Weil die Hochgeschwindigkeitsbedingungen unserer Arbeitswelt das alte Familienmodell voraussetzen.« (96) Ich erinnerte mich bei der Lektüre dieses Satzes daran, dass eine ganz ähnliche Aussage in einem von mir geschriebenen Artikel zu Familie im Neoliberalismus auftaucht (vgl. Nowak, 2002). Dort wollte ich verdeutlichen, dass die gegenwärtige Lohnarbeitswelt so strukturiert ist, dass nur jene, die ganz ohne konkrete Verantwortung gegenüber anderen leben, flexibel und mobil genug sind, um sich den Strategien ihrer Unternehmen vollständig verschreiben zu können. Weiter führte ich aus, dass diese Anforderung von den Geschlechtern unterschiedlich gelebt wird: Männer können verschärfte Leistungsanforderungen und Familie tendenziell eher vereinbaren, indem ihr familiärer Hintergrund von Frauen organisiert wird, die hierfür auf entsprechende Flexibilität verzichten. Hingegen ist Frauen die Teilhabe an anspruchsvoller, gut bezahlter Arbeit und hohen Posten fast nur dann möglich, wenn sie auf eigene Kinder verzichten oder die Verantwortung für diese an andere – meist un- oder unterbezahlte Frauen – delegieren können. Der *Stern*artikel wirkt spontan so, als würde er solche Argumentationsweisen in nur leicht abgeänderter Form übernehmen. Nach der eben zitierten Stelle wird erläutert, dass das alte Familienmodell aus dem Arbeitsmann und der Familienfrau und damit klassischer Rollenverteilung bestehe, die so nicht mehr akzeptabel sei. Verwiesen wird auf unzureichende Rahmenbedingungen für Kinderbetreuung in Deutschland mit zu wenigen Plätzen und zu geringen Öffnungszeiten. Anschließend wird wieder der Soziologe Bossfeld zitiert:

> Im Gegensatz zu den Männern, die ihre Priorität im Beruf und ihrer Ernährerrolle sehen, leben Frauen in einem ständigen Konflikt. (96)

Zwar weist er auch darauf hin, dass von Frauen erwartet würde, dass sie einerseits arbeiten gehen. Andererseits sollen sie sich jederzeit den Änderungen in der Familie anpassen. Und doch macht das letzte Zitat eine feine, aber wesentliche Verschiebung gegenüber der angerissenen feministischen Analyse des Zusammenhangs zwischen veränderten Arbeitsverhältnissen und altem Familienmodell: Bossfeld lenkt den Fokus auf die Haltung der Männer. In seiner Darstellung sind die vorgeführten Konflikte in erster Linie eine Frage ihrer Prioritätensetzung und ihrer Selbstbilder. Eine solche Problematisierung männlicher Identitäten stellt das zentrale Thema des gesamten Artikels dar. So etwa, wenn aus dem Buch eines Paartherapeuten eine Familie geschildert wird, in der aufgrund des ungelösten Hausarbeitsproblems quasi keine Kommunikation mehr stattfindet. Die Sicht des Mannes wird uns erläutert, der unter der Entfremdung von Familie und Partnerin persönlich leide. Hierzu führt der Therapeut aus, dass »Männer durch betriebliche Anforderungen zu Eltern zweiter Klasse degradiert« würden (90), wobei sie selber hieran einen erheblichen Anteil hätten, wie er sofort betont. Dies habe mit »jahrhundertealten Mechanismen« in Form von typischer »Männerideologie« zu tun, die besage, dass Männer Erwerbsarbeit immer an erste Stelle setzen müssten und niemals Erziehungsurlaub nehmen dürften. Die »Frauenideologie«, dass Mütter immer die wichtigste Bezugsperson für Kinder seien, wird kurz erwähnt, aber nirgendwo weiter aufgegriffen.

Konsequent werden uns entsprechende Lösungen für die vorgestellten Paarkonflikte präsentiert: Hierzu gehören *Coaching*-Kurse, in denen Paare »Einsicht in die alten, langlebigen Mechanismen« (90) bekommen, lernen, sich zu verbünden, anstatt sich gegenseitig zum Feind zu machen und schließlich durch das strukturierte Planen der eigenen Zeit – der Familienzeit, der Zeit für das Paar, die Zeit für sich allein – solidarische Umgangsformen miteinander zu entwickeln. Als weitere Lösung wird uns *work-life-balance* als Strategie von Unternehmen präsentiert, die ihre Mitarbeiter darin unterstützen, Privat- und Berufsleben miteinander zu vereinbaren. Der Begriff stellt *Arbeit* auf die eine und *Leben* auf die andere Seite. Vorausgesetzt wird, dass Bedürfnisse in der Lohnarbeit so eingeschränkt befriedigt werden können, dass die hier verbrachte Zeit offenbar wenig mit lebendigem Menschsein zu tun hat. Im Unterschied zu den allgegenwärtigen Ideologien über den hohen Stellenwert der Lohnarbeit für die persönliche Selbstverwirklichung wird hier nicht nur die Erfahrung aufgegriffen, dass es die Notwendigkeit eines Ausgleichs gibt. Darüber hinaus wird dieser Raum des Ausgleichs als der Ort artikuliert, in dem das eigentliche Leben stattfinden kann. Zielsetzung, so wird deutlich benannt, sind zufriedenere und damit bessere Mitarbeiter und sozial kompetentere Führungskräfte (98). Zu den empfohlenen Maßnahmen gehören: Betriebskindergärten, Eltern-Kind-Zimmer, Teilzeitarbeit, Telearbeit und schließlich die Tätigkeit der *Diversity-Manager* vor Ort in den Betrieben, die dahingehend zitiert werden, dass sie die Familienintegration der Männer als wesentliche Herausforderung von *work-life-balance* betrachten. Exemplarisch wird uns im Artikel zuletzt ein Fallbeispiel geschildert, in dem der Mann, Alexander, auf Geld und Karriere verzichtet und sich mit Erwerbslosigkeit und Teilzeitarbeit abgefunden hat, um es der Frau, Claire, zu ermöglichen, trotz Geburt des Kindes als Flugkapitänin Karriere zu machen. Der Artikel stellt uns diese Lösung als beispielhaft dar. Zugleich wird herausgestellt: Das vorgestellte Paar sei die Ausnahme, und:

> Psychologen vermissen die Zivilcourage, den Mut, familiäre Notwendigkeiten auch mal in den Vordergrund zu stellen, sich abzugrenzen von den beruflichen Erwartungen und Zwängen. (100)

Noch einmal wird der Therapeut dahingehend zitiert, dass Männer lernen müssen, Bedürfnisse nach Selbstverwirklichung im Beruf und in der Beziehung miteinander abzustimmen, so dass aus ihrem Leben »ein Ganzes« werde. Hierzu, so der letzte Satz des Artikels, gehöre dann eventuell entsprechendes Streiten innerhalb des Paares.

Wenn man den Artikel als Auskunft darüber liest, welche Auffassungen von der Welt und den individuellen Problemen und Handlungsoptionen bei dem angesprochenen Publikum offenbar stark genug verbreitet sind, dass der *Stern* sie aufgreift, sind folgende Qualitäten des Artikels bemerkenswert: Die Frage einer glücklichen Partnerschaft wird ohne Einschränkung auf die Ebene der innerfamiliären Arbeitsteilung zwischen Mann und Frau verschoben. Dabei werden die Frauen vollständig in ihrem Wunsch bestärkt, das traditionelle Frauenbild der Nur-Hausfrau hinter sich zu lassen. Zweitens wird ein Bild gezeichnet, in dem Selbstveränderung für Männer ein zwar konfliktreicher, aber lohnenswerter Schritt sei, um mehr Lebensqualität zu erreichen. In Sinne Gramscis kann man davon sprechen, dass der Artikel es als Notwendigkeit darstellt, dass gegenüber männlichen Denk- und Verhaltensmustern eine reflektierte Haltung eingenommen wird und im (Beziehungs-)Alltag eine kontinuierliche explizite Auseinandersetzung mit ihnen (unter professioneller Begleitung) stattfinden muss. Dabei stellt sich die Frage, wie sich die spontane Zustimmung zu diesem Artikel bei unterschiedlichem Publikum in unterschiedlicher Form auswirkt: Jene Maßnahmen, die tatsächlich Verbesserungen für die zeitlichen Spielräume von Eltern beinhalten (die Organisation der Kinderbetreuung), leisten sich nur große bzw. erfolgreiche Unternehmen für ihre hochqualifizierten Mitarbeitenden. Der Artikel spricht daher vermutlich eher »gut ausgebildete und ambitionierte« Frauen (wie Stefanie) und/oder deren Partner an. Die vorgeschlagenen Haltungen und Praxen stellen sich in ihrer Lebenssituation möglicherweise organisch als sinnvolle Antwort auf die darin erfahrenen Widersprüche und Handlungsmöglichkeiten dar. Die herrschende Wirtschafts- und Arbeitsmarktpolitik sieht allerdings vor, Tätigkeiten im Niedriglohnsektor in sozial ungesicherten Arbeitsverhältnissen auszubauen und ihre Akzeptanz durch die Arbeitenden repressiv durchzusetzen. Dass die Geschlechter von (drohender) Arbeitslosigkeit und Armut, Niedrigeinkommen und der Notwendigkeit, mehrere Jobs nebeneinander schaffen zu müssen, unterschiedlich betroffen sind, kommt in dem Artikel nicht vor. Insofern kann auch die Relevanz dieser Phänomene für innerfamiliäre Machtverhältnisse und Aushandlungsprozesse nicht Gegenstand des Artikels sein. Stattdessen bilden die gut bezahlten Jobs der Frauen die Voraussetzung dafür, dass sie vehement gegenüber ihren Männern auftreten. Dies legt andersherum nahe, dass Arbeitslosigkeit von Frauen oder deren niedrige Löhne es legitimieren, Gespräche über Selbstbestimmung und gleichberechtigte gesellschaftliche Partizipation gar nicht mehr zu führen. Für ökonomisch weniger erfolgreiche Frauen kann die Übernahme solcher Ideologien daher eine eher blockierende Wirkung haben.

Auch darüber hinaus lohnt sich eine genauere Analyse, welche Handlungsmöglichkeiten und Subjektpositionen in dem Artikel für die betroffenen Frauen und Männer vorgesehen sind. Was in der Argumentationsweise des Artikels anklingt, ist die in gesellschaftskritischen Zusammenhängen stark gemachte Erkenntnis, dass die Reproduktion von Herrschaft nicht nur etwas sei, das von oben nach unten bzw. allein durch die ökonomischen Strukturen einer Gesellschaft reproduziert wird. Vielmehr arbeiten die Einzelnen bei der Gestaltung ihres Alltags und der Entwicklung ihrer Selbstbilder hieran unentwegt mit. Ähnlich wie in dekonstruktivistischen und subjektorientierten Ansätzen wird im *Stern* die alltägliche Arbeit an der eigenen Identität als Mann oder Frau problematisiert. Die Arbeit hieran – vor allem an der männlichen Variante – wird zum Ausgangspunkt für die Befreiung von traditionellen Zwängen und damit für die Verbesserung der eigenen Lebensqualität.

Theoretische und politische Ansätze, die die Eigenständigkeit kultureller Phänomene gegenüber einem orthodoxen Marxismus mit simplem Basis-Überbau-Denken stark machten, stellten historisch einen wichtigen Eingriff in linke Theorie und Praxis dar. Anhand des *Stern*-Artikels wird allerdings das Problem deutlich, das entsteht, wenn die Produktion kultureller Selbstbilder und Praxen losgelöst vom gesellschaftlichen Kontext betrachtet wird: Wenn man nicht ebenfalls aus einem kritischen Anspruch heraus Auffassungen davon entwickelt, wie sich Menschen mit der Produktion von kulturellen Identitäten und Lebensentwürfen im gesellschaftlichen Prozess der Produktion von Leben und Lebensmitteln verorten, können kritische Diskurse relativ problemlos für die Stabilisierung herrschender Verhältnisse vereinnahmt werden. Diese Leerstelle macht sie anschlussfähig an (im *Stern*-Artikel exemplarisch vorgeführte) aktuelle Familiendiskurse, die in ihrer Gesamtargumentation im fundamentalen Widerspruch zur Entwicklung solidarischer Lebensweisen stehen. Die Arbeitswelt, die in Hochgeschwindigkeit funktioniert, und die fehlenden Kindergartenplätze tauchen lediglich als Rahmenbedingungen auf, die so unveränderbar sind, dass sich das Nachdenken über sie nicht lohnt. Hiervon getrennt und ihnen untergeordnet wird das Private als der Bereich vorgeführt, in dem die dadurch entstehenden Widersprüche und Konflikte gelöst werden sollen. Zu diesem Zweck soll die Kommunikation im Paar verbessert werden. Dabei wird die feministische Erkenntnis, dass die starke Selbstdefinition von Männern über Lohnarbeit sowohl für die Befreiung von Frauen als auch für die Entwicklung lebenswerter sozialer Beziehungen blockierend wirkt, ein zentrales Moment der Argumentation. Sie wird so gewendet, dass mit ihr die Privatförmigkeit des Bereiches der Sorge für andere und daran geknüpfte Herrschaftsverhältnisse in neuer Weise festgeschrieben werden: Beide Geschlechter sollen nun tendenziell zu hochkommunikativen und sehr konfliktfähigen Individuen werden. Hohe soziale Kompetenzen sollen sie befähigen, jederzeit die notwendigen flexiblen Lösungen für die Organisation von Fürsorgearbeit zu suchen. Entsprechend sollen sie ihre vergeschlechtlichte Identität, die an die unterschiedlichen Formen von Arbeit geknüpft ist, durch entsprechende Selbsttechnologien in Bewegung bringen. Sofern dies auch den Männern gelingt, sind sie die neuen Helden (die *Zivilcourage* und *Mut* besitzen). Den Frauen wird grundsätzlich eine Berechtigung auf gleichberechtigte Partizipation an Gesellschaft zugesprochen. Darüber hinaus tauchen sie als Wesen auf, deren reale Möglichkeit der Lebensgestaltung vollkommen davon abhängig bleibt, dass die persönliche Veränderung der Männer gelingt. Die Zielsetzung der Geschlechtergerechtigkeit dient so als Vehikel, um das Schicksal von Frauen in verschärfter Form an die emotionale Auseinandersetzung mit dem eigenen Ehemann zu binden und zugleich eine weitere Variante des neoliberalen Eigenverantwortungsdiskurses festzuschreiben: Das heterosexuelle Paar wird als Einheit gedacht, dem es bei genügender Anstrengung (hinsichtlich der Erarbeitung der eigenen Konflikt- und Veränderungsfähigkeit) gelingen wird, in idealer Weise für das persönliche Glück zu sorgen. Probleme der Kinderbetreuung werden durch erfolgreiches Zeitmanagement innerhalb der Beziehung gelöst. Dieses Paar ist eingebunden in inwertgesetzte Beziehungen (zum *Coach* und zum Unternehmen mit *Diversity-Management*) und in die Familie (in Form der Oma, deren Kinderhüten ein Element des Paarmanagements wird). Darüber hinaus existiert keine Form von Kollektivität oder Gesellschaftlichkeit, deren hinderliche oder förderliche Bedeutung in den inneren Veränderungsprozess einbezogen werden müsste.

Ich habe an anderer Stelle ausgeführt, worin die problematischen Übereinstimmungen zwischen aktuellen feministischen Diskursen zum Thema Arbeit, Familie und Geschlechterverhältnisse und einer Weltauffassung liegen, wie sie der *Stern*-Artikel nahe legt. Perspektivisch zielen die feministischen Vorschläge zwar auf eine andere Gestaltung von Gesellschaft. Sie sehen eine neue staatliche Regulierung und Finanzierung von Sorgearbeit und eine notwendige Verschiebung des Verhältnisses zwischen öffentlich und privat als zentrale Elemente vor. Doch im Hinblick auf die Frage, durch welche gesellschaftlichen Kräfte solche Veränderungen vorangebracht bzw. blockiert werden und welche Veränderungen im Alltag(-sverstand) der Masse dafür notwendig sind, kann der oben aufgezeigte Diskurs nahezu vollständig an feministische Kritik an den hiesigen Verhältnissen anschließen: Auch in den feministischen Diskursen zur Frage von Arbeits- und Sozialpolitik wird die Veränderung der Männer als Ausgangspunkt für gesellschaftliche Veränderung zugunsten der Frauen vorgeführt. Komplementär hierzu wird eine notwendige Veränderung der Haltungen und Praxen von Frauen, ihre notwendige kollektive Organisierung u.ä. nicht diskutiert. Sie werden als bereits emanzipierte Subjekte gedacht, die durch überkommene staatliche Regelungen und von der Macht des Kapitals in der Entfaltung einer lebenswerten Welt behindert werden (vgl. Nowak 2004a und b). Darüber hinaus werden die erstrebenswerten zukünftigen Entwicklungen auch von feministischer Seite oft als eine bessere Vereinbarkeit von Familie und Beruf artikuliert. Damit werden die komplexen Vorschläge für eine alternative (staatliche) Regulierung zwar in eine Losung gegossen, die es spontan nachvollziehbar macht, welche Erleichterungen hiervon für die Einzelnen zu erwarten wären. Doch zugleich wird es damit fast unmöglich, kritisch in die oben vorgeführte Vorstellung einzugreifen. Vielmehr werden *Familie* (bzw. das Private) und der *Beruf* (bzw. jene Tätigkeiten, die nach Effizienzlogik organisiert sind) als zwei klar voneinander getrennte Bereiche erneut festgeschrieben, die lediglich in neuer Form zu *vereinbaren* sind. Damit gerät aus dem Blick, dass beide Bereiche ihre bisherigen Formen verlieren und in neuer Weise zueinander angeordnet werden müssen, damit neue geschlechtergerechte Lebensformen möglich werden. Wie entsprechende menschliche Praxen gestaltet werden können, ist offen. Linke Politik müsste zu Lernprozessen beitragen, in denen alltägliche Konflikte, wie sie im *Stern*-Artikel neoliberal überhöht aufgegriffen werden, nicht mehr als Frage einer neuen Familienpolitik abgehandelt werden. Vielmehr muss es darum gehen, die Lebensqualitäten, die uns mit *work-life-balance*-Konzepten und mit Empfehlungen zum *Coaching* und Zeitmanagement versprochen werden (die demokratisch gestaltete Sorge für andere, ausreichende Zeit für Auseinandersetzungen in persönlichen Beziehungen und Muße für (konfliktreiche) Selbstveränderungsprozesse), als etwas herauszuarbeiten, das eine andere Form der gesellschaftlichen Produktion von Lebensbedingungen, -mitteln und von menschlichem Leben voraussetzt. Das Problem ist allerdings, dass dort, wo es um kritische Analysen und Interventionen im Bereich der ökonomischen Regulierung geht, Fragen nach solchen Alltagspraxen oft wegfallen. In diesem Sinne bleibt von linker Seite meist unbearbeitet, wie sozial- und arbeitspolitische Reformvorschläge in Diskussionen um neue Praxen eingebettet sind, in denen die Sorge um das Wohl und die Lebensqualität der Einzelnen Priorität besitzt. Ebenso außen vor bleiben damit zusammenhängende Veränderungen individueller Selbstbilder und Verhaltensnormen.

Prekarisierung als Frage nach der Lebensweise?

Im Laufe des Jahres 2004 entwickelte sich in (Teilen) der deutschen[3] Linken ein zunehmendes Interesse an Diskussionen um Prekarisierung. Der Begriff der Prekarisierung trägt in seinem Zentrum den Verweis darauf, dass es gegenwärtig zu einer allgemeinen Verunsicherung und Flexibilisierung der Reproduktionsbedingungen kommt. Insofern ließ die wachsende Aufmerksamkeit für ihn darauf hoffen, dass die Alltagspraxen, in denen die Reproduktion der Arbeitenden konkret organisiert ist, in den Mittelpunkt politischer Auseinandersetzungen rücken und zugleich ins Verhältnis zu aktuellen Entwicklungstendenzen des Kapitalismus gesetzt werden. Im Folgenden soll überprüft werden, inwiefern diese Hoffnung erfüllt worden ist.

Das neue Interesse an prekarisierten Arbeitsbedingungen verweist darauf, dass eine weitgehende Fragmentierung der Masse der Arbeitenden stattgefunden hat und dies zu unterschiedlichen individuellen und kollektiven Handlungsmöglichkeiten führt. Entsprechend wird eine erhöhte Aufmerksamkeit für *jede* Form von Kämpfen gegen niedrige Löhne, schlechte Arbeitsbedingungen und unzureichenden Zugang zu sozialen Einrichtungen hergestellt bzw. eingefordert. Der Begriff der Prekarisierung soll zugleich eine allgemeine Tendenz gesellschaftlicher Entwicklung zum Ausdruck bringen, von der – wenn auch in unterschiedlicher Form – alle Lohnabhängigen betroffen sind. Prekarisierung beginne nicht erst da, wo absolute Armut und totaler gesellschaftlicher Ausschluss herrscht (Dörre et al. 2004, 380). Vielmehr sind auch diejenigen, die sich noch in *normalen* Beschäftigungsverhältnissen befinden, zunehmend mit der Bedrohung durch nicht-existenzsichernde Einkommen, fehlende soziale und arbeitsrechtliche Sicherheit und geringe gesellschaftliche Anerkennung der eigenen Tätigkeit konfrontiert. *Normale* oder sichere gesellschaftliche Positionen können rasch in ungesicherte umschlagen. In den neuen Bestimmungen des Begriffs Prekarität wird diese daher nicht mehr als eine Beschäftigungsform betrachtet, die von einer vorherrschenden gesellschaftlichen Norm abweicht.[4] Zwar sei »Prekarität« eine »relationale Kategorie, deren

3 In Frankreich und Italien hat die Politik um Prekarisierung und die wissenschaftliche Auseinandersetzung hiermit bereits eine längere Tradition.

4 Ursprünglich gewann der Begriff der prekären Beschäftigung als sozialwissenschaftliche und politische Kategorie Anfang der 1980er Jahre an Bedeutung. Mit ihm wurden Arbeitsverhältnisse beschrieben, die nicht dem entsprachen, was man gemeinhin als Normalarbeitsverhältnis bezeichnet: Eine unbefristete Erwerbstätigkeit, deren reguläre Arbeitszeit zuletzt etwa bei 40 Wochenstunden lag und mit der eine ausreichende soziale Absicherung im Falle von Krankheit und Alter einherging; ebenso das Recht, bei Arbeitslosigkeit durch staatliche Unterstützung den eigenen Lebensstandard weitgehend erhalten zu können, tarifliche Absicherung der Einkommen und Mitbestimmungsmöglichkeiten.

Aussagekraft von der Definition gesellschaftlicher Normalzustände abhängt« (Dörre et al. 2004, 380 f). Zugleich ist Prekarität nicht einfach als ein Mechanismus des Ausschlusses von den vorherrschenden *normalen* Praxen einer Gesellschaft zu verstehen. Vielmehr findet eine »Korrektur des Integrationsstandards« statt:

> Prekarisierung bedeutet nicht das Ende gesellschaftlicher Integration; sie macht den Übergang zu einer autoritären Kapitalismusvariante jedoch wahrscheinlicher. (ebd., 394)

Ähnlich fasst Bourdieu Prekarisierung als

> Teil einer neuartigen Herrschaftsnorm, die auf die Errichtung einer zum allgemeinen Dauerzustand gewordenen Unsicherheit fußt und das Ziel hat, die Arbeitnehmenden zur Unterwerfung, zur Hinnahme ihrer Ausbeutung zu zwingen (1998, 100).

Die Gruppe *Blauer Montag* formuliert, dass Prekarität zur neuen Norm bzw. zu einem »Kampfverhältnis« wird, innerhalb dessen historisch neu definiert wird, »was als Norm für Arbeitsverhältnisse zu gelten hat« (1996, 97). Gegenüber traditionellen Politikformen deutscher Gewerkschaften stellt diese vermehrte Sichtbarmachung prekärer Arbeitsverhältnisse und der unterschiedlichen Widerstandsformen der Betroffenen einen wichtigen Eingriff dar: Auf die Politik um Arbeit wird eine Perspektive entwickelt, in der diese nicht mehr darauf begrenzt ist, die Situation der weißen männlichen normal arbeitenden *Stammbelegschaft* zu verbessern bzw. zu sichern. Diskutiert wird stattdessen, wie sich die Bedingungen für linke Politik und solidarisches Handeln durch die Fragmentierung von Arbeitsverhältnissen grundlegend verändert haben. Auch die Arbeit der Sorge erhält nun in spezifischer Weise neue Aufmerksamkeit: Da der Anspruch besteht, alle Formen prekär Beschäftigter in gleicher Weise zu Wort kommen zu lassen, sind in entsprechenden Veröffentlichungen und Tagungen im Regelfall auch Beiträge von Migrantinnen vorgesehen, die in Deutschland in Privathaushalten Haus- und Pflegearbeit gegen Bezahlung leisten. In Deutschland gaben im Jahr 2000 ca. 3 Mio. Privathaushalte an, regelmäßig eine Putz- oder Haushaltshilfe zu beschäftigen, wobei Ausmaß der Tätigkeiten und die dahinter stehende Zahl der Beschäftigten schwer einzuschätzen sind (Schupp 2002). Es wird geschätzt, dass über 90 % von ihnen Migrantinnen sind (Lutz 2002, 88). Eine solche Unterstützung der Paare bei der Organisation moderner Hausangestellter ist auch in den *work-life-balance*-Konzepten ausdrücklich vorgesehen. Wenn man auf die Lebensweisen der Migrantinnen blickt, wird noch einmal aus anderer Perspektive deutlich, dass die oben analysierte Darstellung der Probleme moderner Frauen im Hinblick auf die Betreuung ihrer Kinder nicht verallgemeinerbar sind: Migrantinnen leben nicht selten in transnationalen Familienformen, d. h. sie gehen in die Migration, um durch die erzielten Einkünfte als Hausarbeiterinnen das Leben ihrer Kinder finanziell abzusichern. Letztere verbleiben dabei häufig in den Heimatländern, wo sie wiederum von anderen Frauen (in der Familie oder sozialen Netzwerken zur Unterstützung der Migrantinnen) aufgezogen werden (ebd.). Stärker als in anderen europäischen Ländern wird in Deutschland die Wachstumsindustrie der migrantischen Hausarbeiterinnen, die durch einen höheren Anteil älterer Menschen sowie durch verstärkte Berufstätigkeit von Frauen entsteht, in staatlicher Politik und öffentlichen Diskursen unsichtbar gemacht. Sofern die Politik um Prekarisierung eine größere Öffentlichkeit für die Lebens- und Arbeitsverhältnisse von Migrantinnen herstellt und deren Möglichkeiten zur kollektiven Organisierung unterstützt, ist dies daher von großer politischer Bedeutung.

Problematisch ist allerdings, dass über diese Thematisierung einer spezifischen Gruppe von Beschäftigten hinaus oft keine systematische Auseinandersetzung mit der gesellschaftlich notwendigen Arbeit der individuellen Reproduktion der Arbeitenden stattfindet. Das politische Terrain, das durch den Begriff der Prekarität konstituiert wird, ist in dieser Hinsicht durch ähnlich enge Grenzen geprägt, wie die traditionelle gewerkschaftliche Politik, die auf den Erhalt der Privilegien des Normalarbeitsverhältnisses fixiert war. In weiten Teilen der linken Diskussion um Prekarisierung wird darauf verzichtet – z. T. trotz gegenteiliger Willensbekundung –, die traditionelle Begrenzung des Begriffs der Arbeit auf Lohnarbeit aufzuheben. Die Frage, in welchen sozialen und familiären Kontexten die Prekarisierten außerhalb der Lohnarbeit leben, wird im Regelfall nur im Hinblick auf Frauen diskutiert. Dabei gehört die Kritik an den neuen Hierarchien in linken nicht-feministischen Zusammenhängen zum guten Ton, allerdings ohne dass die private Organisation eines Teils der gesellschaftlich notwendigen Arbeit als allgemeines Problem artikuliert wird. Das, was die Arbeitenden außerhalb ihrer Lohnarbeitsverhältnisse tun, ist selten Gegenstand von Auseinandersetzungen um Prekarisierung. Prekär Beschäftigte tauchen in entsprechenden Analysen oft als Wesen auf, die keine sozialen Kontakte außerhalb ihrer Lohnarbeit(-skämpfe) haben und brauchen. So diskutiert beispielsweise die Gruppe *Blauer Montag* in einem frühen Beitrag zur Erneuerung der Prekarisierungsdiskussion, welche Bedeutung die Forderung nach Arbeitsverkürzung innerhalb des Widerstands gegen kapitalistisch organisierte Lohnarbeit hat. Unter der Überschrift *Arbeitszeitverkürzung wozu?* betont sie, dass die Forderung nach dieser Verkürzung auch der Wunsch nach Mitgestaltung der Arbeitsinhalte gewesen sei (statt zunehmender Arbeitsverdichtung, die real stattfand), weil die Arbeitenden »nicht kaputt nach Hause kommen« wollten und mehr Freizeit wünschten (Blauer Montag, 1996 f). Es wird kein Bezug darauf genommen, dass die Forderung nach einer Verkürzung der Wochenarbeitszeit auch eine Jahrzehnte alte feministische Forderung ist. Infolge dessen wird entnannt, dass der Hintergrund dieser Forderung in diesem Kontext darin besteht, dass es nach Feierabend weitere Arbeiten zu erledigen gibt, deren gerechte Verteilung unter den vorherrschenden

Bedingungen innerhalb der Lohnarbeit erheblich leidet. Es erstaunt, dass linke Analyse nicht ebenso wie die AutorInnen des *Stern*-Artikels aus feministischen Erkenntnissen lernen und feststellen, dass der starke Zusammenhang zwischen männlichen Identitäten und Lohnarbeit für eine emanzipatorische Perspektive blockierend wirkt. Eine Aufnahme dieses Gedankens in den Prekarisierungsdiskursen würde den Raum eröffnen, diesen Zusammenhang eben nicht auf die Probleme innerhalb von Paaren oder die rein individuelle Veränderung der Männer zu reduzieren. Vielmehr könnte aktuelle Politik um Prekarisierung an Analysen dazu anschließen, dass die hegemoniale Verknüpfung von Männlichkeit und Lohnarbeit sich auch in den Formen und Inhalten von gewerkschaftlichen, staatlichen und unternehmerischen Strukturen widerspiegelt (vgl. exemplarisch Kurz-Scherf 1995). Bisweilen ragt die Relevanz der Lebensweisen der Arbeitenden für ihre Handlungsfähigkeit in prekarisierten Verhältnissen in Analysen hinein, ohne dass ihnen eine entscheidende Bedeutung zugemessen wird: So weisen Dörre u. a. darauf hin, dass eine Form der subjektiven Verarbeitungsweisen von Prekarisierung in der Übernahme der Ideologie liegt, prekäre Beschäftigung sei ein Sprungbrett, von dem aus bei genügender Anstrengung der Sprung in die Normalität einer gesicherten Vollzeittätigkeit geschafft werde. Dies führe zu einer Überanpassung an betriebliche Anforderungen. Die Autoren erwähnen, dass jene, die diesen Weg tatsächlich erfolgreich gehen, über zerbrochene Partnerschaften und Beziehungslosigkeit klagen, und sprechen davon, dass die Anstrengungen, die ihnen das Einlösen des Integrationsversprechens abverlangt, »im sozialen Nahbereich vielfach desintegrierend wirken« (Dörre et al. 2004, 389). In den folgenden Ausführungen findet dies keine weitere Aufmerksamkeit. Tatsächlich kann diese Sequenz aber als Hinweis darauf gelesen werden, dass sich die Widersprüche zwischen prekärer Lohnarbeit und einem befriedigendem sozialen Kontext außerhalb dieser Arbeit auch für männliche Arbeitende zuspitzen. Die individuellen Verarbeitungsweisen dieser Widersprüche und der damit zusammenhängenden neuen Hierarchien und widerständigen Verhaltensweisen könnten Ausgangspunkte weitergehender Forschung sein.

Ein zentrales Ansinnen der linken Prekarisierungsdebatte ist es – wie gezeigt –, Mechanismen herauszuarbeiten, mit denen neue Formen von Normalität hergestellt werden, in denen der Lebensstandard der Arbeitenden immer weiter abgesenkt werden kann. Dies geschieht, um die Möglichkeiten widerständigen Handelns zu diskutieren. Ohne Bezug auf das Ringen der Arbeitenden um neue Lebensweisen kann diese Frage jedoch nicht Gewinn bringend bearbeitet werden. Verhaltensnormen und gesellschaftliche Konformität, dies zeigten die Überlegungen Gramscis, werden niemals nur innerhalb von Lohnarbeitsverhältnissen vermittelt. Was aus der Perspektive der Prekarisierungsdebatte als eine Phase sicherer Reproduktion der Arbeitenden erscheint, war ein spezifischer Zivilisationstypus, in dem durch die ideologisch vermittelte Trennung von öffentlich und privat und entsprechende Geschlechterverhältnisse darum gerungen wurde, dass sich die Einzelnen mit ihren Denk-, Fühl- und Handlungsweisen den vorherrschenden Produktions- und Reproduktionsverhältnissen anpassten. Die Entwicklung, die als Prekarisierung bezeichnet wird, griff in diese traditionellen Geschlechterverhältnisse zerstörend ein, gerade indem sie den sicheren Reproduktionsverhältnissen der männlichen Arbeiterschaft die ökonomischen und ideologischen Grundlagen raubt(e). Die Zunahme von Arbeitsplätzen, die nicht dem Normalarbeitsverhältnis entsprachen, ist in den 80er und 90er Jahren vor allem eine Zunahme von Arbeitsverhältnissen von Frauen. Für sie bedeutet(e) die Aufnahme dieser Tätigkeiten nicht einfach den Verlust sozialer Sicherheit, sondern den Schritt in Erwerbstätigkeit und damit hin zu einem eigenen Einkommen. Häufig war und ist dies für sie eine Befreiung aus patriarchalen Verhältnissen innerhalb der Familie und ein Zuwachs an Handlungsmöglichkeiten und Autonomie auch dort, wo das verdiente Geld zum Leben nicht ausreicht und soziale Sicherheit fehlt. Der *Stern*-Artikel verdeutlichte exemplarisch, dass diese Entwicklung in herrschenden Diskursen ideologisch aufgegriffen wird, während zugleich die real massiv eingeschränkten Möglichkeiten für Frauen entnannt werden. Eine Analyse der ökonomischen und ideologischen Verflüssigung von geschlechtsspezifischen Herrschaftsverhältnissen muss daher auch ein neues Licht auf die Durchsetzung neuer Herrschaftsnormen und (autoritärer) gesellschaftlicher Integrationsformen werfen, die derzeit zu beobachten sind: Der Trennungszusammenhang zwischen dem Beruf als einem Ort der fremdbestimmten Leistungsorientierung und dem Privaten als Ort der zwischenmenschlichen Zuwendung bricht auf. Damit geraten alte Orientierungen der individuellen Produktion von Identität und Entwicklung von Alltagsgewohnheiten ins Schwanken. Die Politik der Aktivierung durch Arbeitszwang und Niedriglohn *muss* sich in dieser Situation mit der Herausbildung einer neuen Kultur verbinden, die die Einzelnen permanent dazu anhält, sich mit den eigenen Haltungen und Wünschen auseinander zu setzen, um eine individuelle Antwort auf die eigene, problematische Lebenssituation zu finden. JedeR soll sich unternehmerisches Denken zu eigen machen, sich flexibel und eigenständig mit den Anforderungen sich ständig verändernder Märkte auseinandersetzen und sich ggf. ohne Klagen vollständig neu orientieren. Die Fragmentierung der Arbeiterklasse, auf die der Prekarisierungsdiskurs verweist, ist daher nicht nur zu fassen, indem die Unterschiedlichkeit von Arbeitsverhältnissen und rechtlichem Status der Arbeitenden herausgearbeitet wird. Vielmehr entstehen Differenzen und Hierarchien auch darüber, wer in welcher Form fähig ist, sich die neuen Anforderungen des Selbstmanagements erfolgreich anzueignen und hieran die gesamte Lebensweise auszurichten. Linke Politik fällt letztlich hinter neoliberalen Mainstream zurück, sofern sie sich nicht konkret mit den alltäglichen Gewohnheiten, in denen diese Anpassung vollzogen wird, auseinandersetzt. In diesem Sinne können die vorgeführten herrschenden Diskurse Impulse für die Weiterentwicklung alternativer gesellschaftlicher Perspektiven geben: Die Frage nach der Handlungsfähigkeit in den gegenwärtigen Verhältnissen entscheidet sich auch über die Fähigkeit der Selbstveränderung der politischen Akteure. Hierfür bedarf es einer entsprechenden kollektiven Kultur, anstatt solche Prozesse dem Bereich des Privaten zu überlassen.

Literatur

Bourdieu, Pierre, 1998: *Gegenfeuer,* Konstanz

Dörre, Klaus, Klaus Kraemer und Frederic Speidel, 2004: »Prekäre Arbeit. Ursachen, soziale Auswirkungen und subjektive Verarbeitungsformen unsicherer Beschäftigungsverhältnisse«, in: *Das Argument* 256, 46.Jg, H.3/4, 378–97

Gramsci, Antonio, 1991 ff: *Gefängnishefte,* hg. v. Peter Jehle, Klaus Bochmann und Wolfgang F. Haug, Hamburg

Gruppe Blauer Montag, 1996/7: »Gegen die Hierarchisierung des Elends«, in: *ak* 418 und 419

Lutz, Helma, 2002: »Transnationalität im Haushalt«, in: Claudia Gather, Birgit Geissler und Maria S. Rerrich (Hg.): *Weltmarkt Privathaushalt. Bezahlte Haushaltsarbeit im globalen Wandel,* Münster, 86–102

Kurz-Scherf, Ingrid, 1995: »Krise der Arbeitsgesellschaft – Patriarchale Blockaden. Feministische Ansätze zu einem von Männern beherrschten Diskurs«, in: *Blätter für deutsche und internationale Politik,* 8, 975–84

Nowak, Iris, 2004a: »Der Terminkalender als Werkzeug der Solidarität. Über die Unvereinbarkeit von Familie und Beruf«, in: Liselotte Hermes da Fonseca und Thomas Kliche (Hg.): *Aktive Entantwortung: Zur Politischen Psychologie der Entsolidarisierung,* Lengerich, 34–43

Dies., 2004b: *Selbstbestimmung braucht öffentliche Güter!? Linke feministische Perspektiven,* Berlin

Dies., 2002: »Feminismus für Eliten – Familie für das Volk«, in: *Das Argument 247,* 44. Jg., H.4, 459–72

Schupp, Jürgen, 2002: »Quantitative Verbreitung von Erwerbstätigkeit in privaten Haushalten Deutschlands«, in: Claudia Gather, Birgit Geissler und Maria S. Rerrich (Hg.): *Weltmarkt Privathaushalt: Bezahlte Haushaltsarbeit im globalen Wandel,* Münster, 50–70

Stoessinger, Michael, Andreas Albes und Kerstin Ehmer, 2003: Stress frisst Liebe. in: *Stern,* Nr. 48, 84–100

Jan Rehmann

Herrschaft und Subjektion im Neoliberalismus

Die uneingelösten Versprechen des späten Foucault und der *Gouvernementalitäts-Studien*

Ich möchte im Folgenden zu zeigen versuchen, dass der späte Foucault interessante und viel versprechende Ankündigungen gemacht hat, die weder er noch die an ihn anknüpfenden *Gouvernementalitäts-Studien* umgesetzt haben. Das Versprechen des späten Foucault bestand v. a. in seiner Unterscheidung von Herrschaft und Macht bzw. von Herrschaftstechniken und Techniken der Selbstführung sowie in der Problemstellung, wie beide miteinander verzahnt werden. Paradoxerweise rückte er damit, trotz seiner Gegnerschaft zum Ideologiebegriff, in die Nähe eines ideologietheoretischen Ansatzes wie er nahezu gleichzeitig zu den beiden Vorlesungsreihen zur *Geschichte der Gouvernementalität* (1978 u. 1979) vom *Projekt Ideologiettheorie* ausgearbeitet wurde, das – im Gegensatz zu Althusser – zwischen »vertikaler« Fremdvergesellschaftung, »horizontaler« Selbstvergesellschaftung und »protoideologischem Material« analytisch unterschieden hat (vgl. PIT 1979, 180 f, 183 ff). Ich versuche zu zeigen, dass Foucault zum einen seine analytischen Unterscheidungen nicht durchhält, zum anderen seine Beobachtungen zu *gouvernementalen* Führungskonzeptionen in der *Ratgeberliteratur* nicht mit den gesellschaftlichen Strukturen der Herrschaft vermittelt, in denen sie wirksam werden. Ähnlich ergeht es den *Gouvernementalitäts-Studien*, die ausdrücklich auf jede ideologiekritische Analyse der Managementliteratur verzichten und sich daher weitgehend auf eine immanente Nacherzahlung beschränken. Meine Kritik ist, dass sie deshalb das Verhältnis von Herrschaft und Subjektion im Neoliberalismus nicht adäquat erfassen können. Mein Vorschlag ist, die Stärken und Einsichten der *Gouvernementalitäts-Studien* in einem anderen gesellschaftstheoretischen Rahmen zu re-interpretieren und aufzuheben.

Foucaults Frage nach der Vermittlung von Herrschaftstechniken und Selbsttechniken

Ich möchte mich auf eine Neuerung des späten Foucault konzentrieren, die ich für bedeutsam halte, nämlich das Thema der Selbsttechniken, auf das er in der langen und offensichtlich krisenhaften Zeit zwischen dem ersten und zweiten Sexualitätsband, also zwischen 1976 und 1984, stößt: Während er den Machtbegriff bis 1975 im Sinne einer subtilen, omnipräsenten Durchformung der Menschen gebraucht hat, die den Subjekten keinerlei Raum von Eigensinn und Widerstand übrig ließ, bezieht er nun das Selbstverhältnis der Subjekte ein. Die Art und Weise, wie die Menschen ihr Leben selbsttätig organisieren, welche *Techniken* sie auf sich, ihre Verhaltensweisen, ihre Körper, ihre Psyche anwenden, wird zu einem wichtigen Bestandteil seines neuen Machtbegriffs. Bei der Machtausübung wird der andere grundsätzlich als Handlungssubjekt anerkannt (*DE* II, 1056), und dies schließt den Aspekt der wechselseitigen Beeinflussung, der Umkehrbarkeit von Machtbeziehungen ein (ebd., 1061). Dagegen bezeichnet Herrschaft eine institutionelle Verfestigung, bei der die Machtbeziehungen nicht mehr umkehrbar sind, sondern blockiert und erstarrt (ebd., 1062, 1530).

Es lässt sich leicht zeigen, dass Foucault diese Unterscheidung nicht konsequent durchgehalten hat. In einem Interview 1984 wird er z. B. konfrontiert mit Hannah Arendts Unterscheidung zwischen einer kollektiven Handlungsmacht, bei der die Menschen gemeinsam eine größere Handlungsfähigkeit gewinnen, als wenn sie auf sich gestellt wären, und einer Herrschaftsmacht, die sich daraus entwickeln oder in sie einlagern kann, und Foucault antwortet, er halte diese Unterscheidung für lediglich »verbal« (DE II, Nr. 341, 1408). Überhaupt differenziert er die beiden Begriffe meist nicht analytisch nach qualitativen Gesichtspunkten, sondern quantitativ nach dem Kriterium der Größe oder Ausdehnung, so als bezeichnete die Herrschaft die Makrostruktur und Macht die Mikrostruktur: wo Macht *global* wird, nennt er sie Herrschaft, und was sich in die menschlichen Beziehungen hinein ausdehnt, definiert er als Macht (ebd., 1062, 1529). Aber das ist begrifflich nicht tragfähig: auch Herrschaft hat die Fähigkeit, sich in die kleinsten und intimsten menschlichen Beziehungen auszudehnen, z. B. die patriarchale, die beide Geschlechter tief verinnerlicht haben. Und umgekehrt müssen z. B. globalisierungskritische Bewegungen auch auf den Aufbau einer *globalen* Gegenmacht orientieren, die nicht wieder in unkontrollierte Herrschaft umschlagen darf. Auch der späte Foucault verzichtet darauf, den Begriff der Macht von der etymologischen Wortbedeutung des (Machen-)Könnens her zu denken. Philosophisch formuliert: seine Faszination durch Nietzsches Machtbegriff blockiert die Annäherung an Spinozas Macht-Konzept der Handlungsfähigkeit (*potentia agendi*).[1]

Aber mehr als die Inkonsequenzen von Foucaults Begrifflichkeit interessieren mich hier ihre potenziellen Stärken. Zwischen der Mikrostruktur reziproker Machtbeziehungen und den verfestigten Blöcken der Herrschaft nimmt Foucault eine Vermittlungsebene an, die er als »Gouvernementalität« bezeichnet.[2] Diese (ich komme auf die Problematik dieses Kunstwortes zurück) bestimmt er u. a. als ein »Führen der Führungen«. Was soll das heißen? Im französischen Original liegt dem ein Wortspiel mit der Doppeldeutigkeit von *conduire* zugrunde, das zum einen heißt jemanden führen, *conduire qu*, und zum anderen als *se conduire* sich verhalten, sich benehmen. Es soll also bei diesem Machtbegriff darum gehen, »à conduire des conduites«, die Lebensführungen der Menschen wiederum zu führen (*DE II*, 1056; vgl. 1401). Das ist tatsächlich eine viel versprechende Problemstellung: Wie man in der *Kritischen Psychologie* nachlesen und auch in der eigenen Erfahrung erleben kann, ist die Lebensführung unter widersprüchlichen Anforderungen des Alltags eine komplexe und komplizierte Angelegenheit (vgl. hierzu Holzkamp 1995). Man muss unterschiedliche Anforderungen ausbalancieren, in eine zeitliche Abfolge bringen, Prioritäten setzen, an den wichtigsten Zielen festhalten – ein Vorgang, der nicht ohne kritische Gewichtung der Lebensnotwendigkeiten und nicht ohne ein gewisses Maß an Selbstdisziplin funktioniert. In dem Maße, in dem es einer Herrschaft oder einer übergeordneten ideologischen Instanz gelingt, sich mit diesen Selbstführungen zu verbinden, in ihrem Namen aufzutreten, sie für bestimmte Zwecke zu mobilisieren, kann sie sich mit Strukturen des Alltagsverstands verbinden und erhält einen so starken Resonanzboden, dass eine bloß intellektuelle Kritik nicht mehr dagegen ankommt.

Von diesen und ähnlichen Formulierungen aus betrachtet sieht es so aus, als hätte der späte Foucault sich dem gramscianischen Thema der Führung, der Hegemonie angenähert, die im Unterschied zu Gewalt und Herrschaft den Aspekt des Konsenses beinhaltet. Seine Begriffsbildung berührt ein zentrales Problem bürgerlicher Hegemonie, nämlich die freiwillige Unterstellung unter Herrschaft, aktive Selbstunterstellung unter Fremdsteuerung. Die allgemeine Frage würde lauten: Wie erklärt man das Paradox, dass sich Menschen im Namen der Selbstverantwortung und Selbsttätigkeit für fremde Ziele mobilisieren lassen? Und wie erklärt man den Vorgang so, dass man seine Wirksamkeit erfasst, statt die Betrof-

1 Zum Gegensatz zwischen Spinozas und Nietzsches Machtbegriff und zur Etymologie von Macht/Möglichkeit bzw. *puissance/pouvoir/posssibilité* vgl. Rehmann 2004a, 52 ff.

2 »Dans mon analyse du pouvoir, il ya ces trois niveaux: les relations stratégiques, les techniques du gouvernement et les états de domination.« (*DE* II, 1547) »J'appelle ›gouvernementalité‹ la rencontre entre les techniques de domination exercée sur les autres et les techniques de soi.« (Ebd., 1604, vgl. Lemke 1997, 264, 308 f)

fenen von vorneherein als Unaufgeklärte und Manipulierte zu denunzieren. Das war der Gründungsimpuls der Ideologietheorie in den 1970er Jahren: v. a. bei Althusser in Frankreich, bei den *Cultural Studies* um Stuart Hall in Großbritannien und beim *Projekt Ideologietheorie* in Deutschland. Foucaults Problemstellung der Verklammerung von Herrschafts- und Selbsttechniken hätte seinen Ort in dem, was man in der Sprache der Ideologietheorie als Zusammentreffen von Ideologie und Alltagsverstand (*common sense*) diskutierte.[3] Sein spezifischer Beitrag wäre die Untersuchung von Ideologiemustern und Selbstführungen als Techniken und ihre Verzahnung zu einem hegemonialen Block, der als *Führung von Selbstführungen* wirksam ist.

Ich habe dies im Konjunktiv formuliert, denn bekanntlich erheben sowohl Foucault als auch die Gouvernementalität-Studien den Anspruch, die Begriffe der Hegemonie und des Ideologischen weit hinter sich gelassen zu haben. Sowohl Stuart Hall als auch Pierre Bourdieu werden dafür kritisiert, sie seien noch im alten Paradigma der *Ideologiekritik* befangen, und hätten noch nicht verstanden, dass man die Führungstechniken des Neoliberalismus *positiv* darstellen müsse.[4] Ich werde zu zeigen versuchen, dass die Verabschiedungen der Ideologiekritik etwas verfrüht sind und der Gouvernementalitäts-Ansatz in mehrfacher Hinsicht hinter den ideologietheoretischen Reflexionsstand zurückfällt. Wichtig ist mir dabei vor allem, dass in diesem Vorgang auch die eigenen viel versprechenden Ankündigungen einer Untersuchung der Verzahnung von Herrschaftstechniken und Selbsttechniken stillschweigend fallen gelassen werden.

Der rätselhafte Inhalt des Gouvernementalitätsbegriffs

Das Problem liegt zunächst in Foucaults Begriff der *Gouvernementalität* selbst begründet, der sich kaum eingrenzen lässt und nach allen Seiten hin schillert. Ich nehme als Textgrundlage die unter dem Titel *Geschichte der Gouvernementalität* veröffentlichten Vorlesungen von 1978 und 1979 (Foucault 2004 a/b; im Folgenden zit. I/II), die ein wichtiges Bindeglied im Übergang zur Spätphase Foucaults markieren.

3 Vgl. hierzu die einschlägigen Artikel des *Historisch-Kritischen Wörterbuchs des Marxismus* (HKWM): Jehle 1994; ders., 2001; Rehmann 2004b.

4 Vgl. Barry u. a. 1996,11; Bröckling u. a. 2000, 19. Dass Bourdieus Neoliberalismus-Kritik auf eine »Verteidigung des Staates« hinauslaufe (ebd.), ist eine irreführende Vereinfachung: es ging ihm zum einen um eine demokratisch kontrollierte Finanzpolitik (Stichwort Tobinsteuer), zum anderen um ein Bündnis mit Fraktionen des Sozialstaats, und dies nicht bloß nationalstaatlich, sondern im Rahmen eines neuen europäischen Internationalismus (1998, 41 ff).

Der französische Neologismus scheint eine geheimnisvolle Botschaft zu enthalten, die sofort entzaubert wird, wenn man den Ausdruck ins Deutsche übersetzt. Erklärt man das Wort aus der Zusammensetzung von *gouvernement* und *mentalité*, erhält man so etwas wie *Regierungs-Mentalität*, *Regierungs-Gesinnung*, oder die Art und Weise, über Regierung nachzudenken.[5] Einer solchen Herleitung widerspricht aber Sennelart, der Herausgeber der Vorlesungen, der erklärt, es handele sich nicht um eine Mentalität, sondern um eine Substantivierung des Adjektivs *gouvernemental*, wie *musicalité* aus *musical* (I, 564, Anm. 125). Wenn das zutrifft, wofür Sennelart allerdings keine philologischen Argumente anführt, fragt sich umso mehr, wozu der Aufwand gut sein soll: das vom Substantiv *gouvernement* abgeleitete Adjektiv *gouvernemental* (regierungsmäßig) durch Anhängen von *-ité* wieder in ein Substantiv zu verwandeln, bringt nicht mehr als *Regierungsmäßigkeit* oder *Regierungsartigkeit*.

Schwerwiegender ist, dass Foucault das Wort auf sehr unterschiedliche Weise verwendet: auf allgemeinster Ebene soll es die Art und Weise bezeichnen, »in der man das Verhalten der Menschen steuert« (II, 261), mithin jenes »Führen der Führungen« (*conduire des conduites*), das sich durch seinen starken konsensualen Anteil von bloßer Herrschaftsausübung unterscheidet (vgl. I, 173 f, 182, 281); auf einer zweiten Ebene bezeichnet es eine Tendenz oder »Kraftlinie«, die das »gesamte Abendland« durchzieht und zur Vorrangstellung des Machttyps der »Regierung« geführt hat (162), nämlich in Gestalt der jüdisch-christlichen Tradition. Gemeint ist das »*Pastorat*«, d. h. eine Vorstellung von Führung, die sich als Verhältnis von Hirte und Herde versteht und ihren Ursprung im »Orient« haben soll. Foucault zufolge war diese Führungskonzeption dem »griechischen Denken« fremd – eine These, die sich allerdings schon angesichts der eigenen Gegenbeispiele schwer aufrechterhalten lässt (vgl. 202 ff). Grob vereinfacht meint Foucault, durch die jüdisch-christliche Tradition komme es im christlichen Abendland zu einer spezifischen Verquickung von Macht und Subjektivität, die durch Gewissensprüfung, Beichte, Geständnis usw. hergestellt werde; auf einer dritten Ebene lässt Foucault die »politische ›Gouvernementalität‹« (521) im 16. Jahrhundert bei Reformation und Gegenreformation anbrechen, wo zugleich der Übergang zu großen Territorialstaaten erfolgte. Hierbei interessiert ihn, dass die antike Vorstellung einer Regierung der Polis mit der christlichen Hirten-Vorstellung verschmilzt, das christliche Pastorat sich säkularisiert und weit ins Alltagsleben hinein wirkt. Die unter dieser Überschrift behandelten Führungskonzeptionen – Merkantilismus, Kameralistik, Staatsräson, »Polizeywissenschaft« und Physiokraten – seien allerdings noch durch die Übermacht der »Souveränitätsmacht« blockiert (153 f), die

5 Z.B. Bröckling u. a. 2000, 8; Opitz, 2004, 60; *the way we think about government* (Dean 1999, 16 ff).

Regierungskunst kann »ihre eigene Dimension nicht finden« (155). Diese Staats-Fixierung wird erst Mitte des 18. Jahrhunderts durch die »liberale Regierungskunst« überwunden, die in Foucaults Darstellung die »moderne gouvernementale Vernunft« einleitet (II, 25, 40 ff).

Erst bei diesem (vierten) engeren Begriff kann Foucault zufolge das Problem der Regierung außerhalb des juridischen Rahmens der Souveränität gedacht werden (I, 156). Offenbar haben wir es bisher nur mit Vorformen der Gouvernementalität zu tun gehabt. Tatsächlich verkündet Foucault: »Wir leben im Zeitalter der Gouvernementalität, die im 18. Jahrhundert entdeckt wurde.« (164) Freilich deckt auch diese Begriffsverwendung immer noch eine komplexe Epoche ab, die neben dem Liberalismus z. B. den Konservatismus, den Faschismus, den Sozialdemokratismus usw. umfasste, und es fragt sich, wie die *Gouvernementalitäts-Studien* beanspruchen können, mit dieser Kategorie den analytischen Schlüssel zum Verständnis des Neoliberalismus gefunden zu haben.

Wir haben also vier verschiedene Bedeutungen der Gouvernementalität, die in Foucaults Verwendungsweise permanent durcheinander gehen: Führung allgemein als »eine Art Grundtatsache menschlicher Gesellschaften« (Bröckling u. a. 2000, 18), jüdisch-christliches Pastorat, politische Gouvernementalität ab dem 16. Jh., liberale Gouvernementalität seit dem 18. Jh. Es ist, als wollte Foucault in immer neuen Ansätzen versuchen, ein abstraktes Konzept an die Geschichte anzunähern, ohne jemals bei historischer oder sozialwissenschaftlicher Konkretion anzukommen.

Es schillert aber nicht nur die Ausdehnung des Begriffs, sondern auch die Realitätsebene, auf die er sich beziehen soll: während die Souveränitätsmacht noch bei Machiavelli auf das Territorium bezogen sei und ihren Zweck zirkulär in sich selbst habe, richte sich das Gouvernement auf den »Komplex« zwischen Menschen und Dingen, d. h. auf Menschen in ihren Verwicklungen mit Dingen, mit Reichtümern, Bodenschätzen, Nahrungsmitteln usw. (I, 145 ff). Aber als Spezifik einer modernen, *ökonomischen* Gouvernementalität ist die Kennzeichnung ungeeignet, denn Menschen waren immer mit *Dingen* verwickelt, und alle Herrschaft musste sich auf längere Sicht irgendwie auf diesen Zusammenhang, z. B. auf die Verfügung über ökonomische Ressourcen und Arbeitskräfte beziehen. Will Foucault wirklich sagen, eine solche Verfügungsmacht sei eine neuzeitliche Erfindung, während es vorher nur ums Territorium als solches und um selbstzweckhafte Machtsteigerung gegangen wäre? Das wäre ein ideologisches Märchen, in dem jede Frage nach Produktionsverhältnissen, Ausbeutung, ökonomischer Herrschaft ausgeblendet ist.

Foucault weicht solchen Fragen aus, indem er die Realitätsebene wechselt: Gouvernementalität bezeichne nicht die Art und Weise, »in der die Regierenden wirklich regiert haben« (II, 14), sondern ziele auf die Rationalisierungen, die den

Regierungspraxen zugrunde liegen. Es geht also nicht um wirkliche Führungspraxen, sondern nur um bestimmte Denkweisen in der Ratgeberliteratur, die es vorher so nicht gegeben hat. Diese Beschränkung könnte methodisch durchaus gerechtfertigt werden, steht aber in Widerspruch zu Foucaults Definition von Gouvernementalität, wo es heißt, es ginge um die »Gesamtheit« (*ensemble*) der Institutionen, Vorgänge und Reflexionen, mit der die Bevölkerung mit Hilfe eines »ökonomischen« Wissens geführt wird (I, 162). Das Geflecht von Institutionen, Praxen und Deutungsformen – das wäre ein ideologietheoretisches Forschungsprogramm. Das Angekündigte wird nicht eingelöst: von Foucault erhält man Speisekarten mit leckeren Speisen, aber selten etwas Anständiges zu Essen.

Was bei dieser Engführung verloren geht, kann man exemplarisch an Foucaults Behandlung des Liberalismus sehen. Er möchte ihn weder als »Theorie« noch als »Ideologie«, sondern als »Weise des Tuns« behandeln (II, 436). Er tut dies aber nicht, sondern interessiert sich ausschließlich dafür, dass sich der Liberalismus als kritisches Instrument gegenüber zuviel Regierung sowie als deren Selbstbegrenzung versteht (ebd., 40 ff, 438, 441). Das entspricht unmittelbar dem Selbstbild des Liberalismus, der sich gerne in der Opposition zu staatlicher und politischer Reglementierung sieht und dabei verdrängt, dass er in der wirklichen Geschichte v. a. als ein harter *Besitzindividualismus* aufgetreten ist, dem es um die (auch gewaltsame und disziplinäre) Absicherung ungleicher bürgerlicher Eigentumsverhältnisse ging.[6] In Foucaults Paradigma, das in der Literatur weithin wegen ihrer Überwindung der *Ideologiekritik* gelobt wird, kann nicht mehr nach der ideologischen Funktionsweise des Liberalismus im Ensemble bürgerlicher Herrschaft gefragt werden. Es bleibt bei einer unkritisch-einfühlenden Nacherzählung (vgl. den Beitrag von Susanne Draheim und Tilman Reitz in diesem Band).[7]

Sah es zunächst so aus, als hätte der späte Foucault sich dem gramscianischen Thema der Hegemonie angenähert, zeigt sich nun, dass es sich nur um eine rhetorische Figur handelte: Während Gramsci das Verhältnis von Führung und Herrschaft, Hegemonie und Zwang, *società civile* und *società politica* erfassen will, hat sich bei Foucault die herrschaftliche Einrahmung hegemonialer Praxen rätselhaft verflüchtigt.[8] Die in Aussicht gestellte Untersuchung der Verbindung von

6 Vgl. hierzu immer noch Macpherson 1977, 54 ff, 63 ff.

7 Gordon erklärt die Distanz des späten Foucault von Marxismus und Anarchismus mit seiner Faszination für den Liberalismus: »Foucault does seem to have been (at least) intrigued by the properties of liberalism as a form of knowledge calculated to limit power« (1991, 47).

8 An dieser Stelle möchte ich der Interpretation von Bob Jessop widersprechen: wenn er Foucaults Überlegungen zur Gouvernementalität als Rückkehr zur Makroanalyse, zum Thema der strategischen Kodifizierung von Machttechnologien in einem relativ einheitlichen Herrschaftsmuster und schließlich als Anzeichen einer Konvergenz mit Poulantzas' Analyse des kapitalistischen Staates

Herrschafts- und Selbstführungstechniken ist bei der immanenten Darstellung des ideologischen Selbstverständnisses verloren gegangen.

Einfühlung in neoliberale Ideologien oder kritische Widerspruchsanalyse?

Damit bin ich bei einem zentralen Problem der *Gouvernementalitäts-Studien* angelangt[9]: über weite Strecken erfährt man, was man ohnehin aus Unternehmerstellungnahmen, Managementliteratur, Regierungsverlautbarungen und aus der Mainstreampresse kennt, nämlich dass wir alle bei der Arbeit zur eigenverantwortlichen Initiative aufgerufen sind, die Orientierung am Kunden das A und O der richtigen Arbeitshaltung ist, jeder sein eigener Unternehmer zu sein hat, sich zum *Arbeitskraftsunternehmer* oder zur *Ich-AG* transformieren muss usw. Dazwischen werden einige theoretische Foucault-Vokabeln eingeworfen, die ein Stück Distanz schaffen sollen (das pastorale Modell der Menschenführung, die Hermeneutik des Begehrens, der unermüdlicher Wille zum Wissen usw.), aber die Auswertung besteht vor allem darin, die Mobilisierung der Selbstführungs-Kapazitäten der Menschen zum Kennzeichen der neoliberalen *Gouvernementalität* zu erklären und damit die Aktivierungsrhetorik der behandelten Texte aus der Managementliteratur theoretisch zu verdoppeln. Man erfährt kaum und allenfalls am Rande etwas davon, welchen Platz und Stellenwert diese höchst ideologischen Texte in der betrieblichen Realität, in den wirklichen Herrschaftsverhältnissen und Führungsmethoden des Neoliberalismus spielen.

Ich möchte an einigen Beispielen aus Ulrich Bröcklings Beitrag in dem Sammelband *Gouvernementalität der Gegenwart* zeigen, welche Schwierigkeiten es bereitet, gegenüber der Werbesprache der neoliberalen Management- und Ratgeberliteratur eine analytische Distanz herzustellen. Beim so genannten *Total Quality Management*, das die Qualitätssicherung auf alle Unternehmensaktivitäten ausdehnen wolle und dabei die Ausrichtung am Kunden an die oberste Stelle setze, sei die Qualität nun vom »Prinzip Vorbeugung« bestimmt, bekomme einen »pro-aktiven« Charakter und eine »präventive Ausrichtung« (Bröckling 2000, 136 f). Hinter den Glitzerworten verbirgt sich zunächst nichts anderes, als dass man Fehler nicht erst nachträglich zu korrigieren versucht, sondern von vorneherein vermeidet (136). Das ist freilich in dieser Allgemeinheit keine neue Entwicklung, sondern würde

interpretiert (2004, 100 ff), übersieht er die Einseitigkeit, mit der Foucault den Staat auf einen bloßen »Effekt« von Gouvernementalitäten reduziert hat (I, 163 f, 360, 415; II, 115).

9 Dabei beschränke ich mich weitgehend auf die *deutsche* Rezeption, die ich wiederum exemplarisch am Beispiel von Bröckling (2000; 2002) und Sven Opitz (2004) behandele.

auch fürs Fließband gelten. Qualität sei »kein Ziel«, sondern ein »Prozess, der nie zu Ende ist«, »keine Resultante, sondern Aktionsparameter«, zitiert Bröckling (137), aber da hätte er einhaken müssen, denn das ist eine ins Unsinnige überschäumende Phrase: natürlich ist *Qualität* weiterhin *auch* Ziel und *Resultante*, sonst würden die Kunden das Produkt wieder zurückschicken. Da Bröckling meint, die *Ideologiekritik* weit hinter sich gelassen zu haben, verzichtet er darauf, den Missbrauch der Sprache durch eine Werbung aufzudecken, die ihre Produkte in höchsten Tönen als allerneueste, revolutionäre Entwicklung verkauft.[10] Je mehr man einer solchen Werbenummer-Sprache nachgibt, desto schwerer fällt es, das wirklich Neue in der Entwicklung wahrzunehmen.

Bröckling fährt fort: Die Aufforderungen, sich ganz am Kunden zu orientieren, hätten die »Fabrikordnungen des Disziplinarzeitalters« abgelöst, wo es noch auf Pünktlichkeit, Fleiß und Ordnung ankam (137). Ist eine solche Entgegensetzung wirklich tragfähig? Was passiert denn, wenn ein Arbeiter oder Angestellter z. B. zu einem Gesprächstermin mit dem Kunden nicht pünktlich erscheint? Größere Flexibilität und gleitende Arbeitszeit heißt keineswegs, dass die Arbeitsergebnisse nicht präzise zum vorgegebenen (oder vereinbarten) Zeitpunkt abgeliefert werden müssen. Dies artikuliert sich auch weiterhin in Diskursen, auch wenn es im Englischen weniger preußisch klingt: Das *just in time*-Prinzip der *lean production* erklärt die Pünktlichkeit zum absoluten Erfordernis, andernfalls wird sofort der Zulieferer gewechselt. Statt das Zeitalter der Disziplin zur Vergangenheit zu erklären und durch das Zeitalter der Kundenorientierung und Selbstführung ablösen zu lassen, wäre es besser, die spezifischen Ausformungen der Disziplinanforderungen unter den Bedingungen computerisierter Arbeit zu untersuchen. In diesem Zusammenhang ist es aufschlussreich, dass kritische Untersuchungen zum neoliberalen Management, wie z. B. die von Olaf Petersen (2004), wieder stärker auf Foucaults früheren Begriff der Disziplinarmacht zurückgreifen.

Dass die Subjektivität im tayloristischen Zeitalter nur als eine zu kontrollierende »Störgröße« behandelt wurde, wie Bröckling zustimmend referiert (2004, 142), ist ebenfalls eine irreführende Entgegensetzung.[11] Sie unterschätzt, dass gerade im Fordismus über puritanische Kampagnen, Hygiene- und Moralerziehung, die Intensivierung kompensatorischer Familienideologien eine äußerst intensive Formung von Subjektivitaten stattgefunden hat – ein Befund, der sich im Übrigen sehr gut mit Foucaults These einer neuzeitlichen *produktiven* Konstitution des Sexuali-

10 Dass Diskursanalyse und Ideologiekritik sich nicht ausschließen, kann man exemplarisch an Frigga Haugs Untersuchung zu Peter Hartz' Subjektivierungsprojekt beobachten, die eingangs seine »ruchlose Verwandlung aller Worte in Waren« aufdeckt (2003, 606 f).

11 Vgl. hierzu Ines Langemeyer, die diese Kritik am Beispiel von Moldaschl entwickelt (2004, 66 ff).

tätsdispositiv verbinden lässt. Gramsci sprach um 1930 von der »größte[n] (bisher da gewesene[n]) kollektiven Anstrengung, mit unerhörter Geschwindigkeit und einer in der Geschichte nie da gewesenen Zielbewusstheit einen neuen Arbeiter- und Menschentypus zu schaffen« (*Gef* 3, H. 4, §52, 529). Zu untersuchen wäre, was in den Gouvernementalitäts-Studien allenfalls gestreift wird, nämlich wie im Umbruch zur hochtechnologischen Produktionsweise und an den Schaltstellen von Arbeitsweise, Ausbildung, Massenkultur und Ideologie die Erzeugung menschlicher Subjektivitäten neu konfiguriert wird.

Bröckling berichtet vom so genannten *Kaizen*, der japanischen Bezeichnung für eine kritische Suche nach Verbesserung, bei der die Arbeiter nicht nach dem Schuldigen suchen, sondern sich ohne Moralisierung an eine Diagnose der Fehler machen. »Fehler müssen ohne Angst vor Sanktionen offen gelegt werden können, um ihre Ursachen zu untersuchen und abzustellen.« (144) Dass die Managerliteratur zum Zwecke der Produktionssteigerung auf Elemente einer horizontalen Selbstverständigung zurückgreift, ist sicherlich ein interessanter Vorgang, wenn er auch keineswegs allein steht.[12] Leider wird nicht weiterverfolgt, wie sich in solchen Anrufungen die Widersprüche zwischen Produktivkräften und Produktionsverhältnissen niederschlagen: wie soll eine solche angstfreie Fehlerdiskussion möglich sein, wenn im Kontext von Massenarbeitslosigkeit und Arbeitsplatzunsicherheit jeder persönlich zuschreibbare und aufgedeckte Fehler zum Überlebensrisiko wird? Die Managerliteratur, die ein solches Kaizen vorschlägt, setzt offenbar stillschweigend eine Produktionssphäre voraus, in der die Arbeiter und Angestellten ohne Angst vor Degradierung und Entlassung eine »herrschaftsfreie Kommunikation« (Habermas) pflegen können. Praktisch kann das allenfalls für privilegierte Bereiche der Arbeiterschaft umgesetzt werden, bei denen die Fachkräfte gefragt und damit relativ abgesichert sind.

Die so genannte 360-Grad-Beurteilung, bei der jeder sich der (anonymen) Beurteilung aller anderen zu stellen hat, beschreibt Bröckling als »demokratisierten Panoptismus«, ein »nicht-hierarchisches Modell reziproker Sichtbarkeit, bei dem jeder zugleich Beobachter aller anderen und der von allen anderen Beobachtete ist« (152). So kann man freilich allenfalls sprechen, wenn man diese Beurteilungsform zuvor aus den asymmetrischen Machtbeziehungen des Unternehmens heraus gebrochen hat. Eine Widerspruchsanalyse würde sich zum einen dafür interessieren, wie ein solcher wechselseitiger Panoptismus hierarchisch für Beförderungen, Versetzungen und ggf. Entlassungen eingesetzt wird, zum anderen, wie die bloße

12 Auch das Netz des Internets ist vom Gewebe her horizontal und zugleich der Vertikalisierung durch Konzerne ausgesetzt. »Das Netz ist anarchisch, und reproduziert doch Herrschaft.« (W.F. Haug 2003, 67)

Möglichkeit eines solchen Einsatzes ins Innere der Belegschaft zurückwirkt und Verhaltensweisen fördert, die die Betroffenen gegen ihre eigenen Kooperationsinteressen in Bewegung setzen. In diesem Sinne resümiert Olaf Peterson die Auswirkungen der 360-Grad-Beurteilung: »Die Interaktion mit den Kollegen war von [...] taktischem Verhalten überlagert und verhinderte das Aufbauen freundschaftlicher Beziehungen.« (2004, 141). Bei Bröckling ist zudem der vertikale Panoptismus ausgeblendet, der gestützt auf elektronische Überwachungssysteme weit über das hinausgeht, was Foucault am Beispiel Benthams in *Überwachen und Strafen* analysiert hat: Laut der *American Management Association* werden 75 % der Mitarbeiter des amerikanischen Privatsektors elektronisch überwacht. Stephen Gill, der dies referiert, spricht in diesem Zusammenhang von einem »disziplinären Neoliberalismus« (2003, 22 ff, 26).

In dem Bemühen, keine *Ideologiekritik* zu betreiben und sich stattdessen auf die *positiven* Führungstechniken zu konzentrieren, praktizieren die *Gouvernementalitäts-Studien* eine geistesgeschichtlich orientierte, immanent-einfühlende Nacherzählung der Managementprogramme. Da sie diese nicht in ihrem gesellschaftlichen Funktionszusammenhang untersuchen, verzichten sie auf ein methodisches Instrumentarium, um in der Managementliteratur zwischen neuen hegemonialen Führungsmustern, Phantasiegebilden und rhetorischem Geschwätz zu unterscheiden. Vor allem reproduzieren sie den Blickwinkel des Managements, der die Geführten vom Standpunkt ihrer Führer aus betrachtet und zugleich die marktvermittelte Herrschaft und Entfremdung hinter Motivationsanreizen und Appellen zur Teamarbeit verschwinden lässt.[13] So meint z. B. Sven Opitz zusammenfassend, alle behandelten Führungstechniken zielten darauf ab, die Kapazitäten der Selbststeuerung zu steigern und favorisierten eine »äußerst lose Kopplung« der Machtrelationen, die »unter keinen Umständen in ein Herrschaftsverhältnis umkippen darf« (2004, 141). Das ist vom Inneren der neoliberalen Ideologie her gesprochen.[14] Ideologietheoretisch würde sich der Blick von außen auf die gesellschaftliche Anordnung richten: die neoliberale Mobilisierung von Selbststeuerungskapazitäten funktioniert im Rahmen spezifischer Herrschaftsverhältnisse, ist von ihnen begrenzt und kann auch in ihrer Funktion nur von ihnen her verstanden werden.

13 Inwieweit der Diskurs integraler Bestandteil einer *ausgehandelten Einbindung* mit substanziellen Mitbestimmungsrechten ist, wie exemplarisch eine Zeitlang im schwedischen Modell des *Kalmarismus* bei Volvo praktiziert, oder um eine bloße ideologische Mobilisierung im Kontext eines *Neotaylorismus*, kann in einer solchen methodischen Beschränkung nicht mehr differenziert werden (vgl. Candeias 2004, 179 ff).

14 Peter Hartz benutzt ein solches Argument, um im Namen der »neuen Formen selbstbeeinflusster Arbeit, Zeit und Vergütung« das bundesrepublikanische Mitbestimmungsmodell für überholt zu erklären: von der Wirklichkeit »getoppt« (2001, 105).

Eine fatale Gleichsetzung von Subjektivierung und Unterwerfung

Aus der Problemstellung der Gouvernementalitäts-Studien sind nicht nur die Herrschaftstechniken heraus gefallen, deren Verbindung mit den »Selbsttechniken« Foucault thematisiert hatte. Wie Cathren Müller gezeigt hat, sieht es auf Seiten der Selbstführung nicht besser aus: indem man sich auf die Programmschriften der Managementliteratur beschränkt, kommen nur solche Konzeptionen ins Blickfeld,

> die von ›außen‹ an die Subjekte herangetragen werden [...]. Beschrieben wird eine Mechanik, die von oben nach unten wirkt. Die Unterscheidung von Techniken der Selbstführung und Techniken der Herrschaft wird hinfällig (2003, 101 f).

Die Nicht-Unterscheidung von Fremd- und Selbstvergesellschaftung hängt nicht zuletzt damit zusammen, dass Bröckling und Opitz sich der Subjekttheorie von Judith Butler angeschlossen haben, bei der die Hervorbringung des Subjekts und seine Unterwerfung (*subjectivation* und *assujettissement*) unmittelbar zusammenfallen.[15] Da in vielen poststrukturalistischen Erörterungen zu diesem Thema ein leichtfertiger Jargon vorherrscht, muss ich hier einen kleinen theoriegeschichtlichen Exkurs machen. Was Butler als eine wichtige »post-befreiungstheoretische Einsicht« bezeichnet (2001, 21), ist in Wirklichkeit älteren Datums und stammt aus der lacanschen Psychoanalyse, bei der die Subjektwerdung mit der Unterstellung unter das *Gesetz* identifiziert wurde. Diese Gleichsetzung hat auch Althusser aufgegriffen und in seinen Begriff der »Ideologie im Allgemeinen« übernommen: die Ideologie hat die Individuen *immer schon* als Subjekte angerufen und damit als Untergeordnete (*assujettis*) in der Form der Autonomie konstituiert (1977, 140, 144, 148). Damit wird die Ideologie für *ewig* erklärt (wie das Unbewusste) und der Mensch als »ideologisches Lebewesen« definiert (ebd., 133, 140). Dagegen hat das Projekt Ideologietheorie in Anlehnung an die Kritische Psychologie darauf hingewiesen, dass in einer solchen unhistorischen Entgegensetzung von versagender Gesellschaft und bedürftigem Individuum die Ausbildung einer selbstbestimmten Handlungsfähigkeit nicht gedacht werden kann: Althusser unterschiebe allem menschlichen Handeln und Denken eine *ungesellschaftliche Grundstruktur*, die die konkrete Analyse der jeweiligen Handlungsbedingungen durch ein reduktionistisches Verfahren ersetze: »In der Nacht des Subjekt-Effektes sind alle Praxen grau.« (PIT 1979, 121 ff).

Auch Butler setzt sich mit Althussers Ideologie- und Subjektionstheorie auseinander, schlägt aber eine diametral entgegengesetzte Richtung ein: wenn Althusser die Unterstellung des Subjekts durch eine ideologische *Anrufung* zu erklären

15 Bröckling 2002; Opitz 2004, 81 f, 132 f.

versucht, durch die das Subjekt sich wieder erkennt und in der Antwort seine Identität findet, weist sie darauf hin, dass ein solcher Vorgang nur möglich sei, weil es in der Kindheit des Subjekts eine »Gründungsunterwerfung« gibt, ein »vorwegnehmendes Begehren« des Angerufenen, »vom Angesicht der Autorität gesehen zu werden« (2001, 105 f). Mit der Akzentuierung eines solchen ursprünglich verankerten Unterwerfungsbegehrens ist sozusagen die historisch-materialistische Seite der althusserschen Ideologietheorie, ihr Anspruch, die Ideologie von außen nach innen (von den ideologischen Apparaten über die Rituale bis zu den Subjekt-Effekten) zu rekonstruieren, ausgehebelt. Die Unterwerfung ist wieder ins Subjekt selbst geschoben, ohne Berücksichtigung der Gesellschaft, in der es sich herausbildet. Ich halte dies für eine fragwürdige Ontologisierung, bei der ein Zustand frühkindlicher Abhängigkeit essenzialistisch zum Wesenszug des Menschen erklärt wird.

Eine solche *anthropologische* Grundannahme hat schwerwiegende Auswirkungen für die Analyse der *Gouvernementalitäts-Studien*: wenn Subjektivität und Unterwerfung unter Herrschaft ohnehin dasselbe sind, kann man zwischen der Selbstführung der Individuen und ihrer Einspannung in neoliberale Herrschaft schon im Ansatz nicht differenzieren. Dass Foucaults Unterscheidung zwischen Selbsttechnologien und Herrschaftstechnologien forschungspraktisch folgenlos geblieben ist, ist also kein Zufall sondern hat hier ihren systematischen Grund. Damit verliert die Analyse der neoliberalen Führungstechnologien ihren kritischen Stachel: Sie kann nicht mehr festmachen, was man eigentlich untersuchen wollte, nämlich wo und wie die neoliberale Herrschaft emanzipatorische Elemente der Selbstvergesellschaftung der Menschen aufnimmt, entwendet und in ein modernisiertes System der Herrschaft einbaut.

Der Verzicht auf analytische Unterscheidungen geht schließlich auf Kosten eines fundierten Widerstandsbegriffs. So ist Widerstand z. B. bei Sven Opitz nur als »Grenzhaltung«, »Randgang«, »Fluchtlinie« denkbar und tut nicht mehr, als die *techne* der Regierung zu »komplettieren« (2004, 84, 164 f). Möglich ist nur, bei der Übernahme des Gouvernements kleine taktische Verschiebungen innerhalb der Macht vorzunehmen. Gewarnt wird vor allem vor der Illusion, eine »globale Alternative zum Bestehenden« formulieren zu können, denn dann wäre man dem utopischen Konzept von Subjektbefreiung verhaftet, vor dem Foucault gewarnt hatte (ebd). Das scheint mir nun doch etwas wenig, allzu wenig zu sein. Es ist, als würde die gegenwärtige Ohnmacht der Linken angesichts der hegemonialen Übermacht des Neoliberalismus theoretisch festgeschrieben und verewigt. In einem solchen Ansatz ist von vorneherein undenkbar, dass sich eine Gegenhegemonie von unten bilden könnte, die sich daran macht, die fremd besetzten Elemente der

Selbststeuerung aus der Ideologie des Neoliberalismus wieder herauszulösen, anzueignen und freizusetzen.

Thesen zur Re-Interpretation der Gouvernementalitäts-Studien

Die theoretische Kritik bedeutet nicht, dass die Gouvernementalitäts-Studien uninteressant oder wertlos wären. Ihre Attraktivität besteht darin, dass sie mit ihrem Anliegen, die Management-Literatur nach neuen Führungskonzepten zu durchforsten, einen relevanten Teilbereich neoliberaler Ideologie behandeln. Auch das Nachzeichnen des ideologischen Selbstverständnisses solcher Führungskonzepte könnte ein wichtiger Schritt im Rahmen einer *immanenten* Kritik sein, die man mit Adorno als »Konfrontation dessen, als was eine Gesellschaft auftritt und was sie ist« verstehen könnte (*GS* 8, 347). Aber dies hätte zur Voraussetzung, die immanente Beschreibung eines solchen Selbstverständnisses nicht fürs Ganze zu erklären und zur Überwindung von Ideologiekritik und Ideologietheorie aufzublasen. Erst durch diesen verfehlten Anspruch wird eine u.U. sinnvolle phänographische Begrenzung zu einer systematischen Engführung, die sowohl die Dimensionen der Herrschaft als auch der Selbstführung in einem *post-befreiungstheoretischen* Nebel verschwinden lässt. Die interessante Frage ist also, wie man eine solche Engführung wieder befreiungstheoretisch freisetzen könnte.

Abschließend möchte ich dies in drei Thesen andeuten:

1) Obwohl in den Gouvernementalitäts-Studien von *Techniken* und *Technologien* (der Macht oder der Regierung) häufig die Rede ist, wird die technologische Entwicklung der Automationsarbeit und der Computerisierung kaum mit einbezogen. Die Führungstechniken der Managementliteratur sind mit der neuen Produktionsweise des High-Tech-Kapitalismus zu vermitteln, ohne die sie nicht verstanden werden können. Wenn Gramsci im Zusammenhang mit dem Fordismus von einer »forcierten Ausarbeitung eines neuen Menschentyps« sprach, spezifizierte er dies im Sinne der »psycho-physischen Anpassung an die neue industrielle Struktur« (*Gef* 1, H 1, §61, 132). Auch die neoliberalen Führungstechnologien sind nicht als eine neue Konstruktion, sondern als integraler Teil der Umbrüche in der Produktionsweise zu untersuchen. Neu ist u. a., dass die Konkurrenz nun in die einzelnen Betriebsteile hineinschlägt und die Konzerngrenzen von Ware-Geld-Beziehungen durchlöchert werden (W.F. Haug 2003, 75 f). Was in den Gouvernementalitätsstudien als Umstellung auf *Selbstführung* dargestellt wird, erweist sich dann als eine widersprüchliche Subjektions-Form, bei der die Subjekte als autonome angerufen und zugleich in Subalternität gehalten werden: Selbstverantwortung, aber für fremdes Eigentum, Selbständigkeit als Selbstunterstellung unter die eigene Marktfähigkeit.[16] Zugleich würde

deutlicher, wo die vorgeschlagenen Führungstechnologien der Managementliteratur ihren gesellschaftlichen Ort haben, nämlich bei der Arbeitselite qualifizierter Automationsarbeiter.

2) Während die Gouvernementalitäts-Studien ein erstaunlich homogenes Modell unterstellen, nach dem die Diskurse der Selbstaktivierung sich nahezu fugenlos über die gesamte Gesellschaft ausbreiten[17], müsste man die neuen Führungstechniken auf die neoliberalen Spaltungen der Gesellschaft beziehen. Wer den ausgezeichneten Film *Bread and Roses* von Ken Loach über die mexikanischen *working poor* in San Francisco gesehen oder das Buch von Barbara Ehrenreich (2003) über die Arbeit im US-amerikanischen Niedriglohnsektor gelesen hat, wird dort weniger auf subtile Selbstführungstechniken als auf eine unmittelbare »Despotie des Kapitals« (Marx) gestoßen sein, die in Bröcklings Darstellung wie eine längst überholte Vergangenheit erscheint (2000, 139). Zum einen gibt es auch Spaltungen in den Subjektionsstrategien selbst: positive Motivierung, Sozialintegration, Therapieangebote auf der einen Seite, Aufbau eines riesigen *Prison Industrial Complex*, Überwachung und Polizeikontrolle auf der anderen Seite[18]; zum anderen funktionieren auch ähnliche oder gleiche neoliberale Anrufungen in verschiedenen *Milieus* völlig unterschiedlich oder sogar gegensätzlich: tendenziell identitätsstützend, wenn sie mit einer Arbeitsrealität korrelieren, in der Selbständigkeit und Kreativität von der Technologie und Arbeitsorganisation her gefordert und unterstützt werden; illusorisch und tendenziell subjektzerstörend, wo es keine wirklichen Handlungsmöglichkeiten gibt und die Anrufungen des *Empowerments* den Effekt haben, die Handlungsunfähigkeit und Wertlosigkeit der Individuen zu bestätigen und festzuschreiben.[19]

3) Und schließlich geht es um eine Öffnung der Gouvernementalitäts-Studien zu einem subjektwissenschaftlichen Ansatz, bei dem das Selbsthandeln der Individuen und ihr Anspruch auf Selbstvergesellschaftung auch theoretisch ernst genommen werden. »Wo Handlungsfähigkeit entsteht, ist nicht immer schon Unterwerfung.« (Langemeyer 2004, 73). Natürlich geht es nicht darum,

16 Vgl. PAQ 1987, 152 ff und F. Haug 2003, 610 f.

17 Z.B. die saloppe Anwendung auf Langzeitarbeitslose, Rosenverkäufer in der Kneipe und Müllaufsammler in Afrika bei Bröckling 2002.

18 Im vorausplanenden Management einer solchen Spaltung sieht Robert Castel die Spezifik gegenwärtiger Macht: »the emerging tendency is to assign different social destinies to individuals in line with their varying capacity to live up to the requirements of competitiveness and profitability« (1991, 294).

19 Oder als *Opium* der Ausgegrenzten: In dem von Wacquant untersuchten Chicagoer Ghetto gaben alle Befragten dieselbe realitätsferne, aber zugleich zumindest teilweise geglaubte Auskunft, sie würden sich in absehbarer Zeit in ein College einschreiben (Wacquant 1997, 182 f u. Anm. 6).

ein unhistorisch im Inneren der Individuen schlummerndes *gutes* Wesen im Menschen zu beschwören, das nur noch auf seine Befreiung in der klassenlosen Gesellschaft wartet.[20] Aber emanzipatorische Bewegungen stehen immer wieder neu vor der Aufgabe, Aspekte entfremdeter Vergesellschaftung und solidarischer Selbstbestimmung voneinander zu unterscheiden, nicht ein für alle Male, sondern jeweils im konkreten Kontext. Eine befreiungstheoretisch orientierte Subjektwissenschaft hätte in der Auseinandersetzung mit der Managementliteratur z. B. die Aufgabe, analytisch zu unterscheiden zwischen den emanzipatorischen Potenzialen einer Tendenz zur Individualisierung und einem privategoistischen Besitzindividualismus, auf den der Neoliberalismus das Individualisierungskonzept reduziert. Nur mit Hilfe solcher immer wieder neu vorzunehmenden Unterscheidungen könnte es vielleicht einmal möglich werden, die Anziehungskraft der neoliberalen Ideologie zu durchbrechen und eine Gegenhegemonie von unten aufzubauen.

Literatur

Adorno, Theodor W., 1973 ff: *Gesammelte Schriften*, 20 Bde, hg. v. Rolf Tiedemann, Frankfurt a. M. (zit. *GS*)

Althusser, Louis, 1977: *Ideologie und ideologische Staatsapparate*, Hamburg/Berlin/West

Barry, Andrew, Thomas Osborne und Nikolas Rose (Hg.) 1996:, *Foucault and Political Reason. Liberalism, Neo-Liberalism and Rationalities of Government*, Chicago

Bourdieu, Pierre, 1998: *Gegenfeuer. Wortmeldungen im Dienste des Widerstands gegen die neoliberale Invasion*, Konstanz

Ders. u. a. (Hg.), 1997: *Das Elend der Welt. Zeugnisse und Diagnosen alltäglichen Leidens an der Gesellschaft*, Konstanz

Bröckling, Ulrich, 2000: »Totale Mobilmachung. Menschenführung im Qualitäts- und Selbstmanagement«, in: ders., Thomas Krasmann und Susanne Lemke (Hg.), a. a. O., Frankfurt a. M., 131–67

Ders., 2002: »Jeder könnte, aber nicht alle können. Konturen des unternehmerischen Selbst«, in: *Mittelweg 36*, 11. Jg., 2002, H. 4 (zit. n. Internet-Ausgabe: www.eurozine.com/article/2002-10-02-broeckling-de.html)

20 Zur Kritik an Foucaults Polemik gegen Marxens angebliche *Utopie der Vollendung*, vgl. Rehmann 2004a, 84 ff.

Ders., Susanne Krasmann und Thomas Lemke (Hg.), 2000: *Gouvernementalität der Gegenwart. Studien zur Ökonomisierung des Sozialen*, Frankfurt a. M.

Burchell, Graham, Colin Gordon und Peter Miller (Hg.), 1991: *The Foucault Effect. Studies in Governmentality*, Chicago

Butler, Judith, 1997 [2001]: *Psyche der Macht. Das Subjekt der Unterwerfung*, Frankfurt a. M.

Candeias, Mario, 2004: *Neoliberalismus – Hochtechnologie – Hegemonie. Grundrisse einer transnationalen kapitalistischen Produktions- und Lebensweise. Eine Kritik*, Hamburg

Castel, Robert, 1991: »From Dangerousness to Risk«, in: Graham Burchell, Colin Gordon und Peter Miller (Hg.), *The Foucault Effect. Studies in Governmentality*, Chicago, 281–98

Dean, Mitchell, 1999: *Governmentality. Power and Rule in Modern Society*, London

Ehrenberg, Barbara, 2003: *Arbeit poor. Unterwegs in der Dienstleistungsgesellschaft*, Reinbek bei Hamburg

Foucault, Michel, 2001: *Dits et écrits 1954–1988*, 2 Bände, Paris, (zit. *DE I* u. *II*)

Ders., 2004 (zit. I): *Geschichte der Gouvernementalität*, Band I: *Sicherheit, Territorium, Bevölkerung. Vorlesung am Collège de France 1977–1978*, hg. v. Michel Sennelart, aus dem Französischen von C. Brede-Konersmann u. J. Schröder, Frankfurt a. M.

Ders., 2004 (zit. II): *Geschichte der Gouvernementalität*, Band II: *Die Geburt der Biopolitik. Vorlesung am Collège de France 1978–1979*, hg. v. Michel Sennelart, aus dem Französischen von J. Schröder, Frankfurt a. M

Gill, Stephen, 2003: »Übermacht und Überwachungsgewalt im globalen Kapitalismus«, in: *Das Argument* 249, 45. Jg., H. 1, 21–33

Gordon, Colin, 1991: »Governmental Rationality: An Introduction«, in: Burchell, Graham, Colin Gordon und Peter Miller (Hg.), *The Foucault Effect. Studies in Governmentality*, Chicago, 1–51

Hartz, Peter, 2001: *Job Revolution. Wie wir neue Arbeitsplätze gewinnen können*, Frankfurt a. M.

Haug, Frigga, 2003: »›Schaffen wir einen neuen Menschentyp‹. Von Henry Ford zu Peter Hartz«, in: *Das Argument* 252, 45. Jg., Heft 4/5, 606–617

Haug, Wolfgang Fritz, 2003: *High-Tech-Kapitalismus. Analysen zu Produktionsweise, Arbeit, Sexualität, Krieg und Hegemonie*, Hamburg

Holzkamp, Klaus, 1995: »Alltägliche Lebensführung als subjektwissenschaftliches Grundkonzept«, in: *Das Argument* 212, 37. Jg., H 6, 817–46

Jehle, Peter, 1994: »Alltagsverstand«, in: *Historisch-Kritisches Wörterbuch des Marxismus* (HKWM), Bd. 1, 162–67

Ders., 2002: »gesunder Menschenverstand«, in: *Historisch-Kritisches Wörterbuch des Marxismus* (HKWM), Bd. 5, 680–93

Jessop, Bob, 2004: »Pouvoir et stratégies chez Poulantzas et Foucault«, in: *Actuel Marx*, 36, 89–108

Langemeyer, Ines, 2004: »Subjektivität und kollektive Erfahrung. Subjektivierung als Machtinstrument im Produktionsprozess«, in: *Widerspruch. Beiträge zu sozialistischer Politik*, 46, 24. Jg., 1. Halbjahr, 65–78

Lemke, Thomas, 1997: *Eine Kritik der politischen Vernunft. Foucaults Analyse der modernen Gouvernementalität*, Hamburg

Macpherson, Crawford B., 1977: *Demokratietheorie. Beiträge zu ihrer Erneuerung*, München

Müller, Cathren, 2003: »Neoliberalismus als Selbstführung. Anmerkungen zu den ›Governmentality Studies‹«, in: *Das Argument* 249, 45. Jg., H. 1, 98–106

Opitz, Sven, 2004: *Gouvernementalität im Postfordismus. Macht, Wissen und Techniken des Selbst im Feld unternehmerischer Rationalität*, Hamburg

Petersen, Olaf, 2004: »Ausfaltung und Verfeinerung der Disziplinarmacht im Management – Erfahrungsbericht aus einer internationalen Unternehmensberatung«, in: *Forum Kritische Psychologie* 47, Hamburg, 120–144

Projekt Ideologietheorie, 1979: *Theorien über Ideologie*, Hamburg, Berlin, (zit. PIT)

Rehmann, Jan, 2004: *Postmoderner Links-Nietzscheanismus. Deleuze & Foucault. Eine Dekonstruktion*, Hamburg

Ders., 2004: »Ideologietheorie«, in: *Historisch-Kritisches Wörterbuch des Marxismus* (HKWM), Bd. 6.1, 717–60

Wacquant, Loïc J.D., 1997: »Die Zone«, in: Bourdieu u. a. (Hg.) *Das Elend der Welt. Zeugnisse und Diagnosen alltäglichen Leidens an der Gesellschaft*, Konstanz, 179–204

Sven Opitz

Gouvernementalität im Postfordismus

Zur Erkundung unternehmerischer Steuerungsregime der Gegenwart

Sobald die Soziologie ein bestimmtes theoretisches Abstraktionsniveau erreicht, sind ungeduldige Reaktionen vorprogrammiert. Umgehend wird der Vorwurf laut, dass ihre viel zu komplizierten Ausführungen nicht sofort für jedermann zugänglich sind. Da man sich an derartige Gereiztheiten bereits gewöhnt hat, gerät ein wenig zu schnell die Singularität dieses Vorwurfs aus dem Blick. So würde niemand auf die Idee kommen, beispielsweise einer Entwicklerin für Kernspintomographen vorzuwerfen, dass ihre Berechnungen zu einem gewissen Grad voraussetzungsvoll sind. Gesellschaft, so die Unterstellung, kennt dagegen jeder, weil sich hier schließlich jeder jeden Tag aufhält und deshalb fraglos als Experte agiert. Dass einer Person aber ein bestimmtes Enzym ebenso nah ist wie die Gesellschaft und es trotzdem völlig akzeptabel erscheint, dass man nicht bis ins letzte Detail versteht, welche Funktion es bei der Steuerung des eigenen Stoffwechsels ausübt, wird bei diesem Abwehrreflex unterschlagen. Denn »im Allgemeinen findet man sich in einer arbeitsteiligen Gesellschaft mühelos mit andernorts angehäufter Komplexität ab und erhebt nicht den Anspruch, sie über wenige Nachrichten aus den jeweiligen Feldern heraus auch noch gleich mitzubeherrschen« (Fuchs 2004, 9).

Zugegeben: Mit einem Begriff wie dem etwas umständlichen Neologismus der Gouvernementalität bietet man denjenigen, die sich mit der im Normalfall unhinterfragten Anhäufung von Komplexität ausgerechnet am Ort der Soziologie nicht abfinden wollen, einiges an Angriffsfläche. Dennoch möchte ich den vorliegenden Text auch als Plädoyer dafür verstanden wissen, an solchen Termini festzuhalten und sie jenseits ihrer Schlagworteigenschaften ernst zu nehmen – vorausgesetzt sie sind als Werkzeug für ein anspruchsvolles Verständnis der sozialen Wirklichkeit tauglich. Im Folgenden will ich die Irritation, die ein Begriff wie der der Gouvernementalitat erzeugt, als Anstoß nehmen, um in einem ersten Schritt über die Funktion des Begriffes im Allgemeinen und über die Funktionsweise des Begriffs der Gouvernementalität im Besonderen nachzudenken. Auf dieser Grundlage möchte ich in einem zweiten Schritt vorführen, wie diese begriffliche Funktionsweise dabei behilflich sein kann, ein Verständnis des Zusammenhangs zwischen der gegenwärtigen sozio-ökonomischen Formation und der Art und Weise, wie Menschen im postfordistischen Unternehmen geführt werden, zu ermöglichen.[1]

1. Der Begriff der Gouvernementalität

Begriffe werden oft als Selbstverständlichkeiten vorausgesetzt. Man geht davon aus, dass sie die *a priori* gegebene soziale Wirklichkeit bezeichnen – und es deshalb nur eine richtige und eine falsche Anwendung eines Begriffs geben kann. Die Tätigkeit einer Person, die sich mit Begriffen als Werkzeugen ausstattet, um gesellschaftliche Prozesse präzise zu beschreiben, gleicht aus dieser Sicht der eher einfältigen Suche nach dem passenden Deckel für einen speziellen Topf. Ich möchte im Anschluss an Gilles Deleuze und Félix Guattari (2000) ein anderes Verständnis skizzieren, aus dem sich eine neue Perspektive ergibt.

Denken und Sprechen – zum Beispiel über Gesellschaft – bedarf der Begriffe, sie fungieren als Mittel der Sichtbar- und Sagbarmachung. Diese Formulierung zeigt aber zugleich, dass Begriffe nicht einfach ein vorfindbares Problem abbilden, sondern im Medium der Sprache produktiv wirken. Ein Begriff weist seinem Bezugsproblem demnach seine eigenen Bedingungen zu, verändert das Problem gemäß seiner eigenen Beschaffenheit. Die Produktivität des Begriffs besteht also nicht darin, dass er es erlaubt, ein Problem zu lösen, sondern darin, es so zu transformieren, dass man sich in neuer Weise zu ihm verhalten kann und neue Handlungsspielräume ihm gegenüber gewinnt. Damit zeigt der Begriff auch seine Kontingenz an. Die Form, die er einem Problem gibt, könnte im Licht eines anderen Begriffs eine andere sein. Der Begriff besitzt, mit andern Worten, keine eindeutige, von ihm unabhängige Referenz: »Er ist selbstreferenziell, er setzt sich selbst und seinen Gegenstand mit seiner Erschaffung.« (Deleuze/Guattari 2000, 29)

Deleuze und Guattari heben hervor, dass es keinen einfachen Begriff gibt. Jeder Begriff ist vielmehr eine Mannigfaltigkeit, d. h. er ist aus verschiedenen Komponenten zusammengesetzt. Jede Komponente besitzt partielle Überlappungen und Ununterscheidbarkeitszonen zu anderen Komponenten und weist zugleich über den Begriff hinaus, weil sie Verbindungen mit andern Begriffen unterhält. Dennoch stiftet der Begriff eine Konsistenz, da er die heterogenen Komponenten unzertrennlich bindet. Er selbst ist der Kondensationspunkt seiner eigenen Komponenten, denen gegenüber er sich »im Zustand des Überfliegens« (ebd., 27)

1 Vgl. auch Opitz 2004, hier wird stärker auf eine spezifische Lesart der Texte Michel Foucaults fokussiert.

befindet: »Er ist [...] eine Intension, die in allen Merkmalen, aus denen er sich zusammensetzt, gegenwärtig ist.« (Ebd., 26 f)

Dieses allgemeine Verständnis des Begriffs erlaubt es nun, den Begriff der Gouvernementalität zu untersuchen. Es bietet sich an zu fragen, welche Komponenten er vernäht, um herauszufinden, wie er einem Problem seine Bedingungen zuweist und damit eine spezifische Erkenntnisleistung erbringt. Wendet man sich mit dieser Frage an Michel Foucault, dessen Signatur der Begriff der Gouvernementalität immerhin trägt, erhält man allerdings nur wenige, unsystematische und widersprüchliche Antworten. An diesem Punkt sollen die folgenden Ausführungen ansetzen: Ich möchte die Komponenten des Gouvernementalitäts-Begriffs so bestimmen, dass die von der Foucault-Rezeption oftmals isolierten Werkphasen des Philosophen durch den Begriff zueinander in Bezug gesetzt werden. Gouvernementalität wäre demnach der Kondensationspunkt der Komponenten der Macht, der Episteme und der Subjektivierung.

Foucaults Anliegen ist es, ein eigenes Register der Macht zu eröffnen. Er will Macht nicht mit dem Gesetz gleichsetzen, nicht ausschließlich in einigen Institutionen lokalisieren und auch nicht als von einer bestimmten Metastruktur abgeleitetes Eigentum begreifen. Stattdessen besteht die genuine Qualität der Macht in ihrem relationalen Charakter. Foucaults Mikrophysik denkt Macht als ein Kräfteverhältnis, als eine Aufspaltung von Spontaneität und Rezeptivität, von affizieren und affiziert-werden (vgl. Deleuze 1987, 100 f), wobei beide Momente nicht feste Positionen bezeichnen, sondern permanent die Plätze tauschen.

Der Begriff der Gouvernementalität protegiert ein solches Verständnis von Macht, weil jede Regierungspraxis auf einer sozialen Relationalität beruht. Regierung ist ein zweigliedriger Mechanismus der Machtausübung, bei dem Handlungen vollzogen werden, die andere Handlungen verändern. In diesem Sinn ist die Formel von Regierung als einer »Führung der Führungen« (Foucault 1994a, 255) zu verstehen: Die miteinander verknüpften Führungen bilden ein Arrangement, das die Tätigkeiten des Anführens und der Führung im Sinne eines Sich-Verhaltens zusammenzieht. Regieren heißt, ein Möglichkeitsfeld und damit einen Handlungsraum zu strukturieren, in dem jeder zugleich Führender, Geführter und Sich-Führender ist. Die Praxis des Regierens ist somit irreduzibel intersubjektiv und kennt keine strikte Trennung zwischen aktiv und passiv. Vielmehr ist der Widerstand dem Kräfteverhältnis inhärent, das zweigliedrige Scharnier der Regierung setzt ein Moment der Freiheit konstitutiv voraus. Anderenfalls hätte man es mit einem Herrschaftsverhältnis zu tun, das die flexible Mechanik der Führungen fixiert und das produktive Möglichkeitsfeld repressiv schließt.

Diese schlanke Konzeption der Regierung widerspricht somit den üblichen Denkweisen in Bezug auf Fragen der Regierung. Indem die traditionelle Politikwissenschaft Regierung als Tätigkeit zur Durchsetzung staatlicher Zwecke definiert, erklärt sie den Staat zum ausschließlichen Akteur der Regierung. Das Denken der Gouvernementalität dezentriert dagegen die Regierungsfunktion. Der Staat ist nicht das Wesen einer Regierung, die in ihm ihre autonome Quelle der Macht findet. Umgekehrt erscheint er lediglich als »beweglicher Effekt eines Regimes vielfältiger Gouvernementalität« (Foucault 2000, 70), die das gesamte soziale Feld durchzieht.

Die zweite Komponente des Begriffs der Gouvernementalität bildet die Episteme – wenn man so will als das Moment der *mentalité* der *gouvernementalité*.[2] Was aber heißt in diesem Zusammenhang »Episteme«? Foucault hat in den 1960er Jahren gezeigt, dass das Wissen zu einem bestimmten Zeitpunkt in einer bestimmten Kultur eine Regelmäßigkeit besitzt. Das Konzept der Episteme behauptet historisch variable Strukturen, welche die Bedingungen für Formen der Erkenntnis darstellen. Die sich als eine derartige Regelstruktur abzeichnende epistemische Formation ist demnach selbst weder wahr noch falsch. Vielmehr setzt sie die Bedingungen für die Zuordnung der Werte von wahr und falsch. Sie errichtet ein »System der Akzeptabilität« (Foucault 1992, 34).

Der Begriff der Gouvernementalität verweist darauf, dass jede Regierungspraxis notwenig in einem epistemischen Raum situiert ist. Denn die mikrophysikalischen Kräfterelationen werden immer durch spezifische Kalküle ausgerichtet. Oder genauer: Die Bindung der instabilen Kräfte erfolgt im Medium von Wissensformationen, die bestimmte Ziele, Mittel und Grenzen legitimer Regierungspraktiken nahe legen. Gouvernementalität korrespondiert also immer mit historischen Rationalitätsformen. Ihre Analytik erlaubt es somit, eine Reihe von Fragen zu formulieren, die genau dieses Ineinandergreifen der Komponenten Macht und episteme fokussieren: Wie werden verschiedene soziale Bereiche durch die Problematisierung bestimmter Denk- und Handlungsformen als regierbare konstituiert? Wie verknüpft das zugrunde liegende epistemische System Formen des Wissens mit dem Handeln auf Handlungen durch einzelne Akteure? Wie gruppiert es die Expertisen von Architekten, Sozialarbeitern, Unternehmensberatern oder Psychologen? Oder ganz allgemein: Wie rationalisiert die Gouvernementalität die eigenen Techniken?

2 Michel Sennelart behauptet in seinem Nachwort zu Foucaults Vorlesung *Geschichte der Gouvernementalität I – Sicherheit, Territorium, Bevölkerung*, dass »gouvernementalité« aus »gouvernemental« abgeleitet sei, ebenso wie etwa »musicalité« aus »musical« (2004, 564). Der Begriff der »gouvernementalité« integriere folglich *nicht* die Komponente der »mentalité«; die »Übersetzung des Wortes mit ›Regierungsmentalität‹ [...] ist [...] eine Fehldeutung« (ebd.). Dieser Lesart wird hier widersprochen. Auch ein noch so akzidentielles Aufscheinen der »mentalité« akzentuiert einen zentralen Referenzausschnitt des Begriffs. Dieses Referenzmoment soll nun vorgestellt werden.

Die dritte Komponente ist die schwierigste, weil sie nominell eine lange philosophische Tradition aufruft, die Foucault allerdings neu justiert: die Komponente der Subjektivierung. Das Subjekt ist entgegen der alltagssprachlichen Konfusion nicht gleichzusetzen mit dem Menschen, dem Individuum oder der Person. Folgt man einer Aussage Foucaults von 1982, ging es ihm in allen seinen Büchern um »eine Geschichte der verschiedenen Verfahren, durch die in unserer Kultur Menschen zu Subjekten gemacht werden« (Foucault 1994a, 243). Man ist demzufolge nicht einfach von Geburt an ein natürliches Subjekt, sondern ist es geworden und wird immer noch subjektiviert. Statt die Subjektivität als innerstes Eigentum zu begreifen, möchte Foucault sie außerdem als einen in sozialen Immanenzbeziehungen hergestellten Effekt analysieren. Und vor allem wird das Subjekt nicht gemäß der abendländischen Tradition als sich durchschauendes, autonom selbstmächtiges imaginiert. Vielmehr entsteht die Handlungsmacht des Subjekts erst auf der Grundlage einer konstitutiven Unterwerfung: Subjekt-sein heißt, »vermittels Kontrolle und Abhängigkeit jemandem unterworfen sein und durch Bewusstsein und Selbsterkenntnis seiner eigenen Identität verhaftet sein« (ebd., 246 f).

Der Begriff der Gouvernementalität legt es nun nahe, Prozesse der Subjektivierung als Momente von Regierungspraktiken zu untersuchen. Um als ein für andere anerkennbares Subjekt in Erscheinung zu treten, muss sich das Subjekt zunächst selbst im Kontext spezifischer Rationalitätsformen situieren. Das Subjekt ist an das jeweils gültige System der Akzeptabilität im Aussprechen der Wahrheit über sich selbst gebunden, so dass jede Analytik der Gouvernementalität fragen wird, wie das Verhältnis, das ein Subjekt zu sich selbst haben kann, durch »Spiele des Wahren und des Falschen« (Foucault 1989, 13) formatiert wird. Man wird deshalb untersuchen, wie das Subjekt in Prozeduren der Wissensproduktion eingefügt ist, die sich über sein eigenes Sprechen vollziehen und zugleich subjektivierende Machtwirkungen erzeugen. So ist etwa jede statistische Erhebung – von der pastoralen Beichte bis zur Erstellung genetischer Datenbanken – immer auch ein Prozess der Produktion von Normbereichen und Abweichungszonen, in denen ein Subjekt sichtbar wird. Das prinzipiell verkörperte Subjekt wird somit als »Verdoppelung durch ein Unkörperliches« (Foucault 1977, 41) konstituiert; als Bündel von Risikodispositionen oder Kompetenzen erscheint es erst im Rahmen derartiger Macht/Wissen-Praktiken als Täter hinter seinem Tun.

Bei genauem Hinsehen birgt bereits die Formel der »Führung der Führungen« Hinweise auf Prozesse der Subjektivierung. Denn sie verweist einerseits auf Strukturen der Adressierung, innerhalb derer der Einzelne als Subjekt im Sinne Louis Althussers (1977) angerufen wird. Andererseits bewahrt die Formel davor, den Prozess der Subjektivierung mechanisch als einseitiges Ableitungsverhältnis zu denken. Stattdessen verschränkt sie die Regierung der anderen mit der Regierung seiner selbst, d. h.

die sozio-politische Führung schließt Praktiken der Selbstkonstitution unhintergehbar ein. Gilles Deleuze (1987, 134f; 140) und Judith Butler (2001, 20ff; 123) haben beide dieses ethische Moment der Praxis des Selbst als Ansatzpunkt für widerständiges Handeln bestimmt. Beide verweisen auf kritische Akte der Desubjektivierung, die ein asketisches Verhältnis bzw. eine »Grenzhaltung« (Foucault 1990, 48) zu jenen Bedingungen voraussetzen, die intelligibles Sein gewähren.

2. *Gouvernementalität im Postfordismus*

Dieser Abriss war in höchstem Maße abstrakt. Ich behaupte jedoch, dass eine solche Theoriearbeit die Bedingung dafür ist, sich auf wissenschaftliche Weise Zugang zur empirischen Praxis zu verschaffen. Ich möchte deshalb nun andeuten, inwiefern ich im letzten Abschnitt ein analytisches Instrumentarium gebildet habe, das es mir erlaubt, Formen der Menschenführung im postfordistischen Unternehmen so zu verstehen, dass ich sie auf den Wandel ökonomischer Bedingungen beziehen und dabei eine allgemeine Rationalität des Regierens im Neoliberalismus bestimmen kann.

Das postfordistische Regime der Akzeptabilität

Wirft man einen kursorischen Blick auf die Publikationen an der Schnittstelle zwischen Sozial- und Wirtschaftswissenschaften, so gelangt man zu der Feststellung, dass es eine überaus heterogene Menge an Veröffentlichungen gibt, die in einem diagnostischen Grundgehalt übereinstimmen: darin nämlich, dass sich seit den 70er Jahren eine Reorganisation des sozio-ökonomischen Feldes zugetragen hat.[3] Diese Schwelle interpretiere ich als Entstehungsmoment eines neuen Systems der Akzeptabilität, das ich der Einfachheit halber im Anschluss an die Regulationsschule als »postfordistisch« bezeichne.

Im Postfordismus tritt an die Stelle einer Massenproduktion standardisierter Güter der Imperativ, in immer kürzeren Fristen eine zunehmende Vielfalt von Produkten in immer kleineren Mengen herzustellen (Gorz 2000, 41ff). Es kommt bei der Konzipierung der Produktionsstrukturen zu einer regelrechten Umkehrung der Abläufe: Dem Ideal nach wird ein Produkt erst gekauft und dann gefertigt. Dies setzt voraus, dass das System der Kommunikation zwischen Produktion und Konsum neu kalibriert wird. Herrschte im Fordismus ein stummes Verhältnis zwischen Fabrik und Markt, weil man von einer homogen-konstanten Nachfrage

3 Stellvertretend für viele sei hier auf die aktuelle Arbeit von Mario Candeias (2004) verwiesen, die nicht zuletzt einen detaillierten Überblick über die Debatte gewährt.

und großen Lagerkapazitäten ausging, belauscht man die Konsumenten nun und koordiniert die Produktion mit geringsten Marktschwankungen.

So entsteht eine völlig neue Vorstellung des Konsumenten, der in immer stärkerem Maße Waren in ihrer Signifikanz dazu nutzt, seine Existenz auf distinktive Weise zu stilisieren. Das konformistische Ideal des Fordismus weicht einem dosierten Einsatz non-konformistischer Gesten. Auf der Seite des Unternehmens orientiert man sich an der kybernetischen Steuerungsmetapher, die das Unternehmen ohne Unterlass dazu antreibt, eine Insel der erhöhten Anpassungsbereitschaft in einer komplexen Umwelt zu bilden. Damit korrespondiert das Konzept einer konnexionistischen Welt, das nicht mehr die Struktur der Hierarchie, sondern die eines Netzwerks aufweist (Boltanski/Chiapello 2003, 188 ff). In zeitlicher Hinsicht herrscht auf der Grundlage der informationstechnologischen Revolution ein Regime der Unmittelbarkeit, die Bedeutung des Raumes geht gegen Null (Bauman 2003, 136 ff).

Wie aber tangiert eine derartige Restrukturierung die Arbeit selbst? In der Soziologie hat man sich im Anschluss an Alain Touraine (1972) und Daniel Bell (1979) daran gewöhnt, eine Aufeinanderfolge dreier Paradigmen anzunehmen, die sich jeweils durch die Dominanz eines Wirtschaftssektors auszeichnen: Landwirtschaft, Industrieproduktion und postindustrielle Produktion. Allerdings ist dabei nicht von einer linearen Stufenfolge auszugehen. Vielmehr erfasst jeder Paradigmenwechsel immer auch alle anderen Sektoren, die also nicht einfach verschwinden. So ist die gegenwärtige Dominanz der Dienstleistung zwar auch quantitativ belegt, vor allem aber stellt sie ein unhintergehbares Moment der Selbstbeschreibung von Arbeit dar. Schon die beiden McKinsey-Autoren Thomas J. Peters und Robert H. Waterman rieten Anfang der 1980er Jahre allen Managern, egal ob ihre Unternehmen Hamburger braten oder Blech biegen, dass sie ihre Fertigung als Dienstleistung behandeln sollen (1984, 18). Die Dienstleistung avanciert zur präskriptiven Norm – und ein besonders illustratives Beispiel dafür ist jene Dienstleistungsmimikry, die *Volkswagen* in Dresden aufführt: Hier wurde für die Produktion des Oberklasse-Modells Phaeton im botanischen Garten eine Gläserne Fabrik errichtet, in der nur in *white collars* gearbeitet wird. Zugleich wandelt sich der Produktionsort in einen Themenpark. Die zahlungskräftige Kundschaft genießt die letzten Fertigungsschritte als Zuschauer, so dass es nur folgerichtig erschien, als auch die Semperoper nach dem Oder-Hochwasser 2002 ihre Produktion an diese Spielstätte verlegte.

Im Anschluss an Maurizio Lazzarato (1998a; 1998b) lässt sich die postindustrielle Ökonomie als ein Regime immaterieller Arbeit charakterisieren. Der Begriff der immateriellen Arbeit hat mehrere Implikationen. Zunächst radikalisiert er die These der Wissensgesellschaft: Im kognitiven Kapitalismus greift man nämlich nicht länger nur auf Wissensressourcen zurück, um materielle Güter herzustellen.

Stattdessen wendet sich die Kapitalverwertung von innen her der Sphäre der Wissensproduktion zu, d. h. dem Produktionsprozess des Wissens mittels Wissen (vgl. Corsani 2004, 157 ff). Das gilt etwa für die Tätigkeit von Finanzberatern, Journalisten, Architekten, Lehrkräften, Softwareentwicklern, Juristen, Laborarbeitern oder Marketingexperten. Ihre Arbeit besitzt einerseits eine symbolanalytische Dimension. Der Symbolanalytiker, wie er von Robert Reich (1993) beschrieben wurde, vollzieht eine kreative Handhabe symbolischer Systeme. Seine Aufgabe besteht nicht im Finden bekannter Lösungen zu bekannten Problemen, sondern im Erfinden unbekannter Probleme zu möglichen Lösungen. Andererseits besitzt die immaterielle Arbeit eine affektive Komponente. Affektive Arbeit (vgl. Hardt 2004) hat die Herstellung zwischenmenschlicher Kontakte zum Hauptgegenstand und ist Arbeit am körperlichen Befinden. Trotz der Körperlichkeit der Arbeit kann sie als immateriell begriffen werden, weil ihre Produkte nicht greifbar sind. So werden etwa im Gesundheitsbereich oder in der Unterhaltungsbranche Gefühle des Wohlergehens, des Behagens und der Leidenschaft erzeugt.

Antonio Negri und Michael Hardt haben darauf hingewiesen, dass das Regime der immateriellen Arbeit eine Zirkulation von Biomacht in Gang setzt (vgl. 2002, 37 ff; 295 ff). Was beide darunter verstehen, wird deutlich, wenn man die Transformation der durch immaterielle Arbeit hervorgebrachten Produkte und die Konsequenzen für ihren Konsum untersucht. Der semiotische Anteil der Produkte erhöht sich, insofern Bilder, Worte, Klänge und Design die reine Stofflichkeit in den Hintergrund drängen. Derartige »Gefühls/Wissens-Produkte« (Boudry et al. 1999, 20) verfügen nur über eine kurze Lebensdauer und bereiten oftmals erhebliche Schwierigkeiten, ein Eigentumsrecht durchzusetzen. Zugleich verändert ihr Konsum die Konsumierenden und ihren sozialen Kontext. Die Konsumenten greifen aktiv in die Produktion ein, so dass man zugespitzt sagen könnte, dass die Arbeit aller Beteiligten darin besteht, gemeinsam neue Formen der Kommunikation zu innovieren. Oder noch mal anders ausgedrückt: Immaterielle Arbeit setzt Kooperationen in Gang und stellt damit Sozialität her.

Vor diesem Hintergrund erklären Hardt (2004, 182 ff) und Negri (1998, 26 f) das, was Feministinnen als Frauenarbeit bezeichnet haben, zum Modell immaterieller Arbeit. Dies kann man sich am hegemonialen Bild der Mutter verdeutlichen: Von der Mutter wird erwartet, dass sie über ein breit gestreutes Spezialwissen verfügt, das von Bewältigungsstrategien für bürokratische Hindernisse bis zu ernährungswissenschaftlichen Fragen reicht. Zudem muss sie zu permanenter Mehrarbeit bereit sein. Sie agiert völlig eigenverantwortlich, ohne dass ein Arbeitgeber vorhanden wäre, der sie direkt kontrolliert, wobei ihre Fähigkeiten über fachliches Know-how hinaus sozial, kommunikativ und emotional sind. Waren Frauen von der fordistischen Vorstellung von Produktivität ausgeschlossen, weil sie in die Sphäre der Reproduktion verbannt wurden, besteht die biopolitische Dimension der neuen Ökonomie nun darin, dass Produktion und Reproduktion ununterscheidbar werden, weil die Produktion von Subjektivität ins Zentrum rückt. Im Anschluss an Marx sprechen Hardt und Negri auch von »reeller Subsumtion« (2002, 266), weil es keine Trennung der Arbeitskraft von ihrem subjektiven Träger mehr gibt. Das allgemeine Bestreben des Managements, das Humankapital vollständig nutzbar zu machen, spricht es also offen aus: Es ist das Leben selbst, das man im Postfordismus produktiv werden lassen will. Denn das »fixe Kapital (…) findet sich von nun an im Gehirn der Menschen, die arbeiten. Es ist die Werkzeug-Maschine, die jeder von uns in sich trägt« (Negri 1998, 22).

Regierung des Unternehmens

Ich habe die Reorganisation dessen, wie der Markt gedacht wird, was als Ware gelten darf und der Kompetenzen, die zu ihrer Herstellung verlangt werden, aus zwei Gründen ausführlich dargelegt. Zum einen wird ersichtlich, dass bereits dieses neue System der Akzeptabilität spezifische gouvernementale Effekte zeitigt. Es transportiert Erwartungen, Selbstdarstellungsnormen und setzt Maßstäbe dafür, welches Arbeits- und Konsumverhalten als rational anzusehen ist und welches nicht. Diesen Aspekt hebt Judith Revel mit Blick auf die Feminisierung der Arbeit hervor:

> Das Frau-Werden der Arbeit verziert die Blaumänner nicht mit feinen Spitzen; es reartikuliert die Formen und Mechanismen der Ausbeutung der Arbeitskraft ebenso wie das Aussehen letzterer. (2004, 256)

Zum anderen stellt sich vor diesem Hintergrund für die Führung eines Unternehmens ein komplett neues Regierungsproblem. Die immateriellen Arbeiter müssen nämlich Leistungen erbringen, deren Erfüllung nicht mehr einfach befohlen werden kann. Sie müssen selbst entscheiden, wann, wo und mit wem sie am effektivsten arbeiten und eben auch woran sie überhaupt arbeiten. Sie sollen sich selbst motivieren, auf kleinste Umweltveränderungen innovativ reagieren und eigenverantwortlich handeln. Alle diese Anforderungen konfrontieren die *Führung der Führungen* mit einer unhintergehbaren Aporie: Die Regierung muss die Subjekte als aktive und autonome anrufen, aber gleichzeitig sicherstellen, dass die Ausübung dieser Autonomie nach den Richtlinien des Unternehmens erfolgt. Die Herausforderung besteht also darin, ein Handlungsvermögen zu produzieren, das an nichtbeliebige Zwecke gebunden ist.

An anderer Stelle habe ich im Rahmen einer qualitativen Analyse untersucht, welche Lösungen für dieses Regierungsproblem favorisiert werden (Opitz 2004, 113 ff). Dazu wurden von mir zentrale Texte der Managementliteratur als Programme der Regierung darauf hin analysiert, wie sie eine Rationalisierung des Regierens vornehmen und bestimmte Techniken der Führung entwickeln. Um den Kontakt zur Praxis innerhalb der Unternehmen zu halten, habe ich ausschließlich solche Techniken der Führung untersucht, deren Einsatz durch empirische Studien gut dokumentiert ist. Unter Techniken der Führung verstehe ich dabei Gefüge, die diskursive und nicht-diskursive Komponenten so verweben, dass sie eine Situation strategisch ordnen, ein Vorgang, dem Foucault den Namen »Macht« gibt (Foucault 1983, 114). Paul du Gay bestimmt Techniken der Führung als »hybrid assemblages of knowledge, instruments, persons, systems of judgement, buildings and spaces, underpinned at the programmatic level by certain presuppositions [...] about human beings« (1996, 138).

Insgesamt habe ich im Rahmen meiner Studie die Funktionsweise von sieben Führungstechniken nachgezeichnet und bin zu dem Ergebnis gekommen, dass eine entschiedene Skepsis gegenüber Formen der Machtausübung existiert, die Foucault als Disziplin beschrieben hat. In der Managementliteratur herrscht eine regelrechte Phobie vor tayloristisch durchdeklinierten Arbeitsabläufen, vor Routinen, vor Homogenisierung und vor Normierung. Die vorgeschlagenen Führungstechnologien sind vielmehr als *postdisziplinär* zu charakterisieren, da es sich bei ihnen im Sinne von Deleuze um »Kontrollformen mit freiheitlichem Aussehen« (1993, 255) handelt. Man könnte auch sagen, dass das postfordistische Unternehmen angehalten wird, mit Formen liberaler Gouvernementalität zu experimentieren, insofern zu Führungszwecken ein kalkulierter Einsatz von Freiheit erfolgen soll. Die Ausschaltung dieser Freiheit würde dagegen eine fundamentale Unwissenheit darüber signalisieren, wie gegenwärtig angemessen regiert wird.

Alle von mir analysierten Führungstechniken versuchen über Mechanismen der indirekten Steuerung spezifische Handlungsfreiheiten zu eröffnen und zugleich kontrollierend einzufassen. Peter Miller und Nikolas Rose sprechen diesbezüglich von »governing at a distance« (1998, 49): Die distanzierte Führung soll stimulierend wirken, indem sie auf Kontextfaktoren einwirkt. Sie multipliziert den Wettbewerb und schafft gezielt Verantwortlichkeiten für die Erreichung von Zielen. Konstruiert werden Spielräume für Entscheidungen, Anreize für Veränderungen und zum Lernen. Das klingt freundlich, dennoch darf nicht übersehen werden, dass diese Maßnahmen völlig neue Imperative implementieren. Außerdem werden die Beschäftigten durch eine derartige Umstellung direkt mit den Folgen ihres Handelns und mit den Bedingungen der Unternehmensumwelt konfrontiert. Unterstützt durch Interventionen auf der Ebene der Unternehmenskultur sollen so klassische Konfliktlinien, wie die zwischen Arbeitgebern und Arbeitnehmern, verwischt werden. *Governing at a distance* geht demnach auch mit einem völlig neuen Verständnis dessen einher, was das Management wie zu tun hat. Das

Management soll im postfordistischen System der Akzeptabilität »postheroisch« (Baecker 1994) werden: Es soll Aktivität produzieren, indem es sich zurückzieht. Peters und Waterman raten Führungskräften daher, als »Sozialarchitekten« (1984, 112) einen Raum herzustellen, in dem die Mitarbeiter ein subjektives Begehren konstituieren können. Der Manager soll als »Sprachenregler« (ebd., 102) die viel zu statischen Metaphern der Bürokratie und des Militärs aus dem Unternehmen bannen und stattdessen flexiblere Metaphern erfinden: Metaphern, die sich an den Leitbildern der Improvisation oder des Spiels ausrichten und zur permanenten Beweglichkeit anhalten.

Ich möchte zur Illustration dieser abstrakten Ausführungen die Technik der Leistungsbeurteilung vorstellen. Die Diskussion um diese Technik ist besonders aufschlussreich, da man an ihr ablesen kann, inwiefern die Disziplinarmacht problematisch wird, aber ihre Elemente unter veränderten Vorzeichen fortbestehen. Wir erinnern uns: Im klassischen Disziplinarsystem war das *Panopticon* der paradigmatische Ort des Macht/Wissens, an dem Dressur, Überwachung und Wahrheitsproduktion ineinander greifen konnten. Diese Funktion scheint die Architektur im postfordistischen Unternehmen eingebüßt zu haben. Besonders signifikant erscheint mir an diesem Punkt eine Beschreibung der Arbeitsräume der Werbeagentur Jung von Matt (Holert 2000, 259 ff). Zum einen transformiert man hier durch verschiedene raumgestalterische Maßnahmen, etwa die Aufstellung von *Werkbänken*, den Taylorismus in ein ironisches Ausstattungselement der Kreativfabrik. Zum anderen wurde der Innenraum des Gebäudes ausgeweitet, so dass dem Blick keine Grenzen gesetzt werden. Wo sich im *Panopticon* die Kontrollinstanz dem Gesehen-Werden entzog, hängt bei Jung von Matt eine transparente Kanzel, in der die leitenden Angestellten unter ständiger Aufsicht aller stehen. Dieser tendenzielle Verzicht auf räumliche Isolation findet sich so ähnlich auch bei anderen Unternehmen (vgl. McKinlay/Taylor 1998, 173 ff). Die Abflachung der panoptischen Asymmetrie folgt zudem logisch aus der veränderten Funktion des Arbeitsplatzes. Sobald es nicht um Maschinen-, sondern um Gehirnlaufzeit geht, soll die Architektur vor allem Kontakte und ein gegenseitiges Sich-Beobachten unterstützen. Die Managementliteratur rät einstimmig zu Maßnahmen, die ein Netz offener, informeller Kommunikation anregen und die Arbeit eines jeden für alle anderen sichtbar und damit interpretierbar machen.

Der panoptische Mechanismus taucht jedoch in modifizierter Form in der Technik des *360° Feedbacks* auf (vgl. Bröckling 2000, 151 ff; 2003, 82 ff). Dieses panoramatische Feedback bewertet die Performance von Mitarbeitern aller Ebenen durch die parallele Befragung von Kollegen, Untergebenen, Vorgesetzten und Kunden. Auch hier wird ein Modell reziproker Sichtbarkeit konstruiert, bei dem jeder zugleich Beobachter aller anderen und der von allen Beobachtete ist. Die

Ergebnisse der Befragungen können mit der Selbsteinschätzung kontrastiert werden, aber auch mit den Ergebnissen früherer Feedbacks, mit Werten von Kollegen oder mit anzustrebenden Idealwerten. Im Ergebnis setzt die Leistungsbeurteilung eine Dynamik der Selbstoptimierung in Gang, die mit positiven und negativen Sanktionen kombiniert werden kann.

Weil die für die Evaluierung von Arbeitsprozessen notwendige Operationalisierung dessen, was als Leistung gelten soll, unter den Bedingungen immaterieller Arbeit jedoch äußerst schwierig ist, müssen abstrakte Konstrukte wie Innovationsfreudigkeit, Entscheidungsvermögen oder Teamfähigkeit bewertet werden. Eine Schlüsselstellung nimmt dabei das Konzept der Kompetenz ein (vgl. Townley 1998 201 ff). Mit der Kompetenz fasst ein Unternehmen verschiedene Attribute, die es für wichtig hält, zu Clustern zusammen, die wiederum die Basis für die Gestaltung von Weiterbildungsprogrammen darstellen. Dabei bedient es sich der Hilfe von humanwissenschaftlichen Experten, welche die Leistungsbeurteilung entwerfen, ihre Anwendung anleiten und die Ergebnisse gemeinsam mit den Beurteilten in Aktivität umsetzen. Diese Experten betreiben eine Hermeneutik der Kompetenz, anhand welcher die beredten Schatten hinter der sichtbaren Handlung zutage gefördert und dem Subjekt als seine innere Wahrheit kommuniziert werden. Das Subjekt wird somit als Wissensobjekt konstituiert, das lernt, sich unter der Anleitung eines anderen zu verändern.

Interessanterweise artikuliert die Managementliteratur gegenwärtig ein Unbehagen hinsichtlich des disziplinären Rests, den eine solche Technik der Leistungsbeurteilung mit sich führt – ohne aber das Instrument ganz verwerfen zu wollen. Man hadert beispielsweise mit dem jedem Beurteilungsverfahren inhärenten Moment der Standardisierung (Malik 2001, 363) und warnt davor, dass das Feedback möglicherweise nicht das individuelle Lernen initiiere, sondern die kollektive Anpassung (Sprenger 2001, 70 ff). Letztlich, so könnte man zusammenfassen, konzentrieren sich alle Vorbehalte in der liberalen Unterstellung, es werde zu viel regiert.

Die Hegemonie des Unternehmerischen: neoliberales Gouvernement

Wenn der Unternehmer der Held des Liberalismus war, dann müsste der Neoliberalismus angesichts der empirischen Faktenlage eigentlich auf der Suche nach einem neuen Protagonisten sein: Betrug der Anteil der Unternehmer an den Erwerbstätigen hierzulande in den 60er Jahren – zur Hochzeit des Fordismus also – 22 Prozent, schrumpfte er seitdem auf knapp über neun Prozent (vgl. Wilke 1999, 63; Castells 2001, 250). Die Popularität der Chiffre des Unternehmerischen verweist deshalb darauf, dass sie wohl weniger einen formalen Status bezeichnet, sondern einen allgemeinen Aktivitätsmodus. Dementsprechend wollen alle von mir untersuchten Führungstechniken unternehmerisches Handeln von Menschen erreichen, die genau genommen gar keine Unternehmer sind. Insofern es das Kennzeichen des Unternehmers ist, dass er den Markt als Deutungshoheit anerkennt, besteht die wichtigste Aufgabe der Führung folglich darin, Wettbewerbsverhältnisse herzustellen – zwischen Unternehmenseinheiten, zwischen Projektteams und natürlich zwischen einzelnen Mitarbeitern. Auf dieser Grundlage entsteht ein innerorganisatorisches System des simulierten Unternehmertums.

Der Neoliberalismus als soziale Formation stellt nun die entscheidende Bedingung dar, unter der die Figur des Unternehmers über den Bereich der Wirtschaft hinaus hegemonial werden konnte, weil eine Neubeschreibung des Sozialen als ökonomische Form vorgenommen wurde. Das Vertrauen in die Steuerungskapazität des Marktmechanismus ist jetzt so groß, dass es zum Ziel wird, ihn auf alle Lebensbereiche auszuweiten; die Erzeugung von Märkten avanciert zum Reforminstrument *par excellence*. Die Erklärung von Organisationen zu Unternehmen und die komplementäre Anrufung der Subjekte als selbstverantwortliche Unternehmer fungiert damit als universelles Übersetzungsinstrument, das die gegenseitige Anschlussfähigkeit von institutionellen Strukturen, politischen Programmen und Handlungsnormen ermöglicht. Die Universität kann ebenso mit dem Vokabular des Unternehmerischen und den entsprechenden Forderungen überzogen werden wie das Gesundheitssystem. Letztlich soll sogar der Arbeitslose mit seiner Arbeitslosigkeit unternehmerisch umgehen. Die Rationalität des Unternehmerischen bildet demnach das Nadelöhr, an dem die Führung anderer und die Führung seiner selbst zusammenlaufen (vgl. du Gay/Salaman 1998, 62 f). Das Unternehmerische umschreibt eine Ethik des Selbst, die zu einer Unterwerfung des gesamten Lebens unter marktwirtschaftliche Kalkulationen aufruft, wobei das Ziel die Bewahrung, Reproduktion und Mehrung des eigenen Humankapitals ist.

Foucault sagte in einem Interview, dass er die Welt nicht in gut und böse unterteilt, allerdings davon ausgeht, dass alles gefährlich ist (1994b, 268). Und es ist derzeit wohl unübersehbar, dass auf dem umschriebenen Terrain einige Gefahren lauern, deren Umrisse ich hoffentlich etwas schärfer zeichnen konnte. Zumindest zeigen meine Ausführungen, dass die Art und Weise, wie sich das Gouvernement formiert, nicht statisch, sondern kontingent – und das heißt: veränderbar – ist. Im Angesicht der neoliberalen Zumutungen ist es heute deshalb an der Zeit, eine Freiheit einzufordern, bei der nicht von vornherein festgelegt ist, wie und auf welchen Zweck hin sie auszuüben ist, das heißt eine Freiheit, die nicht die Freiheit des Marktes ist.

Literatur

Althusser, Louis, 1977: »Ideologie und ideologische Staatsapparate«, in: Ders., *Ideologie und ideologische Staatsapparate. Aufsätze zur marxistischen Theorie*, Hamburg

Baecker, Dirk, 1994: *Postheroisches Management. Ein Vademecum*, Berlin

Bauman, Zygmunt, 2003: *Flüchtige Moderne,* Frankfurt a. M.

Bell, Daniel, 1979: *Die nachindustrielle Gesellschaft*, Reinbek

Boltanski, Luc, und Ève Chiapello, 2003: *Der neue Geist des Kapitalismus*, Konstanz

Boudry, Pauline, Brigitta Kuster und Renate Lorenz, 1999: »I cook for sex. Einführung«, in: Dies. (Hg.), *Reproduktionskonten fälschen! Heterosexualität, Arbeit & Zuhause*, Berlin

Bröckling, Ulrich, 2000: »Totale Mobilmachung. Menschenführung im Qualitäts- und Selbstmanagement«, in: Ders., Susanne Krasmann und Thomas Lemke (Hg.), *Gouvernementalität der Gegenwart. Studien zur Ökonomisierung des Sozialen*, Frankfurt a. M.

Ders., 2003: »Das demokratisierte Panopticon. Subjektivierung und Kontrolle im 360°-Feedback«, in: Axel Honneth und Martin Saar (Hg.), *Michel Foucault. Zwischenbilanz einer Rezeption*, Frankfurt a. M.

Butler, Judith, 2001: *Psyche der Macht. Das Subjekt der Unterwerfung*, Frankfurt a. M.

Candeias, Mario, 2004: *Neoliberalismus, Hochtechnologie, Hegemonie. Grundrisse einer transnationalen kapitalistischen Produktions- und Lebensweise. Eine Kritik*, Hamburg

Castells, Manuel, 2001: *Der Aufstieg der Netzwerkgesellschaft. Das Informationszeitalter Teil 1*, Opladen

Corsani, Antonella, 2004: »Wissen und Arbeit im kognitiven Kapitalismus. Die Sackgassen der politischen Ökonomie«, in: Thomas Atzert und Jost Müller (Hg.), *Immaterielle Arbeit und imperiale Souveränität. Analysen und Diskussionen zu Empire*, Münster

Deleuze, Gilles, 1987: *Foucault*, Frankfurt a. M.

Ders., 1993: *Unterhandlungen 1972–1990*, Frankfurt a. M.

Ders. und Guattari, Félix, 2000: *Was ist Philosophie?*, Frankfurt a. M.

du Gay, Paul, 1996: *Consumption and Identity at Work*, London u. a.

Ders. und Graeme Salaman, 1977: »The Cult(ure) of the Consumer«, in: Christopher Mabey, Graeme Salaman und John Storey (Hg.) 1998, *Strategic Human Resource Management. A Reader*, London u. a.

Foucault, Michel, 1977: *Überwachen und Strafen. Die Geburt des Gefängnisses*, Frankfurt a. M.

Ders., 1983: *Der Wille zum Wissen. Sexualität und Wahrheit, Band 1*, Frankfurt a. M.

Ders., 1989: *Der Gebrauch der Lüste. Sexualität und Wahrheit, Band 2*, Frankfurt a. M.

Ders., 1990: »Was ist Aufklärung?«, in: Eva Erdmann, Rainer Forst und Axel Honneth (Hg.), *Ethos der Moderne. Foucaults Kritik der Aufklärung*, Frankfurt a. M./New York

Ders., 1992: *Was ist Kritik?*, Berlin

Ders., 1994a: »Das Subjekt und die Macht«, in: Hubert L. Dreyfus und Paul Rabinow (Hg.), *Michel Foucault. Jenseits von Strukturalismus und Hermeneutik*, Weinheim

Ders., 1994b: »Zur Genealogie der Ethik: Ein Überblick über laufende Arbeiten«, in: Hubert L. Dreyfus und Paul Rabinow, a. a. O., Weinheim

Ders., 2000: »Staatsphobie«, in: Ulrich Bröckling, Susanne Krasmann und Thomas Lemke (Hg.), *Gouvernementalität der Gegenwart. Studien zur Ökonomisierung des Sozialen*, Frankfurt a. M.

Fuchs, Peter, 2004: *Der Sinn der Beobachtung. Begriffliche Untersuchungen*, Weilerswist

Gorz, André, 2000: *Arbeit zwischen Misere und Utopie*, Frankfurt a. M.

Hardt, Michael, 2004: »Affektive Arbeit«, in: Thomas Atzert und Jost Müller (Hg.), *Immaterielle Arbeit und imperiale Souveränität. Analysen und Diskussionen zu Empire*, Münster

Ders. und Antonio Negri, 2002: *Empire. Die neue Weltordnung*, Frankfurt a.M./ New York

Holert, Tom, 2000: »Bühnenarbeiter: Das Schauspiel der Neuen Ökonomie«, in: Jan Engelmann und Michael Wiedemeyer (Hg.), *Kursbuch Arbeit*, Stuttgart/ München

Lazzarato, Maurizio, 1998a: »Immaterielle Arbeit. Gesellschaftliche Tätigkeit unter den Bedingungen des Postfordismus«, in: Thomas Atzert (Hg.), *Umherschweifende Produzenten. Immaterielle Arbeit und Subversion*, Berlin

Ders, 1998b: »Verwertung und Kommunikation. Der Zyklus immaterieller Produktion«, in: Thomas Atzert (Hg.), a. a. O., Berlin

Malik, Fredmund, 2001: *Führen, Leisten, Leben. Wirksames Management für eine neue Zeit*, München

McKinlay, Alan, und Phil Taylor, 1998: »Through the Looking Glass: Foucault and the Politics of Production«, in: Alan McKinlay und Ken Starkey (Hg.), *Foucault, Management and Organization Theory. From Panopticon to Technologies of Self*, London u. a.

Miller, Peter, und Nikolas Rose, 1998: »Governing Economic Life«, in: Christopher Mabey, Graeme Salaman und John Storey (Hg.), *Strategic Human Resource Management. A Reader*, London u. a.

Negri, Antonio, 1998: *Ready-Mix. Vom richtigen Gebrauch der Erinnerung und des Vergessens*, Berlin

Opitz, Sven, 2004: *Gouvernementalität im Postfordismus. Macht, Wissen und Techniken des Selbst im Feld unternehmerischer Rationalität*, Hamburg

Peters, Thomas J., und Robert H. Waterman, Robert H., 1984: *Auf der Suche nach Spitzenleistungen. Was man von den bestgeführten US-Unternehmen lernen kann*, Landsberg am Lech

Reich, Robert, 1993: *Die neue Weltwirtschaft. Das Ende der nationalen Ökonomie*, Frankfurt a. M./Berlin

Revel, Judith, 2004: »Devenir-femme der Politik«, in: Thomas Atzert und Jost Müller (Hg.), a. a. O., Münster

Sennelart, Michel, 2004: »Situierung der Vorlesung«, in: Michel Foucault, *Geschichte der Gouvernementalität I. Sicherheit, Territorium, Bevölkerung. Vorlesung am Collège de France 1977–1978*, Frankfurt a. M.

Sprenger, Reinhard K., 2001: *Aufstand des Individuums. Warum wir Führung komplett neu denken müssen*, Frankfurt a. M./New York

Townley, Barbara, 1998: »Beyond Good and Evil: Depth and Division in the Management of Human Resources«, in: Alan McKinlay und Ken Starkey (Hg.), *Foucault, Management and Organization Theory. From Panopticon to Technologies of Self*, London u. a.

Touraine, Alain, 1972: *Die postindustrielle Gesellschaft*, Frankfurt a. M.

Wilke, Gerhard, 1999: *Die Zukunft unserer Arbeit*, Frankfurt a. M./New York

Tilman Reitz & Susanne Draheim

Schattenboxen im Neoliberalismus

Kritik und Perspektiven der deutschen Foucault-Rezeption

1. Weshalb wir am Anfang begeistert waren

Gegen Ende der 1990er Jahre wurde eine ältere Argumentationsfigur Foucaults ungeahnt aktuell: Hatte er Appelle an Freiheit, Spontaneität und Humanität oft genug als subtile Verhaltenskonditionierung entschlüsselt, so schienen nun die ehemals linken Regierungsparteien, die in Europa und den USA den neoliberalen Gesellschaftsausbau fortführten, das bislang radikalste Anwendungsbeispiel zu bieten. Mit dem offiziellen Freiheitspathos der postkommunistischen Situation und großen Erwartungen an die Kreativitäts-Netzwerke der New Economy forcierten sie ideologisch wie praktisch das produktive Zusammenspiel der Unternehmersubjekte. Ulrich Bröckling, Susanne Krasmann und Thomas Lemke brachten die entsprechende Verschiebung der herrschenden Diskurse in einem Sammelband, der an Erfahrungen und Analysen[1] aus den Ländern Thatchers und Reagans anschließen konnte, mit einigen gut gewählten Stichworten auf den Punkt. Der scheinbare Rückzug des Staates, der Abbau sozialstaatlicher Leistungen, die Privatisierung immer neuer gesellschaftlicher Teilbereiche wurden von ihnen als »politische Rationalität« analysiert, die auf eine umfassende »Ökonomisierung des Sozialen« abzielt. Dass der Markt dabei zunehmend als »organisierendes und regulierendes Prinzip des Staates« (BKL 2000, 15) auftrat und zugleich neue »selbstverantwortliche« Subjekte hervorbrachte, die sich in ihrer Freigesetztheit wohl zu fühlen schienen, hatte viel für sich: New Economy und Neue Arbeitsformen, *outsourcing* und flache Hierarchien, die Firma als Familienersatz und Arbeit als kreative Selbstverwirklichung. Gleichzeitig machte die regierungspolitische Einbindung ehemals oppositioneller Praktiken und Organisationsformen – im Fall der Grünen etwa basisdemokratische Partizipation, Humanisierung der Arbeitswelt

1 Vgl. dazu exemplarisch Barry/Osborne/Rose 1996, sowie zur Foucault-Rezeption Burchill/Gordon/Miller 1991.

und Nachhaltigkeitsrhetorik – misstrauisch. Einbindung und Enteignung von Kritik bei gleichzeitiger Prekarisierung der Verhältnisse, für die alle Akteure gleichermaßen verantwortlich gemacht werden konnten, das war der schlüssige theoretische Einstand der deutschen Gouvernementalitätsstudien (GS).

Mittlerweile hat die Forschungsrichtung ihre Konsolidierungsphase erreicht,[2] und die Schwächen des Konzeptes treten deutlicher hervor.[3] Nicht, dass die von ihr thematisierten Programme und Praktiken des Regierens passé wären. In den Krisen der jüngsten Vergangenheit wird im Gegenteil sichtbar, was alles hieran wirklich Steuerung von Subjekt- und Gruppenverhalten ist: Die Aktivierung zur Lohnarbeit ist kein bloßer Sonntagsappell, sondern arbeitet mit der Androhung von Leistungsentzug, die formal freien Subunternehmen müssen ständig gegenüber höheren Kontrollebenen ihre Rentabilität unter Beweis stellen, die Dispositive liberaler Bewegungsfreiheit und »Sicherheit« werden immer deutlicher als Kontrolle spürbar, generell geht die Forderung nach Eigeninitiative mit dem sanktionsbewehrten Imperativ einher, sich bloß nicht der Aktivierung zu verweigern und allein auf verwertbare Weise aktiv zu werden. Doch im selben Maß, in dem man es mit einer Realität neoliberalen Regierens zu tun hat, wachsen auch die Ansprüche an dessen Analyse. Zu fragen ist nun etwa, in welchen Praxisfeldern Führungsdiskurse nötig und erfolgsträchtig sind – soll »Selbstverantwortung« eher besonders leistungsfähige Informatikerinnen zum maximalen Einsatz anhalten oder Langzeitarbeitslosen die Schuld für ihre eigene Situation zuschreiben? –, wann oder wo sie sich zu Steuerungsmustern verdichten – im Großunternehmen, in der staatlichen Sozialpolitik oder in der Erwachsenenbildung? – und welche Kräfte untereinander um die Dominanz dieser Muster streiten – wie verhält sich etwa die schwindende Artikulierbarkeit von Kollektivinteressen zur flexiblen Unternehmensstruktur, wie zum Bedeutungsverlust der Gewerkschaften? Die GS haben auf solche Fragen bisher keine elaborierten Antworten gefunden – aus systematischen Gründen. Mehr als bestimmte Handlungsarrangements interessieren sie nämlich – trotz aller Betonung eines induktiven, vom Einzelnen zum Allgemeineren aufsteigenden Vorgehens – globale Programmatiken, »allgegenwärtige [...] Strategien der Selbst- und Fremdführung« (BKL 2004, 10), die sich überall und nirgends in der *Gegenwart* zu finden scheinen. Wir werden im Folgenden kurz die methodische Kritik

2 Vgl. folgende in den Jahren 2003 und 2004 erschienene Monographien und Sammelbände: Caruso 2003, Krasmann 2003, Opitz 2004, Pieper/Gutierrez Rodriguez, (Hg.) 2003. Zudem ist der Begriff in diverse Netzlexika aufgenommen worden: siehe etwa http://gouvernementalitaet.adlexikon.de/Gouvernementalitaet.shtml; http://de.wikipedia.org/wiki/Gouvernementalit%C3%A4t.

3 Wir stützen uns für die Diskussion dieser Schwächen hauptsächlich auf die Publikationen von Bröckling, Krasmann und Lemke (sowie natürlich Foucault).

zusammenfassen, in der dieses Defizit herausgestellt wurde, um dann ausgehend von zwei einzelnen Problemkreisen zu fragen, wie trotzdem weiter mit den GS zu arbeiten wäre.

2. *Was uns inzwischen stört*

Die Kritik an den GS, die in jüngerer Zeit häufiger formuliert wurde (vgl. z. B. Müller 2003, Langemeyer 2002, Brunnett/Gräfe 2003), konzentriert sich auf ein methodisches Problem. Im Kern geht es um den theoretischen Kurzschluss, dass das aktuelle Spektrum der Regierungs- und Führungstechniken maßgeblich nur auf der Ebene programmatischer Texte rekonstruiert wird, zugleich aber die Annahme mitläuft, man könne von einer in etwa entsprechenden Praxis oder zumindest Weltauffassung ausgehen. In Anlehnung an Foucault bestimmen Bröckling, Krasmann und Lemke ihren Gegenstand wie folgt:

> Das Konzept der Gouvernementalität stellt nicht Politik und Wissen einander gegenüber, sondern artikuliert ein ›politisches Wissen‹. Für Foucault ist der Neoliberalismus eine Form der ›Problematisierung‹, die einen politisch-epistemologischen Raum oder ein ›Möglichkeitsfeld‹ [...] definiert. [...] Das Interesse richtet sich auf das den Praktiken immanente Wissen, die Systematisierung und ›Rationalisierung‹ einer Pragmatik der Führung. (2000, 20)

In welchem Umfang jedoch das ›Wissen‹, das Ratgeberbände für Manager, Werbebroschüren der EU oder Begleittexte zu Evaluationsfragebögen artikulieren, wirklich in Firmen, Regierungsmaßnahmen oder Verfahren der ›Qualitätsverbesserung‹ zur Anwendung kommt, bleibt fast durchgängig im Dunkeln. Das Problem verschärft sich eher noch, wenn man darauf insistiert, dass die fraglichen ›Programme‹ ja bereits für sich soziale Realität haben, bzw. deren Auffassung prägen:

> Programme formen die Realität, indem sie Diagnosen stellen und Therapien empfehlen. Sie prägen Wahrnehmungs-, Beurteilungs- und Handlungsweisen, indem sie Ziele anvisieren und Verfahren bereitstellen, um diese zu erreichen oder ihnen zumindest näher zu kommen. Sie rufen Menschen an, sich als Subjekte zu begreifen und sich in spezifischer Weise – kreativ und klug, unternehmerisch und vorausschauend, sich selbst optimierend und verwirklichend usw. – zu verhalten und fördern so bestimmte Selbstbilder und Modi der ›inneren Führung‹. [...] Die hier vorgelegten Beiträge untersuchen nicht, ob Programme wirken, sondern welche Wirklichkeit sie schaffen. (BKL 2004, 12)

Aber kann man diese *Wirklichkeit* in irgendeiner Weise in den Blick bekommen, wenn man nicht zumindest in Ansätzen jene *Wirkung* untersucht, also z. B. genauer fragt, wie eigentlich Programme in konkreten Fällen Wahrnehmung und Praxis formen? Hier wie an anderen Stellen dichten sich die GS gegen Kritik ab, indem sie ihre beschränkte Reichweite zur erkenntnistheoretischen Stärke erklären.

Neben der kollektiven Anwendung umgehen sie so auch die subjektive Artikulation der Führungsdiskurse – mit der latenten Suggestion, die adressierten Subjekte würden den ideologisch-strategischen Vorgaben (wie z. B. das eigene ›Selbst managen‹ oder ›Unternehmer seiner Selbst‹ sein) unmittelbar in Praxis umsetzen. Ulrich Bröckling (2002, 117) erblickt darin, dass »gesellschaftliche Zurichtung und Selbstkonstitution in eins gehen« das »Paradoxon aller Subjektivierung«. Derart kann bzw. muss man dann sämtliche, auch idiosynkratische Handlungsstrategien der Subjekte als letztlich dem Regierungshandeln zurechenbar bzw. daran unmittelbar anschließbar begreifen, ohne das Nadelöhr subjektiver Aneignung und Perspektivierung angemessen zu berücksichtigen. Schärfer formuliert: Mit Foucault gedachte Subjekte bleiben als »Effekte« der Verhältnisse, in denen sie sich bilden, subjekttheoretisch opak. Dies gilt für den offenen Regierungsbegriff des späten Foucault, mit dem Bröckling, Krasmann und Lemke (2000, 8 ff) Machtbeziehungen als Führungsverhältnisse, als Einwirkung auf subjektive »Freiheit« zu denken versuchen. Der Regierungsbegriff erhält dabei eine oft bemerkte »Scharnierfunktion«: 1) verbindet er reversible Machtbeziehungen und verfestigte Herrschaftsverhältnisse, 2) ist er Vermittlungsinstanz zwischen Macht und Subjektivität, die sich u. a. in »Technologien des Selbst« ausprägt. Doch der gesamte Erkenntniseffekt dieser Anordnung verflüchtigt sich, wie Cathren Müller gezeigt hat, wenn man die Welt der Handlungsorientierungen in Führungsdiskurse auf der einen und geführte Subjekte auf der anderen Seite unterteilt.

> Durch die Beschränkung auf Programmschriften schrumpft das komplexe Machtgefüge, die Dialektik von Fremd- und Selbstführung auf einen Mechanismus, der als Wirkung nur die ›Implementation‹, im Widerstand nur das ›Scheitern‹ der Programme und einen Auslöser für ihre ›Neuentwicklung‹ erkennen kann. Beschrieben wird eine Mechanik, die von oben nach unten wirkt. (Müller 2003, 102)

Zumindest solange, wie man selbst im Fall von Ratgeberliteratur, Reformprosa und politischen Absichtserklärungen, die ja selten umgesetzt werden wie Fünf-Jahres-Pläne, von Implementation oder Scheitern spricht.

Schließlich ist auch das Innere der Regierungsvernunft, des Machtwissens oder der Führungsdiskurse relativ eindimensional bestimmt. Verbreitete, teilweise hegemoniale Muster wie diejenigen des Unternehmertums, der Evaluation und Qualitätsverbesserung, des aktivierenden Staates usw. erscheinen nicht etwa als mehr oder weniger geschlossene, mehr oder minder erfolgreiche Leitkonzepte verschiedener Gruppen, Parteien o.ä., sondern immer gleich als gegenwärtiger *State of the Art* der Regierungsvernunft. Erweist sich etwa das neoliberale Paradigma uneingeschränkter Selbstverantwortung als brüchig, ruft man rasch das »neosoziale« Zeitalter aus (Lessenich 2003), statt nach internen Kämpfen und Aporien zu suchen.

Die deutschen GS sind sich dieser »Tendenz zur Konstruktion reiner Rationalitäten« (BKL 2000, 18) durchaus bewusst. Zumindest was die Forschungsarbeiten ihrer angloamerikanischen Stichwortgeber betrifft, beklagen sie sowohl die Unschärfen des foucaultschen Regierungsbegriffes als auch eine Vernachlässigung von Gewalt- und Herrschaftsverhältnissen (vgl. auch Lemke 2000, 41 f). Allerdings geschieht dies zumeist weniger in der Absicht auf theoretische Weiterentwicklung als mit dem entschuldigenden Verweis darauf, dass das GS-Projekt »alles andere als ein abgeschlossenes Forschungsprogramm oder ein einheitliches Paradigma« ist (BKL 2000, 18). Wo ihre Praxisferne, im Extremfall die Beschränkung ihrer Quellenbasis auf Management-Ratgeber kritisiert wird (vgl. dazu Rehmann in diesem Band), verweisen GS-Vertreter habituell auf die Notwendigkeit ergänzender Forschungsarbeiten in den entsprechenden Handlungsfeldern – maßgeblich Bildung und Arbeit –, um die aus widersprüchlichen Adressierungen gewonnenen Subjektpositionen zu analysieren. Angesichts der angesprochenen Schwierigkeiten bleibt aber zu fragen, ob nicht ihr Beschreibungsmodell selbst konzeptionelle Schwächen hat, die sich durch keine empirische Unterfütterung lösen lassen.

Unter anderem stellt sich die Frage der zeitlichen Abfolge zwischen Machtwissen und Regierungspraxis bzw. ihrer Rekonstruierbarkeit: Sind die Programme bereits angekommen, d. h. aus den Lebens- und Handlungsproblemen der Subjekte entwikkelt, oder sollen sie erst noch umgesetzt, also in den Subjekten verankert werden? Unterstellt man den ersten Fall, müssten sämtliche Prozesse der Auseinandersetzung, des Widerstands, des Missverstehens oder der Verweigerung nun bereits vollzogen sein, nur dass diese Durcharbeitung – das ›sich in Übereinstimmung bringen‹ der Adressierten – im Dunklen bliebe, obwohl es gewissermaßen die Bedingung der Möglichkeit des Diskurses (bzw. des Programms) darstellt. Im anderen Fall ergibt sich das, was Cathren Müller ein »Top-Down-Modell« genannt hat, die Konfrontation der Individuen mit einer übermächtigen und zugleich zunehmend unsichtbaren Regierungsstruktur, die ihnen Modelle der Selbstführung zur – wie auch immer reibungsvollen – Umsetzung vorsetzt. Oder ist möglicherweise beides zugleich der Fall, wenn gesellschaftliche Potenziale einerseits immer neu zu Programmen synthetisiert und damit andererseits immer wieder um ihre oppositionelle Spitze gebracht werden (vgl. dazu Lemke 2003, Schulz 2003)? Zur Vorgabe verkürzt und eingeschmolzen würden sie dann ihren Erfindern als etwas Fremdes gegenübertreten, das zudem auch noch mit dem Anspruch auf allgemeine Gültigkeit auftritt. In diesem Sinn konzipieren die GS neoliberale Staatstätigkeit insgesamt als eine Art parasitäre Existenz, die alle Aktivitäten, widerständigen Konzepte und erwünschten Potenziale der Zivilgesellschaft, inklusive der sozialen Bewegungen aufsaugt. Doch auch wenn man komplexe Wechselwirkungen dieser Art vermutet, bieten die GS zwei relativ schwer verträgliche Varianten an: a) was früher oppositionelle Praxis war, ist jetzt eingegliedert und erscheint als eine freiwillig gewählte Form der Herrschaft, b) alle Prozesse der offenen Enteignung und Unterwerfung haben sich nunmehr verflüchtigt; statt Entfremdung herrscht eine »Koinzidenz von Er- und Entmächtigung« (Langemeyer 2004, 73). Eine Vermittlung zwischen beiden Mustern ist bislang nicht in Sicht, wohl aber eine Enteignung eigener Art: Die GS gewinnen ihre Plausibilität u. a. kraft eines Entfremdungsmodells, das sie zugleich verleugnen.

3. *Was zukünftig anders gemacht werden könnte*

Das heißt nicht, dass man einfach zu den bewährten Begriffstraditionen zurückkehren sollte. Im besten Falle kann die Kritik an den GS diejenigen ihrer Ansätze freilegen, mit denen weiterzuarbeiten ist. Wir wollen hierfür zwei gegenwärtig virulente Problemkomplexe herausgreifen: die neoliberale Anrufung individueller Selbstverantwortung (bei gleichzeitiger Aufrüstung von Sanktionsgewalt) und die neuen Politiken kollektiver Sicherheit (bei gleichzeitiger Verschärfung von sozialer und rechtlicher Unsicherheit). In beiden Feldern haben die GS auf originelle Weise Position bezogen; in beiden Feldern verschiebt sich jedoch die Perspektive, wenn man ihre Strategien der Gegenstandsbestimmung näher in den Blick nimmt. Dazu ist allerdings zunächst etwas Foucault-Philologie vonnöten.

Im ersten Fall kann die Relektüre den Blick darauf lenken, dass es so etwas wie eine ›neoliberale Subjektivierung‹ bei Foucault schlechterdings nicht gibt – seine Analysen neoliberaler Texte und seine Konzeption subjektivierender Techniken haben höchstens marginal miteinander zu tun. Seit jedoch Thomas Lemke eine Verbindung nahe gelegt hat, strickt man in Deutschland am Mythos des politisch prophetischen Foucault. »Dieser nämlich schrieb«, so Stephan Lessenich im Anlauf zu seiner eigenen Diagnose, »bereits vor einem Vierteljahrhundert das – allerdings unvollendete – Buch zum Film, dem Film unserer Gegenwart, des Titels ›Neoliberalismus‹« (2003, 80). Nur kann sich hinter diesem Titel höchst Verschiedenes verbergen (und die Interpretationsspielräume wachsen exponenziell, wenn Lessenich durch die Lektüre Lemkes nachvollzieht, wie Foucault anhand einer französischen Wirtschaftsgeschichte Eucken oder Hayek deutet). Was bei Foucault als Neoliberalismus figuriert, sind größtenteils Programme sozialer Marktwirtschaft aus der deutschen Nachkriegszeit; bemerkenswerte Tendenzaussagen wie diejenige einer »Privatisierung der Versicherungsmechanismen« (1978/79, 206) oder des »allgemeinen Übergangs zu einer neoliberalen Marktwirtschaft« in den 1970er Jahren (ebd., 274) treten eher ergänzend hinzu. Auch wenn seine Vorlesungen jedoch Ansätze bieten, die sich mit dem Übergang zu einer neuen ökonomisch-politischen Ära – vom Fordismus zum Postfordismus, vom Wohlfahrtsstaat zum Neoliberalismus o.ä. – verbinden lassen,[4] verdankt sich die Kopplung neoliberaler Gouvernementalität an den Komplex Subjektivierung hauptsächlich massiver Deutungsarbeit. Das Paar Gouvernementalität-Selbstführung erscheint seit Lemkes Dissertation als Implikat eines Lernprozesses, der Foucault von einer »Repressionshypothese« (Macht unterdrückt) über eine »Kriegshypothese« (alle gegen alle) zum offeneren Begriff der »Regierung« (als Führung freier Subjekte) geführt haben soll. Den letzten Schritt, so die hier interessierende These, habe Foucault mit seinen Vorlesungen von 1977–79 vollzogen, denen er selbst im Verlauf den Titel einer »Geschichte der Gouvernementalität« verlieh (Lemke 1997, 144 f). Vor diesem Hintergrund lässt sich dann formulieren:

> Im Rahmen der Gouvernementalitätsanalyse unterscheidet Foucault zwischen Herrschafts- und Selbsttechnologien. [...Dabei] definieren sich ›Technologien des Selbst‹ darüber, dass sie es ›Individuen ermöglichen, mit eigenen Mitteln bestimmte Operationen mit ihren Körpern, mit ihren Seelen, mit ihrer eigenen Lebensführung zu vollziehen [...]‹. (BKL 2000, 28; zitiert wird Foucault 1984, 35 ff)

Tatsächlich taucht die Problematik der Selbstführung jedoch erst auf, als Foucault seine *Geschichte der Gouvernementalität* bereits wieder abgebrochen hat – die zentralen Stellen finden sich in Texten ab 1982, nur noch sporadisch mit den Begriffen »Regierung« und »Gouvernementalität« gekoppelt. Liberalismus wie Neoliberalismus hingegen hatte er – dies ist die entscheidende Lücke – allein vor 1980 und betont ohne Rekurs auf die Selbstführung oder Selbstverantwortung von Individuen analysiert. Lemke kittet auch diesen Bruch:

> Die liberale Kunst der Regierung besteht in einer [...] Form der Machtausübung, welche nicht direkt auf die [...] Akteure einwirkt [...]. Im Gegenteil zielt sie eher auf eine indirekte und reflexive Bestimmung der Handlungen, sie ›operiert auf dem Möglichkeitsfeld [...]; stets handelt es sich um eine Weise des Einwirkens auf ein oder mehrere handelnde Subjekte, und das, sofern sie handeln oder zum Handeln fähig sind [...]‹. (2004, 90; zitiert wird Foucault 1982, 255)

Interessant wäre gerade die Frage, weshalb Foucault aufhört, vom Liberalismus bzw. liberaler Regierungsvernunft zu reden, als er anfängt, die (Selbst-)Regierung freier Subjekte zu untersuchen. Einer der Gründe könnte darin bestanden haben,

4 Lemke gibt er eher zu wenig als zu viel von diesen Ansätzen wieder. Wenn er bereits eine Interviewäußerung des Inhalts, man werde sich fraglos »von der Disziplinargesellschaft von heute trennen müssen« (Schriften III, 672), als Beleg dafür wertet, dass sich Foucault der Mitte der 1970er Jahre einsetzenden »historischen Zäsur durchaus bewusst war« (2003, 268), drängt sich unmittelbar die Frage auf, ob es denn keine bestimmteren Anzeichen für die Art dieses Bewusstseins gibt – selbst wenn man davon absieht, dass der Kontext des Interviews ohnehin eine Konferenz mit dem Titel *La société disciplinaire en crise* ist.

dass er in dieser Selbstführung ein wünschenswertes Projekt und in den dazu anleitenden Texten nützliche Hilfestellungen sah (vgl. Reitz 2003), die er nicht zu nah an gegenwärtige Kontrollformen rücken wollte. Seine Inanspruchnahme als Vorreiter der Liberalismus- und Selbstführungskritik verdeckt mithin einen, vielleicht den zentralen Bruch in seinem Spätwerk.

Die übliche Antwort der GS-Vertreter/innen auf Kritik dieser Art lautet, dass sie Foucault auch gar nicht kohärent auslegen wollen, sondern ihn seiner eigenen Anweisung gemäß als »Werkzeugkiste« für neue Analysen nutzen. Man kann fragen, ob unter diesen Umständen ein Schreibstil des Typus »Foucault sagt«, »Foucault sieht«, »für Foucault« usw. besonders empfehlenswert ist. Sicher ist aber die Weiterentwicklung seiner Ansätze legitim und wünschenswert. Wenn z. B. Bröckling annimmt, die heutigen Managementbücher, Qualitätsnormen und Leitfäden bildeten »das zeitgenössische Pendant zu den Fürstenspiegeln, policeywissenschaftlichen Traktaten und Disziplinarordnungen, aus denen Foucault die Modi des Regierens und Sich-Selbst-Regierens [...] im ›klassischen Zeitalter‹ entzifferte« (2000, 135), bleibt nicht nur die freie Weiterführung des Vorbilds sichtbar – es wird vor allem auch klar, weshalb die Beschäftigung mit den historischen bzw. historisch gewordenen Analysen Foucaults heute lohnend sein kann. Ein genauerer Blick auf die Ausgangstheorie könnte allerdings helfen, dabei realistische Kurzschlüsse zu vermeiden: Wenn Foucault neoliberale Diskurse durchgängig *nicht* als Anleitungen zur Führung oder Selbstführung von Individuen liest, die nach mehr oder minder direkter Umsetzung verlangen, dann auch deshalb, weil er sie zumeist als Moment politischer Auseinandersetzung bzw. Legitimation begreift. So untersucht er als Grundoperation zunächst eine »Reihe von theoretischen und analytischen Gewaltstreichen« (1978/79, 167), mit denen sich der Neoliberalismus seit den späten 1930er Jahren seinen »Gegner« (165) konstruiert – einen Sozialstaat, der kraft seiner Überregelung jederzeit in den Faschismus umzuschlagen droht –, und der deutsche Ordoliberalismus erscheint bei ihm primär als Strategie, den geschichtlich desavouierten deutschen Staat über Rekurs auf seine wirtschaftsermöglichende Funktion wieder herzustellen: »Die Wirtschaft erzeugt Legitimität für den Staat, der ihr Garant ist.« (124) Die Unternehmer- und Managementdiskurse von Bröckling, Lemke und anderen sehen dagegen oft aus, als hätten sie gar keinen Gegner und keine Funktion im Kampf um politische Hegemonie. Schon der Blick auf Regierungsprogramme im engeren Sinn, etwa auf den Weg von Peter Hartz' Ratgeberbuch *Job-Revolution* zu Hartz IV (vgl. Haug 2003) zeigt, dass die Dinge anders liegen. Die Analyse gegenwärtiger *Sicherheitsdispositive* setzt in unmittelbarer Nähe dieses Problembereichs an: Die Drohung sozialen Abstiegs, Leistungs- und Würdeentzugs zählt zu den wichtigsten der sozial produzierten Risiken, die ihren dunklen Hintergrund bilden. Thomas Lemke hat darauf hingewiesen, dass Foucaults Engführung von

Liberalismus und Sicherheit einen schärferen Blick auf diesen Zusammenhang verspricht.

> Vergänglichkeit, Instabilität und Ungewissheit sind elementare Bestandteile der liberalen Freiheitskonzeption, in der Freiheit und Angst aufeinander verweisen. Das gesellschaftlich geforderte Unternehmertum der Einzelnen verspricht vielfältige Optionen und Konsumchancen, es impliziert aber auch ein permanentes Abschätzen und Kalkulieren von Risiken und etabliert eine permanente Angst vor dem eigenen Scheitern. (2004, 93)

Komplement dieses gefährlichen bzw. gefährlich gemachten Lebens sind die diversen Formen der Privat- und Sozialversicherung, die mit ihrem statistischen Zugriff auf nur global zu regulierende (statt im einzelnen durchregelte) Normalitäten in den Kernbereich dessen fallen, was Foucault unter dem Titel »Sicherheitsmacht« untersuchte. Seine Schüler haben diese Regulierung vom frühen Sozialstaat bis zur Individualisierung des Risikos verfolgt; den Horizont bildet die These, dass *Macht* in der Moderne nicht (nur) diszipliniert, sondern (zudem) *normalisiert.* So weit, so geläufig. Lemke will nun aber auch die »staatlichen Reaktionen auf die terroristischen Anschläge seit dem 11. September 2001« mit Foucault in ein neues Licht rücken – »die tendenzielle Suspendierung von Grundrechten im Namen einer verallgemeinerten Sicherheitsgarantie ebenso wie die Reduktion von Politik auf polizeilich-militärische Maßnahmen« (92). Schließlich hatte Foucault seine Vorlesungen wohl unter anderem angesichts der Konstellation Linksterrorismus/ Polizeistaat unter den Titel »Sicherheit« gestellt, und angesichts der Auslieferung Klaus Croissants hatte er auf den Punkt gebracht, wie man in solchen Situationen den Ausnahmezustand auszurufen pflegt: »Von nun an steht die Sicherheit über den Gesetzen.« (Schriften III, 476)

Die historische Parallele scheint in der Tat verlockend: Liberale Verunsicherung und Terrorabwehr im Namen der Sicherheit, damals und heute. Die zentrale Frage wäre nur, was die beiden Sachkomplexe theoretisch zusammenhält. Man könnte hier einiges durchspielen: eine vergleichbare Logik der Prävention (aber was verbindet die Selbstabsicherung der Einzelnen mit dem versprochenen Schutz aller durch eine wuchernde Staatsmacht?), eine allgemeine Atmosphäre der Angst (aber wie geht man damit um, dass sie von ganz verschiedenen Kräften erzeugt wird?), die Angewiesenheit des freien Marktes auf Polizeikontrolle und Sicherheitsdienste (aber zeichnen sich nicht gerade hier Konflikte zwischen Recht und Sicherheit, Staat und Privatkapital ab?). Lemke spricht alle diese Motive knapp an; an die Stelle ihrer Diskussion tritt jedoch regelmäßig die Autorität des Autors Foucault – und zwar (wie auch andernorts) gerade durch den betont sachlichen Werkzeugkistengebrauch. Denn wenn es wirklich nur darum gehen soll, »einige analytische Anschlussmöglichkeiten an das von Foucault eingeführte Konzept der ›Dispositive der Sicherheit‹« zu erwägen (95), könnte man ja auch einen seiner Ansätze herausgreifen und ihn gleichberechtigt mit denen anderer Autoren verbinden. Stattdessen präsentiert Lemke die bloße Tatsache, dass Foucault zu einer bestimmten Zeit sowohl von neoliberalen Wettbewerbsidealen als auch von Terrorabwehr gesprochen hat, als eine »Gesellschaftsdiagnose«, die »inzwischen eher an Brisanz gewonnen« hat (92) und allenfalls dahingehend zu verschärfen ist, dass man heute eher von »Dispositiven der Unsicherheit« reden sollte (95) – schließlich waren »das Streben nach Sicherheit und ihre Bedrohung« bereits für Foucault nur »komplementäre Aspekte der liberalen Gouvernementalität« (91). Statt Annahmen dieser Art neu aufzulegen, sollte man wohl überprüfen, ob sich die globale Konzeption einer »Sicherheitsgesellschaft« (ebd.) gut mit dem Anspruch verträgt, »Gesellschaft« nicht als »Ausgangspunkt«, sondern nur als »Resultat« diskursiver Zurichtung zu thematisieren (BKL 2004, 9). Neben einer genaueren Lektüre Foucaults würde mithin eine Auflösung seiner Beeindruckungsdispositive die Arbeit mit ihm erleichtern.

Das gilt auch in praktischer Hinsicht. Wie immer die diagnostischen Schwächen der GS zu beheben wären – ebenso relevant ist die Frage, ob sie in der Lage sind, mittels theoretischer Durchdringung eine politische Kritik gegenwärtiger Regierungsformen voranzutreiben. Angebote dazu sind durchaus vorhanden. So stellt das *Glossar der Gegenwart*, die Publikation von Bröckling, Krasmann und Lemke, den Versuch dar, dem breiteren Publikum eine alternative Sichtweise auf gegenwärtig vorherrschenden Anrufungsformen und Steuerungsmuster anzubieten – zum Durchschauen von Leitbegriffen wie Aktivierung, Empowerment und Evaluation werden gewissermaßen lauter kleine Foucault-Brillen ausgeteilt. Nach Einschätzung der Autoren verspricht dieser Zugriff

> sichtbar zu machen, welche Zumutungen die Technologien zeitgenössischer Regierung den Einzelnen abverlangen, welchen Ambivalenzen und paradoxen Anforderungen sie diese aussetzen, schließlich welche Zwänge und Sanktionen sie ihnen auferlegen (BKL 2004, 15).

Unklar bleibt allerdings, wie und wo dieser hoffnungsvolle Schritt gemacht werden soll, wenn den subjektiven und kollektiven Aneignungs- oder Verweigerungsweisen derartig wenig Interesse entgegen gebracht wird. Denn wie die Zumutungen, Ambivalenzen und Sanktionen wirklich verarbeitet werden, ist ja gerade nicht Thema; »Anthropologie erscheint hier im Gerundivum, die Menschen« kommen allein »als zu erkundende, zu disziplinierende, zu motivierende, zu normalisierende usw. Wesen« vor (ebd., 12 f). Fast sieht es so aus, als ließen sich lebensweltliche Verwerfungen, Umdeutungen und Widerstand nur in der kontinuierlichen, ›gerundivischen‹ Umarbeitung der Programme und Konzepte erfassen, die das freiheitliche Regierungssystem stabilisieren. Vor diesem Hintergrund drängt sich dann nahezu zwingend die Annahme auf, dass Kritik »selbst zum integralen Bestandteil von Modernisierung geworden« ist, »jeder Einspruch als Feedback ins System eingespeist wird und seine Leistungsfähigkeit steigert« (14). Reale Verteilungskämpfe und konsequente Verweigerung, aussichtslose oder in der herrschenden Aufmerksamkeitsökonomie an den Rand gedrängte Perspektiven – ob sich nun Geisteswissenschaftler in Hamburg weigern, ihre eigene Abwicklung mit zu organisieren, oder einige wenige Arbeitslosengeld-II-Empfänger doch noch zu protestieren versuchen – werden mit dieser Pauschaldiagnose noch einmal entnannt. Mit der GS-Brille wahrnehmbar würden sie erst wieder, wenn der Protest etwa zur Ausgründung eines Kompetenzzentrums für kulturelle Kommunikation führte oder mit einer spektakulären Church-of-Fear-Performance einherginge. Wenngleich die GS ein »Produktionsverhältnis« zu untersuchen beanspruchen (15), kommen kritische Impulse bei ihnen erst an, wenn sie zu Produktform geronnen sind. Die Einspruchsmöglichkeiten, die nach diesem Durchgang durch die Hyperkritik übrig bleiben, fallen bescheiden aus: Das *Glossar* bietet schließlich nur noch »eine Form der Kritik, die weniger bewertet, als die Systeme der Bewertung analysiert«, auf einen »festen Standpunkt verzichten« muss »und so flexibel werden« will »wie ihre Gegenstände« (ebd.).

Es wäre zu wünschen, dass dabei auch der theoretische Rahmen der kritischen Arbeit in Bewegung geriete. Denn bei allen Ein- und Aussichten, die von strategisch lancierten Diskursanalysen zu erwarten sind, droht diesem Projekt auf Dauer das Schicksal des Schattenboxers, der seinen Gegner nie wirklich zu fassen bekommt.

Literatur

Barry, Andrew, Thomas Osborne und Nikolas Rose (Hg.), 1996: *Foucault and political reason. Liberalism, neoliberalism, and rationalities of government*, London

Burchell, Graham, Colin Gordon und Peter Miller (Hg.), 1991: *The Foucault Effect. Studies in Governmentality*, London

Bröckling, Ulrich, 2000: »Totale Mobilmachung. Menschenführung im Qualitäts- und Selbstmanagement«, in: ders., Susanne Krasmann und Thomas Lemke (Hg.), *Gouvernementalität der Gegenwart. Studien zur Ökonomisierung des Sozialen*, Frankfurt a. M., 131–167

Ders., 2002: »Jeder könnte, aber nicht alle können. Konturen des unternehmerischen Selbst«, in: *Mittelweg* 36, 11. Jg. Heft 4

Ders., Susanne Krasmann und Thomas Lemke, 2000: »Gouvernementalität, Neoliberalismus und Selbsttechnologien. Eine Einleitung«, in: dies. (Hg.), *Gouver-*

nementalität der Gegenwart, Studien zur Ökonomisierung des Sozialen, Frankfurt a. M., 7–40 (=BKL 2000)

Dies., 2000: *Gouvernementalität der Gegenwart. Studien zur Ökonomisierung des Sozialen*, Frankfurt a. M.

Dies. 2004: (Hg.), *Glossar der Gegenwart*, Frankfurt a. M.

Dies., 2004: »Einleitung«, in: dies. (Hg.), *Glossar der Gegenwart*, Frankfurt a. M., 9–16 (=BKL 2004)

Brunnett, Regina, und Stefanie Gräfe, 2003: »Gouvernementalität und Anti-Terror-Gesetze. Kritische Fragen an ein analytisches Konzept«, in: Marianne Pieper und Ernación Gutiérrez Rodriguez (Hg.), *Gouvernementalität. Ein sozialwissenschaftliches Konzept in Anschluss an Foucault*, Frankfurt a. M., 50–67

Caruso, Marcelo, 2003: *Biopolitik im Klassenzimmer. Zur Ordnung der Führungspraktiken in den Bayerischen Volksschulen (1869–1918)*, Weinheim

Foucault, Michel, 1978–79 [2004]: *Geschichte der Gouvernementalität II. Die Geburt der Biopolitik*, Frankfurt a. M.

Ders., 1982a [1985]: »Hermeneutik des Subjekts. Vorlesung am Collège de France 1982«, in: Helmut Becker und Lothar Wolfstätter (Hg.), *Freiheit und Selbstsorge*, Frankfurt a. M., 32–60

Ders., 1982b [1987]: »Das Subjekt und die Macht«, in: Hubert L. Dreyfus, Paul Rabinow und Michel Foucault: *Jenseits von Strukturalismus und Hermeneutik*, Frankfurt a. M., 243–61

Haug, Frigga, 2003: »Schaffen wir einen neuen Menschentyp. Von Henry Ford zu Peter Hartz«, in: *Das Argument* 252, 606–617

Krasmann, Susanne, 2003: *Die Kriminalität der Gesellschaft. Zur Gouvernementalität der Gegenwart*, Konstanz

Langemeyer, Ines, 2002: »Subjektivierung als Schauplatz neoliberaler Macht«, in: *Zeitschrift für Politische Psychologie*, H. 3+4, 361–75

Dies., 2004: »Subjektivität und kollektive Erfahrung. Subjektivierung als Machtinstrument im Produktionsprozess«, in: *Widerspruch*, 24. Jg., H. 46, 65–78

Lemke, Thomas, 2000: »Neoliberalismus, Staat und Selbsttechnologien. Ein kritischer Überblick über die Governmentality Studies«, in: *Politische Vierteljahresschrift*, H. 1, 31–47

Ders., 2003: »Andere Affirmationen. Gesellschaftsanalyse und Kritik im Postfordismus«, in: Axel Honneth u. Martin Saar (Hg.), *Michel Foucault. Zwischenbilanz einer Rezeption*, Frankfurt a. M., 259–74

Ders., 2004: »Dispositive der Unsicherheit im Neoliberalismus«, in: *Widerspruch*, 24. Jg., H. 46, 89–98

Lessenich, Stephan, 2003: »Soziale Subjektivität. Die neue Regierung der Gesellschaft«, in: *Mittelweg 36*, 12. Jg., H. 3, 80–93

Müller, Cathren, 2003: »Neoliberalismus als Selbstführung. Anmerkungen zu den ›Governmentality Studies‹«, in: *Das Argument* 249, 98–107

Opitz, Sven, 2004: *Gouvernementalität im Postfordismus. Macht, Wissen und Techniken des Selbst im Feld unternehmerischer Rationalität*, Hamburg

Pieper, Marianne, und Encarnación Gutierrez Rodriguez, 2003: (Hg.), *Gouvernementalität. Ein sozialwissenschaftliches Konzept in Anschluss an Foucault*, Frankfurt a. M.

Reitz, Tilman, 2003: »Die Sorge um sich und niemand anderen. Foucault als Vordenker neoliberaler Vergesellschaftung«, in: *Das Argument* 249, 82–97

Schultz, Susanne, 2003: »Von der Regierung reproduktiver Risiken. Gender und die Medikalisierung internationaler Bevölkerungspolitik«, in: Marianne Pieper und Encarnación Gutiérrez Rodriguez (Hg.), a. a. O., Frankfurt a. M., 68–89

Ausgewählte Webseiten:

http://gouvernementalitaet.adlexikon.de/Gouvernementalitaet.shtml

http://de.wikipedia.org/wiki/Gouvernementalit%C3%A4t

http://www.thomaslemkeweb.de/

Thomas Barfuss

»Schaffe dir Ironie!«

Ironische Haltungen in Konsum und Arbeit

Der Gegenstand der folgenden Überlegungen ist Ironie als Haltung. Weniger um rhetorische Figuren geht es also (»das Gegenteil von dem sagen, was man meint«), als um Ironie in einem umfassenderen Sinn, Ironie als Mittel des listigen Subjekts. Vermittels seiner ironischen Haltung hält es sich beweglich. Diese List allerdings – wie überhaupt die Entwicklung des listigen Subjekts in der Menschheitsgeschichte – ist einer prekären Situation geschuldet. Wo es einen unverstellten Weg gibt, wäre sie überflüssig; wo ein offener Kampf Erfolg verspricht, nicht nötig. So kennt das listige Subjekt zahlreiche Vorläufer und Vorbilder, von den indianischen Tricksters über den listenreichen Odysseus des antiken Epos bis zu Eulenspiegel, dessen Schläue ein Licht wirft auf das Aufkommen einer bürgerlichen Gesellschaft im europäischen Spätmittelalter.

Die schwierigen Bedingungen, unter denen das Subjekt heute antritt, sind die der kommerziellen Kultur und einer neuen Arbeitsorganisation. Neuerlich wappnet es sich dafür mit einer Haltung listiger und lustiger Distanziertheit, mit Nähe auf Widerruf. Die Subjekte sind zersplittert und scheinen kaum imstande, einen gemeinsamen Kampf um die Gestaltung der Konsum- und Produktionsverhältnisse aufzunehmen. Dafür wird die Ironie zu ihrem festen Repertoire. Das kann zum einen ein Blick auf ihren Konsum zeigen. Zum Komfort der Waren gehört immer öfter, dass sie dem Konsumenten Überlegenheit attestieren. Als ironisches Subjekt weiß der Käufer um den Warencharakter der Ware. Er ist immer bereits ›enttäuscht‹, doch wenn er jetzt den Schein durchschaut, so doch ohne sich ihm zu verweigern. Dem wird nachzuspüren sein.

Und wo kommt Ironie beim arbeitenden Subjekt ins Spiel? Die permanente Selbstschöpfung und Selbstzerstörung, mit der die Ironiker um 1800 zu experimentieren begannen, ist heute zu einer der zentralen Anforderungen in den Arbeitsverhältnissen geworden. Ironie blüht, wo die Arbeitenden unter prekären Bedingungen immer kurzfristiger zu disponieren gezwungen sind und wo sie untereinander zugleich kooperieren und konkurrieren; genauer: wo sie konkurrieren, indem sie kooperieren. Hier verspricht die ironische Haltung eine vorläufige Antwort auf die vielleicht verzwickteste Frage der neuen Arbeitsverhältnisse, indem sie die abverlangte Nähe bei gleichzeitig aufrecht erhaltener Distanz herstellt.

Dies sind Arbeitshypothesen. Mit den neuen Konsum- und Arbeitsverhältnissen, so lautet ihre allgemeinste Fassung, hängt die anhaltende Konjunktur der Ironie zusammen, die sich in den 1990er Jahren zeitweilig zum Etikett einer Spaßgesellschaft verdichtet hat. Dabei ist diese Konjunktur, wie die heftigen, meist neokonservativ, religiös oder auch einfach konformistisch motivierten Attacken auf die Ironie nach 9/11 in den USA gezeigt haben, nicht unbestritten. Doch wird hier zumeist Ironie gegeißelt, ohne dass die Verhältnisse, die mit ihren Widersprüchen Ironie hervortreiben, angetastet würden (zumindest für die Kulturkämpfe der US-amerikanischen Neokonservativen ist die Ironie eine zu wichtige Zielscheibe, als dass sie ein Interesse daran haben könnten, sie aus dem öffentlichen Diskurs zu verbannen). Im Folgenden soll versucht werden, die Ironie zusammen mit den Verhältnissen ins Bild zu bringen. Dabei schwingt auch immer die Frage mit, ob die vorgeführten ironischen Haltungen subversiv wirken und die Verhältnisse von unten her neu in Bewegung versetzen können – oder ob ironische Beweglichkeit im Gegenteil gerade ein Teil jener Anpassung ist, welche die krisenhaften Bewegungsformen auf prekärem Niveau stabilisiert.

1 *Käpt'n James bittet zum Tanz*

Beginnen wir bei der zunehmenden Ironisierung der Konsumhaltungen. Zu denken wäre beispielsweise an den Erfolg der Schlagerfestivals und -paraden, welche die alte Kämpen des Schnulzengeschäfts rezyklieren, Costa Cordalis, Karel Gott etc. Überhaupt hat Easy Listening, das einst aufs halbe Ohr zielte, längst die ganze Aufmerksamkeit der trendigen Musikliebhaber gefunden – nicht nur hat der eben 75 gewordene James Last nach 80 Millionen verkaufter Partybeschallungs-Einheiten mit Grönemeyer, Nina Hagen und RZA vom Wu-Tang Clan eine Platte gemacht, die ihn »als hippen Übervater präsentiert« (*Rolling Stone*), sondern dasselbe Musikmagazin stilisiert den unverwüstlichen Entertainer zum »Mann mit dem rauchenden Kult« (*Rolling Stone Deutschland* 2004, 3 u. 38). Eine Party mit »Hansimania« oder »Käpt'n James bittet zum Tanz« kann sich gegenwärtig also durchaus sehen lassen, vorausgesetzt man zelebriert sie mit dem nötigen Flair fürs Durchgeknallte. Beliebige weitere Beispiele für ironischen Konsum, wie sie beispielsweise Naomi Klein (2002, 94) anführt, sind: Frank Sinatra Lieder singen in Karaoke Bars; Girly-Drinks schlürfen in Tikki-Bars; oder *Melrose Place*[1] anschauen.

1 Amerikanische Fernseh-Soap von Fox TV, produziert 1992–99.

Man könnte solche Listen ohne Mühe fortschreiben und variieren. Das Grundrezept lautet: Je deutlicher der Warencharakter durchscheint, desto besser. Hier ist Kitsch also durchaus erwünscht. Bloß wird er so unterkühlt, dass er wieder genießbar wird. Er wird »cool«. Im Selbstverständnis der Konsumenten ist es vor allem ihre eigene »Coolness«, die ihn so angenehm abkühlt, doch wirkt dies natürlich auch auf die Interpreten zurück. Die Verwandlung von Kitsch zu Cool findet sich so immer öfter bereits in cool aufbereitetem Kitsch vorweggenommen. Manchmal, wie bei der finnischen Musikkapelle *Eläkeläiset,* bleibt die Frage, wie weit die Ironie vorweg produziert oder vom Konsumenten durch allerlei mutwillige Missverständnisse ins Spiel gebracht wurde, in der Schwebe. *Eläkeläiset* (d. h. die »Rentner«) spielen die alten und gemästeten Hits der Rockgeschichte alle im immergleichen Humpa-Polka Rhythmus, und die Riffs und heulenden Melodien reduzieren sie auf ein zittriges Orgelstimmchen, dazu der kernige, spröde Gesang auf Finnisch. Der Effekt in diesem Fall ist für mich ein befreiendes Gelächter darüber, dass ich einmal glaubte, dies alles pathetisch ernst nehmen zu müssen, verknüpft mit dem Vergnügen, die Songs nun endlos wieder hören zu können; und dabei tröstet mich erst noch das Finnische darüber hinweg, dass mir viele englische Texte, je lückenloser ich sie zu verstehen begann, desto weniger sagten.

2 *Weil ich Kitsch mag...*

Das Zwiespältige im angeführten Beispiel ist unübersehbar: durchschauen und genießen. Ich durchschaue den bombastischen Kitsch, mit dem meine Kindheit oder Pubertät angefüllt war; aber ich bleibe in Verbindung mit den Gefühlen und Erfahrungen, die lebensgeschichtlich mit diesem Kitsch verbunden waren. In der Rezeption von kommerzieller Kultur ist eine solche Aufspaltung von Denken und Fühlen ziemlich häufig zu beobachten, ohne dass sie schon zwingend zu einer ironischen Verarbeitung führt. Ich stelle zum Beispiel fest, dass mich »ein Film berührte, den ich schlecht fand«[2]. Ich werde dann vielleicht daraus etwas ratlos den Schluss ziehen, dass ich offenbar anfällig bin für kommerzielle Muster, auch wenn ich gleichzeitig merke, dass sie reaktionär oder ärgerlich sind. Diese meist mit Scham oder zumindest Unbehagen verbundene Feststellung, von einem Film »aufs Glatteis verführt« worden zu sein (Haug/Hipfl 1995, 52 und 108), versucht sich das ironische Subjekt zu ersparen. Seine Haltung bringt Genuss und Kitsch unvermittelt zusammen und rechnet sich dies als eigenes Verdienst an: Ich lasse mir

2 Dies die offenbar verbreitete Reaktion auf Filme wie »Schlaflos in Seattle« oder »Pretty Woman«, aufgezeichnet und analysiert in Frigga Haug u. Brigitte Hipfl (Hg.), *Sündiger Genuß? Filmerfahrungen von Frauen,* Hamburg 1995, vgl. das zweite und dritte Kapitel.

von diesem Film ein großes Gefühl machen, aber ich kann zu diesem Gefühl jederzeit auf Distanz gehen. Will mich nämlich jemand darauf behaften (»Du magst »Pretty Woman«?), bin ich schon wieder weg und habe stattdessen ein Lachen bereit: Ich mag eben Kitsch. Ich bin längst ›ent-täuscht‹, deshalb kann ich die Täuschung genießen. Nicht obwohl, sondern gerade weil die Sache Kitsch ist, genieße ich sie.

3 Kult und Trendmarken

Vom sich zu Szenen gruppierenden Publikum und in der um Leitbegriffe bemühten Sprache feuilletonistischer Filmkritik wird der Kitsch, der im Sinne einer solchen Umwertung genossen wird, mit dem Prädikat »Kult« gekennzeichnet: Hatte eine gröhlende, kerzenbewehrte Fangemeinde die *Rocky Horror Picture Show* erst in jahrelanger Anhänglichkeit in den Kultstatus erhoben, so erwies sich in den 90er Jahren der souveräne Umgang mit Kitsch und Klischees als unwiderstehliche Instant-Erfolgsformel sowohl beim Publikum wie bei den Kritikern, und ein Film wie *Pulp Fiction* konnte jetzt begehrte Filmpreise wie die Goldene Palme von Cannes einheimsen; »Kult«-Regisseur Quentin Tarantino wurde über Nacht zu einer Art Erkennungsmarke, über die man sich in Kulturszenen und Kennerkreisen als zeitgemäßes, d. h. ironisches Subjekt auszuweisen hatte. Parallel dazu machten sich auch eigentliche Spezialisten einen Namen; für ein Spezialpublikum stellten sie bald nicht nur doppelte, sondern vielfache Böden her, zum Beispiel die Brüder Ethan und Joel Coen mit Filmen wie »The Big Lebowsky« oder »Ladykillers«.

Auch in der Werbung wird eine stetig anwachsende ›ent-täuschte‹ Kundschaft angesprochen, die den Komfort des Durchschauens mitgeliefert haben will. Naomi Klein hat auf das Entstehen von Kitsch-Marken, »Trash- Brands« und Trendlabels hingewiesen, welche mit Ironie darum kämpfen, bei einer kaufgewohnten Kundschaft als »cool« anerkannt zu werden:

> In diesem komplizierten Kontext müssen Marken, um wirklich cool zu sein, diese Uncool-gleich-cool-Ästhetik quasi auf ihre Werbung schichten: Sie müssen sich selbst verspotten, müssen ihren eigenen Aussagen widersprechen, müssen gebraucht und neu zugleich sein. (Klein 2002, 95)

Mit ironischen Werbekampagnen (z. B. »Stop Crime Now« zum Bild modisch-lässiger Jugendlicher, die bei rot die Straße überqueren) hat es beispielsweise die »Diesel« Marke des norditalienischen Designers und Werbefachmanns Renzo Rosso in den 90er Jahren geschafft, den Couture Jeans Sektor in den USA neu aufzumischen und darin die Spitze zu übernehmen, auch wenn die »Trinkt Urin« Kampagne nach 9/11 kurzfristig zurückgerufen werden musste.

4 *Spaßgesellschaft anno 1711*

Solche kulturellen Umwertungsprozesse hat in den 60er Jahren Susan Sontag in ihren »Notes on Camp« (1964/1967) als eine der ersten zum Gegenstand der Reflexion gemacht. Sie hat den Essay nicht zufällig Oscar Wilde gewidmet. Der Ästhetizismus und das Dandytum des 19. Jahrhunderts gehören zu den entscheidenden Bezugspunkten für die Umwertung des schlechten Geschmacks und den Kult des Exaltierten. Sontags eigene Camp-Liste enthält beispielsweise die alten Flash Gordon Comics, das Brown Derby Restaurant in Los Angeles oder die Frauenmode der 20er Jahre mit Federboas, Glitter und Quasten. Als »ultimate Camp statement« bezeichnet sie: »it's good *because* it's awful« (ebd., 292). Aber 1964 bezeichnet »Camp« für Sontag noch eine Art Geheimcode für kleine, städtische Zirkel:

> Indeed the essence of Camp is its love of the unnatural: of artifice and exaggeration. And Camp is esoteric – something of a private code, a badge of identity even, among small urban cliques. (275)

In den 1980er Jahren lässt sich dagegen eine breite Konjunktur für uneigentliche Haltungen beobachten, die eine Zeitlang unter dem Etikett der ›Postmoderne‹ diskutiert werden. Zugrunde liegt dieser virulent werdenden Ablösung von alten Begriffen und Identitäten ein Umbruch der Produktionsweisen von fordistischer Massenproduktion auf elektronisch gestützte *just-in-time* Produktion. Das scheinbar Feste der Arbeits- und Lebensverhältnisse verdampft, Haltungen und Mentalitäten werden dezentriert. In den 1990ern schließlich durchdringt Uneigentlichkeit alle Sphären der Gesellschaft und schüttelt die verschiedenen Jargons und Stilebenen durcheinander. Für die Wahrnehmung, dass nun vieles mit lustiger Distanz behandelt wird, was 20 Jahre früher noch ohne alle Doppeldeutigkeit schlechter Geschmack gewesen wäre, kommt in Deutschland Anfang der 90er Jahre das Etikett der ›Spaßgesellschaft‹ auf.

> Wenn man bedenkt, in was für einem Übermaß sich [die Sache] in der letzten Zeit erhoben hat, so könnte man darob schon etwas erschrecken und in Zweifel geraten, wo diese Anhäufung von Humor uns noch hinführen wird

– dies hat allerdings kein zeitgenössischer Beobachter der Spaßgesellschaft vermerkt, sondern der Earl of Shaftesbury im Jahr 1711[3].

Shaftesbury reagiert damit auf die Entwertung des ernsten Diskurses theologisch-philosophischer Spekulation in der sich durchsetzenden bürgerlichen Gesellschaft. Die Formalität dieses Diskurses, welche die starren Formen einer feudalen

3 »An Essay on the Freedom of Wit and Humour. In a Letter to a Friend«, in: *Characteristicks of Men, Manners, Opinions, Times,* (1711), Indianapolis 2001, 41. (Übers. T.B.)

Gesellschaftsordnung reproduziert, erscheint einer bürgerlich-kapitalistisch ausgerichteten Gesellschaft zunehmend lächerlich, und dieser Eindruck erfasst im 18. Jahrhundert alle gesellschaftlichen Sphären: Das Gelächter

> ist von den Unterhaltern auf die Geschäftsleute übergegangen; die Politiker haben sich angesteckt, und die ernsten Staatsgeschäfte werden nun mit einem Anflug von Ironie und Scherz behandelt (ebd., Übers. T.B.).

Die Angelegenheit hat unübersehbar Parallelen mit der neuen Stufe kommerzieller Durchdringung in unserer gegenwärtigen Gesellschaft, mit der Welle von Pop und Kommerz, welche die alten Zuordnungen von Form und Inhalt neuerdings außer Kraft gesetzt hat. Ironie als avanciert bürgerliche Haltung blickt offenbar auf eine lange Geschichte zurück, die sich immer bloß als letzte Neuheit drapiert.

5 *Ausgebrannte und Superstars bei der Arbeit*

Ein vergleichbares Bild ergibt sich auch, wenn wir den Blick von Konsum und Werbung weg und auf die Arbeit richten. Wer unter fordistischen Arbeitsverhältnissen, wie sie bis in die 1970er Jahre die Regel waren, seine Arbeitskraft verkaufte, hatte die Gefühle möglichst unsichtbar zu machen. Er musste sie zu Hause lassen oder am Arbeitsort nach Möglichkeit unterdrücken. Was über den höflichen Umgangston hinausging, wurde als Privatangelegenheit behandelt. Das gegenwärtige Subjekt der Arbeit hingegen muss mit seinen Gefühlen umzugehen wissen, muss sie zunehmend fungibel und gewinnbringend einsetzen können. Die TV Casting Shows wie »Superstar« oder »Music-Star« sind Modell- Anordnungen für diese neu eingeforderte Fungibilität der Gefühle. Setze deine Spontaneität gezielt ein, ist ihr paradoxer Imperativ: Erfolg hat, wer sich dauernd anpasst und dabei doch sich selber bleibt; und sich selber geblieben ist nur, wer zeitgemäß ist und Erfolg hat – dieselbe endlos variierte Grundformel ist es auch, die das Terrain der neuen Arbeitsverhältnisse absteckt.

Der Soziologe Richard Sennett hat am Weltwirtschaftsforum in Davos »die wahren Sieger« des neuen Kapitalismus studiert (1998, 79). Ist es Zufall, dass seine Charakteristik stark an Friedrich Schlegels zweihundert Jahre früher gemachten Versuch erinnert, Ironie als Haltung des bürgerlichen Intellektuellen zu entwikkeln? Sennett beobachtet an den Vorzeige-Managern eine »flexible Fähigkeit zur Anpassung«, die sich in dem Willen zeige, das »Geschaffene« auch sofort wieder »zu zerstören, wenn es die Situation erfordert« (79). Der Ironiker Schlegel seinerseits hatte vom »steten Wechsel von Selbstschöpfung und Selbstvernichtung« gesprochen (Schriften, 30). »Die Fähigkeit, sich von der eigenen Vergangenheit zu lösen und Fragmentierung zu akzeptieren«, so Sennett, »ist der herausragende Charakterzug der flexiblen Persönlichkeit, wie sie in Davos an den Menschen abzulesen ist, die im neuen Kapitalismus wirklich zu Hause sind« (79 f). Muss nicht notwendig Ironiker sein, wer im neuen Kapitalismus »wirklich zu Hause« sein will? Jedenfalls sollte er können, was bereits Schlegel anstrebte:

> sich willkürlich bald in diese, bald in jene Sphäre, wie in eine andre Welt, nicht bloß mit dem Verstande und der Einbildung, sondern mit ganzer Seele versetzen; bald auf diesen, bald auf jenen Teil seines Wesens frei Verzicht tun und sich auf einen andern ganz beschränken (39).

Hier wie dort ist die zentrale Ressource Beweglichkeit, denn man befindet sich auf schwierigem Terrain – Schlegel als Intellektueller in den deutschen Kleinverhältnissen zur Zeit der Französischen Revolution, die neuen Manager in der umbrechenden Produktions- und Konsumlandschaft des neoliberal gemanagten High-Tech-Kapitalismus. Ironie eröffnet dabei den Bewegungsspielraum, den die von Widersprüchen durchzogenen Verhältnisse jeweils für sich genommen nicht hergeben. Sie wird zur Antwort des Individuums auf die Zumutung, in unübersichtlichen Verhältnissen für Flexibilität und Mobilität sorgen zu müssen. Als »Arbeitskraftunternehmer« hat es schlau, funktional und fungibel zu sein. Mit der Kooperation wird es zur Konkurrenz verpflichtet. Eine solche gleichzeitige Herstellung von Nähe und Distanz wäre kaum möglich ohne eine ironische Haltung.

Eine weitere auffällige Parallele zwischen dem ironischen Intellektuellen Schlegel und der Ironie in den neuen Arbeitsverhältnissen: In beiden Fällen kommt es tendenziell zu einem Bruch mit den ›Einfachen‹: Ironie und Beweglichkeit ist heute ein Kennzeichen der gehobenen Berufe, der gut ausgebildeten und flexiblen Spezialisten, Projektarbeiter und Manager, die sich damit im Rennen halten und auf diese Manövrierfähigkeit ihr Selbstbewusstsein gründen. Ähnlich machte Schlegel aus seiner Isolation des Intellektuellen vom ›Volk‹ eine Tugend und hielt es für ein

> sehr gutes Zeichen, wenn die harmonisch Platten gar nicht wissen, wie sie diese stete Selbstparodie zu nehmen haben, immer wieder von neuem glauben und missglauben, bis sie schwindlicht werden, den Scherz grade für Ernst, und den Ernst für Scherz halten (21).

Jenseits solcher Beweglichkeit dagegen herrschen Abhängigkeit, Zwang, Angst und Demoralisierung. Die ›Ent-tauschung‹ erfolgt bei der Entlassung oder im Zusammenbruch aus Überforderung, dem gefürchteten ›Burnout‹. Die fehlende Ironie stellt sich nun im Nachhinein als bitterer Zynismus ein: »Vormals engagierte Menschen«, so stellen die Unternehmensberater Welte und Biland fest, werden im ausgebrannten Zustand »reizbar, misstrauisch, halsstarrig, entwickeln eine negative und zynische Einstellung zu ihrer Arbeit und den Mitmenschen« (2004). Da wären sie wohl besser rechtzeitig Ironiker geworden? Jedenfalls liegt die Herstellung von Distanz nach Ansicht von Welte und Biland heute in der Verantwortung der Arbeitssubjekte: »Wer das eigene Verhalten nicht reflektieren und überprüfen will, ruiniert im schlechtesten Falle seine Gesundheit, setzt die Familie aufs Spiel und treibt ein ganzes Unternehmen in den Ruin.« (ebd.)

6 *»Bilde dich zur Urbanität«*

»Schaffe dir Ironie!« – Auch das Motto dieser Ausführungen stammt von Friedrich Schlegel, der um 1800 in Fragmenten und Aufsätzen als erster an einer modernen Theorie der ironischen Haltung arbeitete. Er verknüpfte dies mit einer experimentellen Lebensführung, zunächst als freischaffender, d. h. selbständig erwerbender und elitärer Literat, der im Konkubinat und in Wohngemeinschaften lebte, später als konvertierter Katholik und Kirchenmystiker. Ironie war ein Versuch, die Widersprüche auf verschiedenen Ebenen in den Griff zu bekommen: biografisch – Schlegels schwierig-zerrissenes Wesen; spirituell – das Festhalten am Absoluten in einer rasch sich säkularisierenden Zeit; politisch – als Spielraum des kritischen Intellektuellen, der sich in engen Herrschaftsverhältnissen beweglich hält. Schlegel schrieb:

> Sie enthält und erregt ein Gefühl von dem unauflöslichen Widerstreit des Unbedingten und des Bedingten, der Unmöglichkeit und Notwendigkeit einer vollständigen Mitteilung. Sie ist die freieste aller Lizenzen, denn durch sie setzt man sich über sich selbst weg; und doch auch die gesetzlichste, denn sie ist unbedingt notwendig. (21)

Ein anderes Fragment lautet: »Opfre den Grazien, heißt, wenn es einem Philosophen gesagt wird, so viel als: Schaffe dir Ironie und bilde dich zur Urbanität.« (ebd., 79) Grazien sind die Göttinnen der Anmut, es geht also offenbar grob gesagt um eine Wendung der Philosophie ins Ästhetische; was aber besonders interessant ist dabei: Schlegel verknüpft Ironie mit Urbanität, bringt also explizit ein bürgerliches Element ins Spiel. Urbanität, das meint hier, im Rückgriff auf den Athener Sokrates, das städtische Umfeld als Lebenselement des Ironikers. Und bei Schlegel schwingt dabei, in den 1790er Jahren, natürlich das Leiden an deutscher Enge mit, an der fürstlichen Kleinstaaterei und der pfahlbürgerlichen Kleinstädterei. Es lohnt sich, dieser Fährte kurz nachzugehen.

7 *Eulenspiegeleien*

Tatsächlich wurde der Ironiker auch schon in der Antike mit dem bürgerlichen Element des Ware-Geld-Tauschs in Zusammenhang gebracht. »Verkauft er, sagt er, er verkaufe nicht, verkauft er nicht, sagt er, er verkaufe«, heißt es bei Theophrast vom Ironiker (Charaktere, 5).[4] Der Warentausch zwischen gleichberechtigten Privatbesitzern als Grundlage der bürgerlichen Gesellschaft ist jene gesellschaftliche Verkehrsform, in welcher die Entfaltung zweideutiger Haltungen historisch einen ihrer großen Anreize erhalten hat. Wo sich Käufer und Verkäufer gegenüber treten, dürfen sich beide nicht zu früh festlegen, müssen die Dinge in der Schwebe lassen, um nicht in Nachteil zu geraten oder gar übers Ohr gehauen zu werden. Wer seine wahre Begehrlichkeit nach der Ware oder dem Geld des anderen offen zur Schau stellt, bringt sich in fatalen Nachteil. Gefragt ist distanzierte Schläue, die List eines Subjekts, das an seinem Ziel gerade dadurch unbeirrt festhält, dass es dazu auf Distanz zu gehen vermag und Selbstironie beweist.

Die bürgerliche Gesellschaft hat die Fungibilität des Selbst auf diesem Fundament entwickelt, und sie hat gleichzeitig die Springflut solcher Zweideutigkeit mit dem Gewissen als Verknüpfung von Wahrheit und Selbst in Zaum gehalten. In der Frühzeit bürgerlicher Verkehrformen ist es zum Beispiel der im Volksbuch bekannt gewordene »Dil Ulenspiegel« (Till Eulenspiegel), der mit dem Vorantreiben distanzierter Schläue zu einem der wichtigen Volkshelden avanciert. Eulenspiegel bewegt sich geschickter als seine Zeitgenossen in den aufkommenden Ware-Geld-Formen des Mittelalters und hat dabei allemal die Lacher auf seiner Seite. Er haut seine Kontrahenten übers Ohr, indem er sie beim Wort nimmt, während er selbst »sich um seiner Selbsterhaltung als Subjekt willen nie festlegen lassen will« (Haug 1978, 15). Was Eulenspiegel seinen Opfern voraus hat, ist die Fähigkeit, sich schlau von einer Sache zu distanzieren um ihrer Aneignung willen. So kauft er (in Quedlinburg, vgl. »Ein kurtzweilig Lesen von Dil Ulenspiegel«, die 36. Historie) auf dem Markt einer »Landfraw« und »Bürin« Hühner und Hahn ab, ohne sie jedoch zu bezahlen; als die Verkäuferin erwartungsgemäß reklamiert, bietet er ihr erfolgreich ihren eigenen Hahn als Pfand an und nimmt so die Hühner für den Hahn. »Alles Dings waren die Leütt etwan nit so schalckhafftig als jetz, sunderlichen die Landlüt«, kommentiert das Volksbuch diesen Streich (107). »schalckhafftig« – das meint hier: gewitzt, listig.

8 *Kapitalist und Konsument*

Wenn ich bisher den Ware-Geld-Tausch als einen wichtigen historischen Anstoß zur Entwicklung von Uneigentlichkeit in bürgerlichen Verhältnissen beleuchtet habe, so scheint dem allerdings ein Blick auf unsere gegenwärtigen Konsumverhältnisse zu widersprechen. Wir haben es ja heute im Alltag kaum je mit offenen Tauschsituationen zu tun, in denen sich unabhängige Waren- und Geldbesitzer gegenübertreten und mit offenem Ausgang zu handeln beginnen. Der heutige Käufer steht in der Regel als »Konsument« einer durchorganisierten Verkaufsbran

4 Vgl. dazu meinen Überblicksartikel »Ironie« im Historisch-kritischen Wörterbuch des Marxismus, Bd. 6/2, Hamburg 2004, 1517–31.

che gegenüber, von welcher der personifizierte Verkäufer im Geschäft bloß ein abhängiges Teilglied ist. Dass hier mit Verstellung um Preise gehandelt wird, ist denn auch eher die Ausnahme als die Regel – wie also gelangen wir von solchen »Konsumverhältnissen« zur Konjunktur der Ironie?

Fassen wir zunächst die Standpunkte in den gegenwärtigen Verhältnissen genauer: Das Ziel des Käufers als »Konsument«, d. h. als jemand, der gezwungen ist, seine Bedürfnisse durch den Kauf von Waren zu decken, ist die Verwirklichung des Gebrauchswerts der Ware, also ihre Verwendung oder ihr Genuss. Ihm gegenüber steht als Warenverkäufer ein aus verschiedenen Teilfunktionen zusammengesetzter »Kapitalist«, also jemand, der Waren produzieren lässt, um sie profitabel abzusetzen. Konsument und Kapitalist sind aufeinander angewiesen, aber sie nehmen gegensätzliche Standpunkte ein. Der Konsument nimmt den Gebrauchswert-Standpunkt ein, der Kapitalist den Tauschwert- Standpunkt.[5] Für den Kapitalisten wird das Bedürfnis des Konsumenten zum Werkzeug seines Profits. Er bearbeitet deshalb mit Kalkül die Bedürfnisse, das Gefühl und den Genuss. Diese Verknüpfung von organisiertem Kalkül und Genuss durch den Kapitalisten führt auf Seite des kaufenden Subjekts tendenziell zu einer Spaltung zwischen Denken und Fühlen, muss dazu führen, denn: Wo Genuss und Gefühl zum Angriffspunkt des kapitalistischen »Gegenspielers« werden, muss der Konsument stets auf der Hut sein, muss seine Schwächen bewachen, um im Antagonismus von Käufer und Verkäufer nicht zu unterliegen, sich nicht übers Ohr hauen zu lassen, nicht süchtig zu werden, sich nicht zum eigenen Nachteil ködern zu lassen. Er wird also lernen müssen, zu Gefühlen und Sinnesreizen auf Distanz zu gehen und sich vor Enttäuschungen zu schützen, indem er sich immer schon selber ›ent-täuscht‹. Dies ist *eine* Funktion von Ironie im Konsum: Das Subjekt geht zu seinen Gefühlen und Sensationen auf Distanz, weil es sich nur so einen eigenen Spielraum im kapitalistischen Kalkül schaffen kann.

Der Kapitalist aber reagiert seinerseits auf die Enttäuschungen und das steigende Misstrauen der Konsumenten in der kommerziellen Kultur. Er verspricht in Werbung und Produkteinszenierung nicht bloß zum Voraus und in den schönsten Farben den Genuss der Ware (das »Gebrauchswertversprechen«; Haug 1976, 17), sondern er attestiert dem kaufwilligen Subjekt auch gleich schon den Triumph überlegener Schläue: Es hat das Kalkül durchschaut und kauft trotzdem, ja vielleicht gerade deshalb. Dies ist nichts anderes als die Form, die der Widerspruch im Tauschverhältnis heute angenommen hat: Der Komfort des Durchschauens des

5 Dies ist der »in Personen (d. h. Käufer und Verkäufer; T.B.) auseinandergelegte (...) Widerspruch von Gebrauchswert und Tauschwert« (16), aus dem W.F.Haug die Warenästhetik entspringen lässt; 1976, 13 ff.

Profitmotivs gehört zum mitgelieferten Zubehör für einen Sektor der Kundschaft, der sich ›ent-täuscht‹ weiß, ohne deshalb auch schon aufhören zu können, die ihm zugedachte Rolle in der »Konsumgesellschaft« zu spielen – denn *diese* Wahl ist darin nicht vorgesehen. Und endlos plaudern es deshalb die TV-Komödien ebenso wie die anschließende Werbekampagne als ihr offenes Geheimnis aus, dass sie nichts sind als die angesagteste TV Komödie, die coolste Werbekampagne, der reine, augenzwinkernde Kitsch.

9 *Die ›Verweihnachtlichung‹ der Kritik*

Die Verknüpfung von Genuss und Geschäft, so wurde bisher argumentiert, wirkt sich im Konsumenten-Subjekt als Auseinandertreten von Denken und Fühlen aus. Ironie, ergab sich daraus, ist ein Mittel, womit das Subjekt die Entmischung selbst betreibt, um auf den Widerspruch im Tauschverhältnis zu reagieren. Damit ist die Rolle, die Ironie heute in der kommerziellen Kultur spielt, aber noch keineswegs erschöpft. Denn die Subjekte fügen mit Ironie auch wieder zusammen, was sie vorher mit Ironie getrennt haben. Um das zu verstehen, ist es nötig, in einer kurzen Skizze den Gang der Entmischung von Denken und Fühlen unter den gegenwärtigen Bedingungen nachzuzeichnen.

Kritiker, Erzieher, Moralisten mobilisieren gegen die systematische Verlockung des Scheins das Verbot, den Verzicht, die Moral. Der Kulturindustrie, welche die Ausbeutung des Scheins immer umfassender an sich zieht, wird kritische Ablehnung entgegengesetzt, der Schein wird vollständig durchschaut, der Kitsch wird restlos abgetan. Damit baut sich ein Problemzusammenhang auf, wo der Kritiker hundert Mal Recht haben mag und sich doch zwingend ins Unrecht versetzt; denn mit dem Köder des Gebrauchswertversprechens, den die Konzerne auswerfen, wird durch eine solche undialektisch ›kritische‹ Haltung tendenziell auch gleich der Anspruch auf sinnliche Erfahrung und Glück mit verworfen. In einer historischen Situation, in der die konkrete Erfahrung einer anderen Welt als der von Waren vermittelten auf ein Minimum geschrumpft ist, wird so die Entmischung von kritischer Vernunft und sinnlicher Erfahrung, von Kritik und Genuss immer weiter vorangetrieben. Kritik wird asketisch und das Glück verschiebt sich ins Geistig-Abstrakte, wo es als eine Art Himmel den irdischen Warenberg fromm beleuchtet.

Man könnte die damit einher gehende Vergeistigung als ›Verweihnachtlichung‹ der Kritik bezeichnen, weil sich das Phänomen immer vor Weihnachten besonders ausgeprägt beobachten lässt. Dabei wird die Wirklichkeit der Konsumverhältnisse als schlecht ›materialistisch‹ gefasst, und vor diesem Hintergrund kann nun ein abstrakter, nämlich metaphysisch religiöser Gegenbegriff aufgebaut werden. Er besteht aus vergeistigter Liebe, reinem Glück, jedenfalls aus lauter ›Innerlichkeit‹ –

bloß kritisiert diese Auffassung von immaterieller ›Innerlichkeit‹ die bestehenden Verhältnisse nicht, sondern wird zu ihrem bloßen Komplement; eine Predigt, die letztlich bereits den Rückfall ins Geschäft vorbereitet, ja aktiv betreibt, weil die Liebe eben nicht in eine rein geistige und eine rein materielle Angelegenheit auseinander gelegt werden kann – es sei denn zum Zweck des Verkaufs, denn losgelöster ›Geist‹ eignet sich gut, um als Bestandteil des Gebrauchswertversprechens wieder in die Ankurbelung des Warenverkaufs eingespiesen zu werden.

10 Zwischen asketischer Kritik und idiotischem Genuss

Alle verweihnachtlichte, d. h. idealistisch gewendete Kritik stellt das Subjekt vor die schlechte Alternative, entweder kritisch und asketisch zu sein oder als Konsumidiot den Anspruch auf Genuss hochzuhalten. Diese falsche Konsequenz ist es, wogegen das Konsumsubjekt sich mit Ironie wendet.

Es durchschaut zwar den Schein als Kalkül des Kapitalisten, doch zielt seine Ironie jetzt nicht mehr nur darauf ab, sich gegen die Verführbarkeit der eigenen Gefühle zu wehren. Wogegen es mit seiner Ironie antritt, das ist unter diesen Umständen vor allem die Verödung, die ihm durch die undialektische Kritik und die Instrumentalisierung seiner eigenen Gefühle droht. Es durchschaut den Schein, aber bloß, um sich den vorgegaukelten Versprechungen umso intensiver hingeben zu können. Die durch Ironie in der kommerziellen Kultur hergestellte Distanz zu den eigenen Gefühlen soll durch Ironie wieder überbrückt werden. Ironie also, die im ersten Fall Distanz ermöglichte, soll das auseinander getretene kritische Durchschauen und das sinnliche Genießen auch wieder zusammen bringen. Sie ermöglicht ein widersprüchliches Drittes zwischen den falschen Alternativen von asketischer Kritik und idiotischer Genussfähigkeit. Weil das Durchschauen den einen Pol dieses Dazwischen ausmacht, der Genuss den zweiten, ist es auch leicht einsehbar, dass es gerade das offensichtlich durchscheinende kommerzielle Kalkül ist, was dem Ironiker seine Objekte empfiehlt. Für ihn gibt es ein richtiges Leben im falschen, gerade und nur dort: das ist seine List.

11 Die Ironesen

Ironische Konsumhaltungen werden heute von denjenigen, die sich programmatisch darüber Rechenschaft abzulegen versuchen, in der Regel im Rückgriff auf Theoretiker wie Michel de Certeau oder John Fiske gedacht. Ist der erste ein Pionier des Programms, Konsumenten nicht bloß als passive, statistische Größen, sondern als aktive und potenziell listige Subjekte aufzufassen, so hat der letztere die widerständigen Praxen der Zuschauer, Shopper oder Konsumenten zum Gegenstand seiner »Lesarten des Populären« gemacht. Das Subjekt im Einkaufszentrum ist bei Fiske nicht abschließend definiert als Teil des kapitalistischen Kalküls, vielmehr kann es einer Vielzahl von Aktivitäten und Zwecken nachgehen und damit die soziale Kontrolle herausfordern oder unterlaufen. Die Konsumentin beispielsweise, die Mode kauft, wendet sich damit möglicherweise gegen den einengenden Zugriff des Patriarchats, indem sie mit dem Kauf ihren Anspruch auf Zeitgemäßheit und Öffentlichkeit aufrecht erhält, auch wo ihr das sozial und kulturell verweigert wird (Fiske 2003, 49).

In der Ambivalenz von Fiskes Beispielen lässt sich noch deutlich die Schlüsselkonstellation seines Anregers de Certeau erkennen: Dieser parallelisierte die ambivalenten Praxen des modernen Konsumenten mit denjenigen der unterworfenen Indianer:

> Unterwürfig und sogar bereitwillig machten diese Indianer aus den rituellen Handlungen, Vorstellungen oder Gesetzen, die ihnen aufgezwungen worden waren, oft etwas ganz anderes als die Eroberer bei ihnen erreicht zu haben glaubten; [...] sie entflohen dieser Ordnung, ohne sie zu verlassen. Die Kraft ihrer Differenz lag in der Art und Weise des ›Konsums‹. (1988, 13 f)

De Certaus Vergleich hat eine beträchtliche Suggestivkraft entwickelt. Es entstanden Szenen verschworener Stadt-Indianer, die ihren Konsum als widerständige Praxen verstanden wissen wollten. Diese Ironesen haben oft einen sehr emphatischen Begriff von dem, »was de Certeau als ›die Kunst dazwischen zu sein‹ bezeichnet«; die ironische Haltung präsentiert sich ihnen als

> der einzige Weg zu wahrer Freiheit in der heutigen Kultur. Lasst uns also dazwischen sein. Lasst uns in »Baywatch«, in Joe Camel und in »Wired« schwelgen ..., aber lasst uns nie der trügerischen Verlockung dieser Dinge erliegen. (Leitartikel aus Hermenaut 10, Popular Culture, 1995, hier zit. n. Klein 2002, 95)

12 *List und Selbst-Überlistung*

Der Konsum der Ironesen kann als Widerstand gegen den Kommerz ebenso gut auftreten wie als Schmiermittel desselben. Denn weder spricht die Ironie eine andere Sprache noch kennt sie eine andere Praxis als diejenige, die sie bekampft und die sie damit immer zugleich vertritt, auch wo sie sie langsam unterhöhlt und verschiebt.[6] Mit Recht schränkt Fiske deshalb das Potenzial des oben angeführten Beispiels vom Modekonsum als widerständiger Praxis ein:

6 Ein Beispiel für eine verändernde Konsum-Praxis ist meiner Ansicht nach die Verwendung des Video-Recorders, der das fordistische Programmfernsehen als Zentralgewalt und soziale Zeit unterlaufen hat. Das Beispiel macht deutlich, dass parallel zum Umbruch der Produktionsweisen ein Umbruch der Konsumpraxen einsetzt, der durchaus seinen Anteil hat an der Umwälzung der

> Ein solcher Schritt mag nicht radikal sein, da er das Recht des Patriarchats nicht in Frage stellt (...) aber er kann ebenso als fortschrittlich wie auch als ermächtigend angesehen werden. (ebd.)

Ermächtigend für das beherrschte Subjekt, aber ermächtigend wozu? Die Ironesen operieren vollständig auf dem Terrain ihrer Kolonisatoren, ja sie unterscheiden sich selbst von diesem Gegner nur durch einen schmalen Streifen Bewusstsein hinter ihren Finten, ihrer Mimikry, ihrer List. Das spricht nicht prinzipiell gegen Ironie, es wirft bloß ein Licht auf die prekäre Situation von Kritik und Widerstand heute. Auf diesem Terrain liegt besseres Wissen nah bei Besserwisserei, Täuschung nah bei Selbst-Täuschung und die List nicht weit von der Selbst-Überlistung.

13 Ironie als Ausstattung der Mittelklasse

Der Schub kommerzieller Populärkultur seit den 1970er Jahren hat nicht die Klassen überwunden oder die Grenzen von reich und arm eingerissen; aber er hat Kultur und Kommerz in eine einheitliche Arena des hedonistischen Konsums verlagert. Dadurch wurde auch das Abgrenzungsbedürfnis der Subjekte gesteigert. Mittelschicht und Unterschicht konsumieren oft die gleichen Produkte der Kulturindustrie, aber wenn sie z. B. dieselben Mainstream Filme konsumieren, so konsumieren sie sie doch auf sehr verschiedene Weise. Ironischer Konsum ist in diesem Lichte betrachtet nicht primär Widerstand gegen die kommerzielle Kolonialisierung durch den entgrenzten Kapitalismus, sondern Distinktion von der Distanzlosigkeit des Unterschichtskonsumenten. Die Ironesen wären dann oft bloß das mittelständische, besser ausgebildetete und gewieftere Publikum. Die israelische Soziologin Eva Illouz, die empirisches Material zur Kommerzialisierung der Liebesrituale ausgewertet hat, kommt zu folgendem Schluss:

> Gewährspersonen aus der oberen Mittelschicht und, in einem gewissen Maße, aus der Mittelschicht schätzten einen hochgradig autonomen und kreativen Selbstausdruck, der unabhängig von den vom Markt zur Verfügung gestellten Requisiten ist. Genauer ausgedrückt: Während sie den kreativen Umgang mit Waren (Möbel, Kleidung) für legitim hielten, um damit ein echtes, aber verborgenes Ich zum Ausdruck zu bringen, verschmähten sie die Verwendung von Waren des Massenmarktes, wenn diese nicht durch ein originelles ›Ich‹ vermittelt waren. (2003, 241)

Illouz zieht aus ihrem Material den Schluss, dass diese Gruppe »besser ausgestattet ist, um mit den kulturellen Widersprüchen zwischen Definitionen von Liebe [...] fertig zu werden. Sie können problemlos von hedonistischen Konsumenten zu kommunikativen ›Managern‹ ihrer Beziehungen werden« (268). Bei dieser mittel-

Mentalitäten, Denk- und Fühlweisen der Menschen. Vgl. dazu Barfuss 2002, v. a. die achte Studie.

ständischen Ausstattung geht es wesentlich darum, zwischen widersprüchlichen Positionen und Definitionen hin und her wechseln zu können; denn obwohl (gehobene) Mittelschichtler

> häufig die Kommerzialisierung verspotteten, kam ich zu der Erkenntnis, dass sie romantische Waren nicht nur begierig konsumierten, sondern auch die stereotypen romantischen Augenblicke erlebten, gegen die sie sich sonst häufig vehement verwahrten (245).

Distanziert-ironische Haltungen werden damit zu einer zentralen Ressource, mit denen sich die Mittelschicht beweglich hält. »Die Formeln romantischer Liebe«, so Illouz, »werden heute nur noch von kulturell Benachteiligten für bare Münze genommen [...] Der gebildete Liebende der Postmoderne begegnet seinen romantischen Überzeugungen mit der skeptischen Ironie eines post- marxistischen und post-freudianischen Bewusstseins« (277).

14 Ironie und Dialektik

Die Distanzlosigkeit bei einem weniger gebildeten, nicht- mittelständischen Publikum – wenn sie sich empirisch weiter erhärten lässt – würde wohl am ehesten darauf hindeuten, dass Angehörige der Unterschicht stets aufs Kollektiv angewiesen waren und sind, um geschichtsmächtig zu werden. Aus ihrer Sicht stellt sich die Kultur als besonders widersprüchlich dar, weil sie Konzepte und Vorstellungen von überall her übernehmen, ohne dass sie die Möglichkeit erhalten, sich in diesen Widersprüchen beweglich zu machen – es sei denn durch den Versuch, sich als kollektive Bewegung aus dieser lähmenden Passivität herauszuarbeiten. Das Kleinbürgertum dagegen hat sich zu den organisierten Interessen von Arbeiterschaft und großer Bourgeoisie tendenziell meist auf Distanz gehalten und bringt aus seinen nicht-demoralisierten Teilen immer wieder individualistische Bewegungsakrobaten hervor; das große Bürgertum wiederum vermag die Kräfte, die daran arbeiten, die Widersprüche aus seiner Sicht und in seinem Interesse kohärent zu arbeiten, immer neu an sich zu binden und zu verpflichten.

Natürlich ist dies alles kein Argument gegen Ironie, es ist bloß die Warnung, sich die Sache mit dem Widerstand nicht zu leicht zu machen und in Selbst-Täuschung abzugleiten. Die »Ironie eines post- marxistischen und post-freudianischen Bewusstseins«, die Illouz anspricht, ist jedenfalls noch kein Widerstand; sie ist auch heute noch das, was sie schon bei Eulenspiegel war: Die Schlauheit des Subjekts, das die herrschenden Verhältnisse zu seinem eigenen Vorteil wendet; die Beweglichkeit, die nötig ist, um in diesen widersprüchlichen Formen bestehen zu können.

Um diese Formen mit ihren Behinderungen, Schlingen und Fallstricken selber zu verändern, bedarf es allerdings einer Beweglichkeit, die mehr ist als bloß

Intelligenz in den Formen. Wenn Ironie die subjektive Beweglichkeit in der Geschichte bezeichnet, dann geht es darum, sie zum Ausgangspunkt zu machen für Versuche, die Dialektik neu zu denken, Dialektik verstanden als reale Bewegung der Geschichte. Es geht dann darum, neue Übergänge von subjektiver Beweglichkeit zu geschichtlicher Bewegung zu finden. Unter neoliberalen Verhältnissen öffnet sich hier das entscheidende Terrain einer neuen Politik des Kulturellen. »Dialektiker sein«, so Walter Benjamin, »heißt den Wind der Geschichte in den Segeln haben« (GS V, 592). Erst mit diesem Wind kann es gelingen, der eigenen Beweglichkeit eine Richtung zu geben. Der Dialektiker wendet die Ironie auf die Geschichte an.

Literatur

Barfuss, Thomas, 2002: *Konformität und bizarres Bewusstsein. Zur Verallgemeinerung und Veraltung von Lebensweisen in der Kultur des 20. Jahrhunderts*, Hamburg

Ders., 2004: »Ironie«, in: *Historisch-kritisches Wörterbuch des Marxismus,* Band 6/2, Hamburg, 1517–31

Benjamin, Walter, *Gesammelte Schriften,* Frankfurt a. M. 1991

De Certeau, Michel, 1980: *Kunst des Handelns*, Berlin (1988)

Fiske, John, 2003: *Lesarten des Populären*, aus dem Englischen von Ch. Lutter, M. Reisenleitner und S. Erdei, Cultural Studies Band 1, Wien

Ein kurtzweilig Lesen von Dil Ulenspiegel, nach dem Druck von 1515 mit 87 Holzschnitten, hg. v. W.Lindow, durchgesehene und bibliographisch ergänzte Ausg., Stuttgart 1978

Haug, Frigga, und Brigitte Hipfl, 1995: *Sündiger Genuss? Filmerfahrungen von Frauen,* Hamburg

Haug, Wolfgang Fritz, 1978: *Die Einübung bürgerlicher Verkehrsformen bei Eulenspiegel,* Argument Studienhefte SH 20, Berlin/W

Ders., 1976: *Kritik der Warenästhetik,* Frankfurt a. M.

Illouz, Eva, 2003: *Der Konsum der Romantik. Liebe und die kulturellen Widersprüche des Kapitalismus,* aus d. Amerikanischen v. A Wirthensohn, Franfurt/M/New York

Klein, Naomi, 2002: *No Logo. Der Kampf der Global Players um Marktmacht. Ein Spiel mit vielen Verlierern und wenigen Gewinnern*, München

Rolling Stone Deutschland, N. 12, Dez. 2004

Schlegel, Friedrich, *Schriften zur Literatur,* hg. v. W.Rasch, München 1972

Sennett, Richard, 1998: *Der flexible Mensch. Die Kultur des neuen Kapitalismus,* Berlin

Sontag, Susan, 1964: »Notes on ›Camp‹«, in: dies., *Against Interpretation and Other Essays,* London 1967 (275–292)

Shaftesbury, Earl of (d.i. Ashley Cooper), 1711: »An Essay on the Freedom of Wit and Humour. In a Letter to a Friend« , in: ders., *Characteristicks of Men, Manners, Opinions, Times,* Indianapolis (2001)

Theophrast, *Charaktere,* gr. u. dt., übers. u. hg. v. D. Klose, Stuttgart 1970

Welte, Sabine, und Thomas A. Biland, 2004: »Überforderung in der Arbeitswelt. Das Versagen der Manager und seine gravierenden Folgen«, in: *Neue Zürcher Zeitung (NZZ)* Nr. 152, 3./4. Juli, 75

Christina Kaindl

Frei sein, dabei sein: Subjekte im High-Tech-Kapitalismus

Die veränderten gesellschaftlichen Verhältnisse, die neoliberal-kapitalistischen Strategien der Verwertung und In-Wert-Setzung greifen auf eine neue Weise auf die Subjekte zu, mobilisieren sie, versprechen ihnen Freiheit und Selbstbestimmung, binden sie andererseits enger an die Notwendigkeiten des Marktes. In dieser Diagnose sind sich fast alle einig, die zur Frage der neuen Subjektivitäten im Neoliberalismus arbeiten. Strittig allerdings ist, wie diese neue Aufmerksamkeit fürs Subjekt theoretisch so begriffen werden kann, dass die Theoriesprache selber nicht die Subjekte unter der Hand zu bloßen Effekten der gesellschaftlichen Anforderungen macht. Das Zueinander von gesellschaftlicher Bestimmtheit und subjektiver Bestimmung, die Widersprüche, durch die die gesellschaftlichen Verhältnisse bestimmt sind, müssen sichtbar und denkbar werden. Von diesen sehr allgemeinen Bestimmungen aus möchte ich einen Blick auf gängige Theoretisierungen der neuen Subjektanforderungen werfen.

Foucault beansprucht mit dem Konzept der »Führung der Führungen« – der Gouvernementalität (vgl. die Beiträge von Opitz, Rehmann und Reitz im vorliegenden Band, Bröckling/Krasmann/Lemke 2000) – explizit eine Verbindung von individueller Lebensführung und gesellschaftlicher Reproduktion. Die Frage nach der »Regierung« ermöglicht zu fragen, wie »Herrschaftstechniken sich mit ›Technologien des Selbst‹ verknüpfen« (Lemke/Krasmann/Bröckling 2000, 8). Wenn der Begriff der Führung bestimmt wird als Tätigkeit des Anführens anderer und als Weise des Sich-Verhaltens in einem Feld von Möglichkeiten (vgl. Lemke u. a. 2000, 28), so ist daran besonders interessant, dass hier Herrschaft und Freiheit nicht äußerlich gegenübergestellt werden, sondern die Handlungsfreiheit etwa als Teil der veränderten Gouvernementalität gefasst wird. Das Regieren wird in diesem Sinne nicht formal- rechtlich verstanden, sondern von den Praktiken unter einer bestimmten Rationalität her gedacht (Lemke u. a. 2000, 21). Damit sollen die handelnden Subjekte als nicht determiniert, vielmehr auch Widerstand denkbar werden (Lemke 1997, 310).

Allerdings tritt in den konkreten Untersuchungen die Perspektive der Subjekte wieder zurück: Die neue Form der Regierung besteht in der »Erfindung und Förderung von Selbsttechnologien, die an Regierungsziele gekoppelt werden können« (Lemke u. a. 2000, 29). Dabei werde die postulierte Freiheit in die Forderung eingehegt, »einen spezifischen Gebrauch von diesen ›Freiheiten‹ zu machen, so dass die Freiheit zum Handeln sich oftmals in einen faktischen Zwang zum Handeln oder eine Entscheidungszumutung verwandelt« (ebd., 30) und in herrschaftliches Handeln eingebunden. Die Wahl von Handlungsoptionen erschienen als freier Wille, der vor allem dazu diene, dass die Einzelnen sich die Folgen ihres Handelns selbst zurechnen. »Wer es an Initiative, Anpassungsfähigkeit, Dynamik, Mobilität fehlen lässt, zeigt objektiv seine oder ihre Unfähigkeit, ein freies oder rationales Subjekt zu sein.« (Ebd.)

Exkurs: theoretische Annäherungen ans Subjekt

Die Gouvernementalitätsstudien greifen Foucaults Arbeiten zu den Selbsttechnologien auf, in denen er analysiert, wie es dem Einzelnen möglich ist, »aus eigener Kraft oder mit Hilfe anderer eine Reihe von Operationen an seinem Körper oder seiner Seele, seinem Denken, seinem Verhalten und seiner Existenzweise vorzunehmen« (Foucault 1982a, 968), die ihm einerseits ermöglichen sollen, »einen gewissen Zustand des Glücks, der Reinheit« (ebd.) zu erlangen, gleichzeitig die Fragen von Selbstbeherrschung in Zusammenhang mit Fragen gesellschaftlicher Macht zu bringen. Neben Technologien der Macht und des Selbst benennt er solche der Produktion und der Zeichen und Symbole, die miteinander vermittelt zu denken seien. Dabei verweist er auf Marx' Kapital, »wo es heißt, dass jede Produktionstechnik Modifikationen des individuellen Verhaltens gebiete, und zwar nicht nur in der Sphäre der Fertigkeiten, sondern auch in der Sphäre der Einstellungen« (ebd., 969). Diese Fragestellung ließe sich mit Gramscis Vorstellung von Produktions- und Lebensweisen vergleichen, allerdings konzentriert sich Foucault in seinen Studien vor allem auf Techniken der Macht und des Selbst (häufig zentriert auf die Frage der Sexualität), die kaum mit veränderten Produktionsweisen vermittelt werden. Zwar sieht er, dass die politisch Rationalität »zu einem Gutteil von ökonomischen, sozialen kulturellen und technischen Prozessen« (Foucault 1982a, 114) abhängt, aber er analysiert diese Zusammenhänge kaum konkret. Gegenstand seiner Analysen sind Technologien des Selbst seit der Antike, über das Christentum bis in die Neuzeit und den Liberalismus, die anhand von zeitgenössischen Texten zur Lebensführung durchgeführt werden.

Die von Foucault herangezogenen Texte, an denen er die Entwicklung der Technologien des Selbst analysiert, lassen sich fassen als Teil der gesellschaftlichen

Bedeutungsanordnung, als politisch-ideologische Versuche, Nahelegungen an die Prämissen der Einzelnen zu produzieren und so die Hervorbringung von bestimmten Lebensweisen zu begünstigen. Obwohl es ihm darum geht, »den Menschen zu zeigen, dass sie weit freier sind, als sie meinen; dass sie Dinge als wahr und evident akzeptieren, die zu einem bestimmten Zeitpunkt in der Geschichte hervorgebracht worden sind, und dass man diese so genanten Evidenzen kritisieren und zerstören kann« (Foucault 1982b, 960), bleiben Möglichkeiten der Subjekte, sich zu den gesellschaftlichen und diskursiven Nahelegungen zu verhalten, theoretisch weitgehend unsichtbar und unberücksichtigt. Dieses Verschwinden der Subjekt gegen die Intentionen der Theorie und ihrer Vertreter hängt damit zusammen, dass die Theoriesprache selbst nicht vom »verallgemeinerten Standpunkt des Subjekts« formuliert ist. (Holzkamp 1983, 547 f) Damit wäre es möglich zu untersuchen, welche der – etwa durch die Veränderung der Subjektanforderungen in Arbeit und Sozialstaat – Bedeutungen vom Subjekt zu Prämissen seiner Handlungsgründe gemacht werden, welche Handlungsmöglichkeiten realisiert, also »wirkmächtig« werden, ohne dass sie mit Blick auf die Subjekte in einem »Wirkverhältnis« stehen. Anforderungen an und ihre Übernahme durch die Subjekte wären also analytisch getrennt zu denken.

In seinem Bemühen um ein Verständnis vom Subjekt, in dem dieses nicht mal »radikal frei«, mal von »sozialen Bedingungen determiniert« (Foucault 1981, 248) gefasst wird, wendet Foucault sich Lacan zu, der gezeigt habe, »dass das Subjekt nicht die Grund- und Ursprungsform ist, sondern sich durch eine Reihe von Prozessen bildet, die selbst nicht der Subjektivität angehören, sondern einer Ebene, die offenbar sehr schwer zu bezeichnen und sichtbar zu machen ist, die aber fundamentaler und ursprünglicher als das Subjekt selbst ist« (Foucault 1978, 741).

Lacan fasst das Grundverhältnis des Individuums zur Gesellschaft als von Entfremdung geprägt. Hintergrund dafür ist die Vorstellung einer »Vorzeitigkeit der Geburt« (Lacan 1975, 66). Das »Spiegelstadium« (ebd., 64) gilt als Grundmodell der Beziehung von »Innenwelt und der Umwelt« (ebd., 66): das Kleinstkind, das sich selbst gerade im Spiegel erkennen kann, sieht sich als Ich-Ideal, als scheinbar über seinen Körper verfügend und denkt sich selbst nach diesem Vorbild, es »identifiziert« sich im psychoanalytischen Sinne, da es sich »durch die Aufnahme eines Bildes« verwandelt (ebd., 64).[1] Mit der Vollendung des Spiegelstadiums wird

1 Die von Lacan beschriebene »jubilatorische Geschäftigkeit« (1975, 63) des Säuglings beim Anblick seines Spiegelbildes und den damit verbundenen Gesten, die das Verhältnis von Wahrgenommenem und Realität untersuchten, ließe sich ohne den »psychoanalytischen Deutungsüberschuss« als Begeisterung über die wachsende Verfügung über den eigenen Körper und die Bewegungsabläufe und damit den zunehmenden »Welt«ausgriff interpretieren. Gerade Lacans Argument, dass die Säuglinge in diesem Stadium über ihre motorischen Fähigkeiten noch nicht vollständig verfügten,

das Spiegelbild durch das Imago des Nächsten ersetzt (ebd., 68), wird also zum Grundmodell sozialer Begegnungen. Da die Identifizierung mit einer Imago bereits *vor* dem Eintritt in die soziale Welt stattfindet wird als »exemplarische Situation« (ebd., 64), als erster und modellhafter Subjektivierungseffekt gefasst. Explizit wendet sich Lacan gegen die freudsche Vorstellung, das Ich sei einem Realitätsprinzip verpflichtet und rückt an dessen Stelle die »Verkennungsfunktion« (ebd., 69). Sie ist die Grundlage, die Subjekte als dem Gesetz unterworfene, als von Signifikanten dominiert zu denken (vgl. ebd., 60 und Rehmann im vorliegenden Band). Die »Verkennung« liegt darin, dass das Subjekt sich darin selbst als Autonomes denkt und selbsttätig zu handeln scheint – dabei aber kontinuierlich durch das Gesetz konstituiert ist.

Hier knüpft Foucault an, wenn er argumentiert, vom Subjekt nicht zugunsten einer reinen Objektivität absehen zu wollen, sondern »die spezifischen Vorgänge einer Erfahrung zum Erscheinen zu bringen, in der das Subjekt und das Objekt sich im Verhältnis zueinander und abhängig voneinander ›aus- und umbilden‹« (Foucault 1984b, 780). Er will die Subjekte nicht als determiniert durch die Strukturen sehen, sondern als konstituiert durch ein von Strukturen ermöglichtes »Erfahrungsfeld« (ebd.) – konstituiert »durch Praktiken der Unterwerfung oder, auf autonomere Weise, durch Praktiken der Befreiung, der Freiheit [...] selbstverständlich ausgehend von einer gewissen Anzahl von Regeln, Stilen, Konventionen, die man im kulturellen Milieu vorfindet« (Foucault 1984a, 906). Das historisch-konkrete Mensch-Welt-Verhältnis, das konkrete Ensemble gesellschaftlicher Denk- und Handlungsmöglichkeiten wird von ihm als historisch-konkrete Form der Subjekt*konstitution* gedacht. Unterschiedliche Konstellationen von Bedeutungen werden damit unvermittelt dem »Sein« der »Subjektseite« zugeschlagen: die Subjekte als widersprüchlich »zusammengesetzte« können sich schwerlich zu dieser Seinszuschreibung verhalten.

Stattdessen ginge es darum, die Historizität gesellschaftlicher Denk- und Handlungsmöglichkeiten im Spannungsfeld von objektiver Bestimmtheit und subjektiver Bestimmung zu denken: Die Perspektive der Veränderung von gesellschaftlichen Strukturen kann nur gedacht werden, wenn das Grundcharakteristikum gesamtgesellschaftlicher Vermitteltheit individueller Existenz – die Möglichkeitsbeziehung zwischen gesellschaftlichen Anforderungen und subjektiven Handlungsgründen – nicht dadurch suspendiert werden, dass die historischen Konstellationen ins Subjekt hineinverlegt werden.

> Wie präzise und konkret man also auf gesellschaftstheoretischer Bezugsebene die Lebensbedingungen auch erfassen und erforschen mag, man erreicht auf diesem Wege

könnte ihre Begeisterung angesichts des Momentes von Selbst-Erkenntnis im Spiegel plausibel machen.

> niemals den Punkt, an dem die Handlungen/Befindlichkeit des Individuums als total durch diese Bedingungen determiniert betrachtet werden können: Das individuelle Subjekt entzieht sich *als solches* durch seine Möglichkeit des bewussten ›Verhaltens‹ zu den Bedingungen *seiner vollständigen ›Bedingtheit‹*. (Holzkamp 1983, 345)

Das gilt auch für historische Verhältnisse, in denen die Bedeutungsstrukturen die Denkmöglichkeiten von Individualität im Sinne des modernen »Ich« nicht beinhalten[2].

Die freudsche Psychoanalyse lässt sich als Versuch lesen, Begriffe für die Verinnerlichung gesellschaftlicher Normen zur Verfügung zu stellen, die das leidvolle an diesem Prozess als Kampf verschiedener Instanzen aufgreift, dessen Ergebnis gewissermaßen offen ist – Symptome, Kompromissbildungen. Fasst man die Kategorien der Psychoanalyse als Kategorien in den Händen der Betroffenen zur Selbstaufklärung über die in unmittelbaren und unbegriffenen Befindlichkeiten sich niederschlagenden Probleme, kann ein Befreiungsimpuls in der Psychoanalyse deutlich werden: Was subjektiv als »Gewissen« erscheint, was man nun mal »hat«, worunter man leidet, kann in der Rekonstruktion als »Über-Ich«, Ergebnis der Verinnerlichung objektiver gesellschaftlicher Zwänge und Bedrohungen« begriffen und auf die darin »verborgenen gesellschaftlichen Unterdrückungsverhältnisse durchschaubar« gemacht werden (Holzkamp 1984, 30).[3]

Lacan (und Althusser) kritisieren biologische ›Entgleisungen‹ in der freudschen Ödipus-Konzeption – was sich auf die Vorstellung der genetischen Vererbung der Ödipuskonstellation bezieht. Die überhistorische Gültigkeit dieser Konstellation wird von ihnen aber nicht bestritten, sondern in den Bereich kultureller Tradierung verwiesen. Die Entgegensetzung von ungesellschaftlichem Individuum und notwendiger, weil Kulturproduzierender unterdrückender Gesellschaft bleibt (vgl. (Ideologietheorie 1979, 121). In der immer schon existierenden und notwendigen Entfremdung der Subjekte wird eine Kritik konkreter Mensch-Welt-Verhältnisse in die Schranken verwiesen: wenn gesellschaftliches Sein ohne Entfremdung nicht möglich ist, was kann dann der Maßstab der Kritik gesellschaftlicher Entfremdung sein?[4]

2 So zeigten etwa die Studien von Erich Wulff unter dem Pseudonym Alsheimer (Eine Reise nach Vietnam, 1979) im vorrevolutionären Vietnam, dass die Denkmöglichkeit von »Ich« Voraussetzung in der Entwicklung der Produktions- und Eigentumsverhältnisse hat.

3 Dabei bleibt aber das Problem, dass die Aufhebung der Verdrängung in der Psychoanalyse immer eingebettet ist in ein Nicht-Thematisieren der gesellschaftlichen Verhältnisse, eine »Verdrängung des Zusammenhangs zwischen der Verbesserung der subjektiven Befindlichkeit und dem Kampf um gesellschaftliche Bedingungen, unter denen eine restriktive Lebensführung, mit welcher man um kurzfristiger Konfliktvermeidungen willen seine wirklichen, langfristigen Lebensinteressen verletzt, nicht mehr subjektiv ›funktional‹ ist« (Holzkamp 1984, 34).

Boltanski und Chiapello weisen auf die Brauchbarkeit der lacanschen Psychoanalyse für die Erneuerung der Verwertungsbedingungen des neoliberalen Kapitalismus wirken: sie stellen einen starken Bezug der Jungmanager auf Lacans Psychoanalyse fest (2003, 534, vgl. Baratella/Rehmann 2005, 384): sie werde geschätzt, weil sie dazu diene, »die Realität zu akzeptieren, auch und vor allem die Realität des Begehrens, damit gleichzeitig die Grenzen zu erkennen, die die Realität dem Wunschdenken setzt, und infolgedessen im Umgang mit ihr besser gewappnet zu sein« (ebd.). So kann der Bezug aufs Begehren dynamisierend wirken, ohne die gesellschaftlichen Herrschaftsverhältnisse in Frage zu stellen.

Althusser – der sich ebenfalls auf Lacans Subjektivierungsvorstellungen und aufs »Spiegelstadium« bezieht – versucht diese Konzeptionen um die Dimension gesellschaftsverändernden Handelns zu erweitern. Obwohl die ideologische Verkennung aufgrund ihrer Funktion für die Subjektkonstitution »omnihistorisch« (Althusser 1977, 132) ist, versucht er die historische Wandelbarkeit und damit Veränderbarkeit konkreter Ideolog*ien* herauszuarbeiten, um damit politische Handlungsmöglichkeiten und die ideologischen Staatsapparate als von Kämpfen durchzogen zu denken. Die Organisationen der Arbeiterklasse etwa könnten mit ihrer »proletarischen Ideologie« zu Instanzen werden, die ihrerseits die Individuen als Subjekte anruft, »genau genommen als Kämpfersubjekte« (ebd., 164). Wie aber derartige Prozesse der Organisierung beginnen könnten, wie also zunächst Einzelne sich den herrschenden anrufenden Instanzen entziehen könnten, bleibt unklar.

Der Subjektbegriff von Lacan u. a. ontologisiert die Unterwerfungserfahrung und verstellt damit eine mögliche subjektwissenschaftliche Perspektive, die fragen könnte, in welcher Weise *welche konkreten* Erfahrungen dazu führen, dass eine Überschreitung der Grenzen des herrschaftlich nahe gelegten Handlungsoptionen mir unerreichbar, uninteressant, schlicht unfunktional erscheinen. Es kann nicht darum gehen, (kindliche) Erfahrungen als unbedeutend für aktuelle Handlungszusammenhänge abzutun, sondern nach »personalen Einschränkung von mir jetzt gegebenen Möglichkeitsräumen, insbesondere der Begünstigung der Alternative ›restriktiver Handlungsfähigkeit [...] durch mein Verhaftetsein in Erfahrungsweisen, Beziehungen, Verfügungs- und Bewältigungsformen der Kindheit zu fragen« (Holzkamp 1983, 499, Herv. entf., CK). Das

4 Zusätzlich problematisch ist die Frage, wie sich denn eine unterdrückende Gesellschaft historisch herausgebildet haben soll. Im Unterschied zur biologischen oder kulturellen Tradierung konnte in der Kritischen Psychologie die Herausbildung der Gesellschaftlichkeit als Teil des phylogenetisch-historischen Prozesses gezeigt werden (vgl. Holzkamp 1983, Kap 5). Damit ist eine omnihistorische Entgegensetzung von Individuum und Gesellschaft nicht haltbar und wird ersetzt durch Analysen von konkret-historischen Entfremdungsverhältnissen.

> bei Realisierung der ›verallgemeinerten, begreifenden Handlungsfähigkeits-Alternative notwendige Anschwimmen gegen den Strom des allseits (für die fremdbestimmte Erwachsenenexistenz in der bürgerlichen Gesellschaft) Naheliegenden wäre so immer auch ein Anschwimmen gegen den Strom der aus der eigenen Kindheit als unreflektiert universeller Erfahrungshintergrund überkommenen Selbstverständlichkeiten ›unmittelbarkeitsverhafteter‹ Lebens- und Bewältigungsweisen (ebd., 502).

Von hier aus wäre es möglich zu fragen, wie ich mir ein Verhältnis zu biografischen Erfahrungen verschaffen kann, mit dem es mir gelingt, die ›Last meiner Biographie abzuwerfen‹ (Leontjev, vgl. Holzkamp 1983, 342).[5] Dafür ist es notwendig, die Geschichte kindlicher Unterwerfung nicht individuell und wissenschaftlich als notwendige Einpassung in gesellschaftliche Kulturleistungen oder als Unvermeidliches Beginnen des Todes im Leben (wie Lacans Universalisierung des Todestriebes nahe legt) zu denken. Ich kann »die Frische, schöpferische ›Neuheit‹, Produktivität kindlicher Erfahrungsweisen nur dann als Möglichkeit meiner gegenwärtigen Lebenserfüllung verwirklichen, wenn ich meine ›Kindlichkeitnicht zur Absicherung des Gegenteils, nämlich meines ängstlichen, defensiv-kleinlichen Lebens im Arrangement mit den Unterdrückungsverhältnissen bürgerlicher Klassenverhältnisse [...] denaturiert habe« (ebd., 509).

Widersprüche von Handlungsmöglichkeiten

In der Kritischen Psychologie ist zur Analyse von Handlungsmöglichkeiten unter dem Aspekt ihrer Eingelassenheit in Herrschaftsverhältnisse das Begriffspaar »restriktive und verallgemeinerte Handlungsfähigkeit« entwickelt worden. Hierbei soll fassbar gemacht werden, unter welchen Prämissen Handlungsfähigkeit im Rahmen »der bestehenden Handlungsmöglichkeiten, damit Machtverhältnisse« (Holzkamp 1983, 372) realisiert wird. Dabei geht es nicht um Klassifikation von Handlungen oder Menschen, sondern um Begriffe zur Selbstaufklärung in widersprüchlichen Situationen. Die Widersprüchlichkeit soll gerade durch die polaren analytischen Begriffe als Widersprüche formulierbar werden. Darin erfüllt der ›Begriffspol‹ der verallgemeinerten Handlungsfähigkeit die Funktion eines utopischen Korrektivs, vor dem fassbar werden soll, wie im »Versuch der Lebensbewältigung/Bedrohungsabwehr in widersprüchlicher Weise gleichzeitig die eigenen, verallgemeinerten Lebensinteressen verletzt werden können« (Holzkamp 1990,

5 »An der Alternative der *›verallgemeinerten Handlungsfähigkeit‹* in *›begreifender‹ Wirklichkeitsdurchdringung* etc. verdeutlicht sich damit der Aspekt, das *blindrestriktive ›Wirken‹* meiner eigenen Kindheitserfahrungen etc. *›durch mich hindurch‹* in *›bewusstem Verhalten‹ zu meiner Kindheit* zu überwinden, damit die *Fesseln meiner eigenen Vergangenheit* in *meiner ›von mir‹ und ›für mich‹*, d. h. *verallgemeinert ›für andere‹* [...] *gelebten Individualgeschichte abzustreifen.«* (Holzkamp 1983, 500)

38). »Nahelegung« bedeutet, die Subjekte haben »gute Gründe«, sich im Rahmen restriktiver Handlungsfähigkeit »einzurichten«. Dies ist ein Gegenkonzept zu Vorstellungen, die die Unterordnung der Subjekte in deren Natur verlagern, die Subjekte somit als defizitär, krank oder verblendet denken, weil sie ihre »objektiven Interessen« nicht zu realisieren scheinen. Da kapitalistische Vergesellschaftungsformen immer auf einer Gleichzeitigkeit von Freiheit und Ausbeutung, Unterwerfung und Einbindung, Ausschluss und Beteiligung funktionieren, wäre es abstrakt zu behaupten, die Menschen handelten gegen ihre Interessen, wenn sie sich nicht gegen diese Verhältnisse auflehnten. Gleichzeitig bedarf es einer Denkmöglichkeit der Überschreitung der widersprüchlichen Verhältnisse, ein Korrektiv, vor dem die Begrenzungen der Verhältnisse und die psychischen Kosten der Unterordnung unter sie fassbar werden. Der Grundgedanke, sozusagen die einzige Voranname bezüglich der Interessen und Bedürfnisse der Menschen ist, dass sie ihren Interessen – wie sie sie wahrnehmen – nicht bewusst entgegenhandeln und dass sie zur Absicherung ihrer Lebensmöglichkeiten auf den gesellschaftlichen Reproduktionszusammenhang verwiesen sind.

Für die Analyse konkreter Handlungsräume sind konkrete Gesellschafts-, Struktur-, Institutions- und Bedeutungsanalysen auf die darin nahe gelegten Denkmöglichkeiten und Handlungsgründe notwendig. Damit die Gegenüberstellung von Struktur und Handlung nicht abstrakt-deduzierend gerät, bedarf es spezifischer Begriffe, die als »Vermittlungskategorien« (Holzkamp 1983, 207) fungieren. Im Rahmen der Kritischen Psychologie sind dies die Lebenslage/Position und Bedeutungen als dem Subjekt »zugewandte« Aspekte der strukturierten Welt und Handlungsfähigkeit, Prämissen-Gründe und die psychischen Funktionsaspekte von Handlungsfähigkeit (Motivation/innerer Zwang, Begreifen/Deuten, Emotion/Innerlichkeit; ich komme darauf zurück).

Mit diesen Begriffen, die Anforderungen und subjektive Realisierungen, auseinander legen können, um die Zusammenhänge und Verhältnisse denken zu können, soll versucht werden, den Standpunkt des »verallgemeinerten Subjekts« in der Theoriebildung zu realisieren.

Foucault – und ihm folgend die Autoren der Gouvernementalitätsstudien – versucht sich dem Feld von Freiheit und Herrschaftsreproduktion im Handeln der Menschen zu nähern, das aber als – wenn auch zeitlich verflüssigte – Seinszuschreibung diskutiert wird. Gleichzeitig kämpfen seinem Verständnis nach nicht nur die Individuen »jeder gegen jeden« (Foucault 1977, 407), sondern »es gibt stets etwas in uns, das gegen etwas anderes in uns kämpft« (ebd.). Ähnlich schlägt Gramsci vor, die Einzelnen als »historische Blöcke« zu verstehen, die sich selbst in einem Gemisch aus Elementen »des Höhlenmenschen und Prinzipien der modernsten und fortgeschrittensten Wissenschaft, Vorurteile aller vergangenen, lokal bornierten geschichtlichen Phasen und Intuitionen einer künftigen Philosophie« (Gef. 6, H.11, 1376) mehr oder weniger kohärent ›arbeiten‹. Doch in Gramscis Formulierungen werden die gesellschaftlichen Denkweisen, die die Subjekte zu Prämissen ihres Denkens und Handelns machen, stärker als solche angesprochen, was eine Reformulierung in Prämissen-Gründe-Zusammenhängen erleichtert.

Subjektverhältnisse im High-Tech-Kapitalismus

Boltanski/Chiapello stellen die Herausbildung neuer Gerechtigkeitsdiskurse – wenn auch sehr allgemein und unvermittelt (vgl. Baratella/Rehmann 2005, 378) – in den Zusammenhang eines neuartigen Kapitalismus und der mit ihm einher gehenden Umarbeitungen des Sozialen (der »Polis«, vgl. Boltanski/Chiapello 2003, 151 f). Die Gouvernementalitätsansätze können die Frage, *warum* sich diese Denkweisen gesellschaftlich ausbreiten, nur schwer bearbeiten. So bleiben die Transformationen der Produktionsweise zu einem transnationalen High-Tech-Kapitalismus unterbeleuchtet. Dies ist eine gesellschaftsanalytische Schwäche, die auch subjektwissenschaftliche Probleme nach sich zieht: die Bedeutungsanalyen bleiben soziologisch verkürzt. Die Widersprüchlichkeit der Bedeutungen, ihre Eingelassenheit in antagonistische Interessenkonstellationen können so nicht analysiert werden.

Demgegenüber bedeutet Gramscis Konzept der Produktions- und Lebensweisen, dass Verwertungsstrukturen und die Hervorbringung der sozialen und subjektiven Verhältnisse, die diese lebbar machen, zusammengedacht werden können. Dadurch können die neuen Subjektorientierungen als Aspekt neuer Organisationen von Arbeit und politischer Umarbeitung und beides als Teil des Kampfes um neue Lebensweisen verstanden werden[6]. Entsprechend sind auch die neuen Anforderungen an die Subjekte nicht allein Teil eines Herrschafts-, sondern auch des Verwertungsprozesses. Die Arbeitsprozesse sind darauf zu untersuchen, inwieweit »nicht v. a. physische Kräfte verausgabt werden, sondern ›mitdenken‹, planen usw. gefordert ist«, die »nach außen verlagerte Dimension, die das psychophysische Gleichgewicht stabil hielt, nach innen, ins Subjekt, ja an den Arbeitsplatz gerissen wird« (Haug 2004, 446).

Dies ist eine der organisierenden Fragen der SIREN-Untersuchungen (Hentges u. a. 2003, vgl. den Beitrag Flecker/Hentges im diesem Band): ihre Analysen der Umstrukturierung großer Unternehmen können als Bedingungs-Bedeutungsanalysen verstanden werden, auf die sie die Begründungsfiguren ihrer Interviewpartner beziehen[7]. Sie konnten herausarbeiten, dass die Prozesse der »decentralisation,

6 Dabei gilt auch hier, dass die Um- und Durchsetzung empirisch zu untersuchen wäre.

7 Sie beziehen sich dabei auf das Konzept »Verstehen« von Pierre Bourdieu (Bourdieu u. a. 1997).

networking or inner-company commodification are of strategic importance for the powerrelations at the workplace« (ebd., 28). Auch in großen Unternehmen sind die Arbeiter den Marktkräften und den Bemühungen der Unternehmen um Flexibilität direkter ausgesetzt, was für sie zusätzliche Unsicherheit bedeutet. Just-in-time-Produktion soll Produktion und Distribution enger verzahnen und so Kosten sparen. Daraus ergibt sich der Bedarf nach flexibler Arbeitskraft, die ebenfalls *just-in-time* ein- und freigesetzt werden kann[8]. Um die Risiken der Freisetzung entsprechend der Auftragslage zu vermindern, müssen die Beschäftigten sicherstellen »that they are able to fulfil a wide range of duties under conditions of highly irregular working environments and time schedules« (ebd., 29).

Im Innern des hochtechnologischen Produktionsprozesses sollen Zwischenzeiten für Erholungen abgebaut werden; die Beschäftigten werden so unter beträchtlichen Stress gesetzt. Das Vermeiden von Ressourcenverschwendung wird unmittelbar auch ein Ziel der Beschäftigten, als erklärtes Ziel der Unternehmensstrategien gilt die Abschaffung von Arbeitsplätzen auf Vorschlag der Beschäftigten. So wird versucht, die fremd gesetzten Zumutungen mit den Interessen der Beschäftigten zu verbinden[9].

Mit der hochtechnologischen Produktionsweise gehen schnelle Innovationen, damit eine beschleunigte Entwertung von Qualifikationen einher (ebd., 36). Für die Beschäftigten bedeutet das, dass die Definitionen der »guten Arbeit« und andere arbeitsbezogene Werte umgearbeitet und nicht einfach als Zuwachs an Autonomie verstanden werden. Eine solche

> Arbeitsorganisation, welche es zunehmend den Arbeitnehmern überlässt, die Regelmäßigkeit des Produktionsprozesses mit den Unwägbarkeiten marktbedingter Schwankungen zu vereinbaren, [wird] selbst zur Quelle von Spannungen. Dieses Gefühl, zwischen nicht zu vereinbarenden Anforderungen hin und her gerissen zu sein, wird noch verschlimmert, wenn zu den quantitativen Zwängen noch genau kodifizierte qualitative Anforderungen hinzukommen (Gollac/Volkoff 2001, 41).

8 Peter Hartz' Vorschlag der Bemessung von Arbeitszeit nicht auf Wochenbasis sondern auf Halbjahres- oder Jahresbasis beinhaltete dabei für VW noch die Vorstellung eines relativ stabilen Einkommens bei wechselnder Arbeitskraft. Die Ausweitung von Zeitarbeitsverhältnisse im Rahmen der sog. Hartzreformen ermöglicht das »atmende Unternehmen« kostengünstig zu Lasten der Beschäftigten.

9 Möglichen Widerstand der Beschäftigten und ein »restriction of output« zu verhindern, ist zeit ihres Bestehens ein Zentralthema der Arbeits- und Organisationspsychologie, das als Frage der (Arbeits-) Motivation aufgegriffen wird. Fiktive oder reale Mitgestaltungsmöglichkeiten im Rahmen der Human Relations oder des betrieblichen Vorschlagswesen, partizipativer Führungsstil und *job enrichment* und *enlargement* sind Versuche, Fremdbestimmung als Selbstbestimmung erscheinen zu lassen und so »die Untergebenen von der Richtigkeit der Entscheidungen des Managements zu überzeugen und *in ihnen den Wunsch* zu *wecken, das* zu *tun, was sie tun sollen*« (Holzkamp-Osterkamp 1975, 23) – und zwar selbsttätig.

Vielfach äußern die Beschäftigten, sich als reine Objekte komplett anonymer Management-Entscheidungen zu fühlen (vgl. Hentges u. a. 2003, 38).

Die Ambivalenz der hochtechnologischen Arbeitsverhältnisse liegt in der »Rücknahme extremer (tayloristischer) Arbeitsteilung in der Produktion«. Sie »kann die Arbeit der Beschäftigten von Monotonie befreien, neue Produktionsformen können deren Wissen integrieren, Computerisierung und Automatisierung uns von schwerer körperlicher Arbeit entlasten« (Candeias im vorliegenden Band). Aus der Befreiung (eines Teils) der Arbeitsverhältnisse aus tayloristischer Zurichtung erreichen die Subjektanforderungen ihre hegemoniale Bindungskraft.

Die Gouvernementalitätsstudien leisten Bedeutungsanalysen vorfindlicher Konzepte, die das Denken und Handeln strukturieren können und sollen. Über die Relevanz, Verbreitetheit, »Geltungsbereich« können sie nichts aussagen. Auch erscheinen die *Vermittlungen* der präsentierten Denkformen gänzlich unaufgeklärt, soweit sie sich nicht auf den Buchmarkt beziehen. Deutlich konkreter sind hier die Überlegungen von Boltanski/Chiapello, die die Veränderung der rechtlichen Verhältnisse und der politischen Kräfteverhältnisse rekonstruieren (vgl. etwa Boltanski/Chiapello 2003, 250 ff).

Boltanski/Chiapello, die in ihren Studien zum »neuen Geist des Kapitalismus« (2003; vgl. Baratella/Rehmann 2005) ebenfalls Management-Literatur einer (quantitativen) Auswertung unterziehen, verbinden diese im Unterschied zu Bröckling u. a. mit Analysen zur Verschiebung der Kräfteverhältnisse im Feld (der Kritik) des Kapitalismus. Die Legitimität des neuen »Geistes« – in Anlehnung an Max Webers protestantische Ethik verstanden – und der mit ihm einhergehenden Gerechtigkeitsnormen wird als Prozess der Entpolitisierung der Sozialkritik der 68er, ihre Ablösung durch eine wiederum gescheiterte Künstlerkritik, die der Integration ihrer Forderungen nach Kreativität und Autonomie in den Unternehmerdiskurs nichts entgegen zu setzen hatte (vgl. 2003, 375 f). Es werden also verschiedene gesellschaftliche Vermittlungsprozesse im Zusammenhang mit der Verbreitung, Anwendung und Durchsetzung neuer Subjekttechnologien betrachtet.

Vermittlungsleistungen sehen sie z. B. bei den neuen Unternehmensberatern und Jungmanagern, die sich »mit der Machtkritik Foucaults [auskannten], wussten, wie die gewerkschaftliche Machtusurpation bloßgestellt werden konnte, waren Experten, wenn es galt, jegliches autoritäre Chefgebaren, gerade auf unteren Hierarchiestufen in die Schranken zu weisen« (2003, 253). So werden sie zu kleinen organischen Intellektuellen des Kapitals, den »Organisatoren des Vertrauens« (Gef. H. 12, §1, 1479) im Betrieb. Mit dieser Schilderung wird deutlicher, wie die neuen Denkweisen in die Möglichkeitsräume der Einzelnen »hineinragen«, wie sie ihnen als Prämissen für Denk- und Handlungsbegründungen nahe gelegt werden. Als Bedeutungen sind sie die den Subjekten zugewandte Seite der Verhältnisse, die aber ihrer Interpreten und Übersetzer bedürfen, die die Brücken ins individuelle Handeln hinein bauen. Dabei sind sie gleichzeitig immer widersprüchlich, und es finden sich in ihnen Spuren früherer und gegenwärtiger Kämpfe, die über das Bestehende hinausweisen.

So kann etwa Peter Hartz' »Jobrevolution« (2001) als Managementratgeber im Sinne der Gouvernementalitätsstudien analysiert werden. Anforderungen an veränderte Erwartungshaltungen der arbeitenden Subjekte, an ihre Selbststeuerung und Selbstverantwortung werden hier (mit Blick auf VW) präsentiert und einerseits als unausweichliche Notwendigkeit vor der Folie globaler verschärfter Konkurrenz auf dem Weltmarkt, andererseits als Befreiung der Individuen aus dem erstarrten Kokon von Taylorismus und arbeitsrechtlicher Über-Regelung dargestellt (vgl. Haug 2003; Kaindl 2005). Wie und ob seine Vorschläge bei VW genutzt wurden, ob die »Mobilisierung der Subjekte« gelungen ist oder ob Hartz' Demontage auch Ausdruck einer konzerninternen Verschiebung ist, die diese Konzepte auf den Müllhaufen der Geschichte gedrängt hat, kann aus dem Text heraus nicht beantwortet werden und bedürfte eigenständiger Analysen. Wohl aber kann festgestellt werden, dass zentrale Konzepte über die so genannte »Hartz-Kommission« maßgeblich die Neuregelung der Arbeitsmarktpolitik mitbestimmt haben. Die Dimensionen von Zumutbarkeit als Abbau von Rechten und Absenken von Leistungsniveaus, Beschäftigungsfähigkeit als Individualisierung von Qualifizierung und Unterstellung der Entwicklung der Einzelnen unter Marktmechanismen, das atmende Unternehmen als Möglichkeit, Beschäftigungszahlen (vermittelt über Zeitarbeitsfirmen der Arbeitsagentur) der Geschwindigkeit der *just-in-time*-Produktion anzupassen, die Artikulation verschärfter Zwangsmaßnahmen als »neue Freiwilligkeit« usw. Das Konzept der »Beschäftigungsfähigkeit« vollzieht die Bewegung der Individualisierung der gesellschaftlichen Probleme: Die Hartz-Reformen behandeln das Problem der Arbeitslosigkeit als eines des Miss-matches, entsprechend muss die Aktivierung der Betroffenen nicht nur auf mehr Arbeit, sondern auf die Marktorientierung als zentraler Bezugspunkt gerichtet sein. Ist die Marktorientierung erfolgreich, zeigt sich das in der (»konkreten«, P. Hartz, u. a. 2002, 48) Beschäftigungsfähigkeit – die sich in Beschäftigung zeigt.

Mit den Pfeilern »Zumutbarkeit, Eigenverantwortung, Beschäftigungsfähigkeit und Aktivierung« sind die sogenannten Hartz-Reformen Teil des Versuches, die Subjektanforderungen, die mit den technischen Neuerungen der Produktionsweise einher gehen, zu umfassenden gesellschaftlichen Leitbildern zu verallgemeinern und so die Herausbildung einer neuen Lebensweise durch Bereitstellung entsprechender Denkformen zu begünstigen. Der Bericht der Hartzkommission endet wiederum mit einem Aufruf an zivilgesellschaftliche Akteure – hier genannt die »Profis der Nation«, von Journalisten und Kulturschaffenden über Sozialarbeiter bis zu Unternehmen und Politik –, sich an der Verbreitung von Problemsicht und Lösungsansätzen zu beteiligen; die Aktivierung der Einzelnen wird ergänzt durch die Aktivierung der Zivilgesellschaft:

> Unser Ziel soll es sein, die in unserer Gesellschaft vorhandenen vielfältigen Kompetenzen zu aktivieren und auf das gemeinsame Ziel hin auszurichten. [... Jeder ist] gefordert, sich auf sein spezifisches Können und auf seine Stärken zu konzentrieren und mit anzupacken, wo immer es geht.

Mit den Pfeilern »Zumutbarkeit, Eigenverantwortung, Beschäftigungsfähigkeit und Aktivierung« verallgemeinert »der sozialstaatliche Aktivierungsgedanke [...] auch die individuelle Internalisierung der Marktlogiken aus der Sphäre des unmittelbaren Produktionsprozesses zu einem umfassenden gesellschaftlichen Leitbild« (Candeias 2004a, 595).

Die neue »Anspruchshaltung« und die Kompetenzen der neuen Selbstführung werden hier verstanden als Projekt, das auf Vermittler in politischer und Zivilgesellschaft angewiesen ist – statt wie in den Gouvernementalitätsstudien nahe gelegt als geheimnisvoller Automatismus zu wirken. Auch die Versuche einer institutionellen Erzwingung der »Selbstführung« sind in ihren Bedeutungen als Denk- und Handlungs*möglichkeiten* zu fassen. Für Menschen aber, die existenziell auf die Leistungen der Arbeitsagentur angewiesen sind, ist es auch notwendig, die Anforderungen der Arbeitsagentur in ihren Prämissen zu berücksichtigen. Dabei ist auch hier noch nichts darüber ausgesagt, *in welcher Weise* und in welchem Ausmaße sie in die Handlungsbegründungen eingehen, was die Menschen also tun und wie sie sich fühlen, kann auch von dieser Vermittlungsebene aus nicht gesagt werden. Es zeichnen sich aber weiterführende Fragen ab, die die Konstellation als eine von Kräfteverhältnissen weiter ausleuchten würden: gibt es Initiativen, die die Einzelnen mit Wissen, Strategien und Unterstützung die kritische Auseinandersetzung mit solchen Zumutung ermöglichen? Organisieren sich die Betroffenen gegen die Zumutungen? Gelingt es den Angestellten der Arbeitsagentur, den Betroffenen die neuen Anforderungen in konkrete Handlungsanweisungen zu übersetzen, so dass sie sie mit ihrer bisherigen Lebensführung verbinden können? Gibt es Kräfte (Medien, Personen des öffentlichen Interesses, Kirchen oder andere Institutionen der Zivilgesellschaft), die die Berechtigung der neuen Zumutungen in Frage stellen und alternative Vorstellungen von Sozialstaat und Vergesellschaftung repräsentieren?

Indem die Subjekte in den Gouvernementalitätsstudien konsequent nicht zu Wort kommen, kann gerade die Fragen nach den Hegemonieverhältnissen in den Bedeutungsstrukturen nichts ausgesagt werden. Zwar weist Bröckling darauf hin, dass die Anrufungen des unternehmerischen Selbst auch vor jenen nicht halt machen, »in deren Ohren die Erfolgsverheißungen wie blanker Hohn klingen müssen, weil ihnen die ihre Überflüssigkeit tagtäglich vor Augen geführt wird« (Bröckling 2002, zit. nach Müller 2003, 103). Doch wie diese »Überflüssigen« sich zu den Zumutungen des Diskurses verhalten, bleibt ohne Interesse. Die Ausweitung des Total Quality Managements (TQM) auf Non-Profit-Unternehmen, Pflegeberufe etc. kann als Indiz genommen werden, dass zunehmend mehr Menschen mit diesen Denkformen konfrontiert werden. Auch die Ausweitung der Prinzipien des TQM auf die Selbstmanganementliteratur verweist auf ihre alltagskulturelle Verbreitung. Allerdings kann so über die subjektiven Umarbeitungen, die veränderte Sichtweise auf z. B. praktische Arbeit im psychosozialen Raum keinerlei Aussage gemacht werden.[10]

Trainings in deutendem Denken – Mobilisierung der Gefühle

Barbara Ehrenreich hat in einem »Selbstversuch« die Anforderungen der »Qualifizierung« und Selbstvermarktlichung untersucht, denen sich die Ausgespuckten des mittleren Managements gegenübersehen, wenn sie wieder auf dem Arbeitsmarkt Fuß zu fassen versuchen (2006). Ihre Schilderungen scheinen eine widerstandslose Durchsetzung der Individualisierungs- und Employability-Ideologien zu belegen. Die Betroffenen – und sie selbst – begeben sich in die Hände von »Coaches«, geben enorm viel Geld aus für den Besuch von Trainingskursen und für die Frisierung ihrer Lebensläufe und trainieren einzeln und in Gruppen, ihren persönlichen Misserfolg ausschließlich als Problem ihrer mangelnden Erfolgs-Ausstrahlung zu verstehen. Sie erscheinen wie Althussers »Effekte« der ideologischen Apparate und der von ihnen geforderten Praktiken zu sein: »Knie nieder, bewege deine Lippen zum Gebet, und Du wirst glauben« (Althusser 1977, 138) scheint hier transformiert in Übungen, wie die Betroffenen über sich sprechen und denken sollen, welche Worte sie für sich gebrauchen sollen und welchen Tonfall. Die Teilnehmer der Networking-Gruppen und »Bootcamps« werden zur »Siegerhaltung« angehalten, denn »eine positive Einstellung ›zieht positive Ergebnisse an‹ oder ›erfüllt‹ Wünsche« (Ehrenreich 2006, 92). Reformuliert man die »Subjektproduktion« aber in die Fragestellung der Nahelegung von Prämissen, werden Widerstände sichtbar. Sich selbst als Verantwortliche ihres Lebens zu sehen, Probleme bei Arbeit und Arbeitssuche anzugehen indem man hinterfragt, wieweit man »sich selbst im Weg steht« wird von vielen von Ehrenreichs Gesprächspartnern scheinbar unkritisch

10 Im Unterschied dazu haben etwa die Praxisforschungen der Projekte PAPP und ASB in der Kritischen Psychologie die Frage verfolgt, wie administrative Bedeutungsanordnungen psychologische Handeln strukturieren – oftmals hinter dem Rücken der Akteure. Für aktuelle Analysen vgl. Forum Kritische Psychologie 51.

geteilt. Und doch sind die Schilderungen ihrer Erfahrungen der Trainings auch ein Zeichen, dass die entsprechenden Denkweisen eben trainiert werden *müssen* und wie sie gegen die zum Teil aufkommenden Widerstand oder zumindest Widerspruch der Teilnehmer durchgesetzt werden. Die Coaches greifen auf Denkformen und Argumentationen zurück, die durchaus den in den GS analysierten Texten entnommen sein können. Sich selbst als »Siegertyp«, als »im Übergang« als wertvolle Ware zu präsentieren, kann aber nicht einfach als »Effekt« verstanden werden, sondern ist Ergebnis von »harter Arbeit« an sich selbst. Bis die Teilnehmenden bereit sind, die präsentierte Weltsicht – »Ihre persönlich Einstellung bestimmt letztlich, welchen Erfolg ihre Stellensuche hat« (ebd., 45) – zu Prämissen ihres Denkens und Handelns zu machen, bedarf es einiger Demütigungen, Übungen und psychologischer Spielchen. So wird Cynthia, die bei ihrer Vorstellung im Rahmen einer Gruppensitzung »trotzig« erscheint, die »das Leben als Abenteuer versteht« (ebd., 85) und den Wohnungsmarkt für ihre sinkenden Erfolge als Maklerin verantwortlich hält, durch kalkuliertes Ansprechen des Todes ihres Vaters vor der Gruppe zum Weinen gebracht und ihre Einsicht geweckt, dass sie in Einzelsitzungen lernen muss, ihre »depressive Verstimmung«, die nichts mit ihrem Beruf zu tun habe, zu bearbeiten. Denk- und Handlungsmöglichkeiten, die ein solidarisches Überschreiten der Nahelegung ermöglichen würden, sind weitestgehend abwesend – was als Hinweis auf den erbärmlichen Zustand von Konzepten wie Solidarität und Gesellschaftsveränderung, allgemein eines gegenhegemonialen Projektes gelesen werden kann. Die Wahrnehmung einer »bruchlosen« Durchsetzung individualisierender Denkweisen wird reformulierbar als Frage an Hegemonialverhältnisse innerhalb der Bedeutungsstrukturen und Denkangebote, also auch als Frage, inwieweit in den Bedeutungsstrukturen »auch Möglichkeiten der *ideologischen Durchdringung des bloßen ›Man‹ unhinterfragter Normen zur Regulierung der Alltagshandlungen im Einklang mit den herrschenden Interessen*« (Holzkamp 1983, 364) in Richtung auf die Wahrnehmung des Widerspruchs zwischen herrschenden Denkweisen und »je meinen« Interessen enthalten sind.

Im Rahmen der Studie »Gesellschaft mit beschränkter Haftung« (Schultheis/Schulz 2005), die sich im Anschluss an Bourdieus »Elend der Welt« (Bourdieu u. a. 1997) mit den subjektiven Verarbeitungen der gesellschaftlichen Veränderungen befasst, können ähnliche Denkweisen und Begründungsfiguren der Betroffenen gezeigt werden, wie sie in Ehrenreichs Analysen auftreten. So äußern die weitgehend prekär lebenden und arbeitenden Kulturschaffenden, wie wichtig es sei, dauernd von

> geplanten oder bevorstehenden Projekten zu berichten, um ja nicht den Eindruck zu erwecken, man befinde sich in einer Notsituation und suche verzweifelt nach einer Anschlussmöglichkeit, denn bedürftig zu sein und zu wirken kann […] die Chancen,

> die man auf dem Markt der symbolischen Güter hat, empfindlich reduzieren (Böhmler/Scheiffele 2005, 443).

Ähnliche Empfehlungen wurden den Teilnehmenden in Ehrenreichs Networking-Treffen gegeben: sie sollen »ein Bettler mit einer großartigen Geschichte« (Ehrenreich 2006, 98) sein, aus einer Krankheit einen Pluspunkt machen, »der Sie in günstigem Licht erscheinen lässt« (ebd.). Zentral aber ist, sich von der »Opfermentalität« ebd., 96) zu lösen und sich selbst als »Marke« (ebd., 28) zu sehen. Auch die deutschen Kulturschaffenden sehen sich ähnlichen Anforderungen gegenüber: »In gewisser Weise ist das ein Skandal, [...] dass man in diesem Kunstbereich aber trotzdem von den Arbeitstätigkeiten her so ein Machertyp sein muss.« (Böhmler/Scheiffele 2005, 438)

Trotz der hier angedeuteten Kritik ist ein ironisch-distanziertes Bewegen innerhalb der neoliberalen Anforderungen für die Kulturschaffenden bezeichnend. So nehmen sie Prekarität »sportlich« als Herausforderung, was gleichzeitig bedeutet, dass die Gescheiterten »unversehens auf der Seite der ›Unengagierten‹ landen – das Scheitern wird fast immer auf sich selbst zurückbezogen« (ebd., 442).

Dabei müssen die Beteiligten bereit und in der Lage sein, sich emotional in die Situation von guter Laune und psychischer Robustheit zu versetzen, um auf dem Markt, der als Freizeitvergnügen daherkommt, bestehen zu können. Das Folgende bezieht sich auf Austellungseröffnungen:

> Das heißt, man muss sich bei solchen Gelegenheiten nicht nur sehen lassen, Präsenz zeigen, sich um Gespräche bemühen (wobei das Bemühen natürlich nicht spürbar sein sein darf!), sondern man muss auch alles daran setzen, Lust zu haben und sich wohl zu fühlen, denn wer sich nicht wohl fühlt, hat an einem Abend auch keinen Erfolg. (ebd., 437)

Was zunächst wie Freiheit und Selbstbestimmung klingt (›Wenn ich jetzt müde bin und keine Lust habe, gehe ich auch nicht auf Galerienrundgang‹), wird unversehens zu Zwang und Selbstdisziplinierung (›wobei ich natürlich gucke, dass ich dann nicht müde bin und keine Lust habe, weil ich ja in gewisser Weise muss‹).

Es zeigt sich hier ein neues Emotionalitäts- und Motivationsdispositiv:

Für den Fordismus gilt weitgehend, dass Gefühle im Rahmen restriktiver Handlungsfähigkeit, also Handlungsfähigkeit, die sich als Denken (und Handeln) unter gesellschaftlichen Formen realisiert, ohne diese selbst zu überschreiten, durch Polarisierung ruhig gestellt werden: einerseits in der scheinhaften *›Verinnerlichung‹ der Emotionalität* als von den *realen Lebensbedingungen isolierter, bloß ›subjektiver‹ Zustand* des je einzelnen Individuums andererseits als *›Entemotionalisierung‹*, d. h. *Zurückgenommenheit und Unengagiertheit des Handelns* (Holzkamp 1983, 404). Indem die Gefühle von der Situation und vom Handeln darin losgelöst und dissoziiert erscheinen, werden sie zu besonderer Tiefe mystifiziert. Im neoliberalen

Mobilisierungsdiskurs wird alles das an die Oberfläche geholt: die Gefühle sind wieder profanisiert, weltlich und jederzeit einsetzbar. Sie werden (auch hier) nicht als Bewertungder Situation gedacht, sondern müssen unabhängig davon zum Handeln unter fremd gesetzten Zielen befähigen, sind Teil von Selbstinstrumentalisierungen, die die geforderten Haltungen – aktiv, kreativ, demütig – bereitstellen können. Entsprechend verschieben sich auch die Erscheinungsweisen restriktiver Motivation (Holzkamp 1983, 411 ff): es geht weniger darum, fest stehende Ziele und Verhaltensweisen zu oktroyieren, als vielmehr die Subjekte zu mobilisieren, sich die von anderen definierten Probleme selbständig zu eigen zu machen bzw. selbst aus den sachlichen Gegebenheiten abzuleiten, ihre Kreativität und Individualität in diese Prozesses einzubringen und eigenständig Verwertungsmöglichkeiten zu eröffnen.[11]

Als Technik, um diese Bereitstellung von Emotionen zu bewerkstelligen, dient etwa das *Neurolinguistische Programmieren* (NLP), in dem quasi eine Selbstkonditionierung von Gefühlen trainiert wird. NLP hat verschiedene Konzepte in sich aufgenommen, unter anderem die Theatertechniken von Strasberg und Stanislawski – auch hier geht es darum, die eigenen Gefühle in diesem Falle für die Bühne quasi als »Kapital« für die Modellierung von Theaterszenen nutzbar zu machen. Entsprechend lernt man nicht, so zu tun, wie die Person, die man in einer Szene darstellt, versetzt sich in diesem Sinne nicht zuforderst in andere Personen hinein, sondern man ergründet, um welche Emotionen es in der Szene geht, erforscht, wann man selbst solche Gefühle hatte – und trainiert, die damit verbundenen Ausdrucksformen durch Aktualisierung der Situation und ihrer Gefühle darzustellen. Dieser Grundgedanke durchzieht die Unmengen von Management- und Selbstmanagement-Literatur, die den Markt überschwemmen; er taucht bei Hartz‹ *Job-Revolution* auf, wenn er schreibt: »Wir springen auf eine dritte Achse im Raum der Möglichkeiten: Emotionalität. Was fühlen wir? Hinter dem Begriff Qualität steckt die Suche nach den Grenzen der Empfindung. Emotion wird zu Kapital.« (57)

An anderer Stelle (Kaindl 2005) habe ich zu zeigen versucht, wie dieses neue Emotionalitäts- und Motivationsdispositiv bis in den (alltags)kulturellen Betrieb hinein Verbreitung und Promotion findet – so etwa, wenn in Castings- und Reality-Shows die Herausbildung von Lebensweisen unmittelbar zum Thema gemacht wird. ›Seine Träume verwirklicht, wer ausreichend dafür kämpft, umge-

11 Es lässt sich hier sehen, dass die konkretisierenden Formulierungen bei Holzkamp von den spezifischen Machtverhältnissen des Fordismus gekennzeichnet sind. Die Frage, was »restriktive« Emotionalität und Motivation bedeuten kann, ist selbst auf Gesellschaftsanalysen über die Veränderungen herrschaftlicher Nahelegungen angewiesen.

kehrt hat, wer scheitert, nicht genug gearbeitet.‹ Selbstverantwortung und erhöhte Zumutbarkeit treffen auf die Versprechen einer Realisierung der eigenen Wünsche – und der eigenen Person am Markt. Die »Coaches« der Castingshows erscheinen gleichzeitig als erbarmungslose Repräsentanten von Marktgängigkeit und (darauf bezogener) Qualität einerseits und als Vermittler von »begeisternde[n] ›Visionen‹«, die »die Menschen mitreißen« (Boltanski/Chiapello 2003, 497). Durch formelhafte Wiederholungen von nahe gelegten Denk- und Handlungsweisen werden Begründungsmuster zur Verfügung gestellt, die über die Herausbildung einer verallgemeinerten ›Haltung‹ – Lernhaltung, Arbeitshaltung, Erwartungshaltung etc. – relativ kohärente Erklärungen und Selbstthematisierungen ermöglichen.

Eine Herausforderung, die Definition von Fremd- und Eigeninteresse neu zu durchdenken, ergibt sich aus der hegemonialen Ausstrahlung und Wirkmacht neoliberaler Konzepte; sie organisieren hegemoniale Resonanz für das ganze neoliberale Forderungspaket, indem sie radikale Kritik an fordistischen Verhältnissen in den Vordergrund stellen und damit an Erfahrungen von Menschen anknüpfen, die fordistische Verhältnisse als in vieler Hinsicht restriktiv erfahren haben und sich in Projekte einbringen (wollen), in denen sie sich von diesen Restriktionen – allerdings in neoliberaler Perspektive – befreien. Zumindest die ›Hochglanzbereiche‹ neoliberaler (Lern-)Anforderungen treffen auf einen Alltagsverstand, der Fremdbestimmung noch stark mit fordistischer Bevormundung, dem ›stählernen Gehäuse der Hörigkeit‹ (Max Weber) verbindet.

Die reale Widersprüchlichkeit neoliberaler Anforderungen stellt sich für die Betroffenen durchaus als leidvoll dar: Im Kontrast zu denen, die ihre Emotionen zu Kapital machen können, steht das Leiden derjenigen, denen die Selbstmobilisierung nicht gelingt oder die trotz Selbstmobilisierung keinen Erfolg haben – und dies dann wieder auf sich zurück beziehen. Sie zeigen sich in den Erschöpfungsdepressionen der Überarbeiteten (Steinrücke 2005, 205), »Schlafstörungen, das Grübeln, das nächtliche Erwachen« (ebd., 200), die zur Therapie ihrer psychischen Leiden ihrer Therapeutin »ihre Aktenordner mit ihren hunderten von Bewerbungen [mitbringen], weil sie mir zeigen wollen, was sie gemacht haben, dass sie nicht schwindeln und dass sie sich wirklich so viel Mühe gegeben haben« (ebd., 203).

Holzkamp verweist auf die Notwendigkeit einer »kooperativen Integration« (1983, 373), damit für die Subjekte überhaupt ein Denken über die herrschenden Nahelegungen hinaus (und Handlungen in diese Richtung) funktional wird. Diese kooperative Integration kann neu gefasst werden als Formen von gegenhegemonialen Bewegungen, Diskursen, als gesellschaftliche Repräsentation von Kritik und Utopie, die aber ›stark‹, ›wahrnehmbar‹ genug sein müssen, um überhaupt potenziell in die Prämissen von Handlungsbegründungen eingehen zu können.

Kritische Psychologie hat den Anspruch, als parteiliche Subjektwissenschaft einen Beitrag zur Selbstaufklärung und zur Entwicklung von Gegenwehr bzw. Gegenmacht der Betroffenen leisten. Das würde bedeuten, alternative Denk- und Handlungsmöglichkeiten in Richtung auf Zurückweisen von Personalisierungen und unhinterfragten Übernahmen gesellschaftlicher Zumutungen. Und es ist zu fragen, wie die Diskurse der Selbstverwirklichung und Selbstbestimmung der hegemonialen Verwiesenheit auf den Markt zu entwinden sind, um Perspektiven für solidarische kollektive Formen der Selbstbestimmung zu eröffnen.

Literatur

Althusser, Luis, 1977: *Ideologie und ideologische Staatsapparate*, Hamburg

Baratella, Nils, und Jan Rehmann, 2005: Kritik in postkritischen Zeiten. Zu Boltanski/Chiapello, Der neue Geist des Kapitalismus, in: *Das Argument* 261, 47. Jg., H. 3, 376–88

Böhmler, Daniela, und Peter Scheiffele, 2005: Überlebenskunst in einer Kultur der Selbstverwertung, in: Franz Schultheis und Kristina Schulz (Hg.), *Gesellschaft mit begrenzter Haftung. Zumutungen und Leiden im deutschen Alltag*, Konstanz, 422–45

Boltanski, Luc, und Eve Chiapello, 2003: *Der neue Geist des Kapitalismus*, Konstanz

Bourdieu, Pierre, u. a., 1997: *Das Elend der Welt. Zeugnisse und Diagnosen alltäglichen Leidens an der Gesellschaft*, Konstanz

Bröckling, Ulrich, Susanne Krasmann und Thomas Lemke (Hg.), 2000: *Gouvernementalität der Gegenwart. Studien zur Ökonomisierung des Sozialen*, Frankfurt a. M.

Ehrenreich, Barbara, 2006: *qualifiziert und arbeitslos*, München

Foucault, Michel, 1977: Das Spiel des Michel Foucault. Gespräch mit D.Colas u. a., in: Daniel Defert und Francois Ewald (Hg.), *Dits et Ecrits. Schriften in vier Bänden, Bd. 4*, Frankfurt a. M. (1994/2005), 391–429

Ders., 1978: Die Bühne der Philosophie, in: Daniel Defert und Francois Ewald (Hg.), *Dits et Ecrits. Schriften in vier Bänden, Bd. 3*, Frankfurt a. M. (1994/2005), 718–47

Ders., 1981: Lacan, der »Befreier« der Psychoanalyse. Gespräch mit J.Nobécourt, in: Daniel Defert und Francois Ewald (Hg.), *Dits et Ecrits. Schriften in vier Bänden, Bd. 4*, Frankfurt a. M. (1994/2005), 248–9

Ders., 1982a: Technologien des Selbst, in: Daniel Defert und Francois Ewald (Hg.), *Dits et Ecrits. Schriften, Bd. 4*, Frankfurt a. M. (1994/2005), 966–99

Ders., 1982b: Wahrheit, Macht, Selbst. Ein Gespräch zwischen Rux Martin und Michel Foucault (25. Oktober 1982), in: Daniel Defert und Francois Ewald (Hg.), *Dits et Ecrits. Schriften in vier Bänden, Bd. 4*, Frankfurt a. M. (1994/2005), 959–66

Ders., 1984a: Eine Ästhetik der Existenz, in: Daniel Defert und Francois Ewald (Hg.), *Dits et Ecrits. Schriften in vier Bänden, Bd.4*, Frankfurt a. M. (1994/2005), 902–9

Ders., 1984b: Foucault. In: Daniel Defert und Francois Ewald (Hg.), *Dits et Ecrits. Schriften in vier Bänden, Bd. 4*, Frankfurt a. M. (1994/2005), 776–82

Gollac, Michel, und Serge Volkoff, 2001: Citium, Altius, Fortius: Die Intensivierung der Arbeit, in: Pierre Bourdieu (Hg.), *Der Lohn der Angst. Flexibilisierung und Kriminalisierung in der »neuen Arbeitsgesellschaft«*, Konstanz, 34–53

Hartz, Peter, 2001: *Job Revolution. Wie wir neue Arbeitsplätze gewinnen können*, Frankfurt a. M.

Ders. u. a., 2002: *Moderne Dienstleistungen am Arbeitsmarkt. Vorschläge der Kommission zum Abbau der Arbeitslosigkeit und zur Umstrukturierung der Bundesanstalt für Arbeit*, Berlin

Haug, Frigga, 2003: »Schaffen wir einen neuen Menschentyp«. Von Henry Ford zu Peter Hartz, in: *Das Argument* 252, H. 606–17

Dies, 2004: Hochtechnologische Produktionsweise, in: Wolfgang Fritz Haug (Hg.), Historisch-kritisches Wörterbuch des Marxismus, Bd. 6.1, Hamburg, 443–50

Hentges, Gudrun, Malte-Henning Meyer, Jörg Flecker, Sabine Kirschenhofer, Eva Thoft, Edvin Grinderslev und Gabrielle Balazs, 2003: *The Abandoned Worker – Socio-economic Change and the Attraction of Right-wing Populismus. European Synthesis Report on Qualitative Findings*, Wien

Holzkamp, Klaus, 1983: *Grundlegung der Psychologie*, Frankfurt a. M.

Ders., 1984: Die Bedeutung der Freudschen Psychoanalyse für die marxistisch fundierte Psychologie, in: *Forum Kritische Psychologie* 13, H. 15–40

Ders., 1990: Worauf bezieht sich das Begriffspaar »restriktive/verallgemeinerte Handlungsfähigkeit‹? Zu Maretzkys vorstehenden Anmerkungen, in: *Forum Kritische Psychologie* 26, H. 35–46

Ders., 1993: *Lernen. Subjektwissenschaftliche Grundlegung*, Frankfurt a. M

Holzkamp-Osterkamp, Ute, 1975: *Grundlagen psychologischer Motivationsforschung* 1, Frankfurt a. M.

Ideologietheorie, Projekt, 1979: Theorien über Ideologie. *Argument-Sonderband* 40, Berlin/West

Kaindl, Christina, 2005: »Du musst ihn fühlen, den Scheiß!« Neoliberale Mobilisierungen im Imaginären und der Kampf um neue Lebensweisen am Beispiel von Big Brother und Popstars, in: *Das Argument* 261, H. 3, 47. Jg., 347–60

Lacan, Jaques, 1975: *Schriften 1*, Frankfurt a. M.

Lemke, Thomas, 1997: *Eine Kritik der politischen Vernunft. Foucaults Analyse der modernen Gouvernementalität*, Berlin/Hamburg

Ders., Susanne Krasmann und Ulrich Bröckling, 2000: Gouvernementalität, Neoliberalismus und Selbsttechnologien, in: dies. (Hg.), *Gouvernementalität der Gegenwart. Studien zur Ökonomisierung des Sozialen,* Frankfurt a. M., 7–40

Müller, Cathren, 2003: Neoliberalismus als Selbstführung. Anmerkungen zu den ›Governementality Studies‹. in: *Das Argument* 249, 45. Jg., H. 1, 98–106

Schultheis, Franz, und Kristina Schulz (Hg.), 2005: *Gesellschaft mit begrenzter Haftung. Zumutungen und Leiden im deutschen Alltag*, Konstanz

Steinrücke, Margarete, 2005: Soziales Elend als psychisches Elend. In: Franz Schultheis und Kristina Schulz (Hg.), *Gesellschaft mit begrenzter Haftung. Zumutungen und Leiden im deutschen Alltag,* Konstanz, 198–208

Jörg Flecker & Gudrun Hentges

Prekarität, Unsicherheit, Leistungsdruck

Katalysatoren eines neuen Rechtspopulismus in Europa?

Wie die Wahlen zum Europäischen Parlament im Sommer 2004 dokumentierten, votiert nach wie vor ein relevanter Anteil der Wähler/innen für Parteien am rechten Rand – in einigen Ländern (Belgien/Flandern, Frankreich) auch mit deutlich steigender Tendenz. Wie wird jedoch das Phänomen der europäischen Rechten in der öffentlichen Debatte rezipiert? Folgt man der Einschätzung der *Frankfurter Allgemeinen Zeitung* (15. Juli 2004, 9), so handelt es sich bei diesen Personen um »grimmige und gelangweilte Wähler«, die den Regierungen ihres jeweiligen Landes nur einen Denkzettel verpassen wollten. Offenbar haben sich einflussreiche Zeitungen wie die *FAZ*, damit abgefunden, dass sich das Phänomen des europäischen Rechtspopulismus auf hohem Niveau stabilisiert hat.

Neuere Entwicklungen der extremen Rechten auf europäischer Ebene stehen im Zusammenhang mit dem Beitritt Rumäniens und Bulgariens zur Europäischen Union: so konstituierte sich am 15. Januar 2007 eine neue rechtsextreme Fraktion im Europäischen Parlament, die unter dem Namen *Identität, Tradition, Souveränität* (IST) firmiert. Fraktionsvorsitzender ist der Franzose Bruno Gollnisch vom *Front National*. Der Fraktion gehören 20 Abgeordnete an: Sieben Abgeordnete vom französischen *Front National*, fünf von der *Großrumänienpartei*, drei vom belgischen *Vlaams Belang*, zwei Vertreter/innen italienischer neofaschistischer Parteien (u. a. Alessandra Mussolini) und jeweils ein Vertreter der bulgarischen Partei *Kolizija Ataka*, der österreichischen *FPÖ* sowie der britische Abgeordnete Ashley Mote (ehemals: *UK Independence Party*). Ob diese Truppe bestehend aus »Holocaustleugner(n), Rassisten und Faschisten mit unterschiedlichen Traditionsbezügen (Heilig 2007) nur eine vorübergehende Erscheinung ist oder zu einem konstanten Faktor im Europaparlament zu werden droht, hängt vom Ausgang der bulgarischen und rumänischen Europawahlen ab, die im Laufe des Jahres 2007 stattfinden.

Die Wahlentscheidung für eine der Parteien der extremen Rechten ist nur die *Spitze des Eisbergs*. Rechtsextreme Einstellungen und Orientierungen sind weit verbreitet – sie finden sich ebenso bei Wähler(inne)n der konservativen, liberalen und sozialdemokratischen Parteien wie auch bei Nichtwähler(inne)n.

Rechtsextremismus in der Diskussion

Rechtsextremismusdebatten unterliegen Konjunkturen: Immer dann, wenn Parteien am rechten Rand Wahlerfolge erzielen und damit das etablierte Parteiensystem in Frage stellen, wird in der Fachwissenschaft und politischen Öffentlichkeit verstärkt darüber debattiert, wie man das Phänomen der extremen Rechten erklären kann. Während die Kölner Soziologen Ernst K. Scheuch und Hans D. Klingemann (1969, 12 f) unter dem Eindruck der Wahlerfolge der NPD den Rechtsextremismus als eine »›normale‹ Pathologie von freiheitlichen Industriegesellschaften« charakterisierten, führte der Bielefelder Erziehungswissenschaftler Wilhelm Heitmeyer (1988; 1993; 2002) zwei Jahrzehnte später – angestoßen durch die Wahlerfolge der REPublikaner und der DVU – die Verbreitung »rechtsextremistischer Orientierungsmuster« auf Prozesse der gesellschaftlichen Desintegration zurück. Der Beitrag der Berliner Sozialwissenschaftlerin Birgit Rommelspacher (1995; 2000) hingegen bestand darin, dass sie nicht die Mechanismen der Desintegration, sondern vielmehr jene der gesellschaftlichen Integration für Rassismus und Rechtsextremismus verantwortlich machte. Rommelspacher prägte mit ihrem Erklärungsansatz – in deutlicher Abgrenzung zur Desintegrationsthese – den Begriff der »Dominanzkultur«.

Die hier angeführten miteinander konkurrierenden Ansätze verdeutlichen, dass in der Diskussion über die Ursachen des Rechtsextremismus verschiedene Faktoren in unterschiedlicher Weise gewichtet werden. Zu erwähnen wären darüber hinaus noch jene Ansätze, die die individual-psychologische Disposition, die familiäre Sozialisation, die Diskurse in den Medien, den *Extremismus der Mitte*, den Standortnationalismus oder identitätspolitische Fragen als Erklärungsursachen für rechtsextreme Konjunkturen anführen (vgl. zum Überblick über die verschiedenen Ansätze: Butterwegge 1996; 2002).

Wenngleich in der wissenschaftlichen wie politischen Diskussion häufig suggeriert wird, dass sich die *gefährlichen Klassen* am unteren Rand der Gesellschaft befinden und in der ein oder anderen Form gegen herrschende Politik rebellieren, so werden jedoch die Umbrüche in den Arbeits- und Beschäftigungsbeziehungen und die konkreten Erfahrungen in der Arbeitswelt selten mit der Herausbildung politischer Bewusstseinsformen oder gar mit Sympathien für die extreme Rechte in Verbindung gebracht.

Definitionen: Rechtsextremismus und Rechtspopulismus

Wie Cas Mudde (1995, 7) in einer systematischen Analyse der im europäischen Kontext vorherrschenden Begriffsdefinitionen nachwies, kursierten Mitte der 1990er Jahre in der wissenschaftlichen Literatur 26 verschiedene Definitionen des Begriffs Rechtsextremismus, in denen insgesamt 58 verschiedene Definitionsmerkmale erwähnt wurden.

Sprechen wir im Folgenden von Rechtsextremismus (oder von der extremen Rechten), so definieren wir den Begriff in Anlehnung an Hans-Gerd Jaschke als

> die Gesamtheit von Einstellungen, Verhaltensweisen und Aktionen, organisiert oder nicht, die von der rassisch oder ethnisch bedingten sozialen Ungleichheit der Menschen ausgehen, nach ethnischer Homogenität von Völkern verlangen und das Gleichheitsgebot der Menschenrechts-Deklarationen ablehnen, die den Vorrang der Gemeinschaft vor dem Individuum betonen, von der Unterordnung des Bürgers unter die Staatsräson ausgehen und die den Wertepluralismus einer liberalen Demokratie ablehnen und Demokratisierung rückgängig machen wollen. Unter Rechtsextremismus verstehen wir insbesondere Zielsetzungen, die den Individualismus aufheben wollen zugunsten einer völkischen, kollektivistischen, ethnisch homogenen Gemeinschaft in einem starken Nationalstaat und in Verbindung damit den Multikulturalismus ablehnen und entschieden bekämpfen. (1994, 31)

Parteien wie die *FPÖ*, die *Schweizer Volkspartei*, die *Lega Nord* oder auch die *Dänische Volkspartei* charakterisieren wir in Anlehnung an Hans-Georg Betz (2002, 251 f) als »rechtspopulistisch«, da sie weder die Demokratie zugunsten eines autoritären Regimes formell in Frage stellen, noch die Menschenrechte und damit das Prinzip formaler menschlicher Gleichheit leugnen. Ungeachtet dessen, dass die rechtspopulistischen Parteien des neuen Typs bestrebt sind, sich von der traditionellen extremen Rechten der Nachkriegszeit zu distanzieren, »rekurriert der ideologische Kern der von ihnen propagierten Programmatik auf durchaus ähnliche Bedrohungsängste (wie bei der extremen Rechten; J.F./G.H.), wenn auch in gemäßigter und damit scheinbar harmloserer Form« (Betz 2002, 252).

Aufgrund der in Europa vorherrschenden Heterogenität der Formationen am rechten Rand musste das SIREN-Team die Spezifika in Österreich, der Schweiz, Norditalien und Dänemark berücksichtigen. Aus diesem Grund entschieden wir uns im Laufe des Arbeitsprozesses als übergreifenden Begriff Rechtspopulismus und -extremismus zu verwenden und folgende Kriterien für die *Empfänglichkeit* der Interviewpartner/innen heranzuziehen: Ablehnung von Fremdgruppen, Bevorzugung der eigenen Gruppe, Autoritarismus, Ablehnung demokratischer Strukturen.

Wurzeln des Rechtsextremismus in der Arbeitswelt?

Auch wenn unstrittig ist, dass zur umfassenden Erklärung des Phänomens die verschiedenen Ursachenerklärungen berücksichtigt werden müssen, wollen wir uns im Folgenden mit einem Aspekt beschäftigen, der in der Diskussion häufig vollkommen ignoriert oder ökonomistisch verkürzt wird: Gefragt wird hier, ob und in welchem Maße Erfahrungen in der Arbeitswelt – und generell: die Erfahrung des sozioökonomischen Wandels – dazu beitragen, dass die Betroffenen die Veränderungen ihrer Arbeits- und Erwerbssituation sowie ihrer Lebenslagen unter Rekurs auf rechtsextreme Ideologien interpretieren.

Im Rahmen des EU-Forschungsprojekts SIREN[1], das seit Herbst 2001 in insgesamt acht europäischen Ländern durchgeführt wurde, fragten die Forscher/innen danach, ob und in welcher Weise Veränderungen in der Arbeitswelt einen Einfluss haben auf die Herausbildung politischer Deutungsmuster – oder präziser: Unter welchen Voraussetzungen können negative Erfahrungen in der Arbeitswelt dazu führen, dass die Beschäftigten mit ideologischen Angeboten der extremen Rechten sympathisieren? Welche Formen der Identifikation mit Leistung, Wettbewerb oder Standortkonkurrenz begünstigen die Hinwendung zu Angeboten der extremen Rechten? In Abgrenzung zur dichotomen Gegenüberstellung *Modernisierungsgewinner bzw. Modernisierungsverlierer* intendierte das SIREN-Projekt die unterschiedlichen – auch gegensätzlichen – Erfahrungen zu erheben, die Beschäftigte seit Beginn der 1990er Jahre gemacht haben, um somit – auf Basis von qualitativen und quantitativen Daten – den Zusammenhang zwischen sozioökonomischen Veränderungen und der Anziehungskraft der extremen Rechten genauer bestimmen zu können.

Im Rahmen der qualitativen Studie wurden insgesamt mehr als 300 Interviews geführt und ausgewertet. Bei der Zusammensetzung des Samples wurde darauf geachtet, dass die Hälfte der Interviewpartner/innen eine Affinität zu rechtspopulistischen Einstellungen aufwies und die andere Hälfte der Befragten keine oder zu vernachlässigende Sympathien für rechtspopulistische Ideologieelemente zeigte. Berücksichtigt wurde ferner die Heterogenität beruflicher Erfahrungen und sozialer Lebenslagen, indem prekär beschäftigte oder erwerbslose Personen, beschäftigte,

1 *Socio-Economic Change, Individual Reaction, and the Appeal of the Extreme Right,* SIREN (www.siren.at). Die Untersuchung umfasste acht Länder und wurde von Wissenschaftler(inne)n aus Dänemark, Deutschland, Frankreich, Italien, Ungarn und der Schweiz durchgeführ und vom österreichischen Institut FORBA koordiniert. Die Finanzierung erfolgte durch die Europäische Kommission im Rahmen des Programms *Improving Human Potential and the Socio-Economic Knowledge-Base.*

aber von sozialem Abstieg bedrohte Personen, sowie Personen, die einen beruflichen Aufstieg erlebt hatten, in die Untersuchung einbezogen wurden.

Ein Teil der Ergebnisse der Untersuchung soll hier zusammengefasst werden. In einem ersten Schritt gehen wir darauf ein, wie Personen in verschiedenen Lebens- und Erwerbssituationen ihre Arbeitsbedingungen und deren Veränderungen wahrnehmen und verarbeiten. Daran anknüpfend wird im Hauptteil des Beitrags anhand des empirischen Materials aufgezeigt, wie eine Hinwendung zum Rechtspopulismus und -extremismus aus den Erfahrungen in der Arbeitswelt verständlich werden kann. Dabei behaupten wir nicht, dass dieselben Erfahrungen nicht auch zu solidarisch-demokratischen Reaktionen führen können, sondern beschränken uns nur in der Darstellung auf die Verstärkung rechter Orientierungen.

Subjektive Wahrnehmungen der Veränderungen in der Arbeitswelt

Aufgrund der heterogenen Zusammensetzung unseres Samples war es möglich, eine breite Palette differenter Erwerbssituationen und Veränderungen der Arbeits- und Beschäftigungsverhältnisse einzufangen, wobei wir uns auf die subjektiven Wahrnehmungen und Verarbeitungsformen konzentrierten. Im Hinblick auf Wirtschaftszweige und Berufe bildeten die öffentlichen Dienstleistungen (Post, Bahn, Telekommunikation), einzelne Industriebranchen sowie persönliche Dienste die Schwerpunkte der Untersuchung. Zu den berücksichtigten Umbrüchen in der Arbeitswelt zählen damit so einschneidende und weitreichende Prozesse wie die Liberalisierung und Privatisierung öffentlicher Dienstleistungen, Umstrukturierungen, Verlagerungen und Rationalisierungen in der Industrie sowie die Flexibilisierung der Arbeitsverhältnisse und die Prekarisierung der Beschäftigung in den persönlichen Diensten.

Charakteristisch für die von uns geführten Interviews ist eine recht große Übereinstimmung hinsichtlich der Deutungsmuster, die den Wahrnehmungen und Verarbeitungen zugrunde liegen: Die Erwerbssituationen und die sich in diesem Bereich vollziehenden Veränderungen werden von der überwiegenden Mehrzahl der Befragten insbesondere danach beurteilt,

1) inwiefern sie es erlauben, einen bestimmten Lebensstandard und ökonomische Unabhängigkeit zu erreichen, aufrecht zu erhalten und die Integration in die Gesellschaft zu sichern,
2) inwiefern berufliche Ansprüche im Hinblick auf den Inhalt der Arbeit und die Qualität der Arbeitsergebnisse realisiert werden können,
3) inwiefern die erforderlichen Anstrengungen zur Vereinbarkeit von Beruf und Familie in einem erträglichen Rahmen bleiben und

4) inwiefern Prinzipien der Verteilungsgerechtigkeit eingehalten werden, die Ansprüche insbesondere an erbrachte Beiträge und Leistungen sowie an Arbeitstugenden – wie die Unterwerfung unter Herrschaft und Disziplin – binden.

Bei einer Minderheit der Befragten finden sich hochgradig individualistische Orientierungen; demnach sollte es jedem und jeder selbst überlassen bleiben, die Herausforderungen der Wirtschaft bzw. des Arbeitsmarktes zu bewältigen. Eine Minderheit von Frauen wies eine stark ausgeprägte Familienorientierung auf, relativierte die Bedeutung der Erwerbsarbeit und interpretierte den sozioökonomischen Wandel in erster Linie vor der Folie der Zukunft ihrer Kinder.

Die große Bandbreite verschiedener Erwerbssituationen und Veränderungen der Arbeit, auf die trotz vielfacher Übereinstimmungen in den Deutungsmustern jeweils in unterschiedlicher Weise reagiert werden kann, erlaubt es nicht, an dieser Stelle die differenten Wahrnehmungs- und Verarbeitungsmuster in ihrer Ausführlichkeit zu präsentieren (vgl. Flecker/Hentges/Balazs 2007). Es sollen deshalb hier nur einige Aspekte hervorgehoben werden, die mit dem Verlust des Arbeitsplatzes, mit zunehmender Unsicherheit und Prekarität, mit Umstrukturierungen der Betriebs- und Arbeitsorganisation sowie mit Arbeitsbelastungen im Zusammenhang stehen.

Arbeitslosigkeit und Prekarität und…

Die Interviews mit jenen, die ihre Arbeit verloren haben, enthalten nicht so sehr Anzeichen von Scham, in der stigmatisierten Gesellschaftsgruppe der Erwerbslosen gelandet zu sein. Vielmehr verwiesen diese Personen auf ihre Leistungsorientierung, ihre Beiträge zum Unternehmen und zur Gesellschaft, ihre Unterordnung unter die Normen der Arbeitsgesellschaft, die allesamt nicht anerkannt und honoriert wurden. Viele der von uns befragten Erwerbslosen leiden insbesondere unter dem Bruch impliziter *Verträge* in dem Sinn, dass ihnen Einkommen, Anerkennung und Status vorenthalten werden, die sie sich als Gegenleistung für eigene Leistung und Unterordnung berechtigterweise erwartet hatten. Für manche ist mit dem Verlust des Arbeitsplatzes buchstäblich eine Welt zusammengebrochen, sie erlitten einen Schock, auf den Identitätsverlust und soziale Isolation folgten. Als besonders auffallend erwiesen sich subjektiv wahrgenommene Verletzungen der Menschenwürde im Fall eines vermeintlich sozialverträglichen Personalabbaus: Während die einen nur von einem bitteren Nachgeschmack sprachen, da sie nach 30 Jahren Betriebszugehörigkeit nur zwei Wochen Bedenkzeit erhalten hatten, um das Angebot des vorzeitigen Ruhestands anzunehmen, fühlten sich andere durch eine erzwungene Pensionierung zutiefst verletzt und betrogen.

Personen in gefährdeten Beschäftigungs- und Lebenslagen – in der »Zone der Prekarität« (Castel 2001) bzw. der »Zone der sozialen Verwundbarkeit« (Castel 2000, 13 ff) – haben teilweise einen beruflichen Abstieg hinter sich, der mit Versetzungen von Abteilung zu Abteilung, von Werk zu Werk oder mit einer Betriebsschließung begann und in einem Gelegenheitsjob endete. Für viele wiegt in einer solchen Situation der Verlust der beruflichen Identität besonders schwer, wie folgender Interviewausschnitt anschaulich zeigt:

> Ich arbeite, mir geht es sehr gut, aber ich hatte eine vorherige Karriere, ich habe vorher etwas anderes gemacht. Ich war eine Chefsekretärin und ich wollte eine Chefsekretärin sein. Jemand, der Ingenieur ist, sollte weiterhin Ingenieur sein. Gut, es ist vorbei, das gibt es nicht mehr. Man muss einen Schlussstrich ziehen. Man muss zu sich sagen: ›Es ist gut, Du hast Glück, Dir geht es gut, Du hast eine Arbeit, Du hast Dein Gehalt am Ende des Monats. Es ist großartig. Aber vergiss, was Du vorher getan hast. Vergiss es!‹ *(Frau Melle, Angestellte in einem Copyshop, Frankreich)*

Einige der Befragten, die erwerbslos waren oder sich in sehr unsicheren Erwerbssituationen befanden, haben es schlicht aufgegeben, an die Zukunft zu denken. Sie scheinen sich resigniert damit abgefunden zu haben, dass es ihnen nicht möglich ist, Pläne zu machen und dass sie gezwungen sind, sich passiv an alles anzupassen, was ihnen widerfährt. Nicht nur Arbeit und Erwerbsleben erweisen sich als nicht mehr planbar, sondern auch der Konsum und das private Leben. Diese Situation geht mit großer Angst vor sozialer Isolation einher.

Die gestiegene Unsicherheit der Beschäftigung und des Einkommens wird recht unterschiedlich wahrgenommen. Ältere Beschäftigte fühlen sich angesichts der geringen Chancen auf dem Arbeitsmarkt durch eine Gefährdung des Arbeitsplatzes am stärksten bedroht. Zugleich ist den älteren Arbeitskräften klar, dass im Fall von Personalabbau, der Privatisierungen und Umstrukturierungen begleitet, sie es sein werden, die gehen müssen. Unsicherheit kann aber auch als Herausforderung wahrgenommen werden: Für manche jungen, hoch qualifizierten Personen, die von ihrer Ausbildung, ihren Kompetenzen und sozialen Beziehungen überzeugt sind, stellen die Risiken des Erwerbslebens bisweilen eher einen Anreiz dar. Der Kreis dieser Personen ist im Hinblick auf die Qualifikation, die Mentalität, das soziale Kapital und die persönliche Ungebundenheit jedoch recht klar und eng abgesteckt. Doch selbst diese Personen betonten, dass volles Risiko und voller Einsatz nur für eine begrenzte Lebensphase vorstellbar sind und dass die Zukunft im Ungewissen liegt.

... Umbrüche innerhalb des Normalarbeitsverhältnisses

Gesprächspartner/innen, die in einem Normalarbeitsverhältnis beschäftigt, aber von Umstrukturierungen betroffen sind, sorgten sich häufig über die Entwertung ihrer Qualifikationen und arbeitsbezogenen Werthaltungen. So konnten Beschäftigte unter geänderten Bedingungen die bisher angeeigneten Fähigkeiten und Erfahrungen nicht mehr nutzen, oder sie machten die Erfahrung, dass neue Manager ihre individuellen Fähigkeiten und Ressourcen nicht anerkannten. Die neuen wirtschaftlichen Spielregeln lassen es oft nicht mehr zu, dass die Produkte in der bisherigen Qualität hergestellt bzw. die Dienstleistungen auf dem bisherigen Niveau angeboten werden können. Die Befragten brachten häufig ihren verletzten Stolz zum Ausdruck und sprachen von dem Gefühl, dass die eigenen Fähigkeiten und Arbeitstugenden nun obsolet geworden seien.

Die Entwertung (traditioneller) Qualifikationen geht jedoch einher mit ständig steigenden (neuen) Qualifikationsanforderungen. Wie die Interviews zeigen, werden diese neuen Herausforderungen von den Beschäftigten nicht unbedingt positiv beurteilt:

> Jeder braucht jetzt eine theoretische Ausbildung. Aber es ist absolut nicht notwendig. Es ist kein Platz mehr für einfache Leute mit anderen Fähigkeiten. In ein paar Jahren wird es unmöglich für normale Leute wie mich sein. Man muss so intelligent sein, so intelligent. Das ist nicht fair! (Frau Jørgensen, angelernte Arbeiterin, Druckerei, Dänemark)

Die häufigen Veränderungen der Arbeitsorganisation in den Betrieben waren ein weiteres zentrales Thema in den Interviews. Ständige Umstrukturierungen, die nicht nur aber besonders ausgeprägt in den Unternehmen der öffentlichen Dienstleistungen festzustellen waren, werden als große Belastungen erlebt, weil sie die Bewältigung der Arbeit erschweren und die Unsicherheit der Beschäftigten erhöhen. Was die Veränderung der Arbeitsorganisation betrifft, berichtete ein Teil der Befragten über zunehmende Einflussmöglichkeiten und Verantwortung, während andere von schärferen Kontrollen durch Vorgesetzte und stärker tayloristische Arbeitsformen betroffen waren. Formen der Arbeitsorganisation mit mehr Autonomie und Verantwortung führten bei manchen zu einem höheren Maß an Zufriedenheit, setzten andere jedoch unter Druck und wurden generell, insbesondere wegen der immer höheren Arbeitsanforderungen, recht ambivalent erlebt.

Gemeinsam ist den meisten Interviewpartner(inne)n, dass sie einen kontinuierlichen Anstieg des Arbeitsdrucks nun schon seit Anfang der 1990er Jahre wahrnehmen. Dieser Befund der qualitativen Untersuchung wurde von der SIREN-Umfrage bestätigt: Nicht weniger als 60 % der Befragten berichteten von einem Anstieg des Arbeitsdrucks, während nur 14 % den Eindruck hatten, dass dieser nachgelassen habe (De Weerdt u. a. 2007). Nicht wenige äußerten in diesem Zusammenhang die Befürchtung, in Zukunft nicht mehr mithalten zu können. Damit führt der große Arbeitsdruck nicht nur zu negativen Bewertungen der gegenwärtigen Arbeitsbedingungen, sondern auch zu erhöhten Unsicherheitsgefühlen. Die älteren Arbeitskräfte, insbesondere die Altersgruppe zwischen 45 und 54 Jahren, bewertete dabei die Veränderungen der Arbeitsbedingungen in allen Dimensionen am negativsten.

Die Interpretation der subjektiven Wahrnehmungen der Veränderungen im Erwerbsleben in allen acht Ländern ergibt das Bild, dass für viele die grundlegende Balance zwischen den Anstrengungen und Opfern einerseits und der zu erreichenden sozialen Anerkennung und Sicherheit andererseits durch die Umbrüche, die sich innerhalb der Arbeitswelt vollziehen, bedroht ist. Es wurde aber auch ein relativ starker Eigensinn der Arbeitnehmer/innen erkennbar. Ihre Deutungen erwiesen sich als überwiegend von einer Lohnarbeitsgesellschaft geprägt, in der auch körperlich Arbeitende in die Gesellschaft integriert sind und relative soziale Sicherheit erwarten können. Entgegen der neoliberalen Indoktrination, der sie nun schon über zwei Jahrzehnte ausgesetzt sind, fordern sie die Einhaltung des sozialen Tauschs von Unterordnung und Aufopferung gegen soziale Integration und materielle Absicherung ein. Die herrschende Ideologie hat zwar bewirkt, dass Ansprüche an menschenwürdige Arbeitsbedingungen und Arbeitsplatzsicherheit nicht mehr offen ausgesprochen werden; sie werden aber stillschweigend gestellt und nähren Gefühle der Ungerechtigkeit und der Benachteiligung.

Wie wirken sich Veränderungen in der Arbeitswelt auf politische Orientierungen aus?

Bei der Analyse der politischen Reaktionen auf die Erfahrungen mit dem sozioökonomischen Wandel ging es uns nicht in erster Linie um Meinungen, Wahlverhalten oder Parteizugehörigkeit. Wir waren an politischen Orientierungen in einem viel weiteren Sinn interessiert: Diese schließen Gesellschaftsbilder sowie normative und moralische Vorstellungen der sozialen Ordnung ein, Gerechtigkeitsvorstellungen und Ungerechtigkeitserfahrungen im sozialen Leben, Glückshoffnungen, Bedürfnisse nach Anerkennung und kultureller Identität etc. – kurz verschiedene »Potenziale politischer Subjektivität« (Dubiel 1994). Ihre Analyse sollte zu einem Verständnis dessen beitragen, weshalb viele Personen zur Deutung ihrer Lebenslage und gesellschaftlichen Situation auf ideologische Elemente des Rechtspopulismus bzw. -extremismus rekurrieren und politische Botschaften oder Politikstile der extremen Rechten attraktiv finden. Die Auswertung unseres Interviewmaterials zeigte, dass die Zusammenhänge zwischen der Betroffenheit vom sozioökonomischen Wandel und den politischen Orientierungen in vielfältigster Weise bestehen und in Abhängigkeit folgender Faktoren variieren: soziales Milieu, Geschlecht, Biografie, Alter, psychische Dispositionen, sozialer Status, geografischer und kultureller Kontext. Einige Zusammenhänge bildeten jedoch häufig anzutreffende Deutungsmuster – zwei von ihnen sollen im Folgenden skizziert werden –, die es erlauben, die Wege zu einer Hinwendung zum Rechtspopulismus und -extremismus besser nachzuzeichnen. In der Untersuchung wurden auch gegenteilige politische Reaktionen wie etwa die Stärkung sozialistischer Überzeugungen erhoben, können aber hier nicht dargestellt werden.

Gefühle der Benachteiligung und die moralische Kategorie des Volkes

Ein verletztes Gerechtigkeitsempfinden ergibt sich vielfach daraus, dass Menschen trotz harter Arbeit und vielfältiger Opfer ihren bisherigen Lebensstandard und sozialen Status nicht halten oder die angestrebten Ziele in dieser Hinsicht nicht erreichen können. Die Befragten brachten zum Ausdruck, dass sie sich für ihre Unterwerfung nicht belohnt, manchmal sogar eher bestraft fühlten:

> Aber für des, dass du ordentlich gearbeitet hast – I' fühl' mich halt bestraft für das. (Frau Frank, Österreich); Aber dafür, dass du ordentlich gearbeitet hast – ich fühl mich halt bestraft dafür. (Herr Oster, Deutschland); Wir sind zu anständig, zu verdammt dumm und anständig (Herr Bouler, Eisenbahnarbeiter in Pension, Frankreich).

Die Erfahrung, nicht dafür belohnt worden zu sein, dass man die Härten des Arbeitslebens immer ›ohne Murren‹ ertragen hat, führt zu tiefen Enttäuschungen. Die damit verbundene Aggression wird von vielen Medien und Politiker(inne)n auf andere soziale Gruppen gelenkt, welche angeblich den Zumutungen der Arbeit nicht ausgesetzt sind und ›trotzdem gut leben‹, seien dies Asylsuchende, *Sozialschmarotzer* oder Politiker, ›die es sich richten‹. Man kann die Reaktionen nicht verstehen, wenn man das Arbeitsleid ignoriert, das diese Personen in Form von körperlichen und psychischen Belastungen und vielfachem Verzicht ertragen – und sich dennoch oft in einer eher prekären Lebenslage wieder finden.

Die unmittelbaren Arbeitsbedingungen können für das Verständnis der individuellen Deutungs- und Verarbeitungsmuster also entscheidend sein: Das Arbeitsleid muss in der Regel mangels Artikulations- und Gestaltungsmöglichkeiten verdrängt werden und kann so zur verschobenen Aggression gegen andere führen, insbesondere gegen jene, die gemäß eigener Wahrnehmung einem solchen Leid ungerechtfertigt entkommen. Zuweilen liegt das Hauptproblem nicht in einer Verschlechterung der Arbeitsbedingungen, sondern in ihrem Gleichbleiben unter

Bedingungen zunehmender Unsicherheit der Beschäftigung und steigender Lebenshaltungskosten.

Die Verletzung des Gerechtigkeitsempfindens bleibt freilich nicht auf prekäre Lebenslagen beschränkt. Sie ist auch in der Welt der qualifizierten Angestellten zu finden, wo sie beispielsweise darin wurzeln kann, dass ein neues Management im Unternehmen die beruflichen Erfahrungen, das Engagement und die bisherigen Leistungen der Beschäftigten nicht anerkennt. Hohe Arbeitslast, ausufernde Arbeitszeiten und wachsende Flexibilitätsanforderungen können dazu führen, dass die Betroffenen ihre Abneigung auf jene projizieren, die sich nicht im selben Ausmaß für das Wohl des Unternehmens und der Volkswirtschaft aufopfern wie sie selbst. Dies kann bis zum Ruf nach Zwangsarbeit für Arbeitslose führen:

> Die müssten eine Schüppe in die Hand bekommen und jeden Tag einen Kubikmeter schüppen. (Herr Müller, Ressortleiter bei der Telekom, Deutschland)

Solche autoritären Haltungen können durch die wahrgenommene Existenzgefährdung des Unternehmens verstärkt werden und zur Verachtung von Kollegen führen, die nicht ausreichend viel leisten.

Diese Reaktionen waren in allen untersuchten Ländern zu finden, wobei Ungarn ein besonders interessantes Beispiel darstellt. Die ökonomische und gesellschaftliche Transformation reduzierte den Lebensstandard von vielen und erhöhte massiv die Unsicherheit. Jene, denen es gelang, ihre materielle Lebenslage zu erhalten oder zu verbessern, mussten dafür einen unglaublichen Aufwand treiben. Verbreitet sind Zweit- und Drittjobs, um zusätzliches Einkommen zu erreichen, bisweilen bauen Beschäftigte neben einer Vollzeitanstellung einen eigenen Betrieb auf. Zweifellos muss dafür die gesamte Zeit aufgewandt werden, die nicht für Schlafen, Essen und Koperpflege gebraucht wird. Die Interpretation der Interviews in Ungarn zeigte, dass der drohende Verlust des Lebensstandards und die prekären Erwerbs- und Lebenssituationen Vorurteile verstärken oder überhaupt erst mobilisieren können, die durch die familiäre Sozialisation erworben wurden. Insbesondere Anti-Kommunismus und Antisemitismus können so zu Sympathien oder auch zur Wahlentscheidung für eine rechtsextreme Partei führen.

Häufig nähren die Erfahrungen im Arbeitsalltag und mit Umstrukturierungen im Unternehmen das Gefühl, dass ›die da oben‹, die die Entscheidungen treffen, nicht über die konkrete Arbeitssituation Bescheid wissen und nur auf ihren eigenen Vorteil bedacht sind. Damit korrespondiert die kontrastierende Gegenüberstellung ›des Volkes‹ mit ›den Eliten‹, die auch ein konstitutives Element rechtspopulistischer Ideologie ist. Die Einzelgeschichten stimmen u. a. in der Identifikation mit den Mittelschichten überein, mit dem Milieu,

> in dem sich die Menschen ihren Lebensunterhalt korrekt verdienen, ohne sich weiß Gott was leisten zu können (Herr Bollinger, pensionierter Abteilungsleiter, Schweiz).

Wenn es um die Beherrschung von oben durch Politiker oder jene geht, die die Entscheidungen treffen, wird häufig das Pronomen ›Wir‹ verwendet (›Die glauben, wir sind Idioten‹), das eine moralische Kategorie darstellt: Es sind diejenigen, die hart arbeiten, um ein Auskommen zu finden und die der ›Unverantwortlichkeit‹ der wirtschaftlichen und politischen Eliten ausgeliefert sind und von der ›arbeitsscheuen‹ Unterklasse ausgenutzt werden (vgl. Poglia Mileti u.a. 2002). Das Bewusstsein und die Selbstdefinition als Arbeiter(inne)n wurden vom Rechtspopulismus also erfolgreich als ›Volk‹ angesprochen, das sich in einer doppelten Abgrenzung nach oben und unten sowie durch ethnische Grenzziehungen konstituiert.

Einige befragte Frauen bezogen ihre Ungerechtigkeitsgefühle sehr deutlich auf die doppelte Benachteiligung als Arbeiterinnen und Frauen: Sie rechnen ihre Diskriminierungserfahrungen und Probleme in der Erwerbsarbeit mit ein, die sich aus patriarchalischen Familienverhältnissen und der Unvereinbarkeit von Beruf und Mutterschaft ergeben. Einige von ihnen schmerzt es am meisten, dass sie trotz harter Arbeit und weit gehenden persönlichen Opfern die wirtschaftliche Unabhängigkeit von ihrem Ehemann oder Lebenspartner nicht aufrechterhalten können. Andere, die ihre eigenen Karrierepläne und -hoffnungen längst aufgegeben haben, äußern sich in erster Linie besorgt über das Schicksal ihrer Kinder. Die eher familienorientierten Frauen zeigten sich aus zwei Gründen von Rechtspopulisten angesprochen: Zum einen ging es ihnen um Kinderbetreuung, Qualität der Schulen oder Zugang zur Berufsausbildung, zum anderen um die Anerkennung ihrer Identität als Mutter, die ihnen von den fortschrittlichen Vertreter(inne)n der Mittelschichten bzw. sozialdemokratischen Politiker(inne)n versagt wird.

Wir können aus den Interviewergebnissen schließen, dass der sozioökonomische Wandel viele dazu zwingt, ihre Position in der sozialen Welt zu überdenken und neu zu bewerten. Die Veränderungen können zu einer Situation führen, in der die materiellen und symbolischen Belohnungen nicht mehr als ausreichender Ausgleich für die Anstrengungen und Opfer des Erwerbslebens wahrgenommen werden. Das kann in den Erfahrungen in der Arbeitswelt begründet sein – also etwa in zunehmendem Arbeitsdruck, mangelnder Anerkennung oder prekärer Beschäftigung –, mag aber auch verursacht sein durch die Bedrohung des Lebensstandards durch gestiegene Lebenshaltungskosten. Beides wirkt sich darauf aus, wie die Menschen ihr Arbeitsleben deuten und inwiefern sie sich mit körperlich und psychisch schädigenden Arbeitsbedingungen abfinden können. Der Verlust der Balance in ihrem Bezug zur Arbeit bei gleichzeitigem Mangel an legitimen Ausdrucksformen für das Leiden scheint in vielen Fällen der Schlüssel für das Verständnis dafür zu sein, warum der Rechtspopulismus und -extremismus verstärkt Anklang findet: Anknüpfend an die weit verbreiteten Gefühle der Benachteiligung gelingt es der extremen Rechten, soziale Problemlagen und Verwerfungen – z. B.

den Abbau sozialer Sicherungssysteme – mit der Präsenz von Migrant(inn)en in westlichen Industriestaaten in Verbindung zu bringen und damit soziale Probleme zu ethnisieren.

Unsicherheit, Ohnmachtsgefühle und Autoritarismus

Neben verletztem Gerechtigkeitsempfinden bildeten soziale und materielle Unsicherheiten und die Bedrohung durch sozialen Abstieg einen weiteren Schwerpunkt der sozialen Problemlagen, die durch sozioökonomische Veränderungen verschärft werden. Wie bereits oben dargestellt, waren viele unserer Befragten sukzessive zunehmender Unsicherheit der Beschäftigung und des Einkommens ausgesetzt. Dies ist vor allem für jene ein gravierendes Problem, die weder über das kulturelle Kapital verfügen noch über die psychischen Dispositionen, um die Unsicherheiten als Herausforderungen zu interpretieren.

Nur wenige konnten vor dem Hintergrund ihrer Erfahrungen die weitreichenden Umstrukturierungsprozesse so positiv beurteilen wie der bei einem *global player* beschäftigte Chemiemeister und freigestellte Betriebsrat, der unter dem Eindruck von Fusionsprozessen und im Vorfeld einer Standortverlagerung nach Spanien zu seinen Kollegen sagte:

> Leute, Chaos ist immer ein Risiko, aber Chaos ist auch eine Chance. Empfinde ich nachher auch so, empfinde ich auch immer noch so. (Herr Runge, Chemiemeister)

Sein jüngerer Kollege nahm die Manager als »eiskalt«, rücksichtslos und egoistisch wahr:

> Da habe ich den Mann persönlich kennen gelernt als absolut eiskalten Mann. Das war für mich kein Mensch mehr. Das war nur noch ein Manager, der irgendwelche Zahlen im Kopf hat, irgendwelche Ziele. Und der sagt eiskalt zu uns … Da ging es irgendwie um Personalabbau, um Kosteneinsparung und so weiter. Da sagt er zu uns: Je besser es der Firma geht, umso mehr Geld kriege ich. (Herr Sturm, Maschinenschlosser in der Chemieindustrie)

Unsicherheit und Kontrollverlust stehen auf einer allgemeinen Ebene mit Rechtspopulismus dadurch in Zusammenhang, dass dieser das ›Volk‹ als ohnmächtiges Opfer übermächtiger Gegner anspricht, häufig ohne dabei auf spezifische Interessen einzugehen (Dubiel 1994; Steinert 1999). Es besteht aber auch ein deutlicher Zusammenhang mit der Ideologie des *Standortnationalismus* (Butterwegge 1999, 26), insofern Personen ihre Gefühle der Machtlosigkeit oft nicht unter Bezugnahme auf die eigene sozioökonomische Situation ausdrücken, sondern auf die Lage des Landes oder der Gesellschaft insgesamt verweisen:

> Wir sind ökonomisch am Ende und wir sind vollkommen machtlos. Deutschland hat seine Bedeutung in der Welt verloren. (Herr Marzahl, Einkäufer, Bauwirtschaft)

Ein weiterer direkter Zusammenhang ist darin zu erkennen, dass sich Menschen, die sich um ihre Lebensperspektiven sorgen, in ihren Ausführungen häufig die Vergangenheit glorifizieren. Das kann zu nostalgischen Berichten führen, in denen die ›guten alten Zeiten‹ der unerfreulichen Gegenwart und der beängstigenden Zukunft gegenübergestellt werden, und stimmt mit den rückwärtsgewandt utopischen politischen Botschaften des Rechtspopulismus überein, in denen traditionelle Gemeinschaften glorifiziert werden.

Auf einer konkreteren Ebene zeigten die Interpretationen der Interviews, wie Gefühle der Unsicherheit und Machtlosigkeit autoritäre und ausgrenzende Reaktionen hervorbringen und von einem subjektiv gefühlten Mangel an politischer Vertretung begleitet sein können. Der Fall von Herrn Vanhaard, einem belgischen Eisenbahner, ist ein gutes Beispiel für eine autoritäre Reaktion. Als seine Frau ihren Arbeitsplatz wegen des Konkurses der staatlichen Fluglinie verlor, wurde ihm schlagartig bewusst, dass die Arbeit bei einem staatlichen Unternehmen keine Beschäftigungsgarantie bedeutet. Die gefühlte Unsicherheit bringt ihn dazu, nicht nur die Regierungspolitik, sondern auch seine Kollegen zu verurteilen. Er zeigt sich als unerbittlich gegenüber jenen, die mit dem beschleunigten Arbeitstempo nicht mithalten können oder sich in seinen Augen nicht genügend anstrengen und damit den Bestand des Unternehmens – somit auch seinen eigenen Arbeitsplatz und sein Pensionskonto – gefährden.

Gefühle der Unsicherheit und Machtlosigkeit gegenüber Entwicklungen im Unternehmen, auf dem Arbeitsmarkt und in der globalen Wirtschaft werden durch die Wahrnehmung verschärft, dass die politischen Vertreter/innen keinen Schutz mehr gewähren können. Arbeitnehmervertreter/innen erscheinen als handlungsunfähig, als den Unternehmen ausgeliefert oder als solche, die mit dem Management gemeinsame Sache machen. Diese Wahrnehmungen verweisen auf die asymmetrischen Machtbeziehungen im allgemeinen zwischen dem zunehmend mobilen Kapital auf der einen Seite und den Gewerkschaften auf der anderen, die Mitglieder verlieren und zu Zugeständnissen an die Arbeitgeber gezwungen sind. Sie beziehen sich aber auch auf die unmittelbare Unterstützung für einzelne Arbeiter/innen in schwierigen Zeiten. In dieser Hinsicht ist das Ergebnis gemischt: Während ein Teil der Interviewpartner/innen klar differenziert zwischen den Interessenvertretern im Betrieb auf der einen und ›den‹ Politikern auf der anderen Seite, berichten andere von mangelnder Unterstützung durch ihre Gewerkschaft bei Auseinandersetzungen mit dem Arbeitgeber.

Die erlebte Unsicherheit kann den politischen Autoritarismus insofern hervorrufen, als Gefühle sowohl der eigenen Ohnmacht als auch der Ohnmacht politischer Institutionen die Sehnsucht nach handlungs- und durchsetzungsfähigen Führungspersönlichkeiten stärkt und jene Politiker und Unternehmer Aufmerksamkeit und Hoffnung auf sich ziehen, die den Eindruck erwecken, etwas bewirken zu können.

Unsere Analyse der Beziehung zwischen Unsicherheit, Machtlosigkeit und politischer Orientierung zeigte einen weiteren, scheinbar entgegengesetzten Zusammenhang, den wir »konformistische Rebellion« (vgl. Hentges/Meyer 2002, 55) nennen. Rassismus ist – zumindest für manche unserer Interviewpartner/innen – eine Strategie, ihren Protest gegen soziale Ungerechtigkeit in einer sozial akzeptablen Form zu artikulieren. Sogar wenn sie linken Klassenkampf- und Gleichheitsparolen ausgesetzt wären (was sie nicht sind), wäre es unwahrscheinlich, dass sie diese ohne Probleme übernehmen würden. Schließlich wäre dabei die Gefahr weiterer Ausgrenzung und Isolation noch größer, als wenn sie der halboffiziellen Ideologie folgen. Indem sie eine stark autoritäre Reintegration der ›Volksgemeinschaft‹ verlangen, idealisieren manche Befragte (mit einem Hang zu rechtsextremen Ideologien) jene Mechanismen, die ihre eigenen ökonomischen und emotionalen Bedürfnisse sehr effektiv dem Willen der mächtigen Akteure und Institutionen unterordnen. Was im Hinblick auf die Klassenbeziehungen als konformistisch bezeichnet werden kann, erscheint in der Wahrnehmung der meisten Interviewpartner/innen als Rebellion gegen den Zwang zur *political correctness*. Im Kontext der Einwanderung äußerten viele das Gefühl, über die damit in Zusammenhang stehenden Probleme ›nichts sagen zu dürfen‹. Es ist nicht überraschend, dass das daraus folgende Unbehagen die rassistischen Äußerungen rechtspopulistischer Politiker besonders erfrischend wirken lässt. Wir haben es daher mit einer Rebellion im doppelten Sinn zu tun: Mit einem Protest gegen soziale Ungerechtigkeit und mit einer Verletzung der *political correctness*. Und diese Rebellion ist konformistisch, weil sie durchaus im Einklang mit den teilweise verdeckten Haltungen der ökonomischen und politischen Eliten steht.

Schlussfolgerungen für die Politik

Aus den Untersuchungsergebnissen lassen sich eine Reihe von Schlussfolgerungen für die Politik ableiten (Flecker/Kirschenhofer 2004), die hier nur angedeutet werden können. Eine erste mag banal klingen, ist aber umso wichtiger: die gesellschaftliche Anerkennung von Problemlagen insbesondere von Beschäftigtengruppen, die nicht im Brennpunkt der (gewerkschaftlichen) Öffentlichkeit stehen. Zweitens müsste es, um den verbreiteten Unsicherheitsgefühlen und dem häufigen Kontrollverlust über das eigene Leben begegnen zu können, gelingen, die Arbeitslosigkeit zu reduzieren, dabei aber zugleich die Niedriglohnbeschäftigung und die prekären Erwerbsbedingungen einzuschränken anstatt auszuweiten. Die Liberalisierung und Privatisierung öffentlicher Dienstleistungen hat zu hoher Unsicherheit insbesondere für jene Erwerbstätigen geführt, die sich in ihrer Berufswahl gerade auch von Sicherheitsversprechen haben leiten lassen. Dieses europäische soziale Großexperiment müsste insofern dringend einer Revision unterzogen werden.

Auf dem Gebiet der Einwanderungs- und Asylpolitik legen es die Ergebnisse des SIREN-Projekts nahe, die mit Immigration und multikulturellem Zusammenleben verbundenen Probleme offen anzusprechen, statt von den Betroffenen Toleranz und politische Korrektheit einzufordern. Da Asylbewerber in vielen Ländern nicht arbeiten dürfen und vom Staat versorgt werden, provoziert die Anwesenheit von Flüchtlingen häufig ablehnende Reaktionen bei den Beschäftigten. Sinnvoll erscheint es uns, Asylbewerbern Arbeitsbewilligungen zuzugestehen, um – zumindest – solche Ressentiments gegen Flüchtlinge zu entkräften.

Den politischen Ohnmachtsgefühlen kann wohl nur mit einer glaubwürdigeren Vertretung und einer Demokratisierung begegnet werden. Sollen sich die Menschen nicht mehr als ohnmächtiger Spielball anonymer ökonomischer Mächte begreifen, sind Möglichkeiten aktiver Einflussnahme und Konflikterfahrungen nötig. Vor allem aber gilt es, die aus sozialen Missständen resultierenden Aggressionen auf die tatsächlichen Verursacher dieser sozialen und gesellschaftlichen Problemlagen zu lenken, um fremdenfeindlichen und autoritären Tendenzen Einhalt zu gebieten. Ein eindrucksvolles Beispiel in dieser Hinsicht ist die *Bürgerinitiative gegen Billiglohn* in Thüringen, die den Unternehmern, die besonders niedrige Löhne zahlen, die *Goldene Nase* verleiht und so versucht, die Ressentiments gegen ausländische – insbesondere polnische – Beschäftigte abzubauen.

Einer Ethnisierung sozialer Beziehungen und sozialer Probleme ist mit Appellen an die politische Korrektheit nicht beizukommen. Im Gegenteil: Diese verschaffen Rechtspopulismus erst recht Auftrieb, wie die Entwicklungen etwa in Österreich und Dänemark besonders deutlich zeigten (Zilian 2002). Verbreiten alle Parteien nur um Nuancen abgestuft die Botschaft, dass die Sozialausgaben eingeschränkt werden müssen, darf man sich nicht wundern, wenn in der Reduzierung der Anspruchsberechtigten die Lösung gesehen wird und wenn Kriterien der ethnischen Herkunft künftig über die Zugehörigkeit zu diesem Kreis entscheiden sollen.

Vor diesem Hintergrund sind wohl auch die Wirkungen jüngster politischer Maßnahmen zu beurteilen: Angenommen, man würde versuchen, auf der Basis unserer Erkenntnisse Maßnahmen zu entwickeln, die geeignet sind, die vorhandenen »rechtspopulistischen Unterströmungen« (Vester 2001) oder gar die Kräfte am rechten Rand des politischen Spektrums zu *verstärken* – einiges aus dem sich derzeit vollziehenden Abbau der sozialen Sicherungssysteme (Stichwort: Hartz IV) in Deutschland wäre sicherlich darunter.

Literatur

Betz, Hans-Georg, 2002: »Rechtspopulismus in Westeuropa: Aktuelle Entwicklungen und politische Bedeutung«, in: *Österreichische Zeitschrift für Politikwissenschaft* 3/2002, 251–64

Butterwegge, Christoph, 1996: *Rechtsextremismus, Rassismus und Gewalt. Erklärungsmodelle in der Diskussion*, Darmstadt

Ders., 1999: »Von der ›Vaterlandsliebe‹ zur Sorge um den Wirtschaftsstandort«, in: ders. und Gudrun Hentges (Hg.), *Alte und Neue Rechte an den Hochschulen*, Münster, 11–38

Ders., 2002: *Rechtsextremismus*, Freiburg i. Br.

Castel, Robert, 2000: *Die Metamorphosen der sozialen Frage. Eine Chronik der Lohnarbeit*, Konstanz

Ders., 2001: »Der Zerfall der Lohnarbeitsgesellschaft«, in: Pierre Bourdieu (Hg.), *Der Lohn der Angst – Flexibilisierung und Kriminalisierung in der »neuen Arbeitsgesellschaft«*, Liber – Internationales Jahrbuch für Literatur und Kultur 99/00, Konstanz

De Weerdt, Yves, Hans De Witte, Patrizia Catellani und Patrizia Milesi 2004: *Turning Right? Socio-Economic Change and the Receptiveness of European Workers to the Extreme Right*, Leuven

Dies., 2007: Perceived Socio-Economic Change and Right-Wing Extremism: Results of the SIREN-Survey among European Workers, in: Jörg Flecker (Hg.), *Changing Working Life and the Appeal of the Extreme Right (Contemporary employment relations series)*, Aldershot, 63–83

Dubiel, Helmut, 1994: *Ungewissheit und Politik*, Frankfurt a. M.

Flecker, Jörg, Gudrun Hentges und Gabrielle Balazs, 2007: Potentials of Political Subjectivity and the Various Approaches to the Extreme Right. Findings of the Qualitative Research, in: Jörg Flecker (Hg.), *Changing Working Life and the Appeal of the Extreme Right (Contemporary employment relations series)*, Aldershot, 35 61

Flecker, Jörg, und Sabine Kirschenhofer, 2004: *Roads To Right-Wing Populism – And Back. The* SIREN *Policy Recommendations Report*, Wien (www.siren.de)

Heitmeyer, Wilhelm, 1988: *Rechtsextremistische Orientierungen bei Jugendlichen*, 2. Aufl. Weinheim

Ders. u. a., 1993: *Die Bielefelder Rechtsextremismus-Studie. Erste Langzeituntersuchung zur politischen Sozialisation männlicher Jugendlicher*, 2. Aufl. Weinheim/ München

Ders. (Hg.), 2002: *Deutsche Zustände. Folge 1*, Frankfurt a. M.

Hentges, Gudrun, und Malte Meyer, 2003: *Right-Wing Extremist Attitudes In Germany – Implications Of Competitive Nationalism And Neoliberalism*, Köln

Dies. u. a., 2003: *The Abandoned Worker – Socio-Economic Change and the Attraction of Right-Wing Populism. European Synthesis Report on Qualitative Findings*, Wien

Jaschke, Hans-Gerd, 1994: *Rechtsextremismus und Fremdenfeindlichkeit. Begriffe – Positionen – Praxisfelder*, Opladen

Mudde, Cas, 1995: »The Defining of the Extreme Right Party Family«, *Paper presented at the workshop ›Racist Parties in Europe‹: A New Political Family of the ECPR Joint Sessions of Workshops*, Bordeaux

Poglia Mileti, Francesca, Riccardo Tondolo, Fabrice Plomb, Franz Schultheis, Malte Meier, Gudrun Hentges, Ingrid Mairhuber und Jörg Flecker, 2002: *Modern Sirens and Their Populist Songs: A European Literature Review on Changes in Working Life and the Rise of Right-Wing Populism*, Neuchâtel/Wien

Rommelspacher, Birgit, 1995: *Dominanzkultur. Texte zu Fremdheit und Macht*, Berlin

Dies., 2000: »Das Geschlechterverhältnis im Rechtsextremismus« in: Wilfried Schubarth und Richard Stöss (Hg.), *Rechtsextremismus in der Bundesrepublik Deutschland. Eine Bilanz*, Bonn, 199–219

Scheuch, Erwin, und Hans D. Klingemann, 1969: »Theorie des Rechtsradikalismus in westlichen Industriegesellschaften«, in: *Hamburger Jahrbuch für Wirtschafts- und Gesellschaftspolitik*, Tübingen, 11–29

Steinert, Heinz, 1999: »Kulturindustrielle Politik mit dem Großen & Ganzen: Populismus, Politik-Darsteller, ihr Publikum und seine Mobilisierung«, in: *Politik und Gesellschaft Online. International Politics and Society* 4 (1999), 402–13

Vester, Michael, 2001: »Wer sind heute die ›gefährlichen Klassen‹? Soziale Milieus und gesellschaftspolitische Lager im Wandel«, in: Dietmar Loch und Wilhelm Heitmeyer (Hg.), *Schattenseiten der Globalisierung*, Frankfurt a. M., 298–345

Zilian, Hans-Georg, 2002: »Der ›Populismus‹ und das Ende der Gleichheit«, in: Wolfgang Eismann (Hg.), *Rechtspopulismus – Österreichische Krankheit oder europäische Normalität?* Wien, 56–73

Torsten Bultmann

Soziale Kämpfe um Bildung

Überlegungen zum Funktionswandel von Bildung in der nach-industriellen Gesellschaft

Auf der Ebene alltäglicher Anschauung hat vermutlich jeder eine Vorstellung davon, dass es einen engen Zusammenhang gibt zwischen dem Bildungssystem einer Gesellschaft auf einer bestimmten historischen Stufe und deren Struktur. Diese lässt sich auch beschreiben als eine dieser Stufe entsprechende berufliche und soziale Gliederung sowie ein bestimmtes Normen- und Wertesystem. In der Reproduktion von beidem ist die Aufgabe von Bildungssystemen bestimmbar.

Die zunächst provisorische Annahme eines grundlegenden Funktionswandels von Bildung leitet sich daraus ab, dass sich gegenwärtig auch ein neues Arbeitsmarkt- und Sozialregime herausbildet, dass wir uns also mitten in einem Prozess befinden, in welchem die traditionelle kapitalistische Industriegesellschaft – deren aktuellste historische Prägung in den kritischen Sozialwissenschaften überwiegend als *Fordismus* bezeichnet wird – durch etwas anderes abgelöst wird. Für dieses *Andere* stehen in der herrschenden politischen Öffentlichkeit überwiegend vernebelnde Etiketten wie *Informationsgesellschaft* oder *wissensbasierte* Gesellschaft zur Verfügung. Der Kern dieser Transformation ist – jenseits ideologischer Deutungsmuster – ein Umbau der materiell-technischen Basis der gesellschaftlichen Produktion: eine Transformation, in der die so genannte Wissensökonomie gesellschaftlich aufgewertet wird. Mit anderen Worten: Zugang zu Wissen, Verfügung über Wissen, Entwicklung und Erweiterung von Wissen wird auf gesamtgesellschaftlicher Basis als individuelle und soziale Ressource wichtiger. Diese Feststellung gilt unabhängig von der politischen Form und von den politischen Kräfteverhältnissen, innerhalb derer diese Transformation stattfindet.

Meine These lautet nun, dass die aktuellen Bestrebungen, die Bildungssysteme radikal umzubauen, nicht lediglich eine Art additive Modernisierung des Vorhandenen oder eine Reform *mittlerer Reichweite* umfassen, sondern auf eine grundlegende Neujustierung des Verhältnisses von Bildung und Gesellschaft hinauslaufen;

eines Verhältnisses, wie es sich so ungefähr in den letzten 150 bis 200 Jahren herausgebildet hat.

Ich möchte im Folgenden zunächst aus der historischen Perspektive die Dimension dieses Umbaus, zweitens den aktuellen Funktionswandel anhand der Identifikation bestimmter konstanter Merkmale innerhalb desselben verdeutlichen; drittens möchte ich eine emanzipatorische Denkrichtung von Bildungsreform zumindest – soweit dies überhaupt möglich ist – grob skizzieren.

1. Historische Konstituierung staatlicher Bildung

Zum Verständnis dessen, was moderne Bildungssysteme überhaupt sind, müssen im Prinzip zwei Schlüsselbegriffe fallen: der Begriff des *bürgerlichen Nationalstaates* und zweitens der Begriff – oder besser – der Hinweis auf die qualifikatorischen und ideologischen Erfordernisse einer modernen *industriellen Produktion kapitalistischen Typs.*

Die modernen Bildungssysteme sind im internationalen Vergleich kulturell sehr unterschiedlich geprägt. Es gibt jedoch eine typische Gemeinsamkeit: Die Durchsetzung eines staatlichen Erziehungsmonopols in Verbindung mit der Verwirklichung der allgemeinen Schulpflicht sowie einem zentral normierten Unterrichtswesen sind untrennbarer Bestandteil der Herausbildung bürgerlicher Nationalstaaten, ein Prozess, der sich im Wesentlichen im 19. Jahrhundert abgespielt hat. Wenn heute in der globalisierungskritischen Bewegung proklamiert wird, dass Bildung ein öffentliches Gut sei, muss zumindest darauf hin gewiesen werden, dass ihr staatlich-öffentlicher Charakter weder ein Wesensmerkmal noch eine Ewigkeitsgarantie für Bildung ist, sondern erst seit einem Zeitraum von ca. 150 bis 200 Jahren datiert. Praktisch wurde dies im europäisch geprägten Raum im Wesentlichen durch die Überführung überwiegend kirchlicher Bildungsstätten (die Vorläufereinrichtungen) in staatliche Oberhoheit verwirklicht.

Verglichen mit anderen modernen Nationen fand dieser Prozess im deutschen Staats- und Kulturraum verzögert und mit einigen charakteristischen Besonderheiten statt. Zwar wurde in den deutschen Territorialstaaten seit Ende des 18. Jahrhunderts schrittweise die *allgemeine Schulpflicht* per Gesetz eingeführt. Im Verlauf des 19. Jahrhunderts jedoch beschränkte sich dies zunächst im Wesentlichen auf ein Konzept der Standeserziehung, in dem verschiedene Schulformen für spezifische soziale Gruppen reserviert waren. Die *Volksschule* etwa – ein Begriff der sich seit Mitte des gleichen Jahrhunderts einbürgerte – meinte keine Schule für das *ganze* Volk, sondern Einrichtungen der Elementarerziehung für die sozialen Unterschichten, Proletariat und Bauern, während das gehobene Bürgertum seine Kinder etwa auf gymnasiale Vorschulen oder Lyzeen (für Töchter) schickte und ein Teil der Bevölkerung sich durch Privatlehrer der (erst in Ansätzen realisierten) öffentlichen Bildung entziehen konnte. Die Religionsschulen hatten noch lange Zeit eine starke Stellung inne (vgl. von Friedeburg 1992, 38 ff).

Vor diesem Hintergrund wird vielleicht deutlicher, warum die sozialistische Bewegung im Interesse sozialer Egalisierung ein starkes Augenmerk auf das Bildungssystems legte und etwa die Sozialdemokratie in ihr (erstes) *Gothaer Programm* (1875) ein eigenes bildungspolitisches Kapitel einfügte, in welchem gefordert wurde:

> Allgemeine und gleiche Volkserziehung durch den Staat. Allgemeine Schulpflicht. Unentgeltlicher Unterricht in allen Bildungsanstalten. Erklärung der Religion zur Privatsache.

Die Abschaffung einer gestuften Standeserziehung wurde mit der Durchsetzung eines staatlichen Erziehungsmonopols in Richtung der Einheitsschule verbunden. Die Arbeiterbewegung erweist sich so *auch* als ein Faktor kapitalistischer Modernisierung, weil diese Forderung auf Verhältnisse zielte, die etwa in (*moderneren*) Nationalstaaten wie Frankreich schon weit früher durchgesetzt waren.

Erfüllt wurde dies in Deutschland erst in den 1920er Jahren. Die Einführung einer einheitlichen öffentlichen Schule war eine Folge der *Reichsschulkonferenz von 1920*, und zwar in Form eines – wiederum *typisch deutschen* – Kompromisses (vgl. Ehmann 2002, 42 f; von Friedeburg 1992, 219 f): Die vielstimmig geforderte *Einheitsschule* wurde jetzt als vierjährige Grundstufe eines integrierten dreigliedrigen staatlichen Schulsystems verwirklicht. Auf diese Weise wurde ein Bildungssystem installiert, welches wir in Deutschland in seinen grundlegenden Komponenten bis heute kennen. Die Grundstufe war eine Schulform, der sich (fast) niemand entziehen konnte. Erst in Verbindung damit konnte von so etwas wie einem staatlichen Erziehungsmonopol im Sinne eines totalisierenden Zugriffs auf alle gesellschaftlichen Individuen die Rede sein. Gleichzeitig wirkten in den weiterführenden Schulformen (Realschulen, Gymnasien) die – z. T. gleichnamigen –Vorläufereinrichtungen ständischer Erziehung fort, um auf diese Weise soziale Zuweisungsmechanismen von Bildungschancen effektiv aufrecht zu erhalten. Obwohl für die damalige politische Rechte bereits dieser Kompromiss gleichbedeutend war mit Anarchie oder Sozialismus, während die politische Linke ihn als Sieg feierte, war es natürlich genau betrachtet ein Pyrrhussieg. Unter Bedingungen der Dreigliedrigkeit trat in der Grundstufe pädagogisch vor allem an Stelle des Gedankens sozialer Gleichheit der Gedanke der Selektion in den Vordergrund.

Aus dieser historischen Perspektive wird gleichzeitig die *Funktion* von staatlich-öffentlichen Bildungssystemen verständlicher. Diese erfüllen eine zentrale Rolle bei der gesellschaftlichen Verinnerlichung und Verallgemeinerung kapitalistischer Produktionsverhältnisse bzw. in der Formierung bürgerlicher Subjektivität. Dies lässt sich anhand ihres Doppelcharakters beschreiben. Sie sind einerseits Disziplinareinrichtungen und dienen anderseits der Reproduktion gesellschaftlich relevanter Qualifikationen. In Anlehnung an Louis Althusser integriert folglich die öffentliche Schule die Reproduktion von Arbeitskraft als *Qualifikation* mit einer »Reproduktion ihrer Unterwerfung« (Althusser 1977, 112). Aus diesem Grund ist die Schule in der Gegenwart der zentrale *ideologische Staatsapparat.* (ebd., 127)[1]

Bildungssysteme erfüllen folglich eine – quasi *staatstragende* – Legitimationsfunktion, die darin besteht, unterschiedliche soziale Positionen auf Unterschiede an Begabung und Eignung zurückzuführen. Dies geschieht durch den Mechanismus permanenter Zertifizierung und Klassifizierung von Subjekten. Allerdings lässt sich diese Thematik nicht allein reduktionistisch und funktionalistisch abhandeln. Disziplinarfunktion und Qualifikationsauftrag stehen in einem engen Zusammenhang, sind aber auch nicht völlig aufeinander reduzierbar: Die starre fordistische Arbeitsteilung mit ihrem typischen Fabrikregime betont etwa sehr stark solche *Sekundärtugenden* wie Unterwerfung unter ein fremdes Kommando, formale Disziplin und Einordnungsbereitschaft, während die neu sich bildende hochtechnologische Produktionsweise mit ihrer charakteristischen *Wissensökonomie* wesentlich stärker Momente individueller Kreativität und Flexibilität als Setzung von Erziehungszielen verlangt. Damit nähern wir uns den Konflikten um die aktuelle Bildungsreform.

2. *Ende des Fordismus – und was danach?*

Das dreigliedrige Schulsystem ist in seiner bestehenden Form – auch im innerkapitalistischen Vergleich – ein deutsches Unikat. Die Frage wäre also zu stellen, warum es sich entgegen aller pädagogischen wie volkswirtschaftlichen Vernunft so lange stabil gehalten hat? Eine mögliche Antwort liegt bereits im Hinweis auf die Arbeitsteilung des Fordismus.

Ludwig von Friedeburg hat häufiger (z. B. 1994, 33 f) als Polemik gegen eine naturalisierende Pädagogik die anachronistische Stabilität des deutschen Schulmodells anhand des tayloristischen Maschinensystems begründet. Eine Maschine bräuchte drei Typen von Menschen: einen, der sie erfindet, einige, die sie konstruieren und warten, viele, die sie bedienen, kurz: ein Wissenschaftler, einige Techniker und viele Arbeiter. Damit ließ sich u. a. jenes dreigliedrige Schulsystem und die hierarchische Entkoppelung *praktischer* und akademisch-wissenschaftlicher Bildung begründen. Dem Bild entspricht eine Arbeitsorganisation, die auf der strikten vertikalen Trennung von geringer bewerteten ausführenden und planend-leitenden

1 »… das Gespann Schule-Familie hat das Gespann Kirche-Familie ersetzt.« (a. a. O.)

Tätigkeiten einer kleinen Minderheit beruht, denen jeweils die Zuteilung unterschiedlicher sozialer Bildungschancen vorausging.

Dieses Produktionsmodell löst sich gegenwärtig rapide auf. Anders gesagt: Bildungssystem, herrschende bildungspolitische Leitgedanken und Produktionsrealität entsprechen einander immer weniger. Aus verschiedenen theoretisch-politischen Ansätzen heraus wird stattdessen betont, dass im Übergang zur hochtechnologischen Produktionsweise mit den diese charakterisierenden Tendenzen der *Wissensökonomie* so etwas wie eine Synthetisierung von ursprünglich hierarchisch getrennten Qualifikationsmerkmalen innerhalb des Produzentenwissens stattfindet. Dazu gehört etwa eine gesellschaftliche Aufwertung intellektueller, kooperativer bzw. immaterieller Arbeit (vgl. etwa: Hardt/Negri 2002, 285).[2] Dem entspricht in der bildungspolitischen Praxis, dass alle Gewerkschaftler, die sich mit einer Reform der beruflichen Bildung beschäftigen, betonen, dass sich aus der Entwicklung des realen Qualifikationsbedarfes in der unmittelbaren Produktion keinerlei formale Legitimation a) für das dreigliedrige Schulsystem und damit b) für die soziale Beschränkung des Zugangs zur Wissenschaft mehr ableiten lässt.

Das ist der tiefere Grund dafür, warum aktuell – ohne dass damit bereits eine konkrete politische Prognose verbunden werden kann – die soziale Basis für das traditionelle Schulsystem auch innerhalb des herrschenden Lagers brüchig wird: auf der einen Seite herkömmliche Verfechter eines pädagogischen Konservatismus (aktuell etwa repräsentiert durch Anette Schavan oder Monika Hohlmeier), die stur am alten Modell festhalten, auf der anderen Seite produktivistisch orientierte *Consulting*-Agenturen und *Think Tanks*, die wie etwa McKinsey oder die Bertelsmann-Stiftung integrierte Unterrichtssysteme nach skandinavischem Vorbild fordern. Dem liegt die Problemwahrnehmung zugrunde, dass ein gegliedertes Schulsystem die wettbewerbspolitisch mobilisierungsfähigen *Humanressourcen* zu sehr einschränkt.

Fordistische Bildungssysteme sind jedoch nicht allein aus der konkreten technischen und sozialen Arbeitsorganisation bestimmbar, sondern immer auch mit der gesellschaftlichen Dominanz spezifischer biografischer Muster verknüpft. Dafür steht die zeitliche Reihenfolge *Ausbildung-Arbeit-Rente*, welcher entspricht, dass

2 Negri und Hardt sehen diese Entwicklungen mit einer Tendenz des *spontanen* Kommunismus verbunden: »Immaterielle Arbeit beinhaltet unmittelbar soziale Interaktion und Kooperation (…) Indem sie ihre eigenen schöpferischen Energien ausdrückt, stellt die immaterielle Arbeit das Potenzial für eine Art des spontanen und elementaren Kommunismus bereit« (ebd., 305) Man mag diese Formulierung für übertrieben und zu optimistisch halten. Ungeachtet dessen gelingt es beiden Autoren, die Widersprüchlichkeit in der Entwicklung moderner Arbeitsproduktivität – entgegen einer verbreiteten entlarvungstheoretisch-funktionalistisch beschränkten Neoliberalismuskritik aus der Ohnmachtsperspektive – als politisches Handlungspotenzial auf den Punkt zu bringen.

Ausbildung im Kern nach dem Prinzip des *Lernens auf Vorrat* angelegt ist. Man lernt in der Jugend, erwirbt ein Wissen, das etwa für eine 40jährige Berufstätigkeit reicht und meldet sich dann in den Ruhestand ab. Genauer betrachtet handelt es sich dabei um die klassische Normalbiografie des männlichen Ernährers mit Vollzeitbeschäftigung. Es bedarf kaum der Erwähnung, dass dieses Muster, auf welches aber das überlieferte Bildungssystem nach wie vor ausgerichtet ist, immer weniger eine reale gesellschaftliche Entsprechung hat.

In den dominanten bildungspolitischen Diskursen etwa bis Mitte der 1990er Jahre wurde buchstäblich formuliert, dieses Lernen auf Vorrat müsse durch einen anderen Grundtypus, nämlich den des *Lernens auf Abruf* ersetzt werden (*Learning on demand* ist in der angelsächsischen Bildungsdiskussion ein eingebürgerter Terminus). Formuliert ist damit die Zielsetzung einer ökonomisch situativen lebenslangen Lernbereitschaft als Bringschuld der jeweils Einzelnen. Dies geschieht in enger Anlehnung an das sogenannte *Employability*-Konzept, welches u. a. durch eine europäisch organisierte Unternehmenslobby (Hirtt 2002) seit Anfang der 1990er Jahre in die bildungspolitischen Diskurse eingespeist wurde und diese zunehmend bestimmte: *Beschäftigungsfähigkeit* wird in der damit verbundenen Strategie nicht nur zum bestimmenden Leitgedanken *sämtlicher* Bildungsprozesse, zugleich wird die *Eigenverantwortung* in der ständigen Aktualisierung des individuellen Arbeitsvermögen auf Bildungsmärkten in der zugehörigen Terminologie sehr stark gewichtet. *Employability* ist daher der Scharnierbegriff zwischen einer neoliberalen Bildungsreform und der Deregulierung von Arbeitsmärkten.

In der Folgezeit, d. h. ab etwa Mitte der 1990er Jahre, lässt sich beobachten, dass der Terminus des *Lernens auf Abruf* zumindest in der deutschen Debatte eher in den Hintergrund tritt und durch einen anderen ersetzt wurde, den des *eigenverantwortlichen und selbstgesteuerten Lernens* – vermutlich weil dies im Sinne des Postmaterialismus emanzipatorischer klingt als eine quasi-militärische Abrufbereitschaft.

Damit sind die Konflikte um die Transformation der Bildungssysteme genauer bestimmbar: Deren Ergebnis kann eine neue Stufe der Verinnerlichung und Subjektivierung gesellschaftlicher Machtbeziehungen im Sinne des *Employability*-Konzeptes sein. Denkbar ist aber auch ein höheres Maß an sozialer Öffnung und Durchlässigkeit von Bildungsbeteiligung und damit an gesellschaftlicher Handlungsfähigkeit einer größeren Zahl von Menschen als heute. Die zweite Alternative jedoch bedarf eines ebenso hohen Maßes an politischer Anstrengung und sozialer Kämpfe. Ein ökonomischer Automatismus der *Auflösung* fordistischer Strukturen führt ebenso wenig dahin wie die ideologische Falle wettbewerbskorporatistischer *Modernisierungspartnerschaft*. Wichtig ist: Es ist unmöglich, eine emanzipatorische Zielsetzung von Bildungsreform *strategisch* als Verteidigung des bestehenden Bildungssystems anzulegen, weil sich dessen ursprüngliche gesellschaftliche Grundlage immer mehr verflüchtigt.[3] Politische und emanzipatorische Alternativen zur neoliberalen Politikvariante müssen auf der Basis des neuen *wissensökonomischen* Produktionsmodells und der gesellschaftlichen Handlungsmöglichkeiten, die dieses tendenziell freisetzt, entwickelt werden (systematischer dazu: Schöller 2004). Dazu ist es erforderlich, bestimmte dominante Merkmale des gegenwärtigen *Funktionswandels* von Bildung näher begrifflich zu bestimmen, diesen in gewisser Weise als irreversibel zu begreifen und polarisierende politische Konzepte und Forderungen *innerhalb* dieses Wandels zu formulieren. Dies werde ich im Folgenden – zugeben sehr grobmaschig – versuchen.

3. Neue gesellschaftliche Bildungsverhältnisse

In der Sprache der bestehenden politischen Gegenbewegungen zum Neoliberalismus, wie sie insbesondere durch globalisierungskritische Initiativen geprägt ist, besteht das Hauptproblem in der *Privatisierung* von Bildung darin, dass diese zur Ware wird. Das bringt durchaus etwas Richtiges zum Ausdruck, etwa die Tendenz, dass – auch im internationalen Maßstab – Bildungssysteme stärker marktorientiert ausgerichtet und aus privaten Quellen finanziert werden sollen. Dennoch ist mit dieser juristischen Terminologie einer Gegenüberstellung von *öffentlich* und *privat* der eigentliche Funktionswandel von Bildung noch nicht hinreichend erfasst, weil sich dieser auch unabhängig von der juristischen Form und der jeweiligen Finanzierungsweise – bzw. selbständig gegen beide – vollzieht.[4]

Die herrschende bildungspolitische Terminologie, die sich auch in Institutionen und im staatlichen Gutachterwesen widerspiegelt,[5] orientiert sich, implizit oder

3 Das heißt natürlich nicht, dass sinnvolle Maßnahmen und Einrichtungen des *jetzigen* Bildungssystems – etwa die Unentgeltlichkeit des Studiums – nicht einzelfallbezogen verteidigt werden können, wenn gegen sie etwas Schlimmeres droht. Das ist eine Frage der Abwägung und der Taktik. Es ist aber weder möglich noch sinnvoll, die überlieferten Bildungsstrukturen als *System* in die Zukunft zu retten.

4 »Der Staat, der der Staat der herrschenden Klasse ist, ist weder öffentlich noch privat, er ist vielmehr die Bedingung jeder Unterscheidung zwischen öffentlich und privat. [...] Es kümmert nicht, ob die Institutionen ... ›öffentlich‹ oder ›privat‹ sind. Entscheidend ist ihre Funktionsweise.« (Althusser 1977, 120) Etwas anders ist in unserem Kontext die Frage, ob stärkere Marktsteuerung und Privatfinanzierung den angestrebten Funktionswandel *im Sinne bestimmter gesellschaftlicher Interessen* eher begünstigen, was vermutlich der Fall ist. Doch auch dann muss inhaltlich über Funktionen und Interessen gestritten werden, statt sich in einer selbstreferenziellen juristischen Terminologie zu veheddern. Der öffentliche Charakter von Bildung kann nur dann erfolgreich verteidigt werden, wenn der Nachweis gelingt, dass damit verallgemeinerungsfähige gesellschaftliche Interessen besser befriedigt werden können.

explizit, an einer Art neuartiger Humankapitaltheorie der Erzeugung lebenslanger Lernbefähigung und -bereitschaft. Zur Charakterisierung des Neuen sowie zur besseren politischen Vorstellbarkeit/Handhabung des Übergangs werden vor allem drei Schlüsselbegriffe ins Feld geführt: 1. *Lebenslanges Lernen*, 2. *Informalisierung*, 3. *Modularisierung*.

Ich behaupte nun, dass mit diesen technokratischen Termini tatsächlich Struktur- und Funktionsmerkmale künftiger Bildungsverhältnisse im Unterschied zum traditionellen Bildungssystem bezeichnet werden können. Die entscheidende Frage ist, inwieweit auch individuelle und soziale Emanzipation durch Bildungsbeteiligung in diesen Begriffen darstellbar ist. Die Frage ist schon deswegen berechtigt, weil einerseits das Management des Übergangs zu neuen gesellschaftlichen Bildungsverhältnissen zweifelsfrei in der politischen Form des Neoliberalismus und unter dessen Deutungshoheit stattfindet, die gesellschaftliche Substanz dieses Übergangs selbst aber nicht auf Neoliberalismus reduzierbar ist. Schließlich sei in dem Zusammenhang daran erinnert, dass der aktuell vorherrschenden Prägung bestimmter bildungspolitischer Termini eine begriffliche *Enteignung* zugrunde liegt, waren doch etwa Leitvorstellungen wie *Lebenslanges Lernen* oder *Modularisierung* konstitutiver Bestandteil linker Bildungsreformstrategien der frühen 70er Jahre, welche u. a. auf eine stärkere individuelle Selbstbestimmung gegenüber autoritären Bildungsinstitutionen zielten.

Im Folgenden versuche ich daher, die jeweils herrschende Interpretation mit einem etwas veränderten Blickwinkel zu konfrontieren.

Lebenslanges Lernen (LL): Im herkömmlichen Verständnis wurde der Begriff vor allem auf den Bereich der Fort- und Weiterbildung angewandt. In der neuen Verwendung wird LL zu einem strukturierenden Prinzip des *gesamten* Bildungssystems und damit zum Fokus für eine integrierte Bildungsreform, die sich von Vorschuleinrichtungen bis zum Seniorenstudium erstreckt. Gleichzeitig führt dies zu einer besonderen Gewichtung und Neubewertung einzelner Bildungsabschnitte: »Die Grundlagen für Lebenslanges Lernen werden in der frühen Kindheit und im Grundschulalter gelegt« (BLK 2004, 17). Damit wird die Forderung nach einer

5 Vgl. etwa: Bund-Länder-Kommission für Bildungsplanung und Forschungsförderung (BLK), 2004: *Strategie für Lebenslanges Lernen in der Bundesrepublik*, Bonn 2004; Schlussbericht der unabhängigen Expertenkommission beim Bundesministerium für Bildung, Wissenschaft, Forschung und Technologie (BMBF 2004): *Finanzierung Lebenslangen Lernens: Der Weg in die Zukunft*. Berlin (28.Juli 2004). Derartige politisch repräsentative Texte können nicht einfach als *neoliberal* klassifiziert werden. Sie versuchen vielmehr, in dem Maße wie sie umsetzungsorientiert sind, breitere gesellschaftliche Angebote und Konsense zu formulieren. Insbesondere der BMBF-Kommission haben auch gewerkschaftsnahe Wissenschaftler angehört. Daher lohnt eine intensivere Beschäftigung damit.

institutionellen und finanziellen Aufwertung der vorschulischen Erziehung (Kindergärten) und der Grundschule bekräftigt. Hier werden, so die Theorie dahinter, die entscheidenden sozialen Schlüsselkompetenzen erworben, die zum LL befähigen. Diese Forderung kann nicht völlig von der Hand gewiesen werden. Sie deckt sich durchaus mit Erkenntnissen der pädagogischen Forschung, dass Lerndefizite – auch durch sozialen Ausschluss – die in der frühkindlichen Bildung erworben werden, in späteren Phasen umso schwerer kompensierbar sind. Der politische Streit muss darum geführt, ob es tatsächlich um eine gesellschaftliche Aufwertung dieser Bildungsformen durch eine zusätzliche Mobilisierung staatlicher Ressourcen geht, oder ob dieser Zuwachs durch Kürzung anderer öffentlicher Bildungsausgaben finanziert wird. Die neoliberale *Pädagogik* macht sich einen ganz eigenen Reim aus diesem Befund: Sie lehnt sich u. a. an Empfehlungen der Weltbank (1995) an, die staatlichen Bildungsausgaben auf den Pflichtschulbereich (in Deutschland bis Klasse 10) und hier noch einmal besonders auf die *Grundbildung* zu konzentrieren, während die weiterführenden öffentlichen Bildungswege, also insbesondere der Sekundär- und Tertiärbereich, stärker privatisiert und der *Eigenverantwortung* anheim gegeben werden sollen (vgl. Bultmann/Schöller 2003, 332 f). Öffentliche Bildung dient in dieser Denkweise ausschließlich dem Aufbau eines *Startkapitals* für spätere individuelle Konkurrenzfähigkeit auf Arbeitsmärkten. Selbst wenn es gelingen sollte, auf diese Weise (Klein-)Kinder stärker in das Bildungssystem zu integrieren, wird dieser Effekt durch eine um so schärfere soziale Selektion auf deregulierten Arbeits- und Bildungsmärkten in späteren biografischen Phasen wieder zunichte gemacht. Wenn demgegenüber LL zu mehr gesellschaftlicher Handlungsfähigkeit beitragen soll, müssen alle Bildungsstufen stärker politisch gestaltetet und öffentlich finanziert (BMBF 2004, X), muss Bildungsbeteiligung schließlich durch Rechtsansprüche und tarifliche Garantien abgesichert werden.

Informalisierung: Die Bildungsforschung unterscheidet schon immer zwischen institutionellen/formalen und informellen Lernprozessen. *Formal* meint organisiertes Lernen in zeitlich-biografisch abgegrenzten Phasen bzw. in dafür vorgesehenen Institutionen; *informell* demgegenüber die eigeninitiierte selbständige (situative oder systematische) Wissenserweiterung. Die Abgrenzung ist allerdings schwer, da zwischen beiden Lernformen ein enger Zusammenhang besteht. Die Art und Weise, wie jemand bestimmte soziale Situationen verarbeitet, wird natürlich auch dadurch mit determiniert, was in Lerninstitutionen an Fähigkeiten erworben wurde; schließlich findet auch in solchen Institutionen informelles Lernen statt (Stichwort *heimlicher Lehrplan*), welches einige Zyniker für das eigentlich relevante halten. Eine eingängige Theorie lautet nun, dass in der so genannten Informationsgesellschaft das Gewicht des informellen gegenüber dem formalen Lernen zunimmt, dass sich also hier die Proportionen verschieben. Vordergründig ist dies zwar einleuchtend, eine analytische Begründung erfolgt jedoch selten: der Hinweis auf technische Möglichkeiten und arbeitsmarktpolitische Notwendigkeiten ist beliebig und unanalytisch, da etwa die zweifellos wachsende soziale Relevanz moderner Kommunikationstechnologien (Internet), welche individuelles und von Institutionen unabhängiges Lernen erleichtern, lediglich die *technische* Entsprechung auf gesellschaftliche Bedürfnisse sind, welche ihrerseits erklärt werden müssten. Der *Employability*-Ansatz nutzt den Hinweis auf Kommunikationstechnologie, um auf gesellschaftlicher Grundlage die individualisierte *Qualifizierungspflicht* als permanente Anpassungsbereitschaft der Einzelnen an den Arbeitsmarkt durchzusetzen. Die äußerst flache bildungspolitische Entsprechung dieses Ansatzes besteht in der Auffassung, man könne angesichts der steigenden Bedeutung informellen Lernens Investitionen – hier vor allem öffentliche Finanzen – in Bildungsinstitutionen einsparen. So wird eine Art Nullsummenverhältnis zwischen beiden Arten des Lernens konstruiert. Stellt man sich hingegen auf einen anderen Standpunkt und begreift die wachsende Bedeutung informellen Lernens als einen Reflex der Verwissenschaftlichung gesellschaftlicher Arbeit, sind die Schlussfolgerungen völlig andere: diese verweisen auf die Notwendigkeit einer grundlegenden Reform *innerhalb* der Bildungsinstitutionen, welche stärker darauf ausgerichtet werden müssen, auf breiterer gesellschaftlicher Grundlage als heute lebensbegleitende wissenschaftliche Urteilsfähigkeit bzw. eigenständige gedankliche Problembearbeitungsprozesse der Individuen zu fördern – statt nach dem Prinzip des Nürnberger Trichters passives Wissen anzuhäufen.[6]

Modularisierung: Mit diesem Wort hat ein technischer Begriff aus der industriellen Fertigung Einzug in den offiziellen Bildungsdiskurs gehalten. Im technischen Verständnis sind Module komplexe, d. h. zusammengesetzte, Bauteile und Komponenten, die als Ganzes bewegt und mit anderen kombiniert werden können. In der Bildungsdiskussion wird damit die Absicht bezeichnet, Lernen künftig stärker – insbesondere in der Phase nach der allgemeinen Schulpflicht – über geschlossene problemorientierte Abschnitte zu definieren. Diese sind jeweils nicht so sehr über formalen Stoff oder formale Zeiteinheiten (Semesterwochenstunden), sondern durch komplexe Lernziele in thematisch abgeschlossen Einheiten, etwa Studienabschnitte, definiert. Diese so genannten Module sollen miteinander kombinierbar

6 Vor diesem Hintergrund sind etwa Überlegungen interessant, informell erworbenes Wissen stärker abzufragen und zu zertifizieren (BMBF 2004, XIV), um es perspektivisch gleichrangig mit traditionellen, institutionell *anerkannten* schulischen und betrieblichen Qualifikationen zu stellen bzw. es als Zugangsvoraussetzung für weiterführende Bildungswege anzuerkennen. Wenn dieser Ansatz etwa dahingehend ausgebaut wird, Bildungsabbruch und sozialen Bildungsausschluss in vorhergehenden biografischen Phasen zu kompensieren (ebd., VI), könnte sich daraus durchaus eine Bildungspolitik von demokratischer Qualität entwickeln.

und – lebenslang – akkumulierbar sein. Die damit verbundenen Reformziele sind, wie sich denken lässt, äußerst schwammig und widersprüchlich. Zunächst jedoch steht der Begriff in der Tradition linker Bildungstheorie, welche immer lern(prozess-)orientiert statt lehrorientiert ausgerichtet war. Auch in früheren Phasen der Studienreform sollten erfolgreiche Studienabschnitte am Ziel komplexer Problemlösungskompetenz statt an bloßer disziplinärer Lehrstoffverabreichung gemessen werden. Heute erhält der Begriff Modularisierung natürlich eine völlig andere (neoliberale) Färbung eines häppchenweise verabreichten Wissens, welches *eigenverantwortlich* in Anpassung an ökonomische Konjunkturen zu aktualisieren ist. In der beruflichen Bildung etwa dient Modularisierung vor allem der Verkürzung und Segmentierung von Ausbildungszeiten im Rahmen einer Strategie so genannter *Entberuflichung* von Ausbildungsinhalten, wovor Gewerkschafter warnen (vgl. Ehrke 2005). In letzter Konsequenz zielt dann Ausbildung nicht mehr auf komplexe berufliche Qualifikationen, sondern auf temporäre *Kompetenzen*, die ständig aktualisiert werden müssen.

Die politische Potenzialität des Begriffs Modularisierung lässt sich allerdings nicht auf dessen neoliberale Prägung reduzieren. Bei der Bewertung von Modulen steht etwa das erworbene Wissen und seine Kombinierbarkeit im Zentrum und ausdrücklich nicht der Status der Institution, welche die Zertifikate vergibt. Dies könnte theoretisch – d. h. im Rahmen einer anderen Politik – auch zu einer Erhöhung der Durchlässigkeit und sozialen Integrationsfähigkeit des Bildungssystems führen; etwa zur stärkeren Integration von beruflicher und wissenschaftlicher Bildung. Das widerspiegelt sich in Forderungen von Industrie- und Handelskammern oder auch des einflussreichsten *Think Tanks* der deutschen Hochschulpolitik, des Bertelsmann-*Centrums für Hochschulentwicklung* (CHE), den Hochschulzugang sozial auszuweiten und Abschlüsse des beruflichen Systems als Zugangsberechtigung für *bachelor*- und *master*-Abschnitte anzuerkennen (CHE 2004, 2).[7] Das ist nicht schon deswegen falsch, weil es von den Falschen gefordert wird. Zu kritisieren ist nicht der gesellschaftliche Inhalt dieser Zielsetzung, sondern die Form ihrer Verwirklichung: nämlich als konkurrenzförmige und wettbewerbspolitische Auslese durch die *aufnehmende* Institution (Hochschulaufnahmeverfahren). Der Neoliberalismus erweitert keine *sozialen Rechte,* sondern erweitert lediglich – aus ganz praktischen ökonomischen Interessen heraus, die auch zu einer Ablehnung des dreigliedrigen Schulsystems führen – das *soziale Feld,* in welchem die Auslese

7 Im Einzelnen heißt es da, es sei nötig »den Zugang zu den tertiären Bildungseinrichtungen auszuweiten und ein Hochschulsystem zu schaffen, das flexibel genug ist, um das Spannungsfeld zwischen Forschung und Berufspraxis immer neu auszugleichen, indem es die wissenschaftliche und berufliche Bildung von Absolventen gleichermaßen berücksichtigt« (CHE 2004, 2).

stattfindet. Ungeachtet dessen handelt es sich um eine Reaktion auf den steigenden wissenschaftlichen Qualifikationsbedarf in der gesellschaftlichen Arbeit; eine Problematik folglich, die auch mit emanzipatorischen politischen Ansätzen verbunden werden kann. In deren Rahmen wäre es etwa plausibel, für sozial erweiterte Bildungszugänge durch Vermehrung von Rechtsansprüchen und eine stärkere *institutionelle* Durchlässigkeit des Bildungssystems einzutreten.

Zum Abschluss: Ich denke, es ist deutlich geworden, dass eine Status-quo-Verteidigung des traditionellen Bildungssystems fordistischen Typs nicht möglich ist. Politische Polarisierung, einschließlich der Entwicklung konzeptioneller Alternativen, muss innerhalb dieser von mir benannten grundlegenden *Restrukturierungstendenzen* sämtlicher gesellschaftlicher Bildungsverhältnisse stattfinden.

Was wir gegenwärtig unter neoliberalen Vorzeichen erleben, ist die deformierte Variante einer engeren Integration von Wissenschaft, wissenschaftlicher Bildung und gesellschaftlicher Praxis. Diese Vorgänge legen ebenso die Konsequenz einer demokratischen Politik nahe, weil sie institutionelle Gliederungen und Grenzen zunehmend in Frage stellen, etwa das dreigliedrige Schulsystem oder die strikte Gegenüberstellung von *beruflicher* und *wissenschaftlicher* Bildung – was beides letztlich auf dasselbe hinausläuft, da das dreigliedrige Schulsystem diesen Unterschied produziert. Die traditionelle akademische Elite reagiert – im Schulterschluss mit der staatlichen Elite – auf solche Prozesse seit je mit dem Gegenteil, d. h.: mit der Verteidigung traditioneller sowie der Erfindung neuer und zusätzlicher hierarchischer Segmentierungen, mit *Elitendebatten* und gleichzeitiger partieller sozialer Öffnung (Hochschulzugang). Im Kern heißt dies nichts anderes, als dass sich die politischen Motive, Hierarchien zu erhalten, Herrschaft zu sichern, gegen das gesellschaftlich Mögliche, Notwendige und Gebotene immer mehr verselbständigen. In dem Maße, wie es gelingt, diese bornierte Perspektive politisch sichtbar zu machen, schwindet vermutlich auch die gesellschaftliche Zustimmung zu dieser Art Bildungs(verhinderungs)politik.

Strategisches Ziel einer aktualisierten linken Bildungsreformpolitik wäre demgegenüber eine horizontal gegliederte Struktur gleichwertiger und gegenseitig durchlässiger Bildungsangebote – allgemeinbildend, berufspraktisch, wissenschaftlich – im Rahmen eines öffentlich verfassten und über Rechtsansprüche der Individuen regulierten Systems *Lebensbegleitenden Lernens*.

Literatur

Althusser, Louis, 1977: *Ideologie und ideologische Staatsapparate,* Hamburg/Berlin-West

Bultmann, Torsten, und Oliver Schöller, 2003: »Die Zukunft des Bildungssystems: Lernen auf Abruf – eigenverantwortlich und lebenslänglich!«, in: *PROKLA* 131, 331–54

Bund-Länder-Kommission für Bildungsplanung und Forschungsförderung (BLK), 2004: *Strategie für Lebenslanges Lernen in der Bundesrepublik,* Bonn

Schlussbericht der unabhängigen Expertenkommission beim Bundesministerium für Bildung, Wissenschaft, Forschung und Technologie (BMBF), 2004: *Finanzierung Lebenslangen Lernens: Der Weg in die Zukunft,* Berlin (28.Juli)

Centrum für Hochschulentwicklung (CHE), 2004: *Ein Vergleich angelsächsischer Bachelor-Modelle: Lehren für die Gestaltung eines deutschen Bachelor?,* Arbeitspapier Nr. 55, Gütersloh

Ehmann, Christoph, 2002: *Bildungsfinanzierung und soziale Gerechtigkeit,* Bielefeld

Ehrke, Michael, 2005: »›Modularisierung‹ – ein neues Mantra der Bildungspolitik. Eine Kritik aus Sicht der Berufsbildung«, in: *Forschung & Lehre* 2, 71–73

von Friedeburg, Ludwig, 1992: *Bildungsreform in Deutschland – Geschichte und gesellschaftlicher Widerspruch,* Frankfurt a. M.

Ders., 1994: *Bildung zwischen Anpassung und Aufklärung,* Frankfurt a. M.

Hardt, Michael, und Antonio Negri, 2002: *Empire – Die neue Weltordnung,* Frankfurt a. M./New York

Hirtt, Nico, 2002: »Im Schatten der Unternehmerlobby. Die Bildungspolitik der Europäischen Union«, in: *Widersprüche,* Heft 83, 37–51

Schöller, Oliver, 2004: »Vom Bildungsbürger zum Lernbürger. Bildungstransformation in neoliberalen Zeiten«, in: *PROKLA* 137, 515–34

Andreas Merkens

Hegemonie, Führung und pädagogisches Verhältnis

Mit Gramsci über Foucault hinaus

Kritische Gegenwartsanalysen des Neoliberalismus verweisen vornehmlich auf die Universalisierung des Ökonomischen zu Lasten des Politischen: Der Markt erlangt gegenüber den in der fordistischen Periode durchgesetzten sozialen Partizipationsrechten eine absolute Vormachtstellung. Entsprechende Lesarten eines ›totalen Marktes‹ gründen jedoch zumeist auf einer dichotomen Gegenüberstellung von Ökonomie und Politik. Das heißt, sie verlieren schnell aus den Augen, dass sich die neoliberale Neuordnung als ein Projekt der Transformation herrschender Politiken darstellt, in dem weniger das politisch-kulturelle Feld gegenüber dem Ökonomischen de-reguliert, als vielmehr ihre Anordnung zueinander strategisch neu artikuliert wird. Zu den zentralen Dimensionen dieser politisch-kulturellen Neuanordnung zählt der Bedeutungszuwachs des Pädagogischen als herausragende Regulationsweise einer auf Wissensarbeit basierenden Ökonomie[1]. Keine staatstragende Grundsatzrede, kein Parteiprogramm, in dem heute nicht die Anforderung des ›lebenslangen Lernens‹ propagiert wird. Aller Orten wird die Anweisung ausgegeben, das pädagogische *update* verwertungsrelevanter Qualifikationen voranzutreiben und sich permanent beschäftigungsfähig zu halten (*employability*). Dabei zielen die gegenwärtigen Pädagogisierungsprozesse in eine zweifache, miteinander korrespondierende Richtung. Sie stellen zum einen den Versuch dar, die gesellschaftlichen Akteure entsprechend den

1 Nun mag man sich darüber streiten, ob der gegenwärtige Umbruch als Formationswechsel hin zu einer postfordistischen ›wissensbasierenden Ökonomie‹ anzusehen ist, wie Beispielsweise von Bob Jessop entwickelt. Ich möchte zu mindestens seinen Vorschlag aufgreifen, diesen Umbruch hegemonietheoretisch zu unterstellen, das heißt davon auszugehen, dass sich die ›wissensbasierte Ökonomie‹ als Großerzählung durchgesetzt hat, die sowohl eine grundlegende wirtschaftliche, politische und kulturelle Neuordnung des Entsprechungsverhältnisses von Arbeits- und Lebensweise anleitet, als auch zum zentralen Referenzrahmen neoliberaler Politiken geworden ist (Jessop 2003).

neuen Anforderungen postfordistischer (Lohn-) Arbeitsweisen zu re-qualifizieren (Atzmüller/Schwarz 2003), sie sind darüber hinaus aber auch als spezifisches Regierungshandeln auszumachen, als ein auf Überzeugung, politische Führung und Einbindung der Subjekte zielendes regulieren der Lebensweisen.

Nun hat bereits der Soziologe Helmut Schelsky in den sechziger Jahren die These entwickelt, dass die ›Pädagogisierung‹, neben der ›Technisierung‹ und der ›Bürokratisierung‹, zum dritten Hauptelement industrialisierter Gesellschaften herangewachsen ist. Er reflektiert damit den zunehmenden Erziehungs- und Führungsbedarf von Gesellschaft, der angesichts der notwendigen Neubestimmung von Kultur und Lebensweisen im industriellen Kapitalismus seit Beginn des 19. Jahrhunderts stetig anwächst.

> Der Mensch wird nicht nur als Kind und Jugendlicher, sondern (...) noch als Erwachsener zum ›animal educandum‹ erklärt, dem gewisse Organisationen in unserer Gesellschaft als Führungsinstitutionen auf einem Wege zur dauernden ›Bildung‹ zugeordnet werden. Jede dieser Institutionen ist mit nichts weniger zufrieden, als dass sie den ganzen Menschen bilden und formen will. (Schelsky 1961, 162)

Zielen Schelskys Überlegungen noch auf die fordistische Industriegesellschaft, so vollzieht sich unter den Bedingungen einer flexiblen und hochtechnologischen Produktionsweise der Gegenwart, die Entgrenzung des pädagogischen Feldes in noch schnelleren Schritten. Der Bildungssoziologe Basil Bernstein umschreibt diese neue Vorherrschaft einer räumlich und zeitlich entgrenzten Pädagogisierung als »Totally Pedagogised Society« (Bernstein 2001, 254), in der vor allem die Fähigkeit, sich ausbilden zu lassen (*trainability*), in den Mittelpunkt rückt, das heißt, zu lernen »auf die fortwährend anhaltenden oder mit Unterbrechungen folgenden Pädagogiken zu reagieren« (ebd.). Diese programmatische Pädagogisierung ist mit weitreichenden, das institutionelle Feld der Bildung überschreitenden Anrufungen verknüpft. Im Mittelpunkt dieser Politiken steht das Bemühen, die Lebensweisen an den Anforderungen der hochtechnologischen Produktionsweise auszurichten, ein postfordistisches Bildungs- und Lernparadigma zu etablieren (Bultmann/Schöller 2003). Für die Etablierung flexibler Individualitätsformen, ihre Vermittlung in unterschiedliche Bereiche des sozialen Lebens, ist die pädagogische Artikulation als allgegenwärtige Lern- und Selbstoptimierungsanforderung daher ein zentrales Instrument. Pädagogisches Wissen um Subjektivität und Menschenführung wird zu einer herausragenden Regulationsweise um die neoliberalen Marktlogiken an alltägliches Handeln anzubinden, um die Anrufungen an Eigeninitiative und Unternehmertum auch auf der Alltagsebene zu vergesellschaften (Höhne 2003, 236). Ein diskursives Netz von pädagogischen Lehr- und Lernformen spannt sich in die Gesellschaft, welches längst über die klassische Schule, die Weiterbildungseinrichtung oder das Elternhaus hinaus gewachsen ist und sich etwa in der Vielzahl pädagogisierender Ratgeberliteratur oder Fernsehformaten ausdrückt, die das erfolgreiche Selbstmanagement für Beruf und Privatleben versprechen oder Handreichungen für Kindererziehung und Karriereplanung bereitstellen. Diese mit dem Neoliberalismus einher gehenden kulturellen Umbrüche als *public pedagogy* zu fassen, d. h. als ein pädagogisches Projekt, das weniger von den klassischen erzieherischen Institutionen ausgeht, sondern von der pädagogischen Wirkmächtigkeit kultureller Institutionen und Praxen des öffentlichen Lebens, lautet der Vorschlag des US-amerikanischen Erziehungswissenschaftlers Henry Giroux:

> Within neoliberalism's market-driven discourse, corporate power marks the space of a new kind of public pedagogy, one in which the production, dissemination, and circulation of ideas emerges from the educational force of the larger culture. Public pedagogy in this sense refers to a powerful ensemble of ideological and institutional forces whose aim is to produce competitive, self-interested individuals vying for their own material and ideological gain. (Giroux 2004, 106)

Führung, Pädagogik und Gouvernementalität

Einen kritisch-analytischen Blick auf die Neuformierung von Subjektivität und Lebensweisen in Abhängigkeit zur neoliberalen Ökonomisierung des Sozialen, bieten die an Michel Foucault orientierten Gouvernementalitäts-Studien.[2] In seinen Entwürfen zur Gouvernementalität geht es Foucault insbesondere darum, vermittelt über den Begriff der ›Führung‹, Regierungstechnologien in den Blick zu nehmen, welche auf die (immer auch pädagogische) Lenkung von Subjektivität als ›Praktiken des Selbst‹ zurückgreifen (Foucault 2000). Dabei wird der Begriff der ›Führung‹ zur zentralen machtanalytischen Kategorie Foucaults (Lemke 2005, 336). Die Aufnahme des Begriffs ermöglicht es ihm Machtverhältnisse als Regierungs*techniken* zu bestimmen, die das Verhalten der Subjekte steuern und lenken, statt sie bloß gewaltsam zu erzwingen.

> Der Ausdruck ›Führung‹ (*conduite*) vermag in seiner Mehrdeutigkeit das Spezifische an den Machtbeziehungen vielleicht noch am besten zu erfassen. (...) Machtausübung besteht darin, ›Führung zu lenken‹, also Einfluss auf die Wahrscheinlichkeit von Verhalten zu nehmen. Macht gehört letztlich weniger in den Bereich der Auseinandersetzungen zwischen Gegnern oder der Vereinnahmung des einen durch den anderen, sondern in den Bereich der ›Regierung‹ in dem weiten Sinne, den das Wort im 16. Jahrhundert besaß. Damals bezog es sich nicht nur auf politische Strukturen und die Staatsverwaltung, sondern meint auch die Lenkung des Verhal-

2 Der Ansatz wurde in den letzten Jahren auch im deutschen Sprachraum vielfach aufgenommen. Vgl. insb.: Thomas Lemke (1997) und Bröckling, Krasmann, Lemke (2000). Vgl. die Beiträge von Opitz, Rehmann und Kaindl in diesem Band.

> tens von Indiuviduen und Gruppen: von Kindern, Seelen und Gemeinschaften, Familien, Kranken (Foucault 2005, 256).

Foucaults Bestimmung von Macht als Führungsverhältnis bietet sich an, um auch die Prozesse der Pädagogisierung unter dem Blickwinkel der *(Selbst-) Führung* zu analysieren.[3] Den Gouvernementalitätsansatz auf die skizzierten Dimensionen neoliberaler Pädagogisierung anzuwenden und mit Foucault von einer *Pädagogisierung sozialer Machtverhältnisse* auszugehen, lautet daher auch der Vorschlag von verschiedenen Autoren aus dem gouvernementalitätstheoretischen Spektrum (exemplarisch: Höhne 2003; Ricken/Rieger-Ladich 2004). Anknüpfungspunkt sind hier insbesondere die diskurstheoretischen Studien zur Gouvernementalität der Gegenwart, in denen die umfangreiche Ratgeber- und Managementliteratur untersucht und die Universalisierung eines am betriebswirtschaftlichen Management orientierten Denkens in alle Lebensbereiche festgestellt wird (Bröckling et al. 2000). Die Studien verdeutlichen, auch ohne explizit die Frage nach der pädagogischen Vergesellschaftung aufzugreifen, dass gerade der Rückgriff auf spezifisch pädagogisches Handlungs- und Lenkungswissen von zentraler Bedeutung für die Formulierung neoliberaler Anrufungen ist. Als solches bieten sie produktive Anknüpfungspunkte um die strategische Indienstnahme des Pädagogischen auf diskurstheoretischer Ebene zu beschreiben und zu kritisieren.

Eine mittlerweile vielfach formulierter Vorbehalt gegenüber den gouvernementalitätstheoretischen Studien lautet, dass diese nicht über die Dekonstruktion neoliberaler Programmlogik hinaus gelangen. Statt dessen würde eine Verabsolutierung des Diskurses gegenüber den gesellschaftlichen Rezeptionspraxen betrieben, so dass »die ungeteilte Aufmerksamkeit, die den ›Programmen‹ zuteil wird, (...) mit einer Vernachlässigung ihrer Entstehungs-, Aneignungs- und Anwendungsbedingungen« (Müller 2003) einher geht. Eine weitergehende, die Widersprüche und sozialen Praxen aufgreifende Analyse, in welcher auch die Formen der konfliktorischen Verhandlung zum Tragen kommen, also der Umdeutung oder Zurückweisung neoliberaler Anrufungen, ist in ihnen folglich nicht angelegt. Kurz gefasst: die Dialektik der gesellschaftlichen Rückwirkungen auf das herrschende Regierungs- und Führungshandeln bleibt eine Leerstelle.[4]

3 Die Pädagogik ist bereits durch ihre begriffliche Herkunft fundamental mit der Praxis der Führung verbunden. Im klassischen Griechenland hatte der Pädagoge als *Knabenführer* die Aufgabe, ausgewählte Knaben den Philosophen zur Erziehung zuzuführen. So leitet sich auch das griechische Wort für Pädagogik ›*paideia*‹ aus den griechischen Wörtern ›*pais*‹ (Knabe) und ›*agogein*‹ (führen) ab. Der Begriff der ›Führung‹ beschreibt daher zugleich einen originär pädagogischen Vorgang.

4 Diese Kritik wurde ausführlich in verschiedenen Beiträgen formuliert: Cathren Müller (2003); Ines Langemeyer (2004). Siehe außerdem die Beiträge von Jan Rehmann, Christina Kaindl sowie Susanne Draheim/Tilman Reitz im vorliegenden Band.

Dieses Defizit bestätigt sich, wenn wir uns die eingeschränkte Reichweite des Foucaultschen Verständnis von Führung vergegenwärtigen, das nicht über eine lineare Bestimmung von ›lenken‹ und ›regieren‹ des Verhaltens und der Denkweisen von Individuen hinausgeht (siehe auch das vorhergehende Zitat). Auch dort nicht, wo es um die gouvernementale ›Führung der Selbst-Führung‹ erweitert wird, womit das konsensuale Moment von Herrschaft (›Selbst-Führung‹) zwar einbezogen wird, aber ohne dabei das gesellschaftliche Wechselverhältnis von Führenden und Geführten zu denken. Eine derart eingeschränkte Lesart verzichtet jedoch auf eine ganze Reihe analytischer Erkenntnisse und Einsichten in die Formierung von Herrschaft. Vor allem wird hier entnannt, dass moderne, auf dem Moment der Führung basierende Herrschaftsformen, konstitutiv auf der Wechselseitigkeit von Führungsverhältnissen gründen. Das heißt, die herrschenden Gruppen und ihre Regierungstätigkeiten sind als ein gesellschaftliches Verhältnis zu denken, das sich in Aushandlungen, Kompromissen und ideologischen Deutungskämpfen verdichtet, das schließlich über politisch-pädagogische Formen der Einbindung, der Integration und Führung hegemonial wird. Ein Gedanke, der dem italienischen Marxisten Antonio Gramsci entliehen ist, dessen Bestimmung von Hegemonie als pädagogischem Verhältnis angesichts des angesprochenen Bedeutungszuwachs pädagogischer Modernisierungs- und Entwicklungsparadigmen, sowie der benannten Defizite einer auf Foucault und die Gouvernementalitäts- Studien beschränkten Analyse derselben, nachfolgend skizziert werden soll.

Hegemonie und Führung bei Gramsci

Gramscis forschender Blick zielt auf die Prozesse des Konsensus zwischen Herrschenden und Beherrschten, zwischen Regierenden und Regierten, die er auf der Basis eines Systems bürgerlicher Klassenherrschaft reflektiert. Seine Vorgehensweise richtet sich damit gegen reduktionistische, ausschließlich auf die Momente der Gewalt und der Repression gründende, Analysen von Herrschaft. Er erweitert diese um die Dimension der teilnehmenden Einbindung der Regierten, die Eröffnung von Gestaltungsspielräumen durch die Regierenden. Das heißt, auf Hegemonie basierende Herrschaftsformen ringen stets darum, eine spezifische Balance zwischen den Elementen des Zwangs und des Konsens zu erreichen, in der jedoch die integrativen, also die auf Zustimmung und Loyalität gerichteten Momente auf Dauer die Oberhand behalten.

Tatsächlich wird keine Herrschaft, so Gramsci, über einen längerfristigen Zeitraum ausschließlich auf der Basis von Gewalt und Zwang bestehen können. Zudem hat die Geschichte gezeigt, dass eine nur repressive Regierungsform nicht in der Lage ist, eine innere Reformfähigkeit zu gestalten, einen kulturellen und ideologischen »Transformismus«, der erst die Bedingungen dafür schafft, dass eine Gesellschaft sich entlang ihrer Reproduktionsanforderungen fortentwickelt. Der bürgerlichen Gesellschaft schreibt Gramsci dagegen die historische Fähigkeit zu, eine Dialektik von Herrschaft und Konsens in Kraft gesetzt zu haben, die sich als »Hegemonie, gepanzert mit Zwang« (GH 4, 783) artikuliert.

Dieser Einheit von Zwang und Konsens entspricht die Einheit von *Führung* und Herrschaft. Denn die Ausübung gesellschaftlichen Konsens, so Gramsci, setzt die Fähigkeit der Hegemonialen oder der nach Hegemonie strebenden Gruppe voraus, ihre Ideen, ihre Werte und Normen als *führend* durchzusetzen. Er schreibt, dass sich die Hegemonie »einer gesellschaftlichen Gruppe auf zweierlei Weise äußert, als ›Herrschaft‹ und als ›intellektuelle und moralische Führung‹« (GH 8, 1947). Herrschaft und Führung treten damit ineinander, doch wird Führungsfähigkeit zur Voraussetzung:

> Eine gesellschaftliche Gruppe kann und muss sogar bereits führend sein, bevor sie die Regierungsmacht erobert (dass ist eine der Hauptbedingungen für die Eroberung der Macht); danach, wenn sie die Macht ausübt und auch fest in den Händen hält, wird sie herrschend, muss aber weiterhin auch ›führend‹ sein. (GH 8, 1947)

Entscheidend an dieser Stelle ist, dass die Hegemonie eines politischen Akteurs, sei es als Partei oder auch als soziale Bewegung, sich erst über ihre Führungskompetenz realisiert. Dabei wird Führung als Fähigkeit verstanden, eine politische, aber auch eine moralische und kulturelle Ausstrahlungskraft zu entwickeln, die über das eigene Lager hinaus wächst, die orientierend für das Denken und die kulturelle Lebensweise einer Mehrheit der Gesellschaft ist. In seinen hegemonietheoretischen Studien greift Gramsci auf verschiedene historische Ereignisse zurück, die ihm diesen Prozess veranschaulichen. Dabei gilt ihm insbesondere die französische Revolution, als ein anschauliches Beispiel für die Tatsache, dass die ideologische wie die kulturelle Vorarbeit der bürgerlichen Revolutionäre, auf der Ebene der Literatur, des Theaters, wie der politischen Agitation, sie bereits vor dem unmittelbaren militärischen Umsturz zur führenden Klasse werden ließ. Und diese führende Stellung im Vorfeld der Revolution schaffte erst die Voraussetzungen dafür, das die Herrschaft der europäischen Königshäuser schließlich auch militärisch zu Fall kam (Vgl. Gramsci 1987).

Hegemonie als pädagogisches Verhältnis

Die Überlegungen zur hegemonialen Bedeutung von *Führung* sind für Gramsci der Ausgangspunkt, um die Hegemoniefrage ins politisch-pädagogische zu übertragen. Führung und Pädagogik finden sich grundlegend miteinander verknüpft, denn Führung ist für Gramsci Struktureigenschaft jeder pädagogischen Beziehung. Die

Fähigkeit nachhaltiger Führungsstärke, aber auch die Prozesse der Aufkündigung konsensualer Führung, stellen sich für Gramsci wesentlich als ein *pädagogisches* Verhältnis dar. In Gramscis politisch-pädagogischer Interpretation von Führung tritt dieses Führungsverhältnis nun aus der nur interpersonellen Erzieher-Schüler-Perspektive heraus und expandiert zu einem gesamtgesellschaftlichen Strukturverhältnis, zur Binnenstruktur hegemonialer Vergesellschaftung.

> Aber das pädagogische Verhältnis kann nicht nur auf die spezifisch ›schulischen‹ Beziehungen eingegrenzt werden (…). Dieses Verhältnis existiert in der ganzen Gesellschaft in ihrer Gesamtheit und für jedes Individuum in Bezug auf andere Individuen, zwischen Intellektuellen und nicht-intellektuellen Schichten, zwischen Regierenden und Regierten, zwischen Eliten und Anhängern, zwischen Führenden und Geführten, zwischen Avantgarden und dem Gros der Truppen. Jedes Verhältnis von ›Hegemonie‹ ist notwendigerweise ein pädagogisches Verhältnis […]. (GH 10/II, 1335)

Gramsci verknüpft in den Gefängnisheften seine Analyse von hegemonialen Führungsfunktionen, -prozessen und -praxen grundlegend mit pädagogischen Konzepten und Deutungsansätzen. Denn Führung vergesellschaftet sich für ihn, sei sie politisch, kulturell oder moralisch-ethisch ausgerichtet, vor allem in pädagogischen Formen, die vornehmlich in den intermediären, also den zivilgesellschaftlichen Räumen von Gesellschaft Fuß fassen und im Netzwerk von Diskursen, Wissen und Institutionen von den Akteuren angeeignet werden. Das heißt, in hegemonial legitimierten Gesellschaften, also dort wo die Produktion von Loyalität, von Akzeptanz und Konsens vorrangig ist, findet das Regieren wesentlich pädagogisch vermittelt statt. Jede hegemoniale Politik, die auf Zustimmung und Überzeugung ausgerichtet ist, die darauf angewiesen ist, ihre spezifische Welt- und Lebensdeutung als führend durchzusetzen, setzt für Gramsci ein pädagogisch angeleitetes Handeln der Regierenden voraus. Und schließlich werden die Beziehungen von Herrschern und Beherrschten, derart erst in Beziehungen von Regierenden und Regierten, beziehungsweise von Führenden und Geführten transformiert.

Der erzieherische Staat

Für Gramscis Staatsverständnis ist zunächst einmal zentral, dass es sich nicht auf die staatlichen Formen im engeren Sinn, also den Verwaltungsapparat, die Polizei oder die staatlichen Bildungsinstitutionen beschränkt. Denn die hegemoniale Etablierung bürgerlicher Herrschaft, so Gramsci, geht historisch mit der Herausbildung eines neuen, eines *erweiterten* Staatstypus' einher. Der bürgerliche Staat stellt sich ihm daher als ein *›integraler Staat‹* dar, der sich in verzweigten Formen regulierend in die Zivilgesellschaft erstreckt. Das heißt, in Gramscis Politikverständnis greifen Staat und Zivilgesellschaft ineinander, ihre Unterscheidung ist seines Erachtens rein methodisch zu begründen, jedoch nicht analytisch gerechtfertigt, denn im wirklichen Leben, verschmelzen politische Gesellschaft und Zivilgesellschaft zunehmend (GH 3, 498 f). Auch in Gramscis politisch-pädagogischer Deutung des Staates, sind neben Schulen, Universitäten oder den Gerichten, die unmittelbar staatlich sind, die »Vielzahl sogenannter privater Aktivitäten und Initiativen« (GH 8, 1043) entscheidend, die gesellschaftliche Erziehungsfunktion übernehmen und den pädagogischen »Apparat der politischen und kulturellen Hegemonie der herrschenden Klasse« (ebd.) bilden. Gemeinsam zeichnet diese Instanzen ein erzieherisches Wirken aus, das auf die Hervorbringung von moralischen Einstellungen, Kompetenzen und Fertigkeiten gerichtet ist. Mit Blick auf diese pädagogischen Praxen schlägt Gramsci daher vor, den modernen bürgerlichen Staat als *erzieherischen Staat* aufzufassen, der über eine Vielzahl von Hegemonialapparaten pädagogisch in die Zivilgesellschaft hinein wirkt, der Reformen im Bereich der Sitten, der Gebräuche und Einstellungen erzieherisch anleitet. Denn Hegemonie, schreibt Gramsci, zeichnet sich zwar durch die

> Regierung mit dem Konsens der Regierten aus, aber mit dem organisierten Konsens, nicht mit einem allgemeinen und vagen, wie er sich zum Zeitpunkt der Wahlen äußert: der Staat hat und verlangt den Konsens, aber er ›erzieht‹ auch zu diesem Konsens mittels der politischen und gewerkschaftlichen Vereinigungen, die jedoch private, der Privatinitiative der führenden Klasse überlassene Organismen sind. (GH 1, 119)

In Gramscis integralen Staatskonzept, stellt das erzieherische Verhältnis damit eine herausragende politische Regulationsweise dar. Der bürgerliche Staat bildet auf der Ebene der Zivilgesellschaft eine erzieherische Rationalität heraus, die darauf ausgerichtet ist, die Bevölkerung moralisch-ethisch zu führen und damit erst den hegemonialen Konsens zu organisieren und aufrechtzuerhalten.

Wenn Gramsci die Bedeutung pädagogischer Initiativen und Konzepte einerseits in den Kontext der politischen Führung stellt, so ist sie für ihn darüber hinaus notwendig in die ökonomischen Reproduktionsanforderungen von Gesellschaft eingebunden, ohne jedoch gänzlich in dieser Funktion aufzugehen. Gramscis historisch-materialistische Diskussion geht davon aus, dass jede Gesellschaft in geschichtlichen Epochen und Brüchen periodisch vor der Herausforderung steht, das reproduktive Entsprechungsverhältnis von Arbeits- und Lebensweisen zu erneuern. Für den Bestand einer Gesellschaftsform ist es daher voraussetzend, dass sich die Kultur- und Lebensweise der Menschen, ihre Gebräuche, Sitten und Werte in Korrespondenz zu den umbrechenden Produktionsweisen reformulieren. Und nicht zuletzt an der Art und Weise diesen Umbruch zu gestalten, entscheidet sich auf Dauer die Hegemoniefähigkeit einer Gesellschaft. Der erzieherische Staat strebt also danach, »die Moral der breitesten Volksmassen den Erfordernissen der ständigen Entwicklung des ökonomischen Produktionsapparates anzupassen, folglich auch physisch neue Menschentypen herauszuarbeiten« (GH 7,1544). Auch hier ist Gramscis Gedanke, dass die fortlaufende Umgestaltung von Kultur- und Lebensweisen, die sich in Wechselbeziehung zu den Anforderungen der kapitalistischen Produktionsweise vollzieht, wesentlich pädagogisch angeleitet, strukturiert und durchgesetzt wird. »In Wirklichkeit muss der Staat als ›Erzieher‹ aufgefasst werden, insofern er gerade danach strebt, einen neuen Typus oder ein neues Niveau der Zivilisation zu schaffen«. (GH 7, 1548)

Die Formen des zivilgesellschaftlichen Zusammenspiels von staatlichen Instanzen und privat-wirtschaftlichen Initiativen, werden von Gramsci in den Fordismus-Notizen untersucht. Er richtet dort sein Augenmerk auf die erzieherischen Initiativen, die sowohl von Seiten des Staates als auch von Unternehmern wie Henry Ford ausgehen. Diese erzieherischen Kampagnen zielten darauf, eine der neuen tayloristischen Produktionsweise entsprechende, Kultur- und Lebensweise zu etablieren. Die massenhafte Einführung der tayloristischen Arbeitsorganisation in den Automobilwerken Henry Fords erforderte eine Rationalisierung der Arbeitskräfte, die nicht über bloßen Zwang und Dirigismus gelingen konnte.

Henry Ford als Erzieher

Gramscis Überlegungen stehen unter dem Eindruck von historischen Umbrüchen, die geprägt sind durch die beginnende Etablierung des Fordismus, der sich in den USA als vorherrschendes Akkumulationsregime durchsetzt. Für das Verständnis dieses Formationswechsels folgt Gramsci dem analytischen Leitgedanken, dass jede Produktionsweise sich historisch stets in Korrespondenz zu einer spezifischen Kultur und Lebensweise herausbildet, das heißt sie ist nur aus ihrer Wechselbeziehung heraus zu verstehen, zu einem »bestimmten Typ ökonomischer Zivilisation, der für seine Weiterentwicklung [...] eine bestimmte Verhaltensweise, eine bestimmte Erziehung, eine bestimmte Weise des Zusammenlebens usw.« (GH 16, 1826) erfordert. Seine Aufmerksamkeit gilt daher den Bemühungen der US amerikanischen Industriellen unter ihrer Arbeiterschaft eine den tayloristischen Produktionsweisen entsprechende Kultur und Lebensweise erzieherisch anzuleiten. Gramsci antizipiert in diesem Zusammenhang sehr frühzeitig die hegemoniale Bedeutung, die von den pädagogischen Maßnahmen des Autoherstellers Henry Ford ausgeht. Dabei werden diese Eingriffe als Instrumente ausgemacht, die erzieherisch sowohl der Disziplinierung der Arbeiter dienen (Prohibition, Puritanismus), als auch der Förderung von sozialen und kulturellen Freiräumen, der Unterstützung von Selbstverwirklichungspotenzialen außerhalb der unmittelbaren

Lohnarbeit (Freizeit- und Konsumanreize). Gramsci sieht hierin »Ideologien, welche den intrinsischen Gebrauch von Gewalt mit der äußeren Form der Überzeugung und des Konsenses ausstatten« (GH 22, 2083). Auf dieser Einheit von autoritären wie libertären Maßnahmen, von Zwang und Konsens, gründet die pädagogische Vermittlungstätigkeit des Staates, wobei die Hegemoniefähigkeit einer neuen Produktionsweise sich darin entscheidet, ob der erzieherische Druck schließlich in Mitarbeit und Zustimmung aufgeht, in gesellschaftlichen Konformismus. Das heißt, es gilt, das Gleichgewicht von Arbeits- und Lebensweisen von einer »rein äußerlichen und mechanischen« Korrespondenz zu einer »inneren« werden zu lassen, die »vom Arbeiter selbst vorgeschlagen und nicht von außen auferlegt wird« (GH 22, 2087).

Wer erzieht die Erzieher? Zur Dialektik pädagogischer Führungsverhältnisse

Die pädagogisch angeleitete Korrespondenzbeziehung von Produktions- und Lebensweise findet sich in den Gefängnisheften jedoch nicht als ein lineares Reproduktionsverhältnis beschrieben, in welchem die herrschenden Kapitalinteressen unmittelbar zur Geltung kommen. Grundlegend für Gramscis Verständnis hegemonialer Vergesellschaftung ist vielmehr der Hinweis auf die Wechselseitigkeit jedes pädagogischen Verhältnisses: die pädagogische Form des Führens und des Regierens, ist als ein »aktives Verhältnis wechselseitiger Beziehungen« (GH 10/II, 1335) zu denken, das auf der dialektischen Einheit des Lehrens und Lernens gründet. »Jeder Lehrer [ist] immer auch Schüler und jeder Schüler Lehrer« (ebd.). Gramsci greift damit einen Gedanken auf, den er in reformpädagogischen Ansätzen seiner Zeit repräsentiert sieht, dessen Ausgangspunkt er aber vor allem in den Marxschen Feuerbachthesen ausmacht und der dort eingeforderten Selbstreflexivität materialistischer Theoriebildung. In seiner dritten These über Feuerbach formuliert Marx unter Rückgriff auf das erzieherische Verhältnis:

> Die materialistische Lehre von der Veränderung der Umstände und der Erziehung vergisst, dass die Umstände von den Menschen verändert und der Erzieher selbst erzogen werden muss. Sie muss daher die Gesellschaft in zwei Teile – von denen der eine über ihr erhaben ist – sondieren (MEW 3, 6).

Exemplarisch kritisiert Marx hier das klassische Verständnis einer unmittelbaren Linearität der Lehrer-Schüler Beziehung, oder wir könnten auch sagen, die binäre Anordnung von Regierenden und Regierten, von Partei und sozialer Bewegung. Er fordert statt dessen dazu auf, eben diese Anordnung selber in das »Ensemble der gesellschaftlichen Verhältnisse« (ebd.) einzufügen, damit als sozial produziert sichtbar zu machen, als Terrain von Auseinandersetzungen und Kämpfen.[5]

Für Gramsci eröffnet die in den Feuerbachthesen formulierte Kritik der Lehrer-Schüler Dichotomie den theoretischen Raum für ein Verständnis, das die hegemoniale Etablierung von Herrschaft, ihre pädagogische Vermittlung in den Instanzen der Zivilgesellschaft, konstitutiv an die subalternen Aneignungs- und Verhandlungspraxen von Gesellschaft bindet. Entsprechend erlangt auch die Frage der Umkehrung der politisch-pädagogischen Binnenstruktur eine herausragende Bedeutung, wird das pädagogische Feld als ein umkämpftes und deutungsoffenes sichtbar. Gramscis pädagogisch angeleitetes Verständnis von Führung verweist damit auf die prinzipielle Instabilität jeder Form von hegemonialer Herrschaft. Denn begründet sich hierin einerseits die Nachhaltigkeit der intellektuellen Führungskompetenz der herrschenden Klasse, so produziert die Wechselseitigkeit des Pädagogischen zugleich eine fortlaufende Dynamik der Auseinandersetzungen und Kämpfe um diesen Führungsanspruch. Dieses Spannungsverhältnis lässt Hegemonie immer ein umstrittenes soziales Verhältnis sein, das zwar die Vorherrschaft einer Gruppe oder Klassenfraktion qua Führung kennt, dennoch stets durchdrungen ist von oppositionellen Bewegungen, Antagonismen und Brüchen. Gramsci spürt diese Diskontinuitäten entlang verschiedener Fragestellungen auf, er diskutiert das Politische dabei immer auch als Kampf unterschiedlicher, auf Selbst- wie auf Fremdbestimmung ausgerichteter Pädagogiken.[6] Im Kontext seiner hegemonietheoretischen Bestimmung werden somit Fragen der Erziehung und Bildung zu zentralen Feldern der Aufkündigung und Überwindung der bestehenden kulturellen und politischen Ordnung. Erziehung ist niemals neutral oder unpolitisch. So ist auch der zivilgesellschaftliche Stellungskampf, den die nach Emanzipation strebenden Gruppen austragen, immer auch in pädagogischen Formen zu führen.

Eine zweite Ebene, auf der Gramsci die Dialektik pädagogischer Führungsverhältnisse zur Anwendung führt, sind seine Studien zur historischen Formierung bürgerlicher Hegemonie: Das Bürgertum, so Gramsci, gründet seine anhaltende hegemoniale Vorherrschaft auf der Fähigkeit, zur kontinuierlichen ideologischen Erneuerung und Transformation der eigenen moralischen und kulturellen Werte. Hierin unterscheidet es sich von bisherigen Klassenformationen: »Die vorhergegangenen herrschenden Klassen waren wesentlich konservativ in dem Sinne, dass sie nicht bestrebt waren, einen organischen Übergang von der anderen Klasse zur ihrigen zu bewirken, das heißt, ihre Klassensphäre ›technisch‹ und ideologisch

5 W.F. Haug (1984) spricht in diesem Zusammenhang von der paradigmatischen »Wendung auf die gesellschaftliche Anlage«, die mit den Feuerbachthesen eingeleitet wurde und die Dialektik aus dem universalistischen Subjekt-Objekt-Dispositiv heraushebt und auf die Spezifiken gesellschaftlicher Praxisfelder anwendet.

6 Für eine detaillierte Darstellung vgl. Merkens (2004).

auszuweiten: die Konzeption der geschlossenen Kaste.« (GH 8, 943) Die hegemoniale Führungskompetenz des Bürgertums basiert dagegen auf einer neuartigen kulturellen und ideologischen Flexibilität, die sich sowohl als *Lernfähigkeit* ausdrückt, aber auch darin, eine weitreichende *pädagogische Bindekraft* zu entfalten: »Die bürgerliche Klasse setzt sich selbst als einen in ständiger Bewegung befindlichen Organismus, der in der Lage ist, die gesamte Gesellschaft aufzusaugen, indem er sie seinem kulturellen und ökonomischen Niveau angleicht: die gesamte Staatsfunktion wird transformiert: der Staat wird Erzieher usw.« (ebd.). Die historische Hegemoniekompetenz des Bürgertums gründet für Gramsci also auf der Fähigkeit, sich fortwährend zu transformieren, dabei einen Teil seiner selbst zu »deassimilieren« (ebd.) und sich dadurch ideologisch-moralisch immer wieder neu aufzustellen. Eine Beschreibung, der das Verständnis von Führung als Lehr-Lernbeziehung zugrunde liegt, unterstellt sie doch, dass der Hegemon zugleich Erzieher ist, der selbst erzogen wird. Gramsci verwendet in diesem Zusammenhang auch den Begriff des »Transformismus« und meint damit die hegemoniale Fähigkeit, in Krisenzeiten gesellschaftliche Modernisierung ›von oben‹ erzieherisch anzuleiten, dabei Initiativen ›von unten‹ lernend aufzunehmen, zu transformieren und in einem erneuerten »geschichtlichen Block« zu bündeln. Hegemonie als ein wechselseitig pädagogisches Verhältnis zu fassen bedeutet folglich, die herrschenden Gruppen und ihre Regierungstätigkeit, stets auch als Effekt dieses Verhältnisses zu denken. Anders ausgedrückt, der erzieherische Staat, der hegemoniale Machtblock, die führenden Intellektuellen etc., sie alle reichen kein überhistorisches und ontologisches Herrschaftswissen von oben nach unten durch. Die erzieherisch-führende Tätigkeit, das herrschende Wissen ist immer auch Produkt eigenen Lernens von ›unten‹, ist Folge von Aushandlungen und Klassenkämpfen. Gerade hierauf gründet sich für Gramsci Hegemoniefähigkeit.

Mit Gramsci über Foucault hinaus

Die bisherige Darstellung der hegemonietheoretischen Entwürfe Gramscis hat offensichtliche Analogien zur Foucaultschen Machttheorie aufgezeigt. Im Mittelpunkt dieser Gemeinsamkeiten steht die von beiden vertretene Erkenntnis, dass in modernen Herrschaftsformen, der konsensuale, der auf Zustimmung ausgerichtete Anteil der Regierungstätigkeit, gegenüber jenem der unmittelbaren Gewalt und Disziplinierung bestimmend ist. Zudem gehen sowohl Foucault als auch Gramsci von der Annahme aus, dass die Produktion von Konsens, innerhalb des Sub-Systems von Herrschaft bzw. von Macht reproduziert wird, also ›von unten‹ ausgeht. Beide Theoretiker richten also ihr forschendes Interesse auf die Formen der kulturellen und alltagspraktischen Vergesellschaftung, die sich als Mikrostruktur bürgerlicher Herrschaft artikulieren.

Gesellschaftliche Institutionen und Praxen wie Sexualität, Bildung, Medizin, Schule oder Familie werden so explizit als politische Felder sichtbar. Der Blick auf Gramscis Fordismus-Analyse verdeutlicht etwa, dass wesentliche, später in den Gouvernementalitätsstudien formulierte Prämissen bereits in seinen Überlegungen präsent sind. So weist Gramsci auf den Stellenwert von pädagogischen Subjektivierungs- und Führungstechniken als Machtinstrument im Produktionsprozess hin. Er zeigt auf, dass bereits mit der Etablierung des Fordismus, Momente der Selbstregulierung der Lohnabhängigen, ein zentrales Moment der herrschaftlichen Regulation darstellen. Denn die von den Industriellen um Ford angestrengten Kampagnen gegen den Alkoholkonsum und sexuell ausschweifende Lebensweisen, zielen für Gramsci wesentlich darauf, eine selbstdisziplinierende Kompetenz unter den Fabrikarbeitern zu etablieren (GH 22, 2063 ff).

Während Gramsci diese Überlegung in eine materialistische Gesellschaftsanalyse einbaut, die ihren Ausgang in der dialektischen Bestimmung des »Entwicklungsgrades der materiellen Produktivkräfte« (GH 13, 1560) nimmt[7], er folglich seine Analysen an die Herausbildung historisch-spezifischer Produktionsweisen anbindet, betont Foucault den zentrumslosen Charakter von Macht. Macht stellt sich für Foucault als eine Relation dar, als ein diskursives Kräfteverhältnis von Macht*beziehungen*, welche das Netz gesellschaftlicher Verhältnisse vollständig durchzieht und sich derart über das ganze Gesellschaftsfeld ausdehnt (Foucault 2005, 255 ff). Womit ihre politische Verortung, materielle Eingrenzung oder aber ihre analytische Herleitung aus der Produktivkraftentwicklung zurückgewiesen wird. Mit der Folge einer Universalisierung von Macht, die insbesondere im Hinblick auf die Kritik und Transformation der bestehenden Verhältnisse, d. h. die politische Handlungsfähigkeit der auf radikale Veränderung drängenden Kräfte problematisch ist, da sie kein Außerhalb der Macht mehr kennt[8]. Dieses Problem reproduziert sich nicht zuletzt auch im Forschungsprogramm der Gouvernementalitätsstudien. Denn wenn Führung hier als Top-Down Mechanismus einer sich diskursiv verallgemeinernden Management-Kultur erscheint, und damit die gesellschaftlichen Aufprallflächen und Verhandlungen der neoliberalen Subjektivierungspraxen eine Leerstelle sind, bzw. als durch die gouvernementale Machtstruktur gänzlich durchdrungen ausgemacht werden, wird das Bild einer omnipotenten Macht fortgeschrieben. Unbeachtet bleibt damit nicht nur, dass gouvernementale Führungstätigkeit immer auch mit Verschiebungen und Brüchen in der Aneignung des herrschaftlichen Diskurses konfrontiert ist, zudem bleibt unerkannt, dass gerade die Fähigkeit zur fortwährenden Transfor-

7 Die freilich nicht als metaphysische Postulierung des Ökonomischen als »Endursache« zu betreiben ist (GH 6, 1430).

8 Vgl. hier insbesondere die Kritik von Nancy Fraser (1994).

mation und Anpassung des gouvernementalen Diskurses, an diese gebrochenen sozialen Aneignungspraxen selbst, ein wesentliches Moment von Hegemoniekompetenz darstellt. Gramscis hegemonietheoretische Deutung reicht hier einen entscheidenden Schritt weiter, gerade weil sie erkenntnistheoretisch von der Wechselseitigkeit des pädagogischen Verhältnisses ausgeht, diese als strukturelles Moment von Herrschaft herausarbeitet. Durch die Skizzierung der Beziehung von Führenden und Geführten, als dialektisches Verhältnis des Lehrens und Lernens, wird Herrschaft erst zum Gegenstand einer gegen-hegemonialen Kritik, die das Anpassungs- und Lernvermögen ›von oben‹ reflexiv aufnimmt. Die historische Fähigkeit kapitalistischer Gesellschaften, kritisches und widerständiges Handeln zu integrieren und herrschaftsmächtig zu verarbeiten, ist für Gramsci ein politisch-pädagogisches Verhältnis, das zu erkennen und subversiv zu unterlaufen Herausforderung linker Politik ist.

Doch kommen wir zum Abschluss noch einmal kurz auf die eingangs skizzierte, herrschaftsmächtige Verallgemeinerung pädagogischer Semantiken und Politiken zurück. Mit Gramsci lässt sich die gegenwärtige Pädagogisierungsoffensive der führenden Gruppen und Klassenfraktionen des neoliberalen Blocks als Versuch ausmachen, die Strukturkorrespondenz von Arbeits- und Lebensweisen zu reformulieren. Doch ist diese Korrespondenzbeziehung eben keine unmittelbare, vielmehr geht sie in der Wechselbeziehung des pädagogischen Verhältnisses auf. Die Frage nach den Brüchen und Diskontinuitäten, die den pädagogisch angeleiteten Politiken eingeschrieben sind, schließt sich damit unmittelbar an. Hier ist nicht der Raum diese Widerspruchsfelder im Detail auszuführen, ein abschließender Hinweis nur, der auf die Ambivalenz zielt, die sich allein in der Forderung nach ›lebenslangen Lernen‹ manifestiert. Denn artikuliert sich hier einerseits die Formierung flexibler Biografien, als allzeit verfügbarer und wandlungsfähiger Arbeitskraft, so beinhaltet die Propagierung lebenslangen Lernens auch ein Ausbrechen aus linearen Lern- und Bildungsstrukturen der fordistischen Fabrikgesellschaft. Dabei fällt auf, dass die neoliberalen Programmatiken zur Entstaatlichung des Bildungswesens und zur Etablierung eines zeitlich und räumlich entgrenzten Lernparadigmas über weite Strecken auf Forderungen der Alternativ- und Antiautoritären-Pädagogik zurückgreift, ohne freilich ihre grundlegende Gesellschaftskritik zu übernehmen. Das heißt, die Ökonomisierung des Bildungswesens geht einher mit der Indienstnahme einer Reformagenda der sozialen Bewegungen der achtziger Jahre: Autonomie, Aufwertung des Lokalen, Praxisnähe, demokratische Teilhabe, Entschulung etc. Und zweifelsohne basiert die weitreichende Zustimmung zu den neoliberalen Bildungskonzepten, ganz wesentlich auf dieser »Entwendung aus der Kommune« (Haug, F., 1999). So fordert etwa die Bertelsmann-Stiftung – Meinungsführer und *think-tank* für den neoliberalen Umbau im Bildungswesen – einen

Wechsel zum ›ganzheitlichen Lernen‹, der sowohl die Dimensionen der Autonomie und der Praxisbezogenheit des Lernens in den Mittelpunkt stellt, als auch eine Erfahrungsorientierung von Lernpraxen. Nicht mehr nur abstrakte Wissensvermittlung soll das Ziel der Schule sein, sondern ein der Welt zugewandtes Lernen, das die Trennung zwischen Schule und Leben aufhebt. Die Kritik der lehrerzentrierten »Buchschule«, des schulischen Lehr- Lernverhältnisses als »Fütterungsvorgang« wie es Paulo Freire nannte, all diese Kritiken finden sich von den Vordenkern der Bertelsmann-Stiftung aufgenommen und mit Nachdruck vertreten (Bertelsmann-Stiftung, 1999). Hegemonietheoretisch ist hier ein Anpassungs- und Lernvermögen der ›herrschenden Eliten‹ auszumachen, das einerseits Integration und Teilhabe vormals oppositioneller Gruppen gewährleistet, dem aber auch die Produktion potenziell herrschaftskritischer Handlungsfelder eingeschrieben ist; denn wo die bestehenden Monopole auf die Vermittlung wie Schaffung von Bildungs- und Lernprozessen neu bestimmt werden, die Relativierung staatlicher Disziplinarmacht in der Zwangsanstalt Schule voranschreitet, entsteht zugleich ein gesellschaftliches Vakuum, das auch alternativen Räumen und Netzwerken in der Gestaltung von Wissen und Bewusstseinsprozessen, neue Gestaltungsräume eröffnen kann.

Literatur:

Atzmüller, Roland, und Robert Schwarz, 2003: »Flexible Innovationsfähigkeit Qualifikationspolitik und die Veränderung von Staatlichkeit – Momente postfordistischer Hegemonie«, in: *Kurswechsel* 3/2003

Bernstein, Basil, 2001. »From Pedagogies to Knowledges«. in: ders. et al.: *Towards a Sociology of Pedagogy*, New York

Bertelsmann-Stiftung, 1999: *Zukunft gewinnen Bildung erneuern*, Gütersloh

Bröckling, Ulrich, Susanne Krasmann und Thomas Lemke (Hg.), 2000: *Gouvernementalität der Gegenwart*, Frankfurt a. M.

Bultmann, Torsten, und Oliver Schöller, 2003: »Die Zukunft des Bildungssystems. Lernen auf Abruf – eigenverantwortlich und lebenslänglich!«, in: *Prokla* 131

Foucault, Michel, 2000: »Die Gouvernementalität«, in: Bröckling et al: *Gouvernementalität der Gegenwart*, Frankfurt a. M.

Ders., 2005: *Analytik der Macht*, Frankfurt a. M.

Fraser, Nancy, 1994: *Widerspenstige Praktiken*, Frankfurt a. M.

Giroux, Henry, 2004: *The Terror of Neoliberalism*, Ontario

Gramsci, Antonio, 1987: »Sozialismus und Kultur«, in: ders.: *Marxismus und Kultur. Ideologie, Alltag, Literatur*, Hamburg

Haug, Frigga, 1999: »Terrainverschiebungen für eine Politik um die Zukunft der Arbeit oder Entwendungen aus der Kommune?«, in: *Das Argument* 230, 41. Jg. H. 2/3, 434–43

Haug, Wolfgang-Fritz, 1984: »Die Camera obscura des Bewusstseins. Kritik der Subjekt/Objekt Artikulation im Marxismus«, in: Projekt Ideologie-Theorie, *Die Camera obscura der Ideologie*, Berlin/West

Höhne, Thomas, 2003: *Pädagogik der Wissensgesellschaft*, Bielefeld

Jessop, Bob, 2003: »Postfordismus und wissensbasierte Ökonomie«, in: Ulrich Brand und Werner Raza: *Fit für den Postfordismus?*, Münster

Langemeyer, Ines, 2004: »Subjektivität als kollektive Erfahrung«, in: *Widerspruch* 46, 65–78

Lemke,Thomas, 1997: *Eine Kritik der politischen Vernunft. Foucaults Analyse der modernen Gouvernementalität*, Hamburg

Ders., 2005: »Geschichte und Erfahrung. Michel Foucault und die Spuren der Macht«, in: Michel Foucault: *Analytik der Macht*, Frankfurt a. M.

Marx, Karl, und Friedrich Engels: *Werke*, Berlin/DDR 1957 ff, zit. MEW

Merkens, Andreas, 2004: »Erziehung und Bildung im Denken Antonio Gramscis«, in: Ders., *Antonio Gramsci, Erziehung und Bildung*. Gramsci-Reader 1, Hamburg

Müller, Cathren, 2003: »Neoliberalismus als Selbstführung«, in: *Das Argument* 249, Jg. 45, H.1, 98–106

Ricken, Norbert, und Markus Rieger-Ladich (Hg.), 2004: *Michel Foucault: Pädagogische Lektüren*, Wiesbaden

Schelsky, Helmut, 1961: *Anpassung und Widerstand*, Heidelberg

Uwe Hirschfeld

Hochschule, Studium und Soziale Arbeit: das neoliberale Curriculum.

I

Der sogenannte Bologna-Prozess macht nicht nur in der hochschulpolitischen Diskussion Schlagzeilen, er hat vor allem die Hochschulen inzwischen in ihrer alltäglichen Praxis berührt und beschäftigt sie heftig. Stichworte sind Umstellung der Studiengänge auf BA/MA und die Modularisierung mit ihren Herausforderungen an Kompetenzdefinition, Interdisziplinarität und Lerndramaturgie – um nur ein paar Begriffe zu nennen.

Da schon reichlich – und oftmals zutreffend – allgemein Kritik an dieser *Studienstrukturreform* geäußert wurde, möchte ich mich mit meinen kurzen Bemerkungen an dieser Stelle auf einen *speziellen Aspekt des Studiums* beziehen und seine Korrespondenz mit der *Berufspraxis Sozialer Arbeit*[1] diskutieren.

II

Bevor ich ausführlicher auf das *heimliche Curriculum* des Sozialwesen-Studiums eingehe, noch ein paar Bemerkungen zum institutionellen Kontext meiner Erfahrungen und Überlegungen. Die *Evangelische Hochschule für Soziale Arbeit Dresden (FH)* – kurz: *ehs* – ist eine relativ kleine Fachhochschule (ca. 500 Studierende) mit z.Z. drei Diplom-Studiengängen (grundständig und berufsbegleitend Soziale Arbeit, berufsbegleitend Pflegewissenschaft/-management). Träger der Hochschule ist eine Stiftung, die Finanzierung erfolgt fast vollständig aus staatlichen Mitteln.

Wie auch andere Hochschulen und Fachbereiche für Soziale Arbeit hat sich die *ehs* lange Zeit dagegen gesperrt, von den bewährten Diplom-Studiengängen auf die *Bologna-Studiengänge* BA und MA umzustellen. Eine Haltung, für die es gute

1 Der Begriff der *Sozialen Arbeit* schließt hier die anderen Bezeichnungen (Sozialarbeit, Sozialpädagogik, Sozialwesen) mit ein. Auf die tatsächlichen und vermeintlichen Unterschiede wird in diesem Text nicht weiter eingegangen.

Gründe gab (und gibt): Verkürzung der Studienzeit mit der Gefahr der Qualifaktionsverschlechterung und der Sicherheit einer noch schlechteren Eingruppierung in den Arbeitsverhältnissen.

Letztlich waren es drei Gründe, die an der ehs zur Beteiligung am *Reform*-Prozess führten:

1. Die aktuelle Diplom-Studienordnung Soziale Arbeit[2] erwies sich als überstrukturiert und in der Lehre nicht bewältigbar.
2. Es wurden die Chancen des »*shift from teaching to learning*« (Wildt) in den Vordergrund gestellt.
3. Gravierende Finanzkürzungen zwingen mit dem damit verbundenen Personalabbau zu einer Reduzierung der Studierendenzahl.[3]

Erleichternd kam dazu, dass die *ehs* als Fachhochschule schon immer in einem interdisziplinären Bereich berufsqualifizierend ausbildete (ausbilden sollte), Forschungsorientierung und Probleme disziplinärer Wissenschaftsreproduktion dagegen eher zweitrangig waren (und sind). Und nicht zuletzt zwingen die gravierenden Finanzkürzungen zu dem, was der frühere CDU-Wissenschaftsminister ausdrücklich verlangte und die jetzige SPD-Ministerin, die die ehs auch nicht mit einer besseren finanziellen Grundsicherung versieht, schweigend akzeptiert: es wird damit gerechnet, mit den Master-Studiengängen nennenswerte Einnahmen (Studiengebühren) zu erwirtschaften. Als einer (formal) ›privaten‹ Hochschule wäre der *ehs* das jederzeit möglich – egal wie es ansonsten landesweit geregelt wird. Wenn das ›privat‹ hier in Anführungszeichen steht, so deshalb, weil die ehs nicht mit einem kommerziellen Bildungsträger gleichzusetzen ist. Zum einen wird sie von zwei Körperschaften öffentlichen Rechts finanziert, von der Ev.-Luth. Landeskirche Sachsen und dem Freistaat Sachsen (der den weit überwiegenden Beitrag leistet), zum anderen ersetzt sie eine vom Bildungsrat geforderte staatliche FH in Dresden.
Erleichternd kam dazu, dass die *ehs* als Fachhochschule schon immer in einem interdisziplinären Bereich berufsqualifizierend ausbildete (ausbilden sollte), Forschungsorientierung und Probleme disziplinärer Wissenschaftsreproduktion dagegen eher zweitrangig waren (und sind). Und nicht zuletzt zwingen die gravierenden Finanzkürzungen zu dem, was der frühere CDU-Wissenschaftsminister ausdrücklich verlangte und die jetzige SPD-Ministerin, die die ehs auch nicht mit einer

2 Die *ehs* war in ihrer Gründung zunächst mit einer aus dem Westen übernommenen Diplom-Studienordnung gestartet. Der Diskussions- und Erarbeitungsprozess einer *eigenen* Studienordnung war so langwierig, weil er weitgehend mit der Selbstfindung des Kollegiums bzw. noch schwieriger: mit der Vermeidung entsprechender Auseinandersetzungen zusammenfiel (siehe dazu auch Hirschfeld 1995 und 1998a).

3 Die Umstellung auf BA reduziert die Anzahl der Studierenden durch eine Verkürzung der Studienzeit automatisch um ca. 25 %.

besseren finanziellen Grundsicherung versieht, schweigend akzeptiert: es wird damit gerechnet, mit den Master-Studiengängen nennenswerte Einnahmen (Studiengebühren) zu erwirtschaften. Als einer (formal) ›privaten‹ Hochschule wäre der *ehs* das jederzeit möglich – egal wie es ansonsten landesweit geregelt wird. Wenn das ›privat‹ hier in Anführungszeichen steht, so deshalb, weil die ehs nicht mit einem kommerziellen Bildungsträger gleichzusetzen ist. Zum einen wird sie von zwei Körperschaften öffentlichen Rechts finanziert, von der Ev.-Luth. Landeskirche Sachsen und dem Freistaat Sachsen (der den weit überwiegenden Beitrag leistet), zum anderen ersetzt sie eine vom Bildungsrat geforderte staatliche FH in Dresden.

Während die alten Diplom-Studienordnungen weitgehend die Logiken der an einem Studium der Sozialarbeit beteiligten Disziplinen wiedergaben, erkennbar an Veranstaltungen wie z. B. *Einführung in die Politikwissenschaft* oder dem systematischen Aufbau von rechtswissenschaftlichen Vorlesungen/Seminaren, sollen die neuen Module jeweils spezifische, berufsrelevante Handlungskompetenzen vermitteln. Nach Möglichkeit soll jedes Modul für sich genommen schon zu einer *punktuellen* Berufsfähigkeit führen. Wie in einem Baukasten sollen die Module als Bausteine (in beliebiger Reihenfolge) gestapelt werden, so dass am Ende eine für den Beruf *umfassende* Kompetenz steht.

Für die Studierenden hat das auf den ersten Blick Vorteile. Dass sie etwas in der sozialarbeiterischen Praxis können, wird nicht auf das Ende des Studiums verschoben, sondern die praktischen Erfolgserlebnisse sollten sich schon nach der Absolvierung eines ersten Moduls einstellen. Dieser Ansatz hat aber auch Nachteile. Nicht nur, dass die Vorstellung, man könne in abgrenzbaren Häppchen lernen, fragwürdig ist – zu einer wissenschaftlichen Reflexionsfähigkeit sozialer Praxis würde ja auch gehören, bestimmte Fragen und Probleme auf verändertem Niveau wieder neu zu bearbeiten und Zusammenhänge herzustellen – es entfällt vor allem fast völlig die Begleitung und Reflexion der Persönlichkeitsentwicklung während des gesamten Studiums. Wir werden aber noch sehen, dass genau dies eine der *alten Vorstellungen* ist, die nicht in den Kanon moderner (neoliberaler) Lehrziele gehört.

III

In der Berufspraxis Sozialer Arbeit haben sich in den letzten zwei Jahrzehnten vielfältige Umbrüche vollzogen. Die »Ökonomisierung der Sozialen Arbeit« (vgl. Krölls 1996; Lindenberg 2000) hat zu veränderten Anforderungen an die Sozialprofessionellen, an die konzeptionelle Entwicklung und die tägliche Berufspraxis geführt. In der Ausbildung an den Hochschulen wurde darauf curricular vor allem mit dem zeitlichen Ausbau von BWL-Bestandteilen und entsprechenden juristischen und organisationssoziologischen Elementen reagiert. Als neue Leitdisziplin erscheint das Sozialmanagement. Gespräche mit AbsolventInnen nach ihren ersten

Praxisjahren machen oftmals deutlich, dass von den Studieninhalten fast nur Veranstaltungen des Rechts, des Sozialmanagements und der Methoden (vor allem Supervision u.ä.) als unmittelbar ›praxisrelevant‹ (ein)geschätzt werden.[4]

Mit dem *Bologna-Prozess* ziehen nun, am Beispiel einer privaten FH besonders deutlich, einige wesentliche Strukturelemente der Sozialarbeit in die Hochschule und in das Studium ein.

IV

Die Ökonomisierung der Hochschulen wurde schon angesprochen. Globalhaushalte, Budgetierungen, Zielvereinbarungen, Evaluation, neues Management – das sind durchaus bekannte Stichworte. Mit der Notwendigkeit, Mittel erwirtschaften zu müssen, setzt sich die neoliberale Orientierung in der alltäglichen Praxis der Hochschullehrer fest. Eine besondere Bedeutung kommt dabei dem Bereich der Fort- und Weiterbildung zu. Dies ist das Testfeld für mögliche weiterführende (bezahlte) Studiengänge. Was nicht *marktförmig* ist, hat keine Chance, gelehrt und gelernt zu werden. Da die Studienkosten ohne staatliche Finanzierung erheblich sind, können nur die Berufstätigen studieren, die über das nötige Einkommen verfügen, bzw. mit einer hohen Wahrscheinlichkeit im Anschluss an das Studium ein höheres Gehalt erzielen werden, was die zeitlich begrenzte finanzielle Einschränkung rechtfertigen könnte. Die damit verbundene soziale Auslese, soll hier nicht weiter thematisiert werden. Vielmehr geht es mir an dieser Stelle darum, dass Hochschulverwaltung, -organisation und Lehrende damit in die Gefahr einer Abhängigkeit von marktgängigen Studiengangs-Bestsellern geraten, die immer nur den *mainstream* bedienen und zumeist nur kurzfristig sein werden (bis sich alle auf den entsprechenden Markt gestürzt haben).[5] *Sozialmanagement* ist also nicht nur das neue inhaltliche Paradigma des Sozialwesenstudiums, es wird auch die Form, in der (alle) Studieninhalte organisiert werden sollen.

4 Man mag diese Aussagen in einer kritischen Perspektive im ersten Augenblick für nicht so wichtig halten, will man doch als kritische/r Hochschullehrer/in nicht einfach die Forderungen der Praxis und der Träger bedienen, so sind sie beim zweiten Blick doch erschreckend, weil sie ja auch besagen, dass die kritische Auseinandersetzung mit der Sozialen Arbeit nicht bei den Studierenden und damit auch in der Praxis nicht ankam. Zwar verfügen viele AbsolventInnen über ein *kritisches Vokabular* und sozialpolitisch *hehre Absichten*, aber dies steht völlig unverbunden neben ihrer Berufspraxis. Es sollte sich durchaus die Frage stellen, wo und wie kritisches Denken, gar Denken mit kritischer Theorie gelehrt werden kann (ich komme darauf zurück).

5 Es soll an dieser Stelle auch nicht darauf eingegangen werden, was diese ständige Angebotserstellung an zusätzlicher Arbeitsbelastung für Dozenten bedeutet (und wo dafür ›gespart‹ werden wird).

V

Unabhängig von diversen konkreten Wissensbeständen zur Bewältigung Sozialer Arbeit entwickeln die Sozialpädagoginnen und -pädagogen ein bestimmtes Persönlichkeitsprofil, das es ihnen erlauben soll, erfolgreich tätig zu sein. In der Auswertung von 40 offenen Interviews hatte Ulrike Nagel schon vor zehn Jahren festgestellt, dass sich das Selbstverständnis von Sozialprofessionellen verändert hat. »Sozialarbeit erscheint [...] als verlängerter Arm eines individuellen ›Apparats‹ der Risikokontrolle bzw. wenn diese versagt, des Krisenmanagements.« (Nagel 1996, 80) Soziale Arbeit hat diesem Selbstverständnis nach nichts mehr mit Deklassierung, Armut oder Deprivation zu tun, »sondern ist allfällige Normalität der Gegenwartsgesellschaft« (ebd., 75). Unterstützt wird diese Vorstellung von den Erfahrungen der eigenen Studien- und Berufsbiografie, »dass z. B. nicht einmal eine ›gute Berufsausbildung‹ ausreicht, um unabhängig von den Leistungen und Rechtsansprüchen des sozialen Sicherungssystems leben zu können bzw. in das Erwerbssystem integriert zu werden« (ebd.).

In der Theorietradition Gramscis, habe ich diese Krisen-Management-Sozialarbeiter als »fraktionierte Intellektuelle« charakterisiert (vgl. Hirschfeld 1998b). Auffallend ist, dass die Krisenmanager in überraschender Weise mit den sozialen Spaltungen, deren ›Verinselung‹ und den sich daraus ergebenden Aufgaben der Sozialen Arbeit korrespondieren: sie verkörpern beispielhaft den für diese Gesellschaft tauglichen Sozialcharakter. Das »Abteilungsdenken« mit seinen »Grenzschutzfunktionen« (vgl. Nemitz 1979, 67 ff) als einem Kennzeichen des Alltagsverstandes wird in der Person des Sozialarbeiters professionalisiert.

Es gilt allgemein, dass in der Klassengesellschaft die Individuen »ihre Identität und beschränkte Handlungsfähigkeit durch die Einrichtung voneinander relativ getrennter und gegeneinander verselbständigter Erlebens- und Verarbeitungsformen [stabilisieren]. [...] Den ideologischen Subjekten erlaubt diese Abteilungsstruktur des Erlebens und Verarbeitens eine vielfache Buchführung, die zum widerspruchslosen Einverständnis mit den widersprüchlichen Verhältnissen befähigt« (Haug 1993, 70). Die Sozialarbeiter sind davon nicht nur selbst als in dieser Gesellschaft Agierende einfach betroffen, sie professionalisieren diese Kompetenz – wohl gemerkt nicht aus Dummheit, sondern weil sie darüber den Zugang zu ihren Klienten erlangen und, wenn sie deren gesellschaftliche Handlungsfähigkeit entwickeln sollen, dies eine innerhalb der Schranken der bürgerlichen Gesellschaft sein soll.

Vielleicht erklärt dies auch das oftmals über die institutionell bedingten Mechanismen »defensiven Lernens« (Holzkamp 1993, 190 ff) hinausgehende studentische »Desinteresse« an (Zusammenhänge schaffender) kritischer Theorie. Es scheint ein deutliches Gespür dafür zu geben, von der vermeintlichen Leichtigkeit eines in der sozialarbeiterischen Praxis unabdingbaren Alltagsverstandes in die bleiernen Gefilde eines zumeist (a) selbst *nur partiell* erklärenden, oder aber (b) erklärend *und kohärenzstiftenden* theoretischen Wissens zu geraten, das im ersten Fall nur zusätzlichen Ballast bedeutet oder aber eben (im zweiten, selteneren Fall) das eigene Selbstverständnis problematisiert, ohne eine praktische Auflösung der professionellen Anforderungen in ihren Widersprüchlichkeiten bieten zu können. Erst mit der kritischen Überwindung (gleichwohl ohne Aufgabe) der zunächst für die Lernenden konstitutiven ideologischen Denkformen ist eine *Erleichterung* des Lebens zu erwarten.[6] Die Überlegung sollte aber nicht nur als didaktische Herausforderung gelesen werden. Vielmehr sollte auch deutlich werden, dass eine für Professionelle attraktive kritische Soziale Arbeit auch davon abhängig ist, ob es soziale/politische Bewegungen gibt, die kritisches Denken mit Alltagspraxis verknüpfen.

Die meisten Sozialarbeiter vermitteln ihren Klienten also die Kompetenz, sich in den gegebenen ideologischen Verhältnissen zu bewegen, in dem sie das »Abteilungsdenken« stärken, die Fähigkeit fördern, Widersprüche auszuhalten, zu ertragen, gar (»schlitzohrig«) zu nutzen. Dabei geht es ihnen um den Umgang mit den Widersprüchen, die sich im Alltag bestimmter Milieus/»Kulturen« zeigen; bzw. im Verhältnis zu anderen sozialen Gruppierungen. Sie betreiben, so reflektiert es sich im sozialarbeiterischen Selbstverständnis, Krisenmanagement in einem Gesellschaftsprozess, der nach ihrer Wahrnehmung »in sich selbst, in seiner Normalität durch Krisenhaftigkeit gezeichnet ist« (Nagel 1996, 80). Dass das Leben mit diesen Widersprüchen gestärkt und trainiert werden kann, setzt aber bei den betroffenen Menschen ein Mindestmaß an Akzeptanz für Brüche und Unterscheidungen voraus. Erscheinen sie legitimiert, gar produktiv, dann sind sie für die Individuen erträglich. Zweierlei scheint dafür nötig: ein (minimales) Selbstbewusstsein und, damit zusammenhängend, eine kollektive Einbindung. Die geteilten Überzeugungen der Gruppe verschaffen im Übrigen den Widersprüchen, bzw. den Mustern des Umgangs mit ihnen, die nötige Legitimation. Daher ist es in der sozialarbeiterischen Praxis zentral, anomische Prozesse zu stoppen und/oder neue Bindungen zu schaffen (Netzwerke usw.).

6 Ein Gedanke, der in der Entwicklung einer Hochschuldidaktik für das Sozialwesen wohl genauer zu bearbeiten wäre. Leider gibt es ohnehin für diesen Bereich nur wenige Arbeiten (außer Bader 1987, der allerdings eher auf Praxisberatung / -reflexion zielt, kann aus kritisch-psychologischer Sicht noch auf Braun/Gekeler/Wetzel 1989 verwiesen werden, die ihre »didaktischen Bausteine« aber auch nicht systematisch für die Organisation des Studiums auswerten).

VI

Der *Bologna-Prozess* passt das Sozialwesen-Studium auf der strukturellen Ebene an die veränderte Situation und Aufgabenstellung der Sozialen Arbeit an. Das Denken in abgeschlossenen Abteilungen wird durch die Module gefördert. Management wird zur Schlüsselqualifikation. Dabei bleibt es inhaltlich unerheblich, ob in den Modulen neoliberale Ideologie gelehrt wird oder nicht. Der heimliche Lehrplan des Studiums vermittelt die Qualifikationen, die gebraucht werden. Nach wie vor gilt, auch an den Hochschulen, was Siegfried Bernfeld schon knapp und treffend zusammenfasste: »Die Schule – als Institution – erzieht.« (1979, 28)

VII

Zukunft der Kritik

Was bleibt in Perspektive einer kritischen Wissenschaft und einer demokratischen Hochschulpolitik zu tun? Die Zeiten und Möglichkeiten einer ›Totalverweigerung‹ innerhalb der Hochschulen sind m. E. vorbei. Was nicht heißt, dass es in der gegenwärtigen Situation nicht besonders wichtig wäre, kritische Wissenschaft auch außerhalb der Hochschule zu institutionalisieren. Es hatte durchaus seine historischen Gründe, warum kritische Wissenschaften in den letzten 40 Jahren ihren Ort im staatlichen Wissenschaftsbetrieb hatten und nicht (oder nur wenig) im Kontext der (schwachen) sozialen Bewegungen. Die Formveränderungen staatlicher Wissenschaftspolitik erzwingen von kritischen Wissenschaftlern und Wissenschaftlerinnen ein Nachdenken darüber, wie sie auch außerhalb der Hochschule arbeiten können. Die Hochschulen sind weniger denn je ein wohliger Ort der Zurückgezogenheit, kritische Wissenschaft muss (auch) andere Organisationen außerhalb der Hochschulen finden und aufbauen, wenn sie weiter bestehen will. Dabei hat sie zu akzeptieren, dass sie sich selbst wird dabei wandeln müssen – nicht alle akademischen Gepflogenheiten sind auch wissenschaftliche Maßstäbe –, ohne dabei sektiererisch zu werden.

Es wäre falsch, im Rückblick die alten Verhältnisse idealisieren zu wollen. Die Linke in der Wissenschaft hat nicht nur die mit dem Ende des Fordismus einhergehenden gesellschaftlichen Umbrüche lange Zeit verschlafen, sie hat nicht nur über weite Strecken versäumt, ihre eigene Reproduktion zu thematisieren und zu sichern, sie ist nicht nur seit 1990 im Kontext der Abwicklung der DDR-Wissenschaft marginalisiert worden, sie fristete immer schon, von ganz wenigen Orten und Zeiten abgesehen, ein Inseldasein im bürgerlichen Wissenschaftsbetrieb.[7]

7 Warum es vielen Linken in der Wissenschaft an dieser kritischen Selbsteinschätzung ihrer Situation

Wenn die Zeiten nun noch schwieriger werden/sind, sollten sie zunächst einmal die kritische Selbstwahrnehmung befördern. Es bleibt auch unbenommen, als linke/r Hochschullehrer/in weiterhin kritische, anspruchsvolle und gute Lehrveranstaltungen durchzuführen. Es mag aber an Bedeutung gewinnen, mehr Aufmerksamkeit darauf zu lenken, was man in welchem Kontext tut, also mit den Studierenden vermehrt über Wissenschaft, Studium und Hochschule zu diskutieren. So könnte die besondere Leistung kritischer Wissenschaft deutlich werden, aber auch ihre Funktionalisierungen und Einbindungen diskutiert werden.

Auch stärker zu befördern wären Initiativen von Studierenden, eine eigenständige kritische Auseinandersetzung mit und neben dem Studium zu betreiben. Das ist nicht so einfach wie es klingt, weder für die Studierenden, noch für die Dozenten. Die Modularisierung und die Akkreditierung schaffen eine wesentlich höhere Planungsdichte, forcieren detaillierte Festlegungen und installieren ein dichtes Netz an Kontrollmechanismen. Hier Freiräume zu schaffen und zu halten, wird der bewussten Anstrengung bedürfen, geht nicht nebenbei. Auch die sich abzeichnende Ausweitung und Verdichtung der Berufstätigkeit der Hochschullehrer macht es schwieriger, solche Initiativen zu unterstützen. Linke Wissenschaftler/innen sollten sich sehr genau überlegen, ob wirklich alle bürokratischen, planerischen und kontrollierenden Aufgaben erfüllt werden müssen und was man doch besser sein lässt. Dies spricht dafür, den *Arbeitsplatz Wissenschaft* in den Gewerkschaften und/oder in Organisationen wie dem BdWi zu thematisieren. Es muss ein kollektiver Erfahrungsaustausch über die Möglichkeiten organisiert werden, sich der Kritik hinderlichen Inanspruchnahme zumindest punktuell entziehen zu können. Hier ist auch von Kollegen, beispielweise aus den USA, zu lernen, die sich schon länger mit diesen Problemen auseinandersetzen und dabei auch Taktiken des Umgehens, des Verweigerns und der angebrachten Irreführung entwickelt haben. Vielleicht ist ein Ansatzpunkt, dass die Linken an den Hochschulen stärker versuchen, einen gemeinsamen Austausch zu entwickeln und zu pflegen, um dem Sog neoliberalen Ich-AG-Denkens im Wissenschaftsbetrieb besser widerstehen und mittelfristig auch für andere KollegInnen attraktivere, wie produktivere Verkehrs- und Organisationsformen als Alternative zur Politik des Wissenschaftsmanagements etablieren zu können.

mangelte, mag hier nur spekuliert werden. Ich meine, dass dies zu einem großen Teil der akademischen Isolierung geschuldet ist, die kritische Wissenschaft von der gesellschaftlich Praxis abschnitt und es nur selten gelang, die damit einhergehenden Beschränkungen und Täuschungen bewusst und kritisch zu reflektieren.

Literatur

Bader, Kurt, 1987: *Viel Frust und wenig Hilfe, Bd. 1. Die Entmystifizierung Sozialer Arbeit*, Weinheim und Basel

Bernfeld, Siegfried, 1979: *Sisyphos oder die Grenzen der Erziehung*, Frankfurt a. M.

Braun, Karl-Heinz, Gert Gekeler und Konstanze Wetzel, 1989: *Subjekttheoretische Begründungen sozialarbeiterischen Handelns. Didaktische Bausteine und Dialogische Interviews zur Praxisreflexion und Innovation*, Marburg

Haug, Wolfgang Fritz, 1993: *Elemente einer Theorie des Ideologischen*, Hamburg/ Berlin

Hirschfeld, Uwe, 1995: »Kritik und Reform einer Studienordnung. Ein grundsätzlicher Beitrag aus der Diskussion an der Ev. FH für Sozialarbeit Dresden«, in: *hochschule ost*, Heft 1, 65–80

Ders., 1998a: »Unterlassene Reform. Hochschulgründung und Studium als Forschungsprozeß«, in: Herbert Bassarak, Dieter Kreft, Uwe-Dieter Steppuhn (Hg.), *Forschung an Fachhochschulen*, Düsseldorf

Ders., 1998b: »Intellektuelle, Kritik und Soziale Arbeit. Definitionsversuche in Auseinandersetzung mit Walzer und Gramsci«, in: ders. (Hg.), *Gramsci-Perspektiven*, Hamburg, 183–205

Holzkamp, Klaus, 1993: Lernen. Subjektwissenschaftliche Grundlegung. Frankfurt a. M./New York

Krölls, Albert (Hg.), 1996: *Neue Steuerungsmodelle. Der Einzug der Betriebswirtschaftslehre in der Sozialarbeit/Diakonie*, Hamburg

Lindenberg, Michael (Hg.), 2000: *Von der Sorge zur Härte. Kritische Beiträge zur Ökonomisierung Sozialer Arbeit*, Bielefeld

Nagel, Ulrike, 1996: »Krisenmanagement. Über den Zusammenhang von sozialem Beruf und Biographie«, in: *Widersprüche. Zeitschrift für sozialistische Politik im Bildungs-, Gesundheits- und Sozialbereich*, Heft 59, 75–86

Nemitz, Rolf, 1979: »Ideologie als ›notwendig falsches Bewußtsein‹ bei Lukács und der kritischen Theorie«, in: Projekt Ideologietheorie, Theorien über Ideologie, *Argument Sonderband* 40, Berlin/West, 39–60

Frieder Otto Wolf[1]

Neoliberaler Anti-Ödipus

Herrschaft, Subjektivität und Befreiung am Beispiel von Negri/Hardt

›Freiheit vom Gesetz‹ oder ›JedeR nach ihrem/seinem Begehren!‹ – diese anti-ödipalen Losungen, überhaupt die Aufsprengung der »bergenden Fesseln« (Frigga Haug) der Autoritäten erscheinen wie vom neoliberalen Zeitgeist erfunden. Das mag jetzt manchen Linken in Versuchung führen – wie einst die kurz geschorenen MLer gegen die *hippies* –, die autoritären Sekundärtugenden von links besetzen zu wollen. Das wäre aber ein ganz verzweifelter Ausweg: Um nicht diesem herrschenden Zeitgeist zu erliegen, müsste man in dieser Optik einfach das Gegenteil propagieren. Aber ›Unterwerfung unter das Gesetz!‹ oder ›JedeR nach ihrer/seiner Pflicht!‹ können als emanzipatorische Losungen nicht überzeugen.

Wenn wir an dem Gedanken der Emanzipation als gesellschaftlicher Herrschaftsüberwindung festhalten wollen, dann müssen wir daran arbeiten, als Intellektuelle theoretisch dafür kämpfen,[2] dass der anti-autoritäre Impuls des Anti-Ödipus (Deleuze/Guattari)[3] wieder aus den Händen der Träger der neoliberalen Offensive herausgewunden, befreit werden kann, in die er seit den 1980er Jahren geraten ist.

Dazu möchte ich hier beitragen, indem ich, als ein Exempel für die Einwirkungen neoliberalen Gegenfeuers auf Positionen der emanzipatorischen Linken, die von Michael Hardt und Antonio Negri (im Folgenden H/N) vorgetragene These über die unmittelbar bevorstehende Revolution auf die in ihr enthaltenen Ambivalenzen untersuche – d. h. ebenso auf ihre relative Berechtigung wie auf die in ihr

1 Ich danke Urs Lindner und Jörg Nowak für kritische Hinweise zu einer ersten Fassung dieses Textes.

2 Andreas Arndt (2004) hat mit Recht den Charakter der Arbeit in der Tätigkeit der PhilosophInnen (vgl. Heinrichs 2004) hervorgehoben. Das sollte allerdings nicht dazu verführen, aus dem Auge zu verlieren, dass sich in ihr zugleich ein gnadenloser Kampf vollzieht, in dem keine Tricks und Täuschungen unversucht bleiben.

3 Dessen ›rettende Kritik‹ m. E. jenseits von identifikatorischer Repetition und verständnisloser Verwerfung immer noch aussteht.

enthaltenen Missweisungen. Dabei argumentiere ich aus der Perspektive einer gesellschaftstheoretischen Herangehensweise an die Problematik von Befreiung unter den Bedingungen neoliberal geprägter historischer Gesellschaftsformationen, welche derartige Ambivalenzen vermeidet bzw. sie kritisch auflösen kann, wo sie sich doch einstellen. In einem ersten Schritt werde ich deshalb auf die gesellschaftlichen Voraussetzungen von Veränderung eingehen; in einem zweiten Schritt auf einige Grundfragen der dabei involvierten Subjektivität.[4]

Rebellion ist berechtigt – aber was heißt das heute?

Rebellion ist berechtigt! Das gilt immer und überall. Nur gilt es zu unterscheiden zwischen wirklichen Rebellionen, die Herrschaftsstrukturen angreifen, und dramatisierten Schein-Rebellionen, die uns nur immer fester an die Herrschaftsstrukturen ketten, unter denen wir leben.

Vor diesem Hintergrund[5] möchte ich eine These von H/N diskutieren, die uns eine lehrreiche Ambivalenz vorführt:

> Ein philosophisches Buch wie das vorliegende ist jedoch nicht der richtige Ort, um darüber zu befinden, ob die Zeit der revolutionären politischen Entscheidung schon gekommen ist. (…) Ein Buch wie dieses ist auch nicht der Ort, um die Frage ›Was tun?‹ zu beantworten. Darüber muss ganz konkret in gemeinsamen politischen Diskussionen entschieden werden. (2004, 393)

Dennoch bieten die Autoren auch an dieser zugespitzten Stelle ihrer Argumentation noch eine bestimmte Erkenntnis an: »Wir können jedoch erkennen« (ebd.), nämlich *erstens*, dass unsere Gegenwart durch eine tiefe Entzweiung bestimmt ist –, »dass es eine unüberbrückbare Kluft gibt zwischen dem Verlangen nach Demokratie, der Produktion des Gemeinsamen, und dem rebellischen Verhalten, mit dem sie im globalen System der Souveränität zum Ausdruck kommen« –, *zweitens*, dass uns ein ›schlagendes Ereignis‹ bevorsteht, durch das es zu etwas kommen wird,

4 Dieser erste Schritt hat weitgehend den Charakter einer Sicherung des Standes einer weit vorangeschrittenen Debatte, wird also dem informierten Leser wenig Neues bringen. Der zweite Schritt wagt sich dagegen, in einer durchaus skizzenhaften Form, auf noch weitgehend unerforschtes Gelände, gestützt vor allem auf Untersuchungen, die ich in den 1980er Jahren habe durchführen können.

5 Den ich hier nicht weiter entfalten kann: Er liegt in der historischen These von der ›paradoxalen Wunscherfüllung‹ der neoliberalen Politik gegenüber den radikalen Oppositionsbewegungen im Fordismus (vgl. Wolf 1999), sowie in der bedeutungstheoretischen These, dass nach Frege und de Saussure die Kategorien von Differenz und Repräsentation sich nicht mehr in der hegelianischen Formel der »Identität von Identität und Nicht-Identität« auflösen lassen (vgl. Wolf 1992), auch ohne deswegen in ›Empirismus‹ (Althusser 1995) oder in ein Denken der ›Unmittelbarkeit‹ (Arndt 2004) verfallen zu müssen.

was wir in weniger revolutionskritischen Zeiten vielleicht als ›wahre Revolution‹ gekennzeichnet hätten: »Nach so langer Zeit der Gewalt und der Widersprüche, des globalen Bürgerkrieges[6], der Korruption imperialer Biomacht und der unendlichen Mühen der biopolitischen Multitudes muss die enorme Menge an Klagen und Reformvorschlägen, die sich inzwischen angehäuft hat, durch eine radikale Aufforderung zur Erhebung eine Verwandlung erfahren.« (ebd.) – sowie, *drittens*, dass dadurch (auch wenn sich H/N ausdrücklich von »Eschatologie« und »Utopismus« absetzen, ebd.) unsere Zeit sich neu ordnen wird: »dass die Zeit heute gespalten ist zwischen einer Gegenwart, die schon tot ist, und einer Zukunft, die bereits lebt – und der Abgrund der zwischen beiden klafft, wird immer größer. Zur rechten Zeit wird uns ein Ereignis wie ein Bogen den Pfeil mit einem Schlag in diese lebendige Zukunft schleudern« (ebd.). Diese abschließende Erkenntnis wird von den Autoren noch einmal –mit einer unterschwelligen Anspielung auf Freud[7] – philosophisch zugespitzt: »Dies wird der wahre politische Akt der Liebe sein.« (ebd.)

Ich möchte mich keinesfalls gemein machen mit den Positivisten aller Couleur, die diesem Text seine anspruchsvolle Metaphorik, seine philosophischen Zuspitzungen oder überhaupt vorwerfen, keine bestimmten Tatsachen zu referieren. Selbst wer meint, dass »die Wahrheit in den Tatsachen« liegt (Deng Hsiao Ping), wird zugestehen müssen, dass es mehr als die Mitteilung von Tatsachen braucht, um in ihnen »die Wahrheit« zu finden. Und wer meint, von »Wahrheit« solle mensch besser überhaupt nicht mehr reden, der muss sich dem Problem stellen, wie er oder sie die Konsequenz vermeiden kann, dass dann Herrschaftskritik, emanzipative Praxis oder emanzipatorische Politik als völlig sinnloses, vielleicht auch sinnfreies (vgl. Bolz 1989) Unterfangen erscheinen könnten.

H/N sind hier, so sehr es einer zu realistischem Zynismus neigenden Linken auch schwer fallen mag, gerade in ihrem produktiven Überschwang Ernst zu nehmen. Das bedarf allerdings einer gewissen Übersetzungsarbeit und einer nüchternen Kritik ihrer oft schwungvoll intuitiven Vorgehensweise.

6 M. E. heißt es die Bedeutung von Nolte und generell die Kreativität der Rechten ganz unzulässig zu überschätzen, wenn in der bloßen Rede vom Weltbürgerkrieg, bezogen auf die »Kriege der Klassen« (Brecht) des 20. Jahrhunderts, bereits ein Anschluss an Noltes Interpretation des Verhältnisses von Bolschewismus und Faschismus gesehen wird. Wer wird denn bestreiten wollen, dass es in den Kriegen des 20. Jahrhunderts immer auch um Klassenfragen ging und nicht etwa mehr in erster Linie um ›klassische‹ Konflikte zwischen Nationalstaaten wie sie im 18. und 19. Jh. geführt worden sind?

7 Und zwar auf dessen Thesen von der Arbeits- und Liebesfähigkeit als Kennzeichen einer erwachsenen, ›gesunden‹ Persönlichkeit.

Das Gemeinsame im Handeln der Multitude

Als erstes versuche ich eine Übertragung des Grundgedankens: Das »Gemeinsame« in menschlichen Gesellschaften ist niemals ein vorhandenes Ding, sondern immer Inhalt und Ergebnis der Praxis der beteiligten Menschen. In herrschaftlich organisierten Gesellschaften muss das dazu führen, dass sich zwischen der ›Menge der Vielen‹ (Multitude) als Subjekten der Reproduktion dieses Gemeinsamen in ihrem ›Zusammenhandeln‹ und derselben Multitude als Subjekt der Widerstände gegen die herrschaftliche Durchdringung dieses Gemeinsamen eine wachsende Kluft auftut. Solange die Widerstände gegen die Herrschaft subaltern bleiben, artikulieren sie sich in »Klagen« (nach dem Modell der *cahiers de doléances,* wie sie der großen Französischen Revolution vorausgegangen sind) oder in partikular bleibenden »Reformvorschlägen«[8]. Erst in einer »Erhebung« kommt es zum Umschlag dieser Subalternität in Hegemonie – und damit zur Aufhebung der Entzweiung in einer neuen Einheit, nach H/N zu einem »wahren politischen Akt der Liebe«.

Dieser Gedanke erinnert uns an sehr Wichtiges, das große Teile der Linken angesichts der historischen Siege der »neoliberalen Konterrevolution« (Milton Friedman) zu vergessen drohen: Dass nämlich auch die neoliberal bestimmte Gestalt, in der sich die kapitalistische Produktionsweise nach der historischen Krise des Fordismus seit den 1980er Jahren rekonfiguriert hat, ihre eigentümliche Prägung der Widersprüche dieser Produktionsweise hervortreibt, durch welche sie selbst ihre historischen Grenzen bestimmt – m.a.W. produziert auch diese neoliberal bestimmte Gestalt der kapitalistischen Produktionsweise selbst die gesellschaftlichen Voraussetzungen und Kräfte zu ihrer eigenen Überwindung.

Aber in ihrer Artikulation durch H/N wird diese Erinnerung an einen wirklich wichtigen Sachverhalt durch eine Missweisung überlagert. Diese lässt sich vielleicht in ihrer Entstehung als Gegenposition zur stalinistischen Fassung des Leninismus verstehen, der gemäß die konkreten Proletarier als Objekte eines »Hineintragens« des revolutionären Bewusstseins durch die proletarische Partei begriffen werden. Demgegenüber wird das Selbertun der Beherrschten in jeder Praxis von Befreiung betont. Die von H/N daraus bezogene Spontaneitätsvorstellung ist aber unter den Bedingungen moderner Gesellschaften, in welchen »kapitalistische Produktionsweise herrscht« (MEW 23, 49), untrennbar mit einer Illusion der ›Unmittelbarkeit‹ verbunden – nämlich mit der realitätsuntüchtigen Vorstellung, dass die Kapitalherrschaft durch einen unvermittelten Umschlag durch die Selbstbestimmung der

8 H/N bleiben hier völlig unbeeindruckt von neoliberalen Versuchen, den Begriff der »Reform« für sich zu beanspruchen: Hier geht es eindeutig um Ansprüche auf konkrete Verbesserungen, die ›von unten‹ erhoben werden.

Multitude abgelöst werden kann. Diese Unmittelbarkeitsvorstellung verzichtet damit nicht nur auf jeden Rückbezug auf die ökonomische Vermittlung von Arbeit und Praxis durch die Formen der Kapitalakkumulation, wie sie Marx in seinen unvollendet gebliebenen Untersuchungen zur Kritik der politischen Ökonomie analysiert hat, sondern auch auf jede politische Vermittlung des Zusammenhandelns durch Staatsapparate und institutionalisierte Politik, wie sie Marx nur in konkreten Situationen diskutiert hat, ohne dies umfassender theoretisch auszuarbeiten.

Inwiefern produziert die kapitalistische Produktionsweise auch in ihrer neoliberalen Gestalt die Kräfte, die sie überwinden können?

Spätestens seit Lukács in einer genialischen Neulektüre des Fetischkapitels im *Kapital* diese Frage durch die Identifikation des proletarischen Klassenbewusstseins mit dem ›Selbstbewusstsein der Ware Arbeitskraft‹ beantwortet hat, sind hier mehrere Klarstellungen vonnöten: Auch wenn sich die Gegenkraft zur Klassenherrschaft des Kapitals nicht einfach außerhalb des Kapitalverhältnisses finden lässt, so dass es anschließend in das Denken und Fühlen seiner subalternen Träger ›hineinzutragen‹ wäre, ist es ebenso wenig einfach das Kapitalverhältnis selber, das seine eigene Überwindung betreibt und letztlich herbeiführt. Die Frage nach den Kräften, welche die kapitalistische Produktionsweise überwinden können, verlangt von uns, eine elementare Differenz zu denken – zwischen den wirklichen Subjekten des menschlichen Handelns, in dem sich allein das Kapitalverhältnis als historisches Herrschaftsverhältnis reproduzieren kann, und den widersprüchlichen Anforderungen, welche der Reproduktionsprozess dieses Kapitalverhältnisses als Prozess der Kapitalakkumulation produziert. Diese widersprüchlichen Anforderungen als solche bilden zwar Ausgangspunkte für eine revolutionäre Transformation, in der krisenhaften Entwicklung der Herrschaft der kapitalistischen Produktionsweise in wirklichen historischen Gesellschaftsformationen. Die weitergehende Frage, ob diese Ausgangspunkte in strategischen Initiativen wirklicher Subjekte aufgegriffen und revolutionierend entfaltet werden, lässt sich aber nicht aus der Untersuchung des widersprüchlichen Reproduktionsprozesses der Kapitalherrschaft als solcher beantworten. Denn diese können – jedenfalls allgemein konstruierbar und bisher immer wieder eingetreten – immer auch die Möglichkeit einer entsprechenden ›immanenten Revolutionierung‹ der kapitalistischen Produktionsweise, in der sich alles ändert, außer eben der Tatsache der ungebrochenen Kapitalherrschaft.[9] Hier

9 Es wäre wohl ein Beitrag zur begrifflichen Klärung, gegen Gramsci diese ›immanenten Revolutio-

ist daher ohne ein Eingehen auf historische Prozesse der Subjektkonstituierung in gesellschaftlichen Kämpfen (vgl. Marx' Analyse des Kampfes um den Normalarbeitstag, MEW 23, Kap. 8, 279ff; Wolf 2001) keine tragfähige Erkenntnis zu gewinnen – und es muss sogar eingesehen werden, dass sich die hier zu führende Debatte nicht allein um die Erkenntnis der tatsächlichen Existenz bereits konstituierter historischer Subjekte drehen kann, sondern immer auch die Begründung dafür mit einschließen muss, derartige Subjekte neu konstituieren bzw. ›erweitert reproduzieren‹ zu *wollen.*[10]

Mit dieser wichtigen Einschränkung im Kopf können wir drei Dimensionen ansprechen, in denen die dynamischen, ›sich selbst revolutionierenden‹ Gestalten der kapitalistischen Produktionsweise in der Tat immer wieder selbst die Voraussetzungen dafür schaffen, dass Subjekte sich nicht nur widersetzen und auflehnen können, sondern auch überhaupt die Chance haben, zentrale Mechanismen der Kapitalherrschaft zu durchbrechen. Es geht dabei um die strukturelle Instabilität, die der kapitalistischen Produktionsweise konstitutiv eingeschrieben ist.

a) Die Konkurrenz der Kapitalien, deren jedes für sich selbst allein handelt, treibt hinter deren Rücken zugleich die ›Vergesellschaftung‹ des gesellschaftlichen Produktionsprozesses voran – und zwar sowohl in der Gestalt eines säkularen Prozesses der Konzentration und Zentralisation des Kapitals, als auch einer langfristigen Entwicklung der Produktivkräfte der lebendigen Arbeit vor allem auf der Grundlage einer immer umfassenderen und systematischeren technologischen Anwendung wissenschaftlicher Erkenntnisse auf die Produktion. Damit schafft sie aber auch die Voraussetzungen dafür, dass auf die herrschaftlichen Funktionen des Kapitals im gesellschaftlichen Reproduktionsprozess verzichtet werden kann – und die Träger dieses Reproduktionsprozesses ohne die herrschaftliche Vermittlung durch private Kapitale die Planung und Leitung dieses Reproduktionsprozesses selbst übernehmen können.[11]

nierungen‹ der kapitalistischen Produktionsweise von den ›passiven Revolutionen‹ à la *Il Gattopardo* oder auch *Die Buddenbrooks* zu unterscheiden, durch die sich die Inhaber feudaler Herrschaftspositionen einen Aufschub gegenüber der aufsteigenden Bourgeoisie erkauft haben.

10 Auf die wichtige Unterscheidung zwischen Erkenntnissen (die sich – sofern sie nicht in spezifischer Weise ›zeitlos‹ sind – immer auf Vergangenes beziehen) und einem Wollen (das sich sinnvollerweise nur auf Künftiges beziehen kann) kommen wir im zweiten Teil zurück.

11 Ältere marxistische Positionen sind den Formen der kapitalistischen Produktionsweise aufgesessen, für die sich die gesellschaftliche Reproduktion auf die Akkumulation des Kapitals reduzierte, als sie allein im Industrieproletariat den Träger eines von der Kapitalherrschaft befreiten gesellschaftlichen Reproduktionsprozesses sahen. Demgegenüber ist zu betonen, dass auch die häusliche Arbeit an der ›inneren Natur‹ sowie die Arbeit in unmittelbaren gesellschaftlichen Naturverhältnissen unablösbar zu den gesellschaftlichen Reproduktionsprozessen gehören. Ihre Reduzierung auf einen Teilbereich der industriellen Arbeit ist daher ein kapitalistisches Projekt, das für die vergesellschafteten Träger

b) Der bereits in dem Gegensatz von Gebrauchswert und Tauschwert angelegte ›allgemeine Grund‹ der Krise, dass nämlich ein als Ware produziertes Gut daran scheitern kann, sich in Geld zu verwandeln, weil es dafür keine gesellschaftlich gültige, geldwerte Nachfrage gibt (vgl. Bader u. a. 1974), treibt – zusammen mit den spezifischeren Krisentendenzen, wie sie sich aus den gegensätzlichen Bewegungsformen der kapitalistischen Produktionsweise ergeben – einerseits zu immer komplexerer politischer Regulierung und Vermittlung (empirisch etwa daran ablesbar, dass sich der Umfang der *global business regulation* (Drahos/Braithwaite 2000) auch in den Jahrzehnten neoliberaler Deregulierungsstrategien keineswegs zurückgegangen ist, sondern eher noch zugenommen hat). Andererseits wirkt eben diese politische Regulierung nicht nur als ein unproduktiver Kostenfaktor (*faux frais*) für den Prozess der Kapitalakkumulation, sondern gerade ihr Erfolg im Sinne einer Vermeidung von Krisen der Kapitalverwertung blockiert den zentralen Bereinigungsmechanismus, über den diese Produktionsweise verfügt und führt also geradezu zu einer aufgestauten Eskalation von Krisenmomenten – bis der Umfang der nicht mehr aufzuhaltenden Krise weit über eine bloße Bereinigungskrise hinaus geht[12] und in der Tat zu einer existenziellen Krise der Herrschaft dieser Produktionsweise werden kann.

c) Das für die kapitalistische Produktionsweise grundsätzlich unverzichtbare Nebeneinander von In-Wert-Setzung (vgl. Altvater 1991) und Ausbeutung, durch das sich die Durchsetzung der Form des Äquivalententausches mit den darin liegenden Möglichkeiten einer *accumulation by dispossession* (Harvey 2004) mit den ›normalen‹ Möglichkeiten einer Mehrwertproduktion unter der Wahrung der Formen des Äquivalententauschs, hat zwei ganz generelle Effekte: *Erstens* führt diese Verbindung von In-Wert-Setzung und Ausbeutung längerfristig immer wieder dazu, dass aufgrund einer Expansion der Ausbeutung der Anteil der direkt oder indirekt von einer individuellen Reproduktion unter der Herrschaft des Kapital abhängigen Menschen an der Weltbevölkerung langfristig unaufhaltsam steigt. Diese säkulare Expansion der Lohnabhängigkeit bedeutet keineswegs automatisch, dass sich bestimmte historische Formen der Lohnarbeit verallgemeinern – wie sie nach dem Ende des ›Fordismus‹ inzwischen häufig als ›klassisch‹ apostrophiert werden. Vielmehr schließt sie durchaus eine Vielfalt von immer neuen Gestalten der Prekarität und Marginalität mit ein, durch die sich das Kapital unter ländlichen, nicht nur bäuerlichen Verhältnissen oder in den rasch wachsenden Slums der Welt neue Möglichkeiten der indirekten Ausbeutung schafft.[13] Empirisch scheint aber

des umfassend verstandenen gesellschaftlichen Reproduktionsprozesses wenig Sinn macht.

12 Dies ist der zentrale Befund der Untersuchungen Robert Brenners (2003 u. 2004) zur gegenwärtigen Situation des Weltkapitalismus.

13 Bei der Betrachtung dieser vielfältigen Tendenzen zu einer Klassenspaltung sollten wir allerdings

festzustehen, dass weltweit auch die Zahl der Lohnarbeiter in einem engeren Sinne seit der industriellen Revolution in England immer weiter angestiegen ist (Castels 2000). Damit gelangt aber auch ein wachsender Anteil der Weltbevölkerung in den Besitz der einzigen Waffe, durch die das Kapital immer und überall verwundbar ist: Sie können ihre Arbeitsleistung verweigern, zurückhalten oder beschränken, werden fähig zu Streik und Arbeitskampf – sofern es ihnen nur gelingt, die dafür vorausgesetzten Solidarstrukturen zu organisieren. *Zweitens* führt dieselbe Verknüpfung aber auch schlicht dazu, dass immer neue Lebensräume und Bereiche der In-Wert-Setzung unterzogen und zum Gegenstand einer Kommerzialisierung werden. Die damit verbundene ›Kolonisierung‹ von Lebenssphären produziert zugleich vielfältige Widerstände und Auflehnungen gegen die damit einher gehende Untergrabung qualitativ bestimmter Lebensweisen.

Diese allgemeinen Tendenzen der kapitalistischen Produktionsweise, Gelegenheiten und Motive für Widerstand und Auflehnung von Subjekten zu produzieren, finden sich in ihren neoliberal geprägten Gestalten durchaus in deutlich zugespitzten Konstellationen wieder[14]:

a) Die Entfesselung der internationalen Finanzmärkte und der multinationalen Konzerne, wie sie in den 1970er Jahren von den USA durchgesetzt werden konnte, wirken zunehmend global und zugleich destruktiv. Dadurch werden als spontane Gegenbewegungen Auflehnungen gegen die Geld- und Kreditwirtschaft provoziert, wie sie sich etwa in *local exchange and trading systems* (LETS) verdichten.

b) Die Wirklichkeit der weltweit mehr oder minder durchlässig gewordenen Märkte bringt nicht etwa ein Verschwinden der Regulierungen mit sich, sondern vielmehr einen erhöhten, differenzierten Regulierungsbedarf auf der Ebene der *global business regulation* als Marktvoraussetzung, und damit auch immer neue politische Auseinandersetzungen innerhalb der politisch und ökonomisch herrschenden Gruppen – über das Verhältnis von G4, G7 und G8 als Regulierungsarenen, über eine situationsgerechte Neubestimmung der Rollen von Weltbank und IWF und damit auch eine Umarbeitung des die 1990er Jahre prägenden Washington Consensus, über die im Rahmen des Baselers Systems für internationale Zahlungen erarbeiteten Richtlinien für Bankenaufsicht und Kreditvergabe bis hin etwa zu den Auseinandersetzungen im Vorfeld oder innerhalb von WTO-Verhand-

nicht aus dem Auge verlieren, wie tief die Rückwirkungen dieser ›unsicheren‹ Ausbeutungsformen auch in die Kernbereiche der ›industriellen Arbeit‹ hineinreichen – mit der Tendenz zu Entsolidarisierung und Verschärfung der Konkurrenz zwischen Individuen und Gruppen.

14 Das gilt ganz unabhängig davon, ob sie als eine vorübergehende Übergangsgestalt zu beurteilen sind oder als ein neuer ›historischer Block‹ gelten müssen, der den Fordismus abgelöst hat.

lungsrunden oder über den politischen Umgang mit Schuldenständen ganzer Staaten.

c) Zugleich führt die Globalisierung immer größerer Teile der Gütermärkte nicht einfach zur globalen Angleichung der Konsummuster und Lebensweisen, wie dies zu Zeiten der fordistischen Großserienproduktion zu erwarten gewesen wäre. Angesichts der Möglichkeiten der modularen Rekombination von Produktionselementen (auf der Grundlage von tendenziell immer weiter vereinheitlichten ›Plattformen‹) werden neue Möglichkeiten ergriffen, jedenfalls die kaufkräftigen Teile der ›Menge der Vielen‹ mitzunehmen, indem ihre Initiativen von *trendscouts* ausgespäht und sofort kommerziell angesteuert werden. So kommt es zu einem Ineinander von Multitudinalisierung und Kommerzialisierung der Lebensweisen, das sich jedenfalls deutlich von den Normalisierungsmustern des fordistischen *marketing* unterscheidet.[15]

d) In älteren Konzepten des kapitalistischen Managements wurden die Subjekte der abhängigen Arbeit streng hierarchisch angesteuert (Taylorismus für die ›Massenarbeiter‹ und maslowsche Humanistische Psychologie für das Management). Demgegenüber ist mit der durch Automation und Ausbreitung von IuK-Technologie schon seit den 1960er Jahren verknüpften Ausweitung der Wissensanteile aller Arbeitsprozesse und der Erweiterung der spezialisierten Wissensarbeit das Interesse des Kapitals das einer möglichst umfassenden und wirksamen Aktivierung und Nutzung der Subjekte der abhängigen Arbeit. Zugleich tritt neben die vor allem in Facharbeiterbereichen schon lange praktizierte Aktivierung subjektiver Fähigkeiten durch Leistungsentlohnung (vgl. Schmiede-Schudlich 1976) zunehmend eine marktvermittelte Subjektaktivierung von wachsenden Kategorien von *self-employed*[16], die selber dafür Sorge tragen müssen, ihre Arbeitsleistungen auf einem von scharfer Konkurrenz bestimmten ›Dienstleistungsmarkt‹ in einem konkurrenzfähigen ›Preis-Leistungs-Verhältnis‹ zu verkaufen.

15 Die Differenz lässt sich vielleicht am PKW und am Handy als Leitwaren unterschiedlicher historischer ›Konsummodelle‹ verdeutlichen: Während ›das Auto‹ als Leitware einer ganzen Automobilzivilisation eine Vereinheitlichung bis hin in die geographische Erschließung von Räumen, in den Städtebau oder in das Sexualverhalten hinein durchsetzt, weil es als ›ideologische Ware‹ in seiner Gebrauchsanleitung die Grundstrukturen einer Lebensweise festlegt, schmiegt sich das Handy, in dem das primäre und unaufhörliche ›Palaver der Menschheit‹ gleichsam instrumentelle Gestalt annimmt, außer den Funknetzen, deren es zum Funktionieren bedarf, fast vollständig unauffällig in die bestehenden Kommunikationsmuster der Menschen ein, welche es benutzen

16 Ich ziehe diesen beschreibenden Ausdruck dem ideologisch aufgeladenen des ›Arbeitskraftunternehmers‹ vor, der allerdings das Verdienst hat, auf den historischen Formwandel der abhängigen Arbeit ein Schlaglicht zu werfen.

e) Die von der kapitalistischen Entwicklung getragene reale Expansion der abhängigen Arbeit nimmt immer weniger die Form fordistisch regulierter ›Normalarbeit‹ an, wie sie sich in den fordistischen Metropolen als hegemoniales Muster durchgesetzt hatte. Stattdessen wachsen nicht nur neue Formen abhängiger Arbeit, etwa die ›atypischen‹ Formen der EU-Statistik, sondern auch der gesamte, weitere Bereich, der unter dem Stichwort der ›Prekarität‹ diskutiert wird – Schwarzarbeit, ›Scheinselbständigkeit‹ oder ›geringfügige Beschäftigung‹ – in die unter dem Druck einer auch in den Metropolen wieder angeschwollenen »industriellen Reservearmee« vorwiegend Frauen abgedrängt werden. Das schwächt zweifellos die an der alten Form ansetzenden Gewerkschaften als Kampforganisationen der abhängigen Arbeit – bedeutet aber auch eine Vielzahl neuer Herausforderungen für solidarische Gegenwehr: Neue Bündnisse müssen gesucht werden – nicht nur um die Anliegen der Arbeiterbewegung mit anderen Bewegungsanliegen zu verknüpfen (etwa ökologischen Erhaltungsinteressen und vorwiegend weiblichen Perspektiven auf die umfassende Reproduktion der Menschheit, aber auch die Interessen des ›globalen Südens‹ mit denen des industriellen ›Nordwestens‹), sondern vor allem auch um die neuen Spaltungslinien zu überwinden, wie sie zunehmend viele Frauen, MigrantInnen und als ›asozial‹ gebrandmarkte Verarmte aus dem Solidaritätshorizont der inzwischen schon ›klassisch‹ genannten ›ArbeitnehmerInnen‹ herausdrängt.[17]

f) Die Akkumulation des Kapitals produziert gerade in ihrer gegenwärtigen Entwicklungsphase mit ihrer charakteristischen Schere zwischen Überakkumulation und stagnierender Massenkaufkraft immer wieder ihre eigenen Grenzen. Selbst gigantische Niveaus an öffentlichen und privaten Krediten reichen längst nicht mehr dazu aus, die Realisierungslücke zu schließen, die sich daraus ergibt. Kapital bleibt demgemäß zum einen in großem Umfang gleichsam im Fegefeuer der Finanzmärkte, verwertet sich dort spekulativ als virtuelles Kapital – das aber langfristig auch in reales, fungierendes Kapital umzuwandeln sein wird. Zum anderen sucht es aber auch verstärkt nach neuen Anlagesphären – zunehmend nicht mehr im ›globalen Süden‹, wo Investitionen immer noch riskant und schwierig sind, z.T. eben wegen der erzeugten Volatilität der internationalen Finanz- und Währungsmärkte. Die bisherigen öffentlichen Dienste, aber auch private Funktionen werden umfassend und gründlich daraufhin durchgeprüft, ob und wie weit sie sich nicht durch kapitalistisch produzierte Waren und Dienstleistungen ›vermitteln‹ lassen, so dass sie zu einer profitablen Anlagesphäre werden können. Damit greift das Kapital systematisch auf den Reproduktions-

17 Vgl. die entsprechenden Debatten in Scholz u. a. 2004 als ein erster Querschnitt deutscher Debatten zum Thema.

prozess der menschlichen Subjekte zurück: Gerade als Träger einer vielfältigen Produktivität in der eigenen Reproduktion werden sie als mögliche Käufer entsprechend zugeschnittener Waren- und Dienstleistungsangebote angesteuert – und gerade ihre eigenen Initiativen und Kulturleistungen werden besonders energisch als Gelegenheiten neuer Kommerzialisierungsschübe ins Auge gefasst.

Was kann die Rede vom unvermittelten Umschlag von Kapitalherrschaft in Selbstbestimmung bedeuten?

H/N können mit ihrer Rede vom unvermittelten Umschlag von Kapitalherrschaft in Selbstbestimmung durchaus an Denk- bzw. an Lektüretraditionen innerhalb der marxistischen Tradition anknüpfen. Insbesondere die These des kommunistischen Manifests vom Proletariat als der unmittelbar revolutionären Klasse kann leicht als Vorgängerin ihrer These verstanden werden.

Dagegen ist die bei Marx seit den *Grundrissen* entwickelte Theorie der Formen, in denen sich die kapitalistische Produktionsweise in bestimmten Gesellschaften reproduziert, von dem Gedanken der vielfältigen Vermittlung geprägt. Auf ihrer Grundlage lässt sich auch noch die neoliberal geprägte Rentiersökonomie als ein beständig neu vermittelter Prozess der virtuellen Zusammenfassung (und durchaus auch Neuzusammensetzung) der unterschiedlichen Formen des fungierenden realen Kapitals begreifen, der immer noch an deren konkrete Konfigurationen rückgebunden bleibt – auch wenn diese materielle Rückgebundenheit sich erst mittel- und langfristig geltend macht und in der überschaubaren Gegenwart gar nicht auffindbar ist.

Aufgrund dieses Zusammenwirkens von Formbindungen mit materiellen Rückbindungen kann auf dem Boden der entwickelteren marxschen Theorie nicht mehr von einem unvermittelten Umschlag der strukturierten Kapitalherrschaft in ihr Gegenteil ausgegangen werden – vielmehr tritt an diese Stelle der Gedanke einer revolutionären Transformation als ein Prozess, dessen gezielte und kontrollierte, ›bewusste‹ politische Vermittlung unverzichtbar ist.[18] Aber auch schon die theoretische Rekonstruktion des Krisenzyklus, in dem sich die Reproduktion des Kapitalverhältnisses als Akkumulationsprozess vollzieht (vgl. Bader u. a. 1974), beruht

18 Es ist nicht einfach zu bestimmen, wie und durch wen diese Vermittlung zu leisten sein wird: Nachdem durch historische Erfahrungen sowohl die These von der Arbeiterklasse als Klasse, als auch die von der proletarischen Partei oder dem ›Halbstaat‹ der ›Diktatur des Proletariats‹ als dem entscheidenden Subjekt dieser revolutionären Transformation zumindest nicht länger als unmittelbar einleuchtend gelten können, stellen sich hier bisher unbeantwortete Fragen nach einem Subjekt radikaler Transformation, das mit demokratischen Politikformen kompatibel ist.

nicht auf Kategorien wie »Umschlag« oder »Zusammenbruch«, sondern auf vielfältigen Vermittlungsformen, durch die auch die destruktiven Dynamiken dieses Prozesses immer wieder ›metastabil‹ in eine Fortsetzung der Kapitalakkumulation eingebunden werden. Dabei findet durchaus immer wieder Kapitalvernichtung statt – aber eben nicht die Vernichtung des Kapitalverhältnisses, sondern vielmehr dessen ›Bereinigung‹ von allen störenden Momenten, etwa des überschüssigen nach Anlage suchenden Kapitals oder der hinter dem ›Stand der Technik‹ zurückgebliebenen Produktionsanlagen. Zeitgeschichtliche Analysen der konkreten Entwicklungen seit den 1970er Jahren (Brenner 2003) belegen die Annahme, dass in der gegenwärtigen Phase seit Beginn der 1990er Jahre derartige Bereinigungsprozesse erheblich eingeschränkt, wenn nicht sogar blockiert sind – woraus sich wiederum die analytische Aufgabe ergibt, der auch unter den Bedingungen ›globalisierter‹ Weltmärkte wirkmächtigen politischen Vermittlungsfunktion jedenfalls der ›führenden‹ Staaten oder Staatengruppen nachzuspüren.

Exemplarisch lässt sich diese politische und rechtliche Vermitteltheit von Prozessen der Kapitalakkumulation gegenwärtig an dem Komplex des ›geistigen Eigentums‹ untersuchen – das nicht nur aufgrund der zunehmenden Rolle von ›Wissen‹ in allen Arbeitsprozessen stark an Bedeutung gewonnen hat – sondern auch ohne politische Klärungen, etwa zwischen der Rechtstradition des (kontinentaleuropäischen) Urheberrechts einerseits und der angelsächsischen Rechtstradition des *rightsholder*-Gedankens, nicht zu einem Feld der Kapitalakkumulation werden kann. Hier stellt sich insbesondere das objektive Problem, wie überhaupt durchgesetzt werden kann, dass das Feld der intellektuellen Produktionen nicht nur überhaupt für Formen der vom Kapital abhängigen Lohnarbeit geöffnet, sondern zunächst und zugleich einer entsprechenden ›In-Wert-Setzung‹ unterworfen werden kann (vgl. Altvater 1991), welche die Kapitalakkumulation durch eine *accumulation by dispossession* (vgl. Harvey 2004) unterstützt. Auf internationaler Ebene, v. a. in der WTO (vgl. insb. die GRIPS-Verhandlungen), vollzieht sich seit den 1980er Jahren ein politisch vorangetriebenes Ringen um die rechtliche Fassung individueller und kollektiver Kreativität und um die Durchsetzung einer gigantischen Landnahme in Bezug auf das gemeinsame intellektuelle Erbe der Menschheit bzw. um die Kontrolle der informellen und kommunikativen Kreativitätsbedingungen v. a. wissenschaftlicher und künstlerischer Arbeit. Daran wird deutlich, dass zwar das Kapital, indem es sich der Sphäre der geistigen Arbeit bemächtigt, durchaus dazu in der Lage ist, deren traditionelle herrschaftliche Überformungen aufzulösen, so dass die reale Vergesellschaftung auch wissenschaftlicher oder künstlerischer Arbeit vorangetrieben wird – zugleich entwickelt es aber auch neue, rechtlich vermittelte und politisch durchgesetzte Formen herrschaftlicher Kontrolle mit den Zielen von In-Wert-Setzung und Ausbeutung, denen zwar seitens der arbeitenden Subjekte mittels Initiativen wie der *open source* oder der *public domain* entgegengetreten werden kann, die aber keinesfalls aufgrund des spezifischen Inhaltes wissenschaftlicher oder künstlerischer Arbeit ›von selbst‹ verschwinden.

An die Stelle einer näheren Untersuchung dieser oder derartiger Vermittlungsformen setzen H/N in dem besprochenen Textstück den spekulativen, sicherlich faszinierenden, aber im Ernst in die Irre führenden Gedanken, dass die gesellschaftliche Arbeit als solche das Gemeinsame produziert, und dass sie also als solche ›kommunistisch‹ ist. Diese Vorstellung einer ›unmittelbar kommunistischen Tendenz‹ der gesellschaftlichen Gesamtarbeit, insbesondere im Bereich der sog. immateriellen Arbeit, beruht offenbar darauf, dass nicht mehr – mit Marx – unterschieden wird zwischen der »gegensätzlichen kapitalistischen Form« und der gerade auch in ihr vollzogenen Entwicklung des gesellschaftlichen Charakters der menschlichen Arbeit mit dem Ziel der Mehrwertproduktion: Die Effekte der Herrschaft der kapitalistischen Produktionsweise, die über bestimmte strukturelle Formen in historischen Gesellschaftsformationen durchgesetzt wird, geraten dadurch aus dem Horizont der Betrachtung.

Aber H/N dethematisieren nicht nur die spezifischen Formen dieser Durchsetzung der besonderen, nämlich nicht-personalen Herrschaft der kapitalistische Produktionsweise, sie verdecken auch die spezifische Problematik, woher in derartig beherrschten Gesellschaften die Kräfte kommen können, die dazu in der Lage sind, der Herrschaft der kapitalistischen Produktionsweise Widerstand zu leisten, gegen die »Politik des Kapitals« (vgl. Wolf 2001) Gegenmachtpositionen aufzubauen und Alternativen zu eröffnen. Zwar gilt ganz allgemein, wo Subjektion ist, dort ist auch Kraft zur Auflehnung, aber es wäre eine falsche Auffassung von Dialektik, sich die Illusion zu machen, dass einfach die Subjektion als solche bereits die Kraft zur Auflehnung produziert. Die zeitraubende und mühevolle Arbeit der Transformation gesellschaftlicher Strukturen lässt sich offensichtlich nicht auf einen elementaren »Akt der Revolution« reduzieren. Genau so wenig können wir von den gesellschaftlichen Formen absehen, in denen sich (gesellschaftliche) Arbeit, (individuelle) Liebe oder (kollektive) politische Kämpfe als spezifische menschliche Praktiken als solche entfalten: die Mitwirkung an der Reproduktion des gesellschaftlich Notwendigen nimmt dabei andere Formen an als das individuelle Agieren im Verhältnis zwischen dem eigenen Begehren und dem eines Anderen, der meiner Verfügung ganz grundsätzlich enthoben ist oder der Aufbau bzw. der Einsatz von gemeinsamer Macht, um gesellschaftliche Entscheidungen herbei zu führen.

Angesichts dieser Differenzen wird es m. E. auch wichtig, deutlicher zwischen Gleichheit und Ungleichheit einerseits und Identität und Alterität andererseits zu unterscheiden: Während es in jeder Zusammenarbeit darauf ankommt, verlässlich das verabredete Gleiche und Ungleiche zu tun, kommt es in Liebesbeziehungen darauf an, sich auf die Identität des jeweils anderen als solche positiv zu beziehen, nicht etwa auf bestimmte Züge oder Eigenschaften, durch die er oder sie sich von anderen unterscheidet oder mit ihnen gleich ist. Und ein politisches Handeln, das das Brechtsche Postulat beherzigt, Du-Schwein-Sätze immer wieder in Du-Ochs-Sätze zu übersetzen, steht hier ihrer logischen Struktur nach der Arbeit näher: Während Nationalisten sich beständig auf Identitäten beziehen können, müssen Herrschaftskritiker immer wieder von Interessen reden.[19]

Gegen dieses Rationalitätsgebot der Differenzierung verstoßen H/N aber – nicht nur in dem von ihnen vertretenen Gedanken, dass im Akt der Revolution (der hier nicht als solcher benannt wird, aber doch erkennbar umschrieben ist) Politik, Arbeit und Liebe in eins fallen, *ein und dasselbe* sein sollen, sowie durch den dabei vorausgesetzten weiteren Gedanken, dass der Einsatz von Befreiung, also das, worum es in einer derartigen ›wahren Revolution‹ eigentlich geht, die Gewinnung von Identität sei. Ich denke vielmehr, man muss dieser Art von romantischer Aufladung von Befreiung offensiv entgegen halten, dass es in Befreiungsakten immer nur darum geht, sich aus Herrschaftsverhältnissen zu lösen. Und keineswegs schon darum, sich in den so geschaffenen befreiten Verhältnissen außer eben befreit auch schon aufgehoben, heimisch, mit sich selbst identisch, von den anderen geliebt oder gar glücklich zu fühlen. Das mag manchen als eine harte Ernüchterung vorkommen. Aber es gilt zu bedenken, dass eben diese romantische Aufladung es in der Konsequenz ganz unmöglich macht, auch nur näherungsweise anzugeben, in welcher Art von realitätstüchtiger Praxis die notwendigen Schritte zu derartig wundervollen Verhältnissen gemacht werden könnten. Eine nüchternere Praxis der Befreiung kann dagegen immer nur darauf bauen, möglichst klar zu begreifen, welchen spezifischen Herrschaftsverhältnissen die für ihre Befreiung kämpfenden Subjekte unterliegen und in deren Analyse die Ansatzpunkte einer wirklichen Praxis der Befreiung finden.

Produktion von Subjektivität

H/N formulieren eine starke These über die Produziertheit von Subjektivität, die sie auf Marx zurückführen: »Subjektivität entsteht [is produced] Marx zufolge im Produktionsprozess [in the material practices of production].« (2004, 172, engl. 151) Diese These ist aber unklar oder falsch, auch wenn sie mit einem Marxzitat belegt wird – »Die Produktion produziert daher nicht nur einen Gegenstand für

19 Ich habe allerdings zu zeigen versucht, dass es dennoch einen – begrenzten – Raum auch für eine emanzipatorische Identitätspolitik gibt (vgl. Wolf 2003).

das Subjekt, sondern auch ein Subjekt für den Gegenstand« (Marx 1857/58, 14). Denn Marx hat uns hier etwas Spezifischeres mitzuteilen: Er spielt damit auf den formanalytisch zu artikulierenden Sachverhalt an, dass erst in der wirklichen Produktion von Waren als warenförmigen Produkten sich auch die spezifische Subjektivität von privaten Eigentümern von Waren – einschließlich der »Warenhüter« ihrer eigenen Arbeitskraft – als solche herausbildet. H/N fühlen sich dagegen an dieser Stelle an den »Antagonismus der Ausbeutungserfahrungen« (ebd.) erinnert, in dem erst die »Subjektivität der Arbeiter« geschaffen werde. Das ließe sich ebenfalls noch formanalytisch näher bestimmen, indem etwa das eigentümliche Doppelverhältnis der Arbeiter herausgearbeitet wird – zu ihrer vertraglich geschuldeten Arbeit als Gegenwert des vereinbarten Lohns *und* als herrschaftliche Zumutung des Kapitals, unter dessen »Kommando« der materielle Produktionsprozess stattfindet. Da für H/N aber eine derartige formanalytische Betrachtungsweise ganz fern liegt, erschließt sich ihnen die spezifische Differenz gar nicht erst, die zwischen dem Antagonismus der Lohnarbeit und etwa dem der feudalen Leibeigenschaft oder dem der Sklaverei besteht. Das wird etwa daran deutlich, dass sie ganz umstandslos in der Lage sind, für die heutige Epoche – die sie dem Marxschen 19. Jahrhundert entgegen stellen – eine entsprechend hegemoniale Schlüsselfunktion für »die Armen« zu postulieren. Damit tritt eine politische Dialektik von »Armen« und »Reichen« an die Stelle jedes ernsthaften Versuchs, die Formen proletarischer Klassenkämpfe zu begreifen, worüber auch die schön klingende Formel vom »Doppelcharakter von Armut und Möglichkeit« (173) nicht hinwegtäuschen kann.

Außerdem klingt zwar die in der englischen Fassung deutlicher hervortretende Vorstellung – insbesondere für die ouvrieristischen Traditionslinien des Marxismus – zwar ganz einleuchtend, geradezu evident: Es geht um die materiellen Praktiken der Industriearbeiter. Die entscheidende Frage ist aber doch, was wirklich »material practices of production« sind: Was ist immateriell, unpraktisch oder unproduktiv daran, ein Baby zu windeln, eine Botschaft zu übermitteln, eine Zeichenfolge zu dechiffrieren, eine Arie zu singen, einen Hausbau zu planen, ein EDV-Programm zu schreiben oder ein Buch so einzuräumen, dass es sich in der Bibliothek wiederfinden lässt? Wir sollten uns nicht dahingehend verwirren lassen, die Frage nach »materiellen Produktionspraktiken« mit der nach unter kapitalistischen Verwertungsbedingungen produktiver (– mehrwertschaffender) Arbeit zu verwechseln, was die Antwort nach sich zöge: Das hängt davon ab, in welchen gesellschaftlichen Verhältnissen diese Arbeit/Tätigkeit vollzogen wird! Wenn wir dann auch noch ein allzu schlichtes Verständnis von Materialität hinter uns lassen, für das der Umgang mit Kindern oder mit anderen Personen als irgendwie ›immateriell‹ erscheint, dann müssen wir wohl antworten: diese Tätigkeiten sind alle »material practices of production« und zwar in allen Verhältnissen, in denen sie geschehen!

Damit wäre allerdings der Versuch gescheitert, der Produktion von Subjektivität einen besonderen gesellschaftlichen Bereich als primären Ort zuzuweisen – auch wenn es formell sicherlich auch Lebenstätigkeiten gibt, die in einem angebbaren Sinne immateriell, unpraktisch oder unproduktiv sind.[20] Wenn mit dieser These von H/N gemeint ist, der primäre Ort der Produktion von Subjektivität läge in unseren Gesellschaften in der Fabrik (bis hin zu ihrer modifizierten Gestalt in der *fabbrica diffusa*), dann ist das wohl einfach nur falsch und irreführend: Was in der Fabrik, *at the point of production*, allein und als solcher, also losgelöst von der mit der Fabrikarbeit verbundenen komplexen Lebensweise, spontan entsteht, ist neben Vereinzelung und Konkurrenz unter den Arbeitenden allenfalls die Einsicht in den herrschaftlichen Charakter der kapitalistischen Ausbeutung und in die grundsätzliche Wünschbarkeit ihrer Überwindung. Aber eben nicht alles das, was im Verkehr unter ›Warenhütern‹, in der ›privaten‹ Familie oder in den ›öffentlichen‹ ideologischen Staatsapparaten an Konstituierung von Subjektivität geleistet wird.

Das Problem mit ihren Formulierungen rührt daher, dass sie immer wieder vereinfachte Vorher-Nachher-Muster konstruieren, die die mit dem Fordismus und seinem historischen Ende verbundenen, durchaus realen Veränderungen im Sinne einer Phasentheorie des Kapitalismus übertreiben: Im Fordismus entstand Subjektivität nur in der Fabrik, später entstand sie überall, weil vorher nur die Fabrik ›produktiv‹ war und heute die gesamte Gesellschaft (vgl. Nowak 2002) usf. Hier scheint die starke Periodisierung der foucaultschen Biopolitik, die auf idealtypischen Projektionen beruht – als ob ›Bevölkerungspolitik‹ in Absolutismus und Merkantilismus oder auch im frühen Liberalismus keine Rolle gespielt hätten – sich mit einer Tradition der Phasentheorie des Kapitalismus zu einer tief sitzenden Verdunkelung des historischen Realitätsbezuges verbunden zu haben.

Es wäre auch wenig glaubhaft, die These zu vertreten, dass allein innerhalb der Fabrik, in der ›materiellen Produktion‹ des kapitalistischen Produktionsprozesses, widerständige Subjektivitäten konstituiert werden können. H/N entgehen dieser Konsequenz bekanntlich dadurch, dass sie einen Wechsel der Hegemonieverhältnisse behaupten, durch den sich die ›immaterielle Arbeit‹, d. h. eine materielle Praxis mit einem immateriellen Produkt, in die Position der gesellschaftlichen Hegemonie gebracht habe – offenbar gegenüber einer ›alten‹ rein materiellen Arbeit als bisheriger

20 Vielleicht ist dies die latente Pointe der von H/N formulierten These, dass der seit Platon und Aristoteles immer wieder behauptete epistemologische und axiologische Primat derartiger Lebenstätigkeiten zurückzuweisen ist, wie sie sich exemplarisch in der ›Kontemplation‹ der Philosophen oder in den ›freien Künsten‹ der Herren verkörpert haben, die als das gerade Gegenteil, nämlich als ideell, theoretisch und unproduktiv begriffen wurden. Anstatt diese Behauptung in ihr Gegenteil zu verkehren, sollten wir aber zeigen, dass auch derartige Lebenstätigkeiten ihre spezifische Materialität und Widersprüchlichkeit (Althusser) aufweisen.

Inhaberin dieser Hegemonialposition. Die gegenwärtig produzierte Multituden-Subjektivität wird dem gemäß von ihnen mit einer ouvrieristisch, arbeitertümelnd, interpretierten proletarischen Subjektivität und einer borniert in alte Verhältnisse eingebundenen Bauern-Subjektivität kontrastiert. So tritt dann ein vereinfachendes und weitgehend mythisches Konstrukt neben das andere: ein mythifiziertes Multituden-Subjekt neben einen mythischen Proleten und einen mythischen Bauern.

Eine differenziertere und genauere Betrachtungsweise, welche demgegenüber die Besonderheit der historischen Form der kapitalistischen Lohnarbeit in ihrer doppelten Freiheit erkennt und ihre Differenz zu allen personal gebundenen direkten Herrschaftsverhältnissen begreift,[21] ohne ihren spezifischen, wenn auch formell indirekten, marktvermittelten Herrschaftscharakter dabei aus den Augen zu verlieren, könnte demgegenüber deutlich machen, dass diese Hilfskonstruktion ganz überflüssig ist: Die Spezifik des Widerstands und der Kämpfe, wie sie auf dem Boden des Verhältnisses von Lohnarbeit und Kapital selbst entstehen, liegt darin, dass sie immer auf einen Kampf hinauslaufen, in dem Recht wider Recht steht – das Recht des Arbeitskraftbesitzers gegen das Recht des Arbeitskraftanwenders. Auch wenn es wiederum illusionär wäre, daraus die Vorstellung zu gewinnen, hier könnten alle Konflikte auf dem Boden des Rechts gelöst werden – denn, »wo Recht wider Recht steht, entscheidet die Gewalt« (Marx) – wäre es eine entscheidende Blindheit gegenüber den politischen Formen der entwickelten bürgerlichen Gesellschaft, etwa jeden Streik für einen Aufruhr gegen deren Rechtsordnung zu halten, jede Massendemonstration für eine Massenerhebung oder jede Blockadeaktion für einen gewaltsamen Angriff auf das Gewaltmonopol des Staates.[22]

Hier greift auch die unter den 1968ern in Deutschland aufgekommene Rede von der ›begrenzten Regelverletzung‹ zu kurz: Die bürgerliche Politik als solche stellt – immer auch unter dem Druck kämpferischer Initiativen der in ihr Beherrschten – vielfältige gesellschaftliche Kampffelder bereit, innerhalb derer weit mehr möglich ist, als auf dem Rechtswege sein Recht einzufordern oder von der Staatsgewalt zu verlangen, die Interessen der konkret Kämpfenden zu berücksichtigen. Auf diesen ihren Kampffeldern ringen gesellschaftlich anerkannte politische Subjekte darum, die

21 H/N folgen hier einer in den offiziellen Marxismen, aber auch im Denken der 1970er Jahre verbreiteten Tendenz, sich an das Resultat zu halten, dass Ausbeutung in allen Bereichen stattfindet, sich aber für die spezifischen historischen Formen der Ausbeutung nicht weiter zu interessieren. Diese Tendenz nimmt bei ihnen die Gestalt eines lebensphilosophischen Verschmelzungsdenkens an, das sich für Differenzierung nicht interessiert. Es wäre zu untersuchen, wie sie in ihrer Deleuze-Rezeption diese eigentümliche Haltung haben gewinnen können.

22 Das zu betonen, zwingt keineswegs dazu, in die liberale Illusion zu verfallen, die den Herrschaftscharakter der zugrunde liegenden Verhältnisse übersieht – und damit auch die Problematik ihrer Subversion und Überwindung.

Kräfteverhältnisse zugunsten ihrer eigenen Interessen zu verschieben. Und neue politische Subjekte ringen zugleich um ihre Anerkennung als legitime Subjekte politischen Handelns, beginnend mit dem Kampf um die öffentliche Sichtbarkeit ihrer Anliegen, und um die mehr oder minder formelle Einräumung der für ihre Kampfpraktiken typischen Kampffelder. Allerdings gilt offensichtlich, dass jedenfalls zumeist diese Kämpfe und die sich in ihnen konstituierenden Subjekte ziemlich im Rahmen der bestehenden Herrschaftsverhältnisse verbleiben und, selbst wo sie sich selber als solche entwerfen, bei genauerem Hinsehen wenig subversiv sind.

Das führt mich zu der Frage, wie wir Widersprüche und Brüche in der Subjektion denken können, ohne uns in die Illusionen von H/N zu verstricken – aber auch ohne in die klassisch liberale, vom Fordismus verallgemeinerte Illusion und in der Regel androzentrisch geprägte Konzeption vom ›starken Subjekt‹ als Angelpunkt emanzipativer Praxis zurückzufallen bzw. in deren negatives Schattenbild vom ›schlechten Subjekt‹ als Träger befreiender Praxis.[23]

Hier hilft uns zunächst eine kurze Erinnerung an das Konzept der »Wunschmaschinen« aus dem *Anti-Ödipus* (Deleuze/Guattari 1972, vgl. a. dies., 1980) weiter. Gegenüber der von Lacan praktizierten Einmauerung der Subjektivität in die symbolische Ordnung des »Gesetz des Vaters« (vgl. Lecourt 1982), durch die letztlich die Unabgeschlossenheit der Freudschen Konstruktionen der pluralen Instanzen der Subjektivität (das System ›Bewusstes-Vorbewusstes-Unbewusstes‹ vs. das System ›Ich-Es-Überich‹) durch eine patriarchalische Vereinheitlichung aufgehoben wird, hatten sie die systematische Leerstelle des ›es wünscht‹ stark gemacht.[24] Damit wird auch Lacans Umfunktionierung der de Saussureschen Dualität von Signifikant und Signifikat zu einer Trinität von Imaginärem, Symbolischem und Realen – für die dann beständig ›das Reale das Unmögliche‹ sein muss[25] – wieder aufgelöst. Dies kann aber nur unter der Bedingung funktionieren, dass gar keiner Instanz mehr erlaubt wird, diese systematische Leerstelle des ›Es‹ zu besetzen – also weder ›das Leben‹ (wie letztlich bei H/N) noch auch die Figur des neoliberal konzipierten Privateigentümers und Unternehmers seiner selbst.[26] Indem die neoliberalen Sub-

23 Wie es insbesondere Michel Pêcheux (1984) kritisiert hat.

24 Damit haben sie implizit eine Kritik an den vorherrschenden philosophischen »Theorien praktischer Rationalität« geleistet, für die es »nach dem gängigen neohumeschen, ... Modell« allein um »Wünsche und Meinungen« geht: Deren ›selbstverständliche‹ Unterstellung, dass ich für meine Wünsche verantwortlich bin und sie gegebenenfalls so lange revidieren kann, bis sie gesellschaftlich ›passen‹ (Gosepath 1999 1ff) wird vor der Folie der Argumentationen von Deleuze und Guattari als eine herrschaftsaffirmative Fiktion erkennbar.

25 Slavoj Zizek hat aus der Verallgemeinerung dieser Konstellation über die Situation der psychoanalytischen Behandlung hinaus, für die sie zunächst entworfen worden war, eine ganze agnostizistisch argumentierende intellektuelle Industrie gemacht.

jektanrufungen eben dieses beständig tun, demonstrieren sie zugleich, in wie primitiven Grundgedanken ihr scheinbar so subtil die allerneuesten Wendungen des Zeitgeistes aufgreifendes Argumentieren sich immer wieder verankert.

Eine materialistische Perspektive auf diese Leerstelle der Wunschmaschinen kann dieses Besetzungsverbot, dieses Offenhalten der Leerstelle für subjektive Spontaneität und damit den Ausschluss von ›wahren Besetzungen‹ für das Subjekt der Wünsche auf der Grundlage der Fluktuation des Begehrens durchaus akzeptieren – und als Chance begreifen, Zugang zu einer angemessenen Perspektive auf subjektives Handeln zu gewinnen.

Denn sowohl die philosophischen Theorien praktischer Rationalität (vgl. Gosepath 1992 u. 1999), als auch ihre implizite Kritik durch Deleuze und Guattari in ihrem *Anti-Ödipus* beziehen sich auf ein ziemlich elementares, ganz reales Verhältnis: Die Zukunft ist für die handelnden Subjekte niemals die einfache Fortsetzung der Vergangenheit, selbst dort nicht, wo faktisch die ›Wiederkehr des Gleichen‹ stattfindet – wie sie Nietzsche trotz aller aristokratischen Verzerrungen mit gutem Recht gegeißelt hat –, weil nur ganz geringe Spielräume für Entscheidungen von größerer Tragweite bestehen. Auch wo gar nicht erwartet werden kann, dass dadurch, dass eine bestimmte Entscheidung fällt, eine Gabelung von verfolgten Entwicklungspfaden ausgelöst wird, müssen sich die handelnden Subjekte in ihrem Handeln zu der vorgefundenen Lage verhalten, eine Position beziehen, die sich nicht einfach aus dem Vorgefundenen ergibt, sondern auf Urteilen und Entscheidungen beruht, durch die sie sich als Subjekte dazu ins Verhältnis setzen. Die konkrete Erkenntnis der Lage ist daher immer nur eine Seite einer rationalen Handlungsorientierung, deren andere Seite immer die Auseinandersetzung mit den faktisch bestehenden subjektiven Wünschen bildet. Es mag zwar sein, dass die für die meisten Beteiligten und Betroffenen wichtigen Wünsche derart auf der Hand liegen, dass es keiner langen Debatte bedarf, um sie zu artikulieren – und schon gar nicht philosophischer Theorien. Das kann durch eine möglichst präzise Erkenntnis der konkreten Situation durchaus gefördert werden – wie im Fall von Lenins berühmter, historisch die russische Oktoberrevolution zündenden Parole von »Frieden, Brot, Land«. Aber für die handelnden Subjekte, als kollektive nicht weniger denn als einzelne, bleibt es grundsätzlich immer möglich, zwischen alternativen Optionen Entscheidungen zu treffen, ambivalente Wünsche unterschiedlich zu vereindeutigen oder mit bisherigen Gewohnheiten zu brechen. D.h. nicht etwa, dass es nicht jeweils ›wahre‹ Besetzungen gebe, die sind dann aber subjektiv

26 Bei Deleuze/Guattari stellt sich dies in der eigentümlichen Form dar, dass »der Staat ... zum Paradigma von Subjektivität« wird, »wenngleich subversiv-subjektiv – ›a contrario‹« (Heinz 1981, 87).

und situativ ›relativ‹. Was es nicht gibt und nicht geben kann, ohne autoritäre Überwältigung anderer Subjekte, sind ›einzig wahre‹ Besetzungen, die für alle und für immer gelten.[27]

Nehmen wir noch den Umstand hinzu, auf den Althusser (1976) hingewiesen hat, dass gerade diejenigen Subjekte, welche gegen bestehende gesellschaftliche Herrschaftsverhältnisse rebellieren und daran arbeiten, sie zu überwinden, unvermeidlich in ganz besonderem Maße ›im Dunkeln kämpfen‹ – weil sie nicht einfach das Alte fortsetzen können, sondern etwas Neues anfangen wollen und müssen und dies inmitten einer immer schon von herrschenden ideologischen Mächten ›angefallenen‹ Spontaneität fertig bringen müssen, aber auch schlicht angesichts des auf der Seite der Herrschenden akkumulierten Wissens aus deren Perspektive. Dann erhalten wir eine Aufgabenstellung, der sich jede emanzipatorische Praxis stellen muss.

Das Reale ist das Aufgegebene

»Das Reale ist das Unmögliche!« Diese Maxime Lacans ist vermutlich in Bezug auf die Praxis der psychoanalytischen Therapie sinnvoll und wichtig – in der es einfach nicht darum geht, herauszufinden, was Laios, Iokaste und Oidipus real getan und was sie nur gewünscht und imaginiert haben. Im Lacanismus ist daraus aber eine sozialwissenschaftliche Devise gemacht worden, durch welche jedes Ringen um das Treffen der realen Lage, in der wir zu handeln haben, von vorneherein zur vergeblichen Liebesmühe erklärt wird. Dieses Umschwenken in einen semantischen Idealismus, das zunächst angesichts einer vorherrschenden naiven Vernachlässigung der materiellen Gewalt von Symbolik und Ideologie in den tagtäglichen Reproduktionsprozessen auch kapitalistisch bestimmter, ›sachlich vermittelter‹ Herrschaftsstrukturen einen durchaus produktiven Effekt hatte, bedarf inzwischen dringend der Korrektur.

Die schwierige Unterscheidung zwischen Symbolischem, Imaginärem und Realem, in der ein zentraler Beitrag Lacans zur Grundlagendebatte in Bezug auf die wissenschaftliche Erkenntnis von Geschichte, Gesellschaft, Ideologie und Subjektivität gelegen hat, kann ohne ein Eingehen auf die Problematik der Reproduktion von Herrschaft nicht produktiv aufgegriffen werden. Schon gar nicht kann ohne Bezugnahme auf die Kategorie der Herrschaft[28] begriffen werden, warum Althusser

27 Die historische Vermännlichung der Arbeiterbewegung oder die faktische Verstaatlichung der bolschewistischen Parteien können als derartige falsche Besetzungen analysiert werden.

28 Die von ›Macht‹ oder der ›Führung‹ deutlich zu unterscheiden ist, ohne auf die Figur des Verhältnisses von Befehl und Gehorsam reduziert zu werden. m. E. bietet sich hier die strukturelle Möglichkeit

sich – von ersten Momenten der Unsicherheit abgesehen – konsequent geweigert hat, der Kategorie des Symbolischen in seiner Theorie des Ideologischen eine eigene Rolle zu geben. Die Auseinandersetzung mit Lacans theoretischem Erbe setzt voraus, den herrschaftskritischen Bezug dieser Theoretisierung explizit zu machen. Denn erst die Unterscheidung in Bezug auf Herrschaft gibt den lacanschen Begriffen einen Rahmen, innerhalb dessen sie sinnvoll funktionieren können: Wir müssen unterscheiden lernen zwischen einer ideologischen Subjektivation aufgrund einer Identifikation, die mit der Unterwerfung unter die Herrschaft einer Person oder einer ideologischen Instanz zusammenfällt, und einer andersartigen, nichtideologischen Subjektivation aufgrund eines Typus von Identifikation, der zwar auch weder rational begründbar bzw. nachvollziehbar, noch nach der Analogie eines kündbaren Vertrages zwischen gleichen Freien zu begreifen ist, der aber dennoch nicht darüber hinausgeht, in der eigenen Materialität und Kontingenz die Balance der Handlungsfähigkeit zu halten und die eigene ›Faktizität‹ als solche anzunehmen und insofern auch sich ›zu eigen‹ zu machen, als Ausgangspunkt eigener Initiativen, ohne dabei sie ›beherrschen‹ oder ›transzendieren‹ zu wollen.[29]

In dieser Perspektive wird etwas Wichtiges deutlich: Freuds ›Unbehagen an der Kultur‹ ist keineswegs nur oder in erster Linie ein Ausdruck konservativen Kulturpessimismus gegenüber den Differenzierungen der Moderne. Gegenüber dem blinden Optimismus eines Glaubens an ein ›Neues Leben‹ und einen ›Neuen Menschen‹, wie er seit dem Renaissance-Humanismus durch unsere Diskurse geistert, bringt er vielmehr die konkrete Materialität und ›Erdenschwere‹ menschlicher Subjektkonstitution in Erinnerung. Das von Freud zu Tage geförderte Unbehagen an der Kultur ist daher etwas Anderes und weit mehr als eine unklare Kritik der Entfremdung in einem kapitalistisch geprägten Alltagslebens, wie sie Henri Lefebvre ausgearbeitet hat. Es ist vor allem ein – in seinem Kern unaufhebbares – Unbehagen am Erwachsen-geworden-sein. Daran haben uns der *Anti-Ödipus* und die *Mille Plateaux* mit ihren Konzepten diesseits der erwachsenen Verant-

zur Aneignung der Mehrarbeit anderer als *definiens* an: Dies kann direkt, personal, durchgesetzt werden, oder aber indirekt, in ›sachlichen‹ Verhältnissen wie dem Kapitalverhältnis.

29 Damit wird das Ideologische als ein Bereich von Verhältnissen dechiffrierbar, in denen sich individuelle Subjekte vermittelt über eine vorgängige, nicht thematisierte und sogar zumeist verdrängte Identifikation mit Herrschaft auf ihre realen Existenzbedingungen beziehen. Das Symbolische als sprachlich oder bildlich vermittelte Elaboration derartiger Verhältnisse wäre damit unwiderruflich in das Feld des Ideologischen eingeschrieben – deswegen aber keineswegs ein wirkungsloses Gespenst, ganz im Gegenteil, während das Imaginäre in einen Bereich der Effekte der Identifikation mit Herrschaft (= das ›Ideologisch-Imaginäre‹), der spontan oder elaboriert auftreten kann, und einen Bereich der Identifikation mit einem Anderen ohne Herrschaftsverhältnis zu differenzieren wäre, der sich in einen ›naiven‹ Unterbereich spontaner Identifikationen und einen im spezifischen Sinne reflektierten‹ Bereich von emanzipativen Identifikationen ausdifferenzieren ließe.

wortungssubjekte erinnert – und zugleich die ›kulturkritischen‹ Untertöne eliminiert, wie sie im älteren Freudianismus immer wieder diese Einsicht verdunkelt haben.

Die erwachsenen Subjekte haben sich dadurch konstituieren müssen, dass sie die Fähigkeit gewonnen haben, sich in Arbeit und Liebe triftig auf das Reale zu beziehen, auf die materielle Wirklichkeit und auf den ›nicht-identischen‹ Anderen. Das bildet auch die Grundlage für die reale Abhängigkeit der Kinder von den Erwachsenen, deren materieller Fürsorge die Kinder ebenso bedürfen wie ihrer liebenden Zuwendung. Deleuze und Guattari haben daran erinnert, wie nahe diese Abhängigkeit an Herrschaftsstrukturen grenzt[30] – insbesondere daran, wie nahe das Sich-Schicken der Kinder in diese materielle Abhängigkeit und vor allem ihr Angerufenwerden durch die Liebe der Eltern einer Unterwerfung unter Herrschaft kommt. Und sie haben darauf hingewiesen, dass und wie in unseren Gesellschaften diese Abhängigkeitsverhältnisse von ›normalistischen‹ (vgl. Link 1997) Herrschaftsstrukturen überlagert sind, durch die immer wieder die ›unmögliche‹ Figur des heterosexuellen Familienvaters in die ideologische Position eines universellen Modells für gelingendes Erwachsensein gerückt wird – wie dies im Fordismus auf der Grundlage der historisch in einem schwierigen Prozess durchgesetzten lohnabhängigen Kleinfamilie (vgl. Donzelot 1977) auf die Position des Familienernäherlohnes verfestigt wurde.

Dass die neoliberale ›Konterrevolution‹ in ihrem Kern darauf setzt, die Wünsche der rebellischen Subjekte aufzugreifen und – auf paradoxale Weise (vgl. Wolf 1999) – zu befriedigen, ist auch hier von grundlegender Bedeutung. Denn die ›Wunschmaschinen‹ bieten sich zu einer strategischen Umbesetzung an: An die Stelle des mühevollen Prozesses der Erfüllung der ›Menschenpflicht‹ zur Bildung von arbeits- und liebesfähigen Subjekten kann auch die Eingliederung in den ›automatischen Prozess‹ der Kapitalverwertung treten, in dem es um die Subjekte nur noch als um ›Warenhüter‹ und ›Konsummaschinen‹ geht. Mit dem ›ewigen Frühling der Amnesie‹, in dem sie aus jedem individuellen Kaufakt als ›neue Subjekte‹ eines dadurch ermöglichten Aktes der Konsumtion hervorgehen, verliert sich jede Aufgabe und jede Pflicht, die darüber hinausginge, den Gebrauchswert der erworbenen Waren zu genießen – und sogar noch jeder Gedanke an eine adäquate Kultivierung dieses zu leistenden Genusses: Dessen Adäquatheit ergibt sich immer wieder einfach daraus, dass im Kaufakt der Preis für die erworbene Ware gezahlt wurde. Damit zerstört sich im Marktsubjekt allerdings auch jede Kontinuität, jedes über einzelne Akte hinaus-

30 Die Ideologie der Erziehung beruht im Kern darauf, dass diese Nähe in eine Grenzübertretung umschlägt, dass also aus der ›helfenden Hand‹ der Erwachsenen deren ›harte Hand‹ wird (vgl. Nemitz 1996).

gehende Begehren der Wunschmaschinen – und damit eben das, was deren subversive Position gegenüber den herrschenden Ideologien ausgemacht hatte. Im Konsumismus geht derart nicht nur der klassische Liberalismus der Persönlichkeitsbildung zugrunde, sondern auch noch der Radikalliberalismus einer grundsätzlichen Rechtfertigung des Begehrens.

Darum ist es auch ein grundlegendes Missverständnis, in ›schlechten Subjekten‹, die sich etwa dem Erwachsenwerden verweigern (Peter Pan) oder denen es immer wieder misslingt (Pinocchio), Modelle einer Befreiung von diesem Unbehagen an der Nähe von Herrschaft und Erwachsen-Sein suchen zu wollen. Nur handlungsfähige, erwachsen gewordene Subjekte mit Zugang zum Realen sind überhaupt dazu in der Lage, darauf hinzuarbeiten, dafür zu kämpfen – zum großen Teil auch gegen eigene Impulse zur Wiederholung von derartigen Übertretungen –, dass auch im Verhältnis zu Kindern die Befreiung der Anderen als Bedingung der eigenen Befreiung erkannt und praktisch respektiert wird.

Die Revolution als »wahrer politischer Akt der Liebe«?

H/N verdecken durch ihre Gleichsetzung von Liebe und Politik drei wichtige Fragen, denen wir uns stellen müssen, um als erwachsene Subjekte emanzipativ handlungsfähig zu werden (vgl. Brüggen 2005):

Wie wir die Kette von Versagungen und Übertretungen, in die wir unauflöslich verstrickt sind, annehmen, ohne uns ihr resignativ zu unterwerfen; wie wir die Kraft der Negation aufbringen, unser Begehren und unsere Wünsche ›sein zu lassen‹ und sie nicht als solche zu zensieren, sie aber doch klar von dem zu unterscheiden, was wir wirklich wollen; und: wie wir Verantwortung übernehmen, ohne dabei oder deswegen ›Herr im Hause‹ werden zu wollen.

In dieser Perspektive wird ein Erwachsenwerden denkbar, das die nomadische Dauerflucht der Adoleszenz negiert, ohne sich den etablierten Herrschaftsverhältnissen zu unterwerfen – in dem wir uns selber als ›Fahrende‹ zu akzeptieren lernen, ohne auf unser Recht und unsere Pflicht zu verzichten, uns in unserem Leben auch immer wieder ›niederzulassen‹.

Allerdings ist die von mir vorgeschlagene materialistische Anerkennung der spezifischen Materialität subjektiver Handlungsperspektiven auch in ihrer Differenz zu den historischen Prozessen, in die sie eingebettet sind und in die hinein sie intervenieren, nur unter den beiden Bedingungen durchhaltbar, dass zum einen derartige Wünsche klar von einem reflektierten und auf verantwortlichen Entscheidungen beruhenden Willen unterschieden werden – für den die entsprechenden Subjekte mit ihrem Ich einzustehen bereit sind, und, zum anderen, zwischen den faktischen Wünschen und den wirklichen Bedürfnissen konkreter Subjekte unterschieden wird, unter dem Vorbehalt, den letzteren jedenfalls dort, wo es aus dem gesellschaftlichen Kontext heraus um gemeinsam existenziell wichtige Fragen geht, in der Willensbildung zur Durchsetzung zu verhelfen.

Eine derartige materialistische Betrachtungsweise könnte sich auf eine nicht-reduktionistische Weise auf einen umfassenden ›Standpunkt der Reproduktion‹ stellen, den es allerdings in Gesellschaften, in denen kapitalistische Produktionsweise herrscht, als solchen nicht gibt: In diesen Gesellschaft ist vielmehr die Perspektive auf die Reproduktion, auf die erweiterte Reproduktion des Kapitals, d.h. die Kapitalakkumulation, reduziert. Wie darüber hinaus die Reproduktion der anderen ›Springquellen des Reichtums‹ – von Arbeit und Boden, d.h. von menschlicher und ökologischer Produktivität im weistesten Sinne – stattfindet, ist von diesem Standpunkt aus ein äußerlicher ›Zufall‹. Demgemäß wird die reale Reproduktion dieser Gesellschaften immer nur in symbolischen und herrschaftlichen Gestalten, in ideologischen Formen vorgestellt und in dieser Repräsentationsweise als Gegenstand staatlicher Politik formuliert. Wirkliche, von ihnen selbst ausgehende materielle Reproduktion auch der lebendigen Subjekte und der gesellschaftlichen Naturverhältnisse, in denen sie leben und leben können, ist daher in diesen Prozessen immer erst zu konstruieren und zu erkämpfen. Denn die kapitalistisch gefasste Reproduktion als Akkumulation des Kapitals schließt nicht einmal die Reproduktion der im Kapitalverhältnis antagonistischen Klassen von Lohnarbeitern und Kapitalisten wirklich mit ein, geschweige den die Reproduktion anderer Produktionsverhältnisse (wie in den Geschlechterverhältnissen und den gesellschaftlichen Naturverhältnissen als anderen Orten der materiellen Reproduktion der Träger und Grundlagen von menschlichen Gesellschaften).

Unter dem ideologischen ›Gesetz des Vaters‹, nach dessen Herrschaft alle bisherigen gesellschaftlichen Individuen sich gesehnt haben, ist für die wirkliche Reproduktion ihrer Wünsche und ihres Begehrens erst recht kein Raum. Der bis zum Extrem der Herauslösung der subjektiven Singularitäten aus den Reproduktionsprozessen der Gesellschaften zugespitzten Konzeption der ›Wunschmaschine‹ ist zuzugestehen, dass es die spezifische Materialität und Widersprüchlichkeit von Subjektivität verfehlen würde, diese Leerstelle wiederum durch einen funktionalistisch begründeten Sachzwang gleichsam ›überspringen‹ zu wollen. Hierin liegt die zentrale Attraktivität der ›paradoxalen Wunscherfüllungen‹ des Neoliberalismus: Dass sie nämlich diese Leerstelle scheinbar respektieren, indem sie sie ›nur‹ mit dem leeren Signifikanten des Geldes besetzen. In Wirklichkeit impliziert aber der darin liegende Aufstieg des Geldes zu einem letzten Zweck, der immer ein Mittel ist, zu einem *summum bonum* rein instrumentalen Charakters allerdings für die allermeisten die umfassende Unterwerfung unter die marktvermittelte Herrschaft des Kapitals. Konservative Strategien der Naturalisierung der Besetzung dieser Leerstelle als etwas immer schon Gegebenem – unser Gott, unser Vaterland, unsere Kultur – sind unvermeidlich herrschaftlich strukturiert. Linke Versuche, spontane emanzipative Besetzungen zu stabilisieren – »wir sind das Volk!« – sind bekanntlich nur mit Mühe dagegen zu verteidigen, in derartige herrschaftliche Besetzungen umzuschlagen – also etwa in »wir sind ein Volk!«.

Damit diese Verteidigung besser gelingen kann, wird es erforderlich sein, die Verletzlichkeit linker, emanzipativer Identifikationen als solche zu begreifen. Dabei kann es helfen, die besondere Geschichte von Subjektivitäten in ihrer umkämpften, zumeist erst einmal überwältigten, aber doch zu eigenen Initiativen – von der Flucht über die Umfunktionierung bis zu Widerstand und alternativen Vorstößen – fähigen ›Eingebettetheit‹ in die umfassenderen realen Reproduktionsprozesse auch der kapitalistisch beherrschten Gesellschaften und der patriarchalisch ›geordneten‹ Gemeinwesen zu rekonstruieren und zu begreifen, wie sie sich beständig und immer wieder neu durch die Kämpfe der Klassen in und gegenüber dem Akkumulationsprozess des Kapitals und durch die Widerstände der individuellen Subjekte gegenüber der herrschenden ›symbolischen Ordnung‹ und der sie fundierenden ideologischen Mächte der tief sitzende Wunsch nach Befreiung geltend macht. In dieser Art von ›mentalitätsgeschichtlicher Forschung werden wir die Begrifflichkeiten überprüfen können, wie wir sie zunächst aus der Auseinandersetzung mit Ideologie- und Subjektivitätstheorien gewinnen können.

Literatur

Althusser, Louis, 1976: »Vorwort«, in: D. Lecourt, *Proletarische Wissenschaft*, Hamburg

Ders., 1969: »Ideologie und ideologische Staatsapparate«, in: Ders., Hamburg/Berlin-West 1977, 108–53

Ders., 1995: »Sur la réproduction«, in: ders., *Écrits philosophiques et politiques*, Paris

Altvater, Elmar, 1991: *Die Zukunft des Marktes*, Münster

Arndt, Andreas, 2003: *Die Arbeit der Philosophie*, Berlin

Ders., 2004: *Unmittelbarkeit*, Bielefeld

Bader, Veit-Michael, u. a., 1974: *Krise und Kapitalismus bei Marx*, Frankfurt a. M.

Bolz, Norbert, 1989: *Stop Making Sense!*, Würzburg

Ders., 2002: *Das Konsumistische Manifest*, München

Brenner, Robert, 2003: *Boom & Bubble*, Hamburg

Ders., 2004: »Neuer Boom oder neuer Bubble?«, Supplement der Zeitschrift *Sozialismus* 4/2004, Hamburg

Brüggen, Wilhelm, 2005: »Sexualität und Freiheit«, in: *Freitag* 23, 10.6.

Castoriadis, Cornelius, 1990: *Gesellschaft als imaginäre Institution*, Frankfurt a. M.

Charim, Isolde, 2002: *Der Althusser-Effekt*, Wien

Deleuze, Gilles, und Félix Guattari, 1972: *Anti-Oedipe*, Paris (dt. 1972)

Dies., 1980: *Mille Plateaux*, Paris (dt. 2002)

Drahos, Peter, und John Braithwaite, 2000: *Global Business Regulation*, Cambridge

Gosepath, Stefan, 1992: *Aufgeklärtes Eigeninteresse*, Frankfurt a. M.

Ders., 1999: *Motive, Gründe, Zwecke*, Frankfurt a. M.

Hardt, Michael, und Antonio Negri, 2002: *Empire*, Frankfurt a. M.

Dies., 2004: *Multitude. Krieg und Demokratie im Empire*, Frankfurt a. M.

Harvey, David, 2004: *The new imperialism*, Oxford

Haug, Wolfgang Fritz, 1993: *Elemente einer Theorie des Ideologischen*, Hamburg

Ders., 2004: *High-Tech-Kapitalismus*, Hamburg

Heinrichs, Thomas, und Frieder Otto Wolf, 2004: »Die deutsche Philosophie in der Etappe«, in: Heinrichs, Weinbach, Wolf, a. a. O. 2004

Dies. und Heike Weinbach, 2004: *Die Tätigkeit der PhilosophInnen*, Münster

Heinz, Rudolf, 1981: »Palimpsest – Ein propädeutischer Versuch zur Geschichts- und Staatsphilosophie des Anti-Ödipus«, in: Rudolf Heinz und Georg Christian Tholen (Hg.), *Schizo-Schleichwege*, 75–95

Ders. und Christoph Georg Tholen (Hg.), 1981: *Schizo-Schleichwege. Beiträge zum Anti-Ödipus*, Bremen

Jäger, Michael, 1985: *Die Methode wissenschaftlicher Revolution*, Berlin

Krais, Beate, und Gunter Gebauer, 2002: *Habitus*, Bielefeld

Lecourt, Dominique, 1982: »Abschied von Lacan«, in: *Widerspruch* Nr. 8, 73–78

Lefebvre, Henri, 1987: *Kritik des Alltagslebens*, Frankfurt a. M.,

Lettow, Susanne, 2002: »Anerkennung, Geschlechterverhältnisse und der Kampf um eine ›neue Kultur‹«, in: Birgit Christensen u. a. (Hg.), *wissen macht geschlecht/ knowledge power gender. Philosophie und die Zukunft der ›condition féminine‹*, Zürich

Lindner, Urs T., 2005: *Die Ordnung der Gesellschaft. Sozialtechnologie und Recht in Foucaults Machtanalytik* (Magisterarbeit Freie Universität Berlin)

Link, Jürgen, 1997: *Versuch über den Normalismus*, Opladen

Maihofer, Andrea, 1992: »Geschlecht als Existenzweise«, in: Institut für Sozialforschung (Hg.), *Geschlechterverhältnisse und Politik*, Frankfurt a. M.

Martens, Helmut, Gerd Peter und Frieder Otto Wolf (Hg.), 2001: *Zwischen Selbstbestimmung und Selbstausbeutung*, Frankfurt a. M.

Marx, Karl, und Friedrich Engels: Werke (MEW), Berlin/DDR, 1957ff

Morin, Edgar, und Anne Brigitte Kern, 1999: *Heimatland Erde*, Wien

Nemitz, Rolf, 1996: *Kinder und Erwachsene*, Hamburg

Nowak, Jörg, 2002: »›All together now. Empire: Postmoderne Hippies erklären die Globalisierung‹«, in: *Analyse und Kritik* 464, 32. Jg., 10. August, 24f

Pêcheux, Michel, 1983: »Ideologie – Festung oder paradoxaler Raum«, in: *Das Argument* 139, 379ff

Prigoguine, Ilya, und Isabelle Stengers, 1966: *La nouvelle alliance*, Paris

Rancière, Jaques, 1995: *La mésentente*, Paris (dt. 2002)

Reinfeldt, Sebastian, 2005: *Subjekt und Macht*, Ms. (Beitrag zur Jahrestagung des ›Forums Neue Politik der Arbeit‹, Berlin, 3.-4.3.2005)

Schmiede, Rudolf, und Edwin Schudlich, 1976: *Die Entwicklung der Leistungsentlohnung in Deutschland*, 2 Bde., Frankfurt a. M.

Scholz, Dieter, u. a. (Hg.), 2004: *Arbeit in der neuen Zeit*, Münster

Wagenknecht, Nancy, 2005: Das sexuell Politische, Ms.

Wolf, Frieder Otto, 1992: »Was ist heute eigentlich rechts?« in: *Kantstein*, Hamburg, H. 1, 23–7

Ders., 1999: »Das Wunder der Europäischen Linken dauert noch etwas länger«, in: *PROKLA* 114, 117–43

Ders., 2001: »Was tut die ausgebeutete Klasse, wenn sie kämpft«, in: Hildegard Wagner (Hg.), *Interventionen wider den Zeitgeist*, Hamburg

Zizek, Slavoj, 1999: *Die Tücke des Subjekts*, Frankfurt a. M.

Thomas Seibert

Wahrheit, Ereignis und wirkliche Bewegung

Zur De/Konstruktion von Subjektivität. Philosophie. Politik.

In der Philosophie wie der politischen Theorie schon des späten 19. und dann des 20. Jahrhunderts ist das Subjekt zunächst das, was schon dekonstruiert worden ist. Entgegen einer weit verbreiteten, doch allzu flüchtigen Lektüre behauptet dieser Satz nicht die Löschung oder Ausstreichung des für die Moderne konstitutiven Zusammenhangs von Sein, Wahrheit und Subjektivität, sondern verweist auf den nur scheinbar paradoxen Sachverhalt, dass gerade aus der Dekonstruktion des Subjekts heraus emphatische Neubestimmungen dieses Zusammenhangs gewonnen wurden. Die folgenden Ausführungen präsentieren diese für die jüngere Philosophie konstitutive Denkfigur zugleich als einen universalhistorischen gesellschaftlichen Prozess. Ihre thesenhafte Verdichtung in der Form fortlaufend nummerierter Paragraphen will nicht fixieren, was als gesichert gelten soll, sondern setzt ihre Sache des Denkens programmatisch einer Diskussion aus, für die sie hier einen Horizont erst eröffnet.

§ 1

»Dekonstruktion des Subjekts« ist zunächst und zumeist ein Topos der postmodernistischen Ideologie und damit der Einhegung des Politischen auf den Möglichkeitshorizont liberaler Demokratie. Konsequent verwirft der Postmodernismus schon die Möglichkeit einer sozialen Revolution, sofern diese – wie im revolutionstheoretischen Hauptsatz von Marx und Engels auf den Punkt gebracht – an die ebenso immanente wie unableitbare Aktion revolutionärer Subjektivität gebunden bleibt:

> Der Kommunismus ist für uns nicht ein Zustand, der hergestellt werden soll, ein Ideal, wonach die Wirklichkeit sich zu richten haben wird. Wir nennen Kommunismus die wirkliche Bewegung, welche den jetzigen Zustand aufhebt. Die Bedingungen dieser Bewegung ergeben sich aus der jetzt bestehenden Voraussetzung. Übrigens setzt die Masse von *bloßen* Arbeitern – massenhafte von Kapital oder von irgendeiner bornierten Befriedigung abgeschnittene Arbeiterkraft – und darum auch der nicht mehr temporäre Verlust dieser Arbeit selbst als einer gesicherten Lebensquelle durch

> die Konkurrenz den Weltmarkt voraus. Das Proletariat kann also nur weltgeschichtlich existieren, wie der Kommunismus, seine Aktion, nur als ›weltgeschichtliche‹ Existenz überhaupt vorhanden sein kann; weltgeschichtliche Existenz der Individuen, d. h. Existenz der Individuen, die unmittelbar mit der Weltgeschichte verknüpft ist. (MEW 3, 35 f)

In postmodernistischer Lesart liefe »Dekonstruktion des Subjekts« hier auf die Streichung der »weltgeschichtlichen Existenz« revolutionärer Subjektivität, folglich auf die Streichung der »wirklichen Bewegung«, folglich auf die Streichung der kommunistischen Option selbst hinaus: Kommunismus wäre nun wieder – prä- und postmarxistisch – bloße Utopie oder bloßes Ideal, d. h. Topos einer ethischen Ideologie.

§ 2

Nun ist allerdings die Dekonstruktion traditionsmarxistischer Fassungen des proletarischen Kollektivsubjekts selbst guten Willens gar nicht mehr zu leugnen. Gegen den Postmodernismus und zugleich gegen die traditionsmarxistische Revolutionstheorie geht es mir deshalb darum, der »wirklichen Bewegung« revolutionärer Subjektivität gerade auf den Wegen dieser Dekonstruktion nachzugehen. Dabei werde ich in einem ersten Schritt vorklärend einen Begriff von Philosophie als eines ontologischen und aleatorischen Materialismus einführen. Im zweiten Schritt gehe ich in einer Auseinandersetzung zuerst mit Michael Hardt und Toni Negri, dann mit Gilles Deleuze, Félix Guattari und Michel Foucault und schließlich mit Alain Badiou und Jacques Derrida den jüngsten Wendungen dieser Philosophie nach. Im dritten Schritt bestimme ich deren De/Konstruktionen revolutionärer Subjektivität unter ihrer aktuellen historischen Bedingung, indem ich aufzuweisen suche, in welcher strategischen Option sie sich auf die globale Transformation kapitalistischer Vergesellschaftung beziehen.[1]

Obwohl in der Auseinandersetzung mit den genannten Autoren nicht der jeweilige Zusammenhang ihres Philosophierens, sondern allein ihr Versuch einer De/Konstruktion von Subjektivität Thema sein wird, ist der zweite Schritt vom Umfang her der weitest reichende und deshalb selbst noch einmal in drei Teilschritte unterteilt.

1 Soll die Differenz zwischen einem unspezifischen Begriff der Dekonstruktion und ihrem spezifisch materialistischen Gebrauch eigens markiert werden, wird dies durch die veränderte Schreibweise (De/Konstruktion) angezeigt.

Erster Schritt: Was ist und wozu treibt man ontologisch-aleatorischen Materialismus?

§ 3

Die Philosophie produziert keine eigenen Wahrheiten, sondern schafft Begriffe für Wahrheiten, die ihr logisch wie historisch vorausgehen und insofern Bedingungen des Philosophierens sind. Sie denkt diese Wahrheiten nach ihrem singularen historischen Ereignis, d. h. in ihrer epochalen »Kompossibilität« und gemäß ihrer innerphilosophischen Wirkungen (Badiou 1997a, 22 ff). Gerade weil sie nicht selbst Teil der Wahrheit generierenden Prozesse ist, kann sie neue Felder des Wissens erschließen, wenn ihre Begriffe zu öffnenden Kategorien der außerphilosophischen theoretischen, aber auch ethisch-politischen Praxis werden. Prominentes und im Folgenden unmittelbar wie mittelbar leitendes Beispiel dafür ist der Begriff des Proletariats bei Marx und Engels.

§ 4

Die Philosophie denkt die außerphilosophisch generierten Wahrheiten auf einem Kampfplatz, den sie selbst erst einräumt, den des Streits zwischen Idealismus und Materialismus. Dessen Fronten trennen nicht einfach besondere Philosophien voneinander, sondern durchqueren jedes einzelne Philosophieren, gleichgültig übrigens, ob es sich selbst dem Idealismus, dem Materialismus oder einer dritten Position zurechnet. Die Philosophie als Kampfplatz aufzufassen heißt deshalb, gegen die Philosophie zu philosophieren – was übrigens die erste Bestimmung des weiten, noch nicht nach seinem materialistischen oder idealistischen Gebrauch spezifizierten Begriffs der Dekonstruktion ist.

§ 5

»Materialismus« wird von mir mit Marx als Historischer Materialismus verstanden, mit den im Folgenden vorzustellenden Philosophen aber nicht mehr als ein dialektischer, sondern als ein aleatorischer und ontologischer Materialismus. Für den stehen – seit Louis Althusser, der den Begriff zuerst verwendet und sich selbst explizit in dessen erst zu entfaltende Genealogie stellt – Epikur und Lukrez, Machiavelli, Spinoza, Marx, Nietzsche und Heidegger.[2] Es handelt sich hier, wie

2 Louis Althusser, *Écrits philosophiques et politiques*, Paris 1994. Ders., *Sur la Philosophie*, Paris 1994. Vgl. Toni Negri, *Anmerkungen über die Entwicklung des Denkens beim späten Althusser*. In: *Episteme* I, www.episteme.de, 1. Ebd. Sebastian Reinfeldt/Richard Schwarz, *Eine ›untergründige Strömung‹ im Denken des Politischen: Der aleatorische Materialismus von Louis Althusser.*

leicht einzusehen ist, um eine überraschende und überaus schwierige, in sich instabile Konstellation, nicht zuletzt deshalb, weil die beiden letztgenannten Philosophen – darin ist Georg Lukács nach wie vor recht zu geben – subjektiv Denker der »äußersten Reaktion« waren. Als Verweis auf eine mögliche Auflösung des damit aufgeworfenen Problems möge genügen, dass Lukács auch in der zweiten Bestimmung recht zu geben ist, mit der er das Denken in der Folge Nietzsches zu fassen sucht: der einer Philosophie der »Hyperrevolution«, die er so nennt, weil sie ihr Verhältnis zur sozialen Revolution mit dem Anspruch einer radikalisierenden Überbietung der so genannten »sozialistischen Ideen« verbindet. Gegen Lukács ist dabei zu explizieren, dass darin mehr und anderes beansprucht wird, als er selbst meint.[3] Im Folgenden wird dem insoweit nachgegangen, als hier ausschließlich Philosophen der Linken zu Wort kommen, die genau das versucht haben.

§ 6

»Ontologisch« ist dieser Materialismus, weil er Subjektivität von ihrem Schon-eingelassen-sein in Sein denkt und insofern, wie Hardt/Negri sagen, »eine Theorie über unsere Immanenz und Immersion im Sein und über die fortwährende Konstruktion des Seins« ist (1997, 150). Ontologie wird dabei, wie Hardt/Negri mit einem Foucault entlehnten Begriff unterstreichen, zur »Anarchäologie«, zu einer Ausgrabung unter den eigenen Füßen, die am Leitfaden der Frage nach dem Sein nicht auf einen ersten Grund oder Ursprung der Welt, nicht auf ein unbedingtes Prinzip des Denkens, Wollens und Handelns und deshalb auch nicht auf einen letzten Zweck aller Geschichte, sondern auf das Fehlen einer jeden *arche* stößt (ebd., 157).[4] Solche Ontologie aber denkt, in einem Satz gesagt, nicht das Sein als unseren ewigen Grund, sondern die Abgründigkeit unseres zeitlich-geschichtlichen Seins.

§ 7

Dieses Sein wird im Folgenden wiederum mit Althusser als ein von sich aus seiender »Prozess ohne Subjekt« gedacht, der stets Produktionsprozess und insofern im

3 Vgl. Georg Lukács, *Die Zerstörung der Vernunft. Der Weg des Irrationalismus von Schelling zu Hitler*, Berlin 1954. Zum Begriff der »äußersten« im Unterschied zur »ordinären Reaktion« vgl. 10 f, 160, 321, 327, 376; zum Begriff der »Hyperrevolution« vgl. 49 f, 253, 285 f, 302 f, 420 f. Entscheidend in diesem Zusammenhang ist auch der von Nietzsche geprägte Begriff der »Großen Politik«, a. a. O. vgl. 270 ff. Im polemischen Begriff der »sozialistischen Ideen« fasst Nietzsche, was er vom Denken der Arbeiterbewegung zu fassen bekam.

4 *arche*, griech. Anfang, Grund, Prinzip; das, wovon her etwas ist und erkannt werden kann, zugleich Herrschaft, zu *archein*, anfangen und herrschen.

eminenten, aber noch zu klärenden Sinn des Worts historischer Prozess, Universalgeschichte selbst ist. Unsere Immanenz und Immersion im Sein differenziert sich dabei in die Unterschiede von drei »Problematisierungen« aus – das Wort hier nach seinem von Foucault begründeten Gebrauch genommen:

> Problematisierung heißt nicht Repräsentierung eines schon existierenden Gegenstandes und auch nicht Kreierung eines nicht existierenden Gegenstandes durch den Diskurs. Sondern das Ensemble diskursiver oder nicht-diskursiver Praktiken, das etwas ins Spiel des Wahren und des Falschen eintreten lässt und es als Gegenstand fürs Denken konstituiert (sei es in der Form der moralischen Reflexion, der wissenschaftlichen Erkenntnis, der politischen Analyse usw.). (Foucault 1989, 17 f)

Die erste Problematisierung bezeichne ich im Folgenden als »marxistische«, weil sie die ontologische Immanenz und Immersion von Subjektivität als Eingelassensein in antagonistisch umkämpfte gesellschaftliche Produktionsverhältnisse präsentiert. Die zweite, im Folgenden als »nietzscheanische« Problematisierung bezeichnet, erschließt die Immanenz von Subjektivität als Eingelassensein in die jede humanistische Teleologie übersteigende, im radikalen Sinn des Wortes überschüssige Produktivität des Lebens. Die dritte fasse ich als »heideggerianische« Problematisierung, weil sie das konstitutive Eingelassensein der Subjektivität in ihr Sein als »Geworfenheit« in je ein Verhältnis denkt, das sich insoweit zu sich selbst verhält, als es sich darin zum unverfügbaren und dennoch immanenten Ereignis einer Wahrheit verhält. Den Kontext dieser Wahrheit – besser, wie zu zeigen ist: dieser Wahrheiten – bildet die Geschichte des Seins. Deren gegenwärtige Epoche wird Heidegger zufolge philosophisch durch Marx und Nietzsche eröffnet; für uns ist Heidegger selbst mittlerweile zum dritten dekonstruktiv zu befragenden Zeugen geworden. Deleuze/Guattari, Foucault, Hardt/Negri, Badiou und Derrida verbindet, dass sie in alle drei Problematisierungen intervenieren; ihr Unterschied voneinander resultiert aus der Weise, in der sie das jeweils unter der Dominanz einer bestimmten Problematisierung tun.

§ 8

Subjektivität als lebendiges, gesellschaftliches und wahrheitsbezogenes Sichverhalten zum eigenen Sichverhalten wird dabei sowohl als kollektive wie als singulare Subjektivität gedacht. Dabei handelt es sich nicht etwa um zwei unterschiedliche Subjektivitäten, sondern um zwei unterschiedliche Dimensionen ihrer Immanenz und Immersion in Sein.[5]

5 Im Unterschied zu den Begriffen des Subjekts, des Individuums, auch der Person bestimmt der Begriff der Singularität (»Einzelheit«) das einzelne menschliche Wesen als ein immer schon gesellschaftliches In-der-Welt-sein im Sinne etwa des Heideggerschen Daseins. Solche Vereinzelung ist in den traditionellen Gegensatzpaaren von Innerlichkeit/Äußerlichkeit, Subjektivität/Objektivität,

§ 9

»Aleatorisch« ist dieser Materialismus, weil er Universalgeschichte als Geschichte von Kontingenz denkt, als – noch einmal – Prozess ohne Subjekt, d. h. als eine Geschichte ohne Ursprung und Ziel, als Geschichte auch außerhalb jeder Dialektik von Ursprung und Ziel und eben deshalb als bestimmt vom Zufall unaufhörlicher Kämpfe – als »Würfelspiel« (lat. *alea*). Der Zufall der Kämpfe wiederum schließt in sich den Zu-Fall von Ereignissen ein, mit denen je eine Wahrheit hervortritt, die subjektiviert, d. h. Wahrheit einer Subjektivität werden kann, die sich zu dieser Wahrheit und darin zu sich selbst verhält.

§ 10

Die aleatorische Geschichte ist mit Marx die der kapitalistischen, mit Nietzsche und Heidegger die der nihilistischen Moderne und Postmoderne: die eine im Prozess der »Verwertung des Werts«, die andere im Prozess der »Umwertung aller Werte« gefasst. Sie wird in jeder Problematisierung – dies ist deren trotz aller Unterschiede entscheidende Konvergenz – als eine zutiefst ambivalente Freisetzungsbewegung erfahren: als Bewegung der Proletarisierung in der marxistischen, als Werden des Übermenschen in der nietzscheanischen und als Kehre des Daseins in der heideggerianischen Problematisierung.

Die Ambivalenz der Freisetzung liegt darin, dass sie zugleich eine im Wortsinn rückhaltlose Aus-setzung und Ent-bindung von Subjektivität ist, darin aber nicht notwendig und nicht von sich aus emanzipatorisch sein muss, weil sie mit eigenen, historisch ganz unerhörten Formen der Repression, der Fremd- und Selbstunterdrückung und der Fremd- und Selbstausbeutung verbunden ist und insofern, wie Deleuze/Guattari im *Anti-Ödipus* sagen, »die düsterste Organisation« des Lebens sein kann (1977, 196).[6] Eben deshalb aber geht es in dieser »wirklichen Bewegung« der aleatorischen Geschichte immer auch um die Möglichkeit der Entfaltung und Vertiefung eines revolutionären Prozesses und darin zugleich um dessen singulare wie kollektive Subjektivierung.

Individuum/Kollektiv, Besonderung/Allgemeinheit, Exemplar/Gattung etc. nicht zu fassen.

6 Zum Begriff der Ent-Bindung bzw. Nichtbindung (*déliaison*) vgl. Badiou 2003b, 86.

Drei Schwierigkeiten

§ 11

Die genannte Figur – Konstruktion von Subjektivität aus einer Dekonstruktion des Subjekts heraus – ist allerdings nicht nur in der Rezension, sondern schon in der Produktion unklar geblieben und hat dabei postmodernistischer Ideologie Vorschub geleistet. Heidegger ist hier vermutlich das prominenteste Beispiel, sofern seine »Verwindung« der Metaphysik des modernen Subjekts auch nach ihrem expliziten Selbstverständnis als dessen philosophische und ethisch-politische Tilgung verstanden werden konnte. Dabei wurde nicht nur in flüchtiger Lektüre unkenntlich, dass und wie gerade seine existenzial-seinsgeschichtliche Phänomenologie des Daseins die begrifflich noch heute weitest reichende De/Konstruktion von Subjektivität präsentiert. Dasselbe Missverständnis widerfuhr später, auch hier nicht ohne Anhalt in Begriff und Text, Deleuze/Guattari, Foucault und Derrida. Mit Hardt/Negri und Badiou schlage ich deshalb vor, sich im Denken der De/Konstruktion des Subjekts künftig ohne Wenn und Aber zu dem in Verruf geratenen Projekt zu bekennen, Subjektphilosophie zu treiben.

§ 12

Ein ähnliches Pseudoparadox ergibt sich in der damit zusammenhängenden Problematik von Humanismus und Antihumanismus. Ich schlage vor, hier in gleicher Weise zu verfahren und beziehe mich auch dabei auf Hardt/Negri, die in *Empire* dafür den Begriff des »Posthumanismus« eingeführt haben (2002, 104 ff). Im Verhältnis der drei Problematisierungen muss auch und gerade deshalb die Subjektivierung in kommunistischer Bewegung zugleich als Werden des Übermenschen und als Kehre des Daseins gedacht werden, mithin – wiederum mit einem *Empire* entlehnten Begriff – als »anthropologischer Exodus« (ebd., 222 ff).

§ 13

Die bleibende historische Bedeutung von Deleuze/Guattari und Foucault liegt meines Erachtens darin, in der Genealogie dieses ontologischen und aleatorischen Materialismus einen Einschnitt gesetzt zu haben, der nicht einfach nur ein weiteres Hybrid eines »Nietzsche-« oder »Heideggermarxismus« präsentiert. Mein Vorschlag ist deshalb, ihre Arbeiten zum nächsten Ausgangspunkt des Weiterdenkens zu machen. Das wiederum ist es, was sowohl Hardt/Negri als auch Badiou explizit getan haben, und deshalb ist jetzt Zeit zum Sprung in die Sache selbst der De/Konstruktion von Subjektivität, in der ich mit Hardt/Negri und das heißt: mit der Subjektivität ihrer Singularitäten und Multituden beginne.

Zweiter Schritt: Der Sprung in die aktuelle Konstellation

I. Singularitäten und Multituden – Hardt/Negri

§ 14

Ich fasse die philosophische Intervention von Michael Hardt und Toni Negri als die eines aleatorischen und ontologischen Materialismus unter Dominanz der marxistischen Problematisierung, d. h. im Bezug auf eine in den Kämpfen um die gesellschaftlichen Produktionsverhältnisse wirkende »materialistische Teleologie«. Unter diesem Begriff fassen Hardt/Negri die im globalen Raum des Empire sich entfaltende »wirkliche« kommunistische »Bewegung«.[7] Unmittelbar an Deleuze/Guattari und vor allem an Foucault anschließend, bringt ihre Untersuchung der »biopolitischen« Umwälzung der Produktion im Zuge der »reellen Subsumtion des Lebens unter das Kapital« die marxistische Problematisierung mit der nietzscheanischen Problematisierung der Produktivität des Lebens und der heideggerianischen Problematisierung der Technik bzw. des Gestells zusammen – letztere von Heidegger selbst bereits im Begriff eines »planetarischen Imperialismus« gefasst.[8] Hardt/Negri verstehen darunter die »unter unseren Augen vor sich gehende« (MEW 4, 475) Entgrenzung der kapitalistischen Produktion, in der das Wissen, die Sprache und die Affektivität des Lebens zur ersten Produktivkraft werden. Mit der Diffusion der Verwertung lebendiger Arbeit vom räumlich und zeitlich abgegrenzten Ort der Fabrik in alle Bereiche des weltgesellschaftlichen Zusammenhangs werden die immer schon prekären Trennungen von Produktion und Reproduktion bzw. von materieller und immaterieller Produktion und damit die (nicht nur) für den Traditionsmarxismus konstitutive Trennung von Basis und Überbau endgültig hinfällig.

Während sie Foucaults Begriff der »Biomacht« auf die imperiale Souveränität der kapitalistischen Weltherrschaft reservieren, schließt der Begriff »Biopolitik« explizit die Subjektivität der Multituden als der dem Empire immanenten Gegenmacht ein.

§ 15

Dabei übersetzen sie das marxistische Axiom des weltgeschichtlichen Klassenantagonismus in ihr Axiom eines Antagonismus von Souveränität und Multituden. In

7 Vgl. 2002, 76 ff, 375, 410 ff; 1997; 2004.

8 Zum Begriff der reellen Subsumtion vgl. Hardt/Negri 2002, 39 f. Zu Heideggers Begriff des planetarischen Imperialismus der Technik vgl. u. a. die Ausführungen in der Sammlung *Holzwege*, Frankfurt 1950, 73, 109, 214.

diesem kommt den Kämpfen der Multituden die aktive, den Mächten der Souveränität eine reaktive Rolle zu. Während die Multituden unaufhörlich aus den materiellen und immateriellen Formen der Souveränität ausbrechen, suchen die Souveränitätsmächte deren »Exodus« zu blockieren und unter ihre Disziplin und Kontrolle zurückzubeugen.[9] Sie erreichen das – hier folgen Hardt/Negri Foucault und mit ihm Nietzsche – nicht allein durch Repression, sondern indem sie sich gerade der produktiven Kräfte des Lebens bedienen, sie für sich arbeiten lassen und derart in Wert setzen. Deshalb sind die Souveränitätsmächte den Multituden auch nicht äußerlich, sondern wirken in ihnen selbst als deren Korruption.[10]

§ 16

Wer aber sind, wo und wann gibt es Multituden? Hardt/Negri bezeichnen den Begriff der Multitude – wörtlich einfach mit »Menge« zu übersetzen – ausdrücklich als »Klassenbegriff«, grenzen ihn aber vom traditionsmarxistischen Begriff der Klasse als Kollektivsubjekt ebenso ab wie von den bürgerlichen Begriffen des Volkes bzw. der Nation.[11]

§ 17

Als materielle und immaterielle Referenzen der Souveränität – die in der Moderne ja stets nationalstaatliche Volks- oder Klassensouveränität war – bilden sich Klasse, Volk und Nation überall dort, wo sich die Singularitäten einer Menge als Subjekte der Souveränität identifizieren bzw. so identifiziert werden. Umgekehrt treten Multituden immer dann hervor, wenn solche Identitäten in sozialen Kämpfen aufgebrochen, d. h. de/konstruiert werden, in Kämpfen, die nie nur, aber immer auch Klassenkämpfe sind.

§ 18

Singularitäten sind also in Subjekten und Individuen, Multituden in Klasse, Volk und Nation immer schon präsent, die ihrerseits jederzeit zur Gefahr der Singularitäten einer Multitude werden können. Dabei unterscheiden Hardt/Negri die Multituden präzisierend auch von den formierten Massen eines faschistischen oder parteikommunistischen Aufmarschs wie vom amorphen Mob eines *riots*.

9 Wirkt die Disziplin von außen auf Bevölkerungen und Individuen ein, fungiert die Kontrolle in deren Selbstverhältnis; vgl. Deleuze 1993, 254 ff.

10 Zum Komplex von Korruption und Generation vgl. Hardt/Negri 2002, 36.

11 Vgl. Hardt/Negri 2002, 107 ff sowie Negri 2003a, 111 f.

§ 19

Näher bestimmt werden Entstehung wie Verfall von Multituden über den Begriff der »Klassenzusammensetzung«, mit dem sich der historische Operaismus von den Aporien marxistischer Dialektik löste.[12] Während die Dialektik den Klassenkampf auf den Akt der Bewusstwerdung zuspitzt, in dem sich der Übergang von der »Klasse an sich« zur »Klasse für sich« vollzieht, richtet sich eine Theorie der Klassenzusammensetzung nicht auf Akte des Bewusstseins, sondern auf die sozialen Bedingungen und Praktiken eines Klassenkampfs, dem keine »Klassen an sich« vorausgehen, weil er die kämpfenden Klassen selbst erst hervorbringt. Unter den Bedingungen der reellen Subsumtion des Lebens unter das Kapital muss das Axiom des unversöhnlichen Gegensatzes von Multitude und Souveränität in der Klassenzusammensetzung der biopolitischen Produktivkräfte konkret werden. Dort stoßen Hardt/Negri – Deleuze/Guattari und wiederum Nietzsche folgend – auf die schizoiden Spaltungen und daraus resultierenden Hybridbildungen postmoderner Subjektivität. Deren Skala reicht von den »flexiblen Persönlichkeiten« metropolitaner Modernisierungseliten bis zu den nur scheinbar prä-, tatsächlich aber ebenfalls postmodernen Vergemeinschaftungsformen sekundärer Religiosität nicht nur im islamistischen Fundamentalismus. Sie umgrenzt dergestalt die Ambivalenz der weltgesellschaftlichen Antagonismen und der sie vorantreibenden Freisetzungsbewegung. Dabei verweisen sie ausdrücklich auf deren produktive Einpassung in die Kontroll- und Disziplinarverfahren der Arbeitsorganisation des biopolitischen Kapitalismus. Deshalb kommt es Politiken der Multitude darauf an, Singularisierungs- bzw. Sozialisierungsweisen zu entwickeln, in denen die tendenziell aus jeder Bindung gelöste »Mobilität der Arbeitskraft in der Tat Ausdruck eines offenen politischen Konflikts sein, zur Zerstörung des Systems beitragen« und »mittels der Bestrebungen der Menge auch eine Alternative aufzeigen kann« (Hardt/Negri 2002, 226).[13]

§ 20

Insofern erneuern Politiken der Multitude zwar die Logik eines antagonistischen Kampfes und darin die »System-« oder »Machtfrage« der historischen Arbeiterbewegung, beantworten sie aber nicht mehr in der »Machtergreifung« eines Kollektivsubjekts, das bewusster Träger der Wahrheit des Allgemeininteresses wäre und deshalb den »Gesichtspunkt der Totalität als Subjekt« repräsentierte (Lucács 1968, 96). Dass

12 Vgl. P. Moroni, N. Balestrini, *Die Goldene Horde*, Berlin 2002, v. a. 29 ff, 79 ff und Steve Wright, *Den Himmel stürmen*, Berlin 2005.

13 Zur Funktion von Hybridisierung und Differenz in der Postmoderne vgl. ebd., 152–171 und pass. natürlich Deleuze/Guattari 1997.

sie dabei mit jeder Form eines dialektischen Materialismus, aber nicht mit Marx und Engels brechen, kann an der Verwandtschaft der Multituden mit dem Proletariat des *Manifests der Kommunistischen Partei* aufgewiesen werden. Tatsächlich ist das Proletariat des *Manifests* kein mit sich identisches Subjekt, sondern ein diffuses Milieu, das gerade aus der De/Konstruktion überkommener Subjekte hervortritt. Zu ihm gehören potenziell alle, die von der Dynamik des Kapitals aus ihren tradierten Identitäten freigesetzt wurden. So »rekrutiert sich das Proletariat aus allen Klassen der Bevölkerung«, aus Angehörigen der kleinen Mittelstände, sogar aus Kleinindustriellen, Kaufleuten und Rentiers, deshalb »fallen« auch Handwerker und Bauern ins Proletariat »hinab« und mit ihnen der »Teil der Bourgeoisideologen, welche zum theoretischen Verständnis der ganzen geschichtlichen Bewegung sich hinaufgearbeitet haben« (MEW 4, 469) Als ProletarierInnen sind sie nicht nur materiell, sondern auch subjektiv »eigentumslos«, weil sie dem »bürgerlichen Familienverhältnis« ebenso fremd geworden sind wie sie »allen nationalen Charakter abgestreift« haben. Solchen ProletarierInnen sind – in untergründiger Verwandtschaft zum »Freien Geist« Nietzsches »die Gesetze, die Moral, die Religion ebenso viele bürgerliche Vorurteile, hinter denen sich ebenso viele bürgerliche Interessen verstecken« (MEW 4, 469 ff).

§ 21

Ein so verstandenes Proletariat ist dann aber nicht nur den Multituden Hardt/Negris, sondern auch der Figur von Subjektivität verwandt, die Deleuze/Guattari und mit ihnen Foucault subjektphilosophisch als »Schizo« oder »Nomaden« fassen, der oder die sich ethisch-politisch in den »Fluchten« der »Minderheiten« und – auf den Punkt gebracht – im vielgestaltigen Klassenkampf einer »Klasse der Klassenlosen« artikuliert: »Die Macht der Minderheit, der Besonderheit, hat ihr Vorbild oder ihr universelles Bewusstsein im Proletarier.«[14]

II. Das Minderheitlich-Werden und die Ästhetik der Existenz – Deleuze/Guattari und Foucault

§ 22

Steht der aleatorische Materialismus bei Hardt/Negri unter der Dominanz der marxistischen, so steht er bei Deleuze/Guattari wie bei Foucault unter der Domi-

14 Deleuze/Guattari 1992, 653. Zum Begriff der »Klasse der Klassenlosen" vgl. Deleuze/Guattari 1997; 326 ff; zum Begriff der Minderheit vgl. dies. 1992, 145 ff, 396 ff, 650 ff sowie Deleuze 1980, 27 ff und Lyotard 1977.

nanz der nietzscheanisch-heideggerianischen Problematisierung einer vom Nihilismus des Abendlands vorangetriebenen Freisetzungsbewegung. Dabei schreiben sie die nihilistische Zersetzung marxistisch gewendet in die Politische Ökonomie eines universalhistorischen Produktionsprozesses ein, der einer Aleatorik von De- und Reterritorialisierung bzw. De- und Recodierung folgt.[15]

§ 23

Den Kampf um, in und gegen die Biomacht denken Deleuze/Guattari wie Foucault in den Begriffen von Mehrheit und Minderheit. Deren Verhältnis wird nicht numerisch gefasst, sondern so bestimmt, dass sich die Mehrheit über eine auch in Repräsentationsverhältnissen materialisierte »Konstante« organisiert, von der sich Minderheiten in vielfältigen Bewegungen der Deterritorialisierung und Decodierung absetzen, die immer wieder in Gegenbewegungen der Reterritorialisierung bzw. der Recodierung gebrochen werden. Die mehrheitliche Konstante fassen Deleuze/Guattari dabei paradigmatisch in der Formel »Mensch-weiß- westlich-männlich-erwachsen-vernünftig-heterosexuell-Stadtbewohner-Sprecher einer Standardsprache«. Minderheiten erscheinen dabei als Mengen oder Massen, die aufgrund ihrer Abweichung von oder gar des gänzlichen Fehlens dieser Konstante streng genommen kein Subjekt, sondern ein »Subjektives ohne Subjekt« bilden, »das sich auch nicht in der Form des Objekts präsentiert« – ganz gleich übrigens, aus wie vielen Singularitäten sie sich zusammensetzen (Badiou 2003b, 77).

§ 24

Genauer besehen ergeben sich dann aber drei und nicht zwei Terme: die Mehrheit als über ihre Konstante vereinheitlichtes und repräsentiertes »System«, Minderheiten als »Subsysteme«, die über ihre Abweichung von der Konstante vereinheitlicht und repräsentiert werden können und schließlich das »Minderheitlich-Werden« als aktive »Flucht« aus dem Herrschaftsbereich der Konstante und damit der Repräsentation:

15 De- und Reterritorialisierung, De- und Recodierung sind seit dem *Anti-Ödipus* Leitbegriffe des Denkens von Deleuze/Guattari und darin das begriffliche Medium, in dem sie die für die marxistische Ökonomie- wie für die nietzscheanisch-heideggerianische Metaphysik- bzw. Nihilismuskritik jeweils leitenden Begrifflichkeit einer »Verwertung des Werts« bzw. eines »Hinfalls« oder einer »Umwertung der Werte« in Korrespondenz bringen. Wenn ich dem Denken Deleuze/Guattaris in § 13 mehr als nur ein weiteres Hybrid eines Nietzsche- bzw. Heideggermarxismus zuspreche, hängt dies wesentlich daran.

> Das Problem kann nie darin bestehen, die Mehrheit zu erlangen, selbst wenn man dabei eine neue Konstante einführen sollte. Es gibt kein mehrheitliches Werden, Mehrheit ist niemals ein Werden. Die Frauen sind, wie viele sie auch immer sein mögen, eine Minderheit, die man als Zustand oder Untermenge definieren kann; aber sie sind nur insoweit schöpferisch, als sie ein Werden ermöglichen, über das sie nicht wie über ein Eigentum verfügen, ein Werden, in das sie selbst eintreten müssen, ein Frau-Werden, das den ganzen Menschen affiziert, Nicht-Frauen einbegriffen. Das gleiche gilt für die Schwarzen: wenn die Schwarzen selber Schwarz-werden müssen, so affiziert dieses Werden auch die Nicht-Schwarzen. (Deleuze 1980, 27 f)

§ 25

Die historisch-konkrete Referenz der minderheitlich-werdenden »Klasse der Klassenlosen« bilden ganz offenbar die Revolten der Epoche des Mai 68, in der sowohl die antikolonialen Befreiungsbewegungen des Südens wie die so genannten Neuen Sozialen Bewegungen des Nordens die Zentralität der Industriearbeiterkämpfe de/konstruierten, die den Traditionsmarxismus leitete. Im theoretisch in der Genealogie der antiken Ethik gewonnenen, politisch aber unmittelbar an die Neuen Sozialen Bewegungen anschließenden Begriff einer gleichermaßen individuell wie kollektiv, ethisch und politisch zu praktizierenden »Ästhetik der Existenz« zielt Foucault dabei auf minderheitliche Subjektivierungsweisen, die er »in verschiedenen Bereichen zu analysieren« vorschlägt, von denen »jeder auf eine grundlegende Erfahrung verweist: Wahnsinn, Krankheit, Tod, Verbrechen, Sexualität usw.« Deshalb gilt es,

> die Formen des Widerstands gegenüber den verschiedenen Machttypen (…) als chemischen Katalysator zu gebrauchen, mit dessen Hilfe man die Machtverhältnisse ans Licht bringt, ihre Positionen ausmacht und ihre Ansatzpunkte und Verfahrensweisen herausbekommt. Statt die Macht von ihrer inneren Rationalität her zu analysieren, heißt es, die Machtverhältnisse durch den Gegensatz der Strategien zu analysieren (Foucault 1987, 245 ff).

§ 26

Die Eigenart der im qualitativen Sinn minderheitlichen Kämpfe der Frauen, der Jugendlichen, der Kranken und Psychiatrisierten, der sozial, ökonomisch und juristisch Marginalisierten, der MigrantInnen und devianten Lebenswelten wird anhand der antiautoritären Oppositionen »gegen die Macht der Männer über die Frauen, der Eltern über ihre Kinder, der Psychiatrie über die Geisteskranken, der Medizin über die Bevölkerung, der Verwaltung über das Leben der Leute« nach sechs Bestimmungen charakterisiert (ebd.):

a) Die minderheitlichen Kämpfe sind »transversal«, d. h. sie brechen in sämtlichen modernen Gesellschaften und unabhängig von deren politischer, ökonomischer und kultureller Verfasstheit und Tradition auf.
b) Sie zielen direkt auf die alltägliche Machtausübung als solche und weisen insbesondere und ausnahmslos den institutionell hierarchisierten Zugriff der staatlichen und nichtstaatlichen Biomacht auf das Leben der Singularitäten zurück.
c) Sie setzen dabei das Ziel und den Weg der Auseinandersetzung in eins: »Gemessen an den theoretischen Erklärungsmustern oder an der revolutionären Ordnung, die ihnen der Historiker unterlegt, sind dies anarchische Kämpfe« (ebd.).
d) In vielfältiger Weise wird in diesen Kämpfen und Bewegungen der Status der Subjektivität de/konstruiert. Wesentlich ist, dass dabei einerseits in radikaler Weise ein Recht auf existenzielle Autonomie, Singularität und Differenz eingefordert und verwirklicht wird, während zugleich und nur scheinbar in Widerspruch dazu alle Verfahren und Einrichtungen infragegestellt werden, die die Singularitäten voneinander absondern und auf eine fixe Identität vereinzeln. Sie sind demzufolge quer zur Disjunktion von Individualismus und Kollektivismus »Kämpfe gegen das, was man Regieren durch Individualisieren nennen könnte« (ebd.).
e) In besonderer Weise zielen die Widerstände auf die an Wissen, Ausbildung und Befähigung gebundene Machtausübung. Sie wenden sich gegen die Anmaßungen eines zunehmend esoterisch werdenden und an instituierte Vorrechte gebundenen Spezialistenwissens wie gegen den mehr oder minder planmäßigen Vorenthalt von Kompetenzen und Informationen. Sie sind insofern nicht für oder gegen die Wissenschaft und die modernen Kommunikationstechnologien, sondern gegen die asymmetrische und bzw. exklusive Verteilung und Vermittlung von Kenntnissen und Fähigkeiten und gegen die ausdrückliche und unausdrückliche Koalition von Wissenschaft, Machtapparatur und kapitalistischen Verwertungsinteressen gerichtet.
f) Allgemein gesprochen wird in allen diesen Widerständen die theoretisch-begriffliche und die praktisch-institutionelle Zuschreibung von Identitäten zurückgewiesen, die Subjektivität in einem spezifischen So-und-so-sein zugleich vereinzeln und vergesellschaften will. Insofern richten sich die minderheitlichen Kämpfe und Existenzästhetiken weniger gegen die apparative Herrschaft einer bestimmten Institution oder die strukturelle Herrschaft einer Klasse oder Gruppe als vielmehr gegen eine besondere Technologie der Machtökonomie im Ganzen:

> Diese Form von Macht wird im unmittelbaren Alltagsleben spürbar, welches das Individuum in Kategorien einteilt, ihm seine Individualität aufprägt, es an seine Identität fesselt, ihm ein Gesetz der Wahrheit auferlegt, das es anerkennen muss und das andere in ihm anerkennen müssen. Es ist eine Machtform, die aus Individuen

Subjekte macht. Das Wort Subjekt hat einen zweifachen Sinn: vermittels Kontrolle und Abhängigkeit jemandem unterworfen sein und durch Bewusstsein und Selbsterkenntnis seiner eigenen Identität verhaftet sein. Beide Bedeutungen unterstellen eine Form von Macht, die einen unterwirft und zu jemandes Subjekt macht. (ebd.)

III. Ethik der Militanz und des Messianischen – Badiou und Derrida

§ 27

Was Hardt/Negri, aber auch Alain Badiou von den explizit anti- bzw. posthumanistischen Existenzästhetiken Deleuze/Guattaris und Foucaults trennt, ist gerade der anarchische bzw. anarchistische Charakter des Minderheitlich-Werdens, der wenigstens Foucault in die Nähe einer liberalen Konzeption von Politik rückte.

Zwar setzen auch Hardt/Negris Multituden und Badious »Massen« die Dekonstruktion des traditionsmarxistischen Kollektivsubjekts und der auf ihm fußenden Politiken voraus, zwar sind wie die Multituden Hardt/Negris auch die Massen Badious ohne Zweifel nach dem Modell der nomadisierenden Minderheiten des *Anti-Ödipus* entworfen. Doch während Deleuze/Guattari wie Foucault Subjektivität im emphatischen Sinn des Wortes in der von Hölderlin, Nietzsche und Heidegger entworfenen Perspektive des existenzästhetisch-kulturrevolutionären »Dichters« singularisieren und der Dichtung bzw. der Kunst damit einen Primat vor der Politik einräumen, beziehen sich Hardt/Negri wie Badiou gerade an dieser Stelle auf die Figur der kommunistischen Militanten als der exemplarischen Subjektivität der »wirklichen« kommunistischen »Bewegung«.[16] Sie kritisieren darin eine unzulässige Übertragung der ästhetischen Erfahrung von der in der Dichtung artikulierten a-teleologischen Produktivität des Seins auf die notwendig teleologisch strukturierte politische Erfahrung, in der es nicht um die existenzielle Anverwandlung an den Überschuss des Lebens, sondern um den egalitaren Zugang aller zu den Produktionsmitteln des gesellschaftlichen Reichtums geht. Dem entspricht, dass umgekehrt weder Deleuze/Guattari noch Foucault den »materialistischen Teleologien« zustimmen würden, die für die Subjektivitäts-De/Konstruktionen Hardt/Negris, Badious wie für die Jacques Derridas leitend sind.

16 Vgl. Deleuze/Guattari 1992, 471, 518 und dies., *Was ist Philosophie?*, Frankfurt 2000, 114, 126 ff. 203, 208 ff, 260. Vgl. außerdem Deleuze, *Das Zeit-Bild. Kino 2*, 205 ff., 277 – 288. Bei Heidegger vgl. u. a. die *Beiträge zur Philosophie. Vom Ereignis*, GA 65, Frankfurt 1989; *Wozu Dichter?*, in: *Holzwege*, Frankfurt 1980, 265 ff; *Erläuterungen zu Hölderlins Dichtung*, GA 4, Frankfurt 1981; *Unterwegs zur Sprache*, Stuttgart 2003. Bei Nietzsche vor allem *Also sprach Zarathustra* und bei Hölderlin natürlich das Ganze des Werks.

§ 28

Dabei geht Badiou unter der Dominanz der heideggerianischen Problematisierung noch einmal weiter als Hardt/Negri, insofern sein Bruch mit der traditionsmarxistischen Revolutions- und Subjektkonstruktion die im Kampf um die gesellschaftlichen Produktionsverhältnisse wirksame »materialistische Teleologie« ausdrücklich auf ein singularisiertes Verhältnis der Militanten zur kommunistischen Wahrheit gründet. Das tun Hardt/Negri zwar auch, doch gibt es vom eher lyrischen Schlusskapitel in *Empire* abgesehen keine ausgeführte Konzeption der kommunistischen Militanten bzw. des singularisierten Verhältnisses von Wahrheit und Subjektivität.[17]

§ 29

In *Politik der Wahrheit* bezieht sich Badiou dabei ausdrücklich auf die abgeschlossene Dekonstruktion des traditionsmarxistischen Proletariats:

> Jeder hat in der Tat den Zusammenbruch der großen Kollektivsubjekte wahrgenommen, der auch ein Zusammenbruch im Denken war. Es geht nicht so sehr darum zu wissen, ob diese Subjekte existiert haben, existieren oder existieren werden. Es geht um die Tatsache, dass die starken Kategorien, die es erlaubten, dass kollektive Subjekt zu begreifen, heute leer und unfähig zu sein scheinen, das Denken wirklich zu beleben, ob es sich nun um Figuren der fortschreitenden Menschheit oder der großen Klassensubjekte handelt. Dadurch ist jeder zu etwas berufen, was ich folgendermaßen bezeichnen werde: die Notwendigkeit, in seinem eigenen Namen vor dem Unmenschlichen zu entscheiden und zu denken. Das Unmenschliche, dessen Erscheinung unausweichlich und rekurrent ist, kann nicht mehr durch das leichte Versprechen des Kollektivsubjekts umgangen werden. Es ist nicht mehr möglich, dem historischen Schicksal eines Kollektivsubjekts die unmittelbare Verantwortung zu überantworten. Diese Verantwortung liegt in Bezug auf die Äußerungen des Unmenschlichen bei jedem einzelnen Bewusstsein. Aber die Notwendigkeit, in seinem eigenen Namen zu entscheiden und zu reden, auch und vor allem, wenn es sich um eine politische Frage handelt, verlangt, dass diese Entscheidung, insofern sie nicht der Schicksalsnotwendigkeit eines großen Kollektivsubjekts überlassen werden kann, über einen Fixpunkt, über ein unbedingtes Prinzip verfügt. Es handelt sich hier um jenes, was ›Rückkehr zur Ethik‹ genannt werden kann, nur dass sich dieser Ausdruck

17 Erste Ausführungen dazu finden sich allerdings in Toni Negris *Kairòs, Alma Venus, Multitudo*, in dem er sich im expliziten, wenn auch kritischen Anschluss an Heidegger um eine »Phänomenologie« der Multituden bemüht. Vgl. Negri 2003b, 139 ff. Der in Deutschland übliche Gebrauch des Militanzbegriffs stellt gegenüber seinem romanischen und anglo-amerikanischen Gebrauch eine Verengung auf gewaltförmige Praxis dar. Sprechen Badiou und Hardt/Negri vom »Militanten«, meinen sie dem gegenüber die zwar entschlossene, doch nicht notwendig gewalttätige AktivistIn des revolutionären Prozesses.

> oft als gut verkäufliche Ware anbietet. Man kann aber damit auch die Notwendigkeit verstehen, dass jeder, wie ich es soeben in Bezug auf das Unmenschliche gesagt habe, in seinem eigenen Namen aussagen kann, dass dieses wahr und jenes falsch, dass dieses gut und jenes schlecht sei. Wenn also von uns eine Philosophie der Singularität gefordert wird, dann wird von uns auch eine Philosophie der Wahrheit gefordert. (Badiou 1997b, 26 f)

§ 30

Badious »Rückkehr zur Ethik« bricht allerdings gerade mit der ethischen Ideologie des liberalen Postmodernismus und schließt an Heideggers Konzeption eines der Subjektivität unverfügbaren und dennoch nur im Subjektbezug bezeugten Wahrheitsereignisses an. Das Wahrheitsereignis ruft sein Subjekt – daran hängt bei Badiou wie bei Heidegger alles – nicht aus einer transzendenten Position an, sondern aus der Immanenz der historischen Situation. Es heißt »Ereignis«, weil es aus den Kenntnissen über die Situation, aus ihrer objektiven Struktur, dennoch nicht abgeleitet werden kann, sondern das Wissen von der Situation »durchlöchert«. Das Ereignis zeigt, dass die Situation in ihrer objektiven Struktur nicht aufgeht, weil sie ein »Subjektives ohne Subjekt« einschließt, »das sich auch nicht in der Form des Objekts präsentiert«.(Badiou 2003b, 77 f) In der Politik sind das die »Massen« als die in einer Situation zwar präsenten, aber nicht re-präsentierten sozialen Elemente: die »gefährlichen Klassen«, der Proletarier als »Arbeiter ohne Papiere« und als Minderheit gerade im Sinn von Deleuze/Guattari. Den Massen fällt im Ereignis die Wahrheit des Politischen zu: dass die Singularitäten als solche untereinander gleich sein sollen, also kein Vorrecht sein darf. Mit der Unverfügbarkeit des stets singulären, weil das Kontinuum der Geschichte unterbrechenden Ereignisses – Badiou nennt die Pariser Kommune, die Oktoberrevolution und die Revolten der Epoche von 1965 bis 1985 – wird die Revolution nicht quasitheologisch mystifiziert. Festgehalten werden soll vielmehr, dass sie analog der seinsgeschichtlichen Kehre Heideggers weder auf ein vorgängiges Subjekt, noch auf ein strategisches Kalkül, noch auf eine durchgängig bestimmte Verkettung von Umständen und Handlungen zurückgeführt werden kann. Die Revolution ist niemandes Eigentum, weil sie sich an alle adressiert und in ihrem Ereignis allen ihre »Politik der Wahrheit« vorschreibt. Die wiederum zielt gerade nicht auf die Schaffung eines integrierten und homogenisierten Kollektivs, sondern umgekehrt auf die Sprengung jeder mit sich identischen und deshalb notwendig ausschließenden Gemeinschaft. Befreiung wird deshalb nur in der Aufkündigung der Bindung an solche Gemeinschaften praktisch: »Weit entfernt also, unter irgendeinem imaginären Emblem homogene Menschenmengen zu versammeln, bezeichnet ›Massen‹ im politischen Sinn das Unendliche der intellektuellen und politischen Singularitäten

(…). ›Masse‹ ist also ein Signifikant der äußersten Partikularität, der Nichtbindung.« (Badiou 2003b, 86)

§ 31

Subjektivität der Revolution wird folglich, wer in Theorie und Praxis den unverfügbaren Bruch des Ereignisses nach-vollzieht und ihm, wie Badiou emphatisch formuliert, die »Treue« hält: die Bolschewiki von 1917, die Roten Garden im Aufbruch der Kulturrevolution, die Revoltierenden des Mai 68. Damit ver-*kehrt* Badiou – wiederum im Heideggerschen Sinn des Wortes – das Verhältnis von Prozess und Subjekt der »wirklichen Bewegung«: die Revolution ist Prozess ohne Subjekt, weil und sofern sich dieses nachträglich erst in der Militanz konstituiert, die im Licht des Ereignisses antagonistisch Partei ergreift. Dabei schließt die der Wahrheit ihres jeweiligen Ereignisses wie der des Politischen überhaupt verpflichtete Militanz die rückhaltlose Singularisierung ihres subjektiven Wahrheitsbezugs ein:

> In Sachen Gerechtigkeit, in der man sich an die Haltlosigkeiten schmiegen muss, ist es wahr, so wahr wie eine Wahrheit nur sein kann, dass es auf dich ankommt. Denn die egalitäre Entscheidung, die den gewöhnlichen Lauf der konservativen Politiken unterbricht, wird immer nur in der Subjektivität, nicht in der Gemeinschaft gefällt. (Badiou 2003b, 118)[18]

§ 32

Über die Re-Artikulation des Verhältnisses von Subjektivität und Ereignis hinaus aber liegt die von Badiou eingeführte Wendung des ontologisch-aleatorischen Materialismus in seiner systematischen Kritik der für das Denken in der Folge Marx', Nietzsches und Heideggers gleichermaßen konstitutiven These vom »Ende der Philosophie«, mit der er zugleich eine radikale Differenz zu jeder Form des Postmodernismus markiert.[19] Tatsächlich ist die These vom »Ende der Philosophie« stets mit deren Ersetzung durch eine vor allen anderen Dimensionen des Denkens wie des Seins privilegierten Tätigkeit und einer dieser zugeschriebenen Wahrheit verbunden. War dies im Fall Marx' die revolutionäre Tätigkeit des kommunistischen Militanten und mithin die Wahrheit der Politik, so war dies für Nietzsche, Heidegger, Deleuze/Guattari und Foucault die existenzästhetisch entgrenzte Dichtung bzw. die Wahrheit der Kunst. Ähnliche Mechanismen der ersetzenden »Vernähung« der Philosophie mit einer ihr dann übergeordneten Praxis macht Badiou im Positivismus als der Vernähung der Philosophie mit der Wissen-

18 Zum Begriff der Treue vgl. Badiou 2003a.
19 Zu dieser Problematik vgl. Badiou 1997a.

schaft und in Emmanuel Lévinas' Denken des »ganz Anderen« als der Vernähung der Philosophie mit der Wahrheit der Liebe aus. Ihrer Logik nach schließt Badious Kritik der Vernähungen aber auch die Kritik des Versuchs ein, Politik, Kunst, Wissenschaft und Liebe in der übergreifenden und in diesem Sinn synthetischen Tätigkeit zusammenzubringen, die Hardt/Negri als »biopolitische Tätigkeit« der Multituden und ihrer Singularitäten bezeichnen.[20]

§ 33

Subjektphilosophisch liegt darin ein radikales Denken der unaufhebbaren Heterogenität der Wahrheiten wie ihrer jeweiligen Subjektivität: kommt Wahrheit allein und stets dem Bezug eines singularen Wesens zu ihrem Ereignis zu, gibt es im strengen Sinn des Wortes so viele Subjektivitäten wie Wahrheitsereignisse. Konsequenterweise stellt Badiou dem kommunistischen Militanten als einer Subjektivität der Wahrheit des Politischen die Subjektivitätsfiguren der Wissenschaft, der Dichtung und der Liebe gleichen Ranges und je aufeinander irreduzibel zur Seite. Er löst damit den zuletzt Hardt/Negri von Deleuze/Guattari trennenden Konflikt um den Primat der Dichtung oder der Politik in das freie Spiel einer Differenz auf, das erlaubt, beiden Wahrheiten und denen des Wissens und der Liebe je nach ihrem Maß treu zu bleiben. Fällt der Philosophie derart die Aufgabe zu, die epochale Kompossibilität der Wahrheiten und ihrer Subjektivitätsfiguren zu denken, bleibt sie selbst konstitutiv von diesen Wahrheiten bedingt und bildet in diesem Sinn keine eigene Subjektivität aus. Deshalb unterstellt Badiou die besondere philosophische Tätigkeit der Forderung,

> die Bedingungen der Philosophie zu praktizieren. Die moderne Poesie zu kennen und zu studieren, die neueste Mathematik durchzuarbeiten, die Zwei der Liebe zu erhalten und zu denken und Militante des politischen Entwurfs zu sein – das sind Mindestvoraussetzungen für die, die Philosophen sein wollen. (z.n. Hallward 2003, 181, Übers. TS)

20 Die biopolitische Tätigkeit der Multituden und ihrer Singularitäten kann in diesem Sinn als gesellschaftlich verallgemeinerte Form der »situationistischen Tätigkeit« verstanden werden, in der die Militanten der Situationistischen Internationale zu ihrer Zeit bereits eine revolutionäre Synthese der Philosophie, der Politik, der Wissenschaft, der Kunst und der Liebe entwarfen. Vgl. in nuce Guy Debord, *Rapport zur Konstruktion von Situationen*, Hamburg 1981, 72 f. Dem entspricht, dass sie dabei auf die Überwindung gleichermaßen des Kapitalismus und des Nihilismus zielten und darin explizit die Perspektive Marx' mit derjenigen Nietzsches zusammenzubringen suchten, vgl. Raoul Vaneigem, *Handbuch der Lebenskunst für die jüngeren Generationen*, Hamburg 1980, 174 ff.

§ 34

Gerade weil Badiou seine Philosophie und seine Politik so entschieden wie kein anderer auf einen immanenten Zusammenhang von Sein, Wahrheit und Subjektivität gründet und Wahrheit selbst dabei in explizit »platonischer Geste« und explizit »cartesianischer Meditation« mit der Idee des Guten identifiziert, denkt er auch den Begriff des Bösen strikt in Abhängigkeit von dem der Wahrheit und damit von dem der Subjektivität.[21] Damit setzt er sich in Widerspruch zu den zeitgenössischen Modernismen und Postmodernismen, für die das Gute wenn überhaupt dann nur in Abhängigkeit von einer vorgängigen und darin konsensuellen Evidenz des Bösen gedacht werden kann: gut ist, was dem fraglos gegebenen Bösen nachträglich eine Grenze setzt.

Wer nun allerdings glaubt, mit Badiou wieder in einen sicheren Hafen platonisch-cartesianischer Selbstgewissheit einfahren zu können, der oder die verfehlt, dass er sich zur Aufgabe stellt, »in der Folge der ›cartesianischen Meditation‹ einen Schritt weiter zu gehen« (Badiou 1997a, 79). Der oder die verfehlt auch, dass seine Ethik in Konsequenz der Bindung des Guten an dessen subjektive Bezeugung das Böse überall, mehr noch: nur dort ausmacht, wo eine Subjektivität ihre Wahrheit und damit sich selbst verfehlt.

§ 35

Die Verfehlung der Wahrheit untersucht Badiou in drei Formen: der Verwechselung eines Wahrheitsereignisses mit dem Trugbild einer Wahrheit bzw. eines Ereignisses, dem Verrat einer Wahrheit durch ihre Subjektivität und schließlich dem Versuch einer Totalisierung der Wahrheit im Ganzen der Situation ihres Ereignisses. Der Einsatz der im eminenten Sinn des Worts nach Marx, Nietzsche und Heidegger um einen Schritt weiter getriebenen »cartesianischen Meditation« liegt dann aber in der zutiefst verstörenden Einsicht, dass Subjektivität nie geradezu in der Gewissheit stehen kann, ob sie von einem Ereignis der Wahrheit oder dem Trugbild eines solchen Ereignisses angerufen wurde, dass Subjektivität selbst damit nie fraglos gegeben sein kann, sondern im radikalen Sinn des Worts stets Möglichkeit bleibt. Indem sie infolge ihrer Auszeichnung der Wahrheit als der Idee des Guten selbst zuletzt zu einer unaufhörlichen Infragestellung des subjektiven Wahrheitsbezugs geführt wird, kreuzt sich die Subjektivitäts-De/Konstruktion Badious gleichsam auf einem Gang aus jeweils umgekehrter Richtung mit der Jacques Derridas: Stößt Badiou gerade in der subjektiven Bezeugung der Wahrheit, des

21 Systematisch dazu vgl. Badiou 2003a, zum Begriff der »platonischen Geste« vgl. Badiou 1997a, 103 ff, zu seinem Verständnis der »cartesianischen Meditation« ebd., 14 und 79.

Guten und der Gerechtigkeit auf die nie und durch nichts zu beseitigende Gefahr, einem Trugbild verfallen zu sein, entdeckt Derridas Dekonstruktion der Wahrheit, des Guten und der Gerechtigkeit als einer Evidenz oder Präsenz im Bewusstsein des Subjekts die Wahrheit, das Gute und die Gerechtigkeit selbst als das, was nie und durch nichts dekonstruiert werden kann:

> In meinen Augen ist diese ›Idee der Gerechtigkeit‹ aufgrund ihres bejahenden Wesens irreduktibel, aufgrund ihrer Forderung nach einer Gabe ohne Austausch, ohne Zirkulation, ohne Rekognition, ohne ökonomischen Kreis, ohne Kalkül und ohne Regel, ohne Vernunft oder ohne Rationalität im Sinne des ordnenden, regelnden, regulierenden Beherrschens. (…) Diese Gerechtigkeit, die kein Recht ist, ist die Bewegung der Dekonstruktion: sie ist im Recht und in der Geschichte des Rechts am Werk, in der politischen Geschichte und in der Geschichte überhaupt, bevor sie sich als jener Diskurs präsentiert, den man in der Akademie, in der modernen Kultur als ›Dekonstruktivismus‹ betitelt. (1991, 51 f. Vgl. ebd., 27 ff)

§ 36

In seinen beiden Marx gewidmeten Büchern hat Derrida zuletzt auch *expressis verbis* keinen Zweifel daran gelassen, dass die so verstandene »Bewegung der Dekonstruktion« der »wirklichen Bewegung« des Kommunismus immanent ist, von ihr gar nicht getrennt werden kann. Dabei hat er den subjektiven Zusammenhang beider in heideggerianischer Wendung in einer »Struktur der Existenz« bzw. einer »universalen Struktur der Erfahrung« ausgemacht, der er den Namen eines »Messianischen ohne Messianismus« gegeben hat:

> Das Messianische (das ich für eine universale Struktur der Erfahrung halte und das sich auf keinen religiösen Messianismus reduzieren lässt) ist alles andere als utopisch: Es ist in allem der Bezug auf das Kommen des konkretesten und wirklichsten Ereignisses, d. h. auf die unauflöslich heterogenste Andersheit. Nichts ist ›realistischer‹ und ›unmittelbarer‹ als diese messianische Sorge, die auf das Ereignis dessen gerichtet ist, der (das) kommt. (Derrida 2004, 78, 82)[22]

22 Vgl. ders. 1995 und 2004. Zum Status der Dekonstruktion als einer »Radikalisierung des Marxismus« vgl. in nuce ders. 1995, 143 ff.

Dritter Schritt: Annäherung an die »jetzt bestehende Voraussetzung« kommunistischer Bewegung

§ 37

Seit Marx und Nietzsche ist die eigentümliche Denkfigur der De/Konstruktion von Subjektivität insoweit ein Topos der Philosophie wie der Ideologie, als dieselbe Figur in der Sache dieses Denkens selbst ausgemacht wird: im universalhistorischen Fortschritt kapitalistischer bzw. nihilistischer Vergesellschaftung, mit Marx und Nietzsche gesprochen: im fortschreitenden »Hinfall der kosmologischen Werthe« (Nietzsche 1966, 676 ff).[23] Was Hardt/Negri als biopolitisches Empire beschreiben, was in anderen marxistisch inspirierten Diskursen als »Postfordismus«, im ideologischen Tageskampf als »neoliberale Globalisierung« und auf dem Kampfplatz der zeitgenössischen Philosophie als »Postmoderne« beschrieben wird, markiert – unbeschadet der zwischen diesen Begriffen spielenden Differenzen – ohne Zweifel die aktuelle Position dieses »Fortschritts«. Es handelt sich dabei um eine äußerst instabile Position, mit der dessen Dynamik entscheidend an Geschwindigkeit, auch an Tiefe der Zersetzung, mehr noch: an zerstörerischer Gewalt gewonnen hat. Dazu steht nicht im Widerspruch, dass im gleichen Maß die produktive Macht gewachsen ist, materiellen wie immateriellen Reichtum hervorzubringen.

§ 38

Wenn ich voranstehend so viel Wert auf die Genealogie der jüngeren materialistischen Philosophie gelegt habe, sollte ihr damit nicht eine Abhängigkeit von ihrer prekären Eröffnung bei Marx, Nietzsche und Heidegger vorgehalten werden. Vielmehr geht es mir umgekehrt darum, die philosophischen Interventionen der älteren im Licht der auf sie folgenden Philosophie und in der Konfrontation mit deren, d. h. aber unserer historischen Bedingung zu wiederholen. Dabei kommt – wie in § 1 vermerkt – der Wiederholung des revolutionstheoretischen Hauptsatzes von Marx und Engels zentrale Bedeutung zu. »Jetzt bestehende Voraussetzung« der »wirklichen Bewegung, welche den jetzigen Zustand aufhebt«, sollte Marx und Engels zufolge der endlich hergestellte »Weltmarkt« sein, als Bedingung der Existenz einer von Kapital oder von »irgendeiner bornierten Befriedigung« abgeschnittenen »Masse von *bloßen* Arbeitern«. An dieser Bedingung hing und hängt die strategische Option einer immanenten Kehre des Prozesses, die in der »Aktion« des Kommunismus zur dann

23 In der *Kritischen Studienausgabe* des Nietzsche-Nachlasses ist dieses für das Verständnis des nietzscheanischen Nihilismus-Begriffs zentrale Fragment allerdings nicht mehr mit *Hinfall der kosmologischen Werte*, sondern mit *Kritik des Nihilism* überschrieben, vgl. ebd., Bd. 13, 46 ff.

auch subjektiv ergriffenen »weltgeschichtliche Existenz der Individuen« geworden wäre, d. h. zu einer »Existenz der Individuen, die unmittelbar mit der Weltgeschichte verknüpft ist«. Es steht außer Frage, dass das biopolitische Empire einer so verstandenen kommunistischen Aktion den historisch bisher weitesten Spielraum öffnet.

§ 39

Tatsächlich sprechen Hardt/Negri der Subjektivität der Multituden und ihrer Militanten genau in diesem emphatischen Sinn »weltgeschichtliche Existenz« zu und affirmieren eben darin auch die Herausbildung des biopolitischen Empire selbst:

> Heute republikanisch zu sein heißt somit zuallererst, innerhalb des Empire zu kämpfen und auf seinem hybriden, modulierenden Terrain einen Gegenentwurf zum Empire zu entwickeln. Und an dieser Stelle sollten wir gegen alle Moralismen, gegen alle Vorbehalte und nostalgischen Anwandlungen hinzufügen, dass dieses neue imperiale Terrain größere Möglichkeiten für Schöpfung und Befreiung bietet. Die Menge mit ihrem Willen, dagegen zu sein, und mit ihrem Wunsch nach Befreiung muss durch das Empire hindurch, um auf die andere Seite zu gelangen.

Unter Berufung auf Marx präzisieren sie:

> Das Empire ist also in dem Sinn besser, in dem Marx darauf bestand, dass der Kapitalismus besser sei als die Gesellschaftsformationen und Produktionsweisen, die ihm vorausgingen. (2002, 230, 57; vgl. auch 218)

Die Formulierungen nehmen auf, was Marx und Engels zu ihrer Zeit nur unter der Deckung einer dialektischen Spekulation zu sagen vermochten: dass die Aktion des Kommunismus dem Fortschritt kapitalistischer Vergesellschaft einbeschrieben sein und sich deshalb nicht gegen, sondern mit ihm entfalten wird, als eine Praxis, die sich in ihrer Möglichkeit gerade dem Prozess des Kapitals verdankt, genauer und auf den Punkt gebracht: als eine Praxis, die diesen Prozess nur insoweit überschreitet, als sie strategisch mit ihm »kollaboriert«.[24] Von hier her erst versteht sich der unüberhörbar bewundernde Tonfall, in dem der erste Abschnitt des *Manifests der Kommunistischen Partei* die historische Rolle des »Klassenfeinds« beschreibt:

> Die Bourgeoisie kann nicht existieren, ohne die Produktionsinstrumente, also die Produktionsverhältnisse, also sämtliche gesellschaftlichen Verhältnisse fortwährend zu revolutionieren. [...] Alle festen, eingerosteten Verhältnisse mit ihrem Gefolge von altehrwürdigen Vorstellungen und Anschauungen werden aufgelöst, alle neugebildeten veralten, ehe sie verknöchern können. Alles Ständische und Stehende verdampft, alles Heilige wird entweiht, und die Menschen sind gezwungen, ihre Lebensstellung,

24 Ich verdanke diesen Begriff Thomas Atzert.

> ihre gegenseitigen Beziehungen mit nüchternen Augen anzusehen. [...] Die Bourgeoisie reißt durch die rasche Verbesserung aller Produktionsinstrumente, durch die unendlich verbesserte Kommunikation alle, auch die barbarischsten Nationen in die Zivilisation. (MEW 4, 464 f)

Es ist kein Zufall, dass Nietzsche seine Beschreibung des voran schreitenden Nihilismus in ähnlicher Tonlage vorträgt und dass sich Heidegger gegen jede moralische Verurteilung der Technik wiederholt auf Hölderlins Vers »Wo aber Gefahr ist, wächst das Rettende auch« beruft.[25]

§ 40

War die Entfaltung der objektiven Möglichkeit allerdings schon bei Marx und Engels an den Einsprung der subjektiven Aktion gebunden, so gilt dies im Licht eines ontologischen und aleatorischen Materialismus in radikal verstärktem Maß. Was in dialektischem Horizont im transzendenten Versprechen einer im Ende der Geschichte realisierten Wiederkehr des Ursprungs verbürgt ist, hängt jetzt allein am unableitbaren Zu-Fall des Ereignisses und seiner Bejahung durch die Subjektivität, die seiner Wahrheit treu bleiben wird. Damit klärt sich zuletzt der den De/Konstruktionen von Subjektivität einbeschriebene Einsatz: zu Wort kommen zu lassen, was sich als »Subjektives ohne Subjekt« niemals »in der Form des Objekts« präsentieren wird. Badiou fährt fort:

> Ereignisbedingte Überdeterminierungen, Katastrophen, Revolutionen, Neuheiten, Wichtigwerden des Unwichtigen. Dies ist die reale Materie der Parteinahme, die Chance des Kämpfers, der Moment der Entscheidung. (...) Es handelt sich um einen homogenen Denkprozess innerhalb der materiellen Figur des Kämpfers, der weder durch die (wissenschaftliche) Objektivität determiniert, noch im (ideologischen) Subjekteffekt gefangen ist. Dieser Prozess schlägt am Ort der Überdeterminierung zum Möglichen hin um, und zwar geleitet von einer Parteinahme, einer Präskription, die weder in der objektiven Ordnung der Ökonomie, noch in der etatistischen Ordnung des Subjekts von irgendetwas garantiert ist. (Badiou 2003b, 77 f)

25 Bei Nietzsche heißt es im selben Pathos: »Die Gewässer der Religion fluten ab und lassen Sümpfe oder Weiher zurück; die Nationen trennen sich wieder auf das Feindseligste und begehren sich zu zerfleischen. Die Wissenschaften, ohne jedes Maß und im blindesten laisser faire betrieben, lösen alles Festgeglaubte auf; die gebildeten Stände und Staaten werden von einer großartig verächtlichen Geldwirtschaft fortgerissen. Niemals war die Welt mehr Welt, nie ärmer an Liebe und Güte. (...) Seit einem Jahrhundert sind wir auf lauter fundamentale Erschütterungen vorbereitet; und wenn neuerdings versucht wird, diesem tiefsten modernen Hange, einzustürzen oder zu explodieren, die konstitutive Kraft des so genannten nationalen Staates entgegenzustellen, so ist doch für lange Zeiten hinaus auch er nur eine Vermehrung der allgemeinen Unsicherheit und Bedrohlichkeit.« Friedrich Nietzsche, *Unzeitgemäße Betrachtungen*, III. Stück, Abschnitt 4. Zur Berufung Heideggers auf den Vers aus *Patmos* vgl. etwa *Einblick in das was ist*, Frankfurt 1994, 72.

Bleibt anzumerken, dass die »reale Materie der Parteinahme« gleichwohl keine Frage der Innerlichkeit, sondern der organisierten Autonomie und Kollaboration der sozialen Kämpfe ist. Von diesem Materialismus haben wir längst noch nicht genug gehört.

Literatur

Badiou, Alain, 1997a: *Manifest für die Philosophie*, Wien

Ders. u. a., 1997b: *Politik der Wahrheit,* Wien

Ders., 2003a: *Ethik. Versuch über das Bewusstsein des Bösen*, Wien

Ders., 2003b: *Über Metapolitik*, Zürich/Berlin

Deleuze, Gilles, 1980: *Kleine Schriften*, Berlin

Ders., 1993: »Postskriptum über die Kontrollgesellschaften«, in: *Unterhandlungen 1970–1992*, Frankfurt a. M.

Ders. und Félix Guattari, 1997: *Der Anti Ödipus. Kapitalismus und Schizophrenie I*, Frankfurt a. M.

Dies., 1992: *Tausend Plateaus. Kapitalismus und Schizophrenie II*, Berlin

Jacques Derrida, 1991: *Gesetzeskraft. Der »mystische Grund der Autorität«*, Frankfurt a. M.

Ders, 1995: *Marx' Gespenster*, Frankfurt a. M.

Ders., 2004: *Marx & Sons*, Frankfurt a. M.

Foucault, Michel, 1987: »Das Subjekt und die Macht«, in: Hubert Dreyfus und Paul Rabinow, *Michel Foucault. Jenseits von Strukturalismus und Hermeneutik*, Frankfurt a. M.

Ders., 1989, in: Francois Ewald, *Pariser Gespräche*, Berlin

Hallward, Peter, 2003: *Badiou. A Subject to Truth*, Minneapolis

Hardt, Michael, und Toni Negri, 1997: *Die Arbeit des Dionysos. Materialistische Staatstheorie in der Postmoderne*, Berlin

Dies., 2002: *Empire. Die neue Weltordnung*, Frankfurt a. M.

Dies., 2004: *Multitude. Krieg und Demokratie im Empire,* Frankfurt a. M.

Heidegger, Martin 1950: *Holzwege*, Frankfurt a. M.

Ders., 1994: *Einblick in das was ist. Bremer Vorträge*, Frankfurt a. M.

Lukács, Georg, 1968: *Geschichte und Klassenbewusstsein*, Darmstadt

Ders., 1954: *Die Zerstörung der Vernunft. Der Weg des Irrationalismus von Schelling zu Hitler*, Berlin

Lyotard, Jean-Francois, 1977: *Das Patchwork der Minderheiten*, Berlin

Marx, Karl, und Friedrich Engels: *Werke*, Berlin/DDR (MEW), 1957 ff

Negri, Toni, 2003a: »Eine ontologische Definition der Multitude.«, in: Thomas Atzert, und Jost Müller, *Kritik der Weltordnung*, Berlin

Ders., 2003b: *Time for Revolution*, London/New York

Wright, Steve 2005: *Den Himmel stürmen. Eine Theoriegeschichte des Operaismus*, Berlin/Hamburg

Jörg Nowak

Autonomie der Gewerkschaften oder kostenlose Infrastruktur?[1]

Strategien gegen Prekarisierung und Sozialabbau

In der seit den 1970er Jahren sich formierenden informationstechnologischen Produktionsweise[2] haben sich Arbeitsverhältnisse, Lebensweisen und Politikformen verändert: Intensivierte Ausbeutung in verschiedenen Formen der Prekarität geht einher mit einer Differenzierung von Lebensstilen und Familienformen, im Politischen zeigt sich die gesellschaftliche Fragmentierung als Gleichzeitigkeit von Macht- und Mitgliederverlust der Gewerkschaften, Wiedererstarken des Rechtspopulismus, neoliberaler Wirtschaftspolitik als parteiübergreifendem Konsens und der Entstehung einer globalisierungskritischen Protestbewegung.

Wie wirken sich die Veränderungen von Sozialstruktur und Politikformen auf linken, im weitesten Sinne antikapitalistischen Widerstand aus, welche neuen politischen Subjekte und welche Forderungen charakterisieren den linken Protest gegen den Neoliberalismus?

Frank Deppe und Joachim Hirsch machen unterschiedlich ansetzende Vorschläge zur politischen Strategie gegen den neoliberalen Sozialabbau, die hier diskutiert werden sollen. Hirsch formuliert mit dem Konzept der *sozialen Infrastruktur* (2003) Perspektiven für eine radikale Demokratie. Er verzichtet darauf, potenzielle gesellschaftliche Träger emanzipatorischer Politik anzugeben, Politiken innerhalb kapitalistischer Arbeitsprozesse finden bei ihm keine Erwähnung. Der Vorschlag von Deppe dreht sich um eine erneuerte Arbeiterbewegung und das Konzept der Autonomie der Gewerkschaften, seine Strategie geht ausschließlich von innerhalb der Lohnarbeit entstehenden Interessen aus. Daran anschließend soll diskutiert werden, wie sich die Bedingungen für linke antikapitalistische Politik mit der Zunahme prekärer Arbeitsverhältnisse verändern und welchen organisatori

1 Überarbeitete Fassung eines Beitrags aus *Das Argument* 256.

2 Zum Begriff *informationstechnologische Produktionsweise* vgl. die kritische Auseinandersetzung bei Ohm 2004.

schen Ausdruck dies im Verhältnis von globalisierungskritischer Bewegung und gewerkschaftlichen Kämpfen findet.

Kampf um Grundsicherung und Arbeiterbewegung
Soziale Infrastruktur

Hirschs Konzept einer sozialen Infrastruktur basiert auf der Kombination von zwei Elementen: 1. dem Ausbau von öffentlichen Gütern und Dienstleistungen, deren Gebrauch kostenlos sein soll und 2. einer sozialen Grundsicherung, die unabhängig von Arbeit und Aufenthaltsstatus ausgezahlt wird.

Hirsch geht davon aus, dass Lohnarbeit nur für einen Teil der Bevölkerung die gesellschaftliche Reproduktion sichert: Mit der höheren Produktivität in den kapitalistischen Gesellschaften des Nordens sei es möglich, »auf den allgemeinen Arbeitszwang als Grundlage ihrer Reproduktion zu verzichten« (Hirsch 2003, 2 f). Die Komplexität der gesellschaftlichen Arbeitsteilung zwischen Hochlohn-, und Niedriglohnsektor, ehrenamtlicher Arbeit und unbezahlter Arbeit mache es unmöglich, *leistungsgerechte* Bezahlung zu gewährleisten. Dies erfordere »eine relative Entkopplung von Arbeit [...] und Einkommen« (3). Hirsch betont, dass es ihm nicht »allein um die Verbesserung der Bedingungen für die Lohnarbeit« gehe, »sondern um neue Formen des gesellschaftlichen Arbeitens überhaupt« (2). Er setzt auf eine Infrastruktur ohne Warencharakter, die dezentral und partizipativ organisiert ist: Ihre Nutzer sollen »darüber entscheiden, welche Einrichtungen und Dienstleistungen sie brauchen. Dies zielt auf eine grundlegende Transformation der Institutionen und der herrschenden Form bürokratisch-etatistischer Vergesellschaftung« (3).

Diese »Dekommodifizierung«[3] (3) von Einkommen und Infrastruktur soll einerseits eine emanzipatorische Antwort auf die Privatisierungspolitik sein, andererseits den Zwang zur Lohnarbeit vermindern. Die Bedingungen für eine Abschaffung der Lohnarbeit seien nicht gegeben – daher sei es notwendig, dass eine soziale Bewegung auf politischer und alltagspraktischer Ebene in einem schrittweisen Prozess eine »grundlegende Veränderung [...] der Form der Arbeit und Arbeitsteilung, der Geschlechterverhältnisse, der Konsumweisen« anstrebe (6).

3 Hirsch wie Deppe benutzen den Begriff *Dekommodifizierung*, um die Beseitigung oder Einschränkung des Warencharakters – sei es auf dem Arbeitsmarkt oder im Bereich der Infrastruktur – zu beschreiben. Der Begriff *Kommodifizierung* stellt eine Rückübersetzung dar: Der von Marx verwendete Begriff *Zur-Ware-Werden* wird im Englischen als *commodification* gefasst. Soweit möglich, verwende ich statt Dekommodifizierung die stärker beschreibende Wendung *Beseitigung oder Einschränkung des Warencharakters*.

Hirsch beschreibt die Veränderungen in der Erwerbsarbeit: die Erosion des »Normallohnarbeitsverhältnis« (2) gehe damit einher, dass sich »Arbeitslosigkeit und marginalisierte Beschäftigungsverhältnisse immer weiter ausdehnen« (4). Die strategisch-politische Orientierung ist arbeitspolitisch ausgerichtet, richtet sich aber ausschließlich auf ein bedingungsloses Grundeinkommen und eine öffentliche Infrastruktur. Diese sollen die Voraussetzung bieten für neue Formen des Arbeitens überhaupt. Statt einer traditonellen Konzentration auf Politiken, die von der Lohnarbeit ausgehen, hat Hirsch mit dem Bestreben, die *Lohnarbeitszentriertheit* zu relativieren, in der von ihm vorgeschlagenen politischen Strategie den Betrieb als strategische Machtbasis oppositioneller Politik aufgegeben; Politiken der Verbesserung der Arbeitsbedingungen oder der Mitbestimmung haben bei ihm keine Relevanz.

Der Zwang zur Annahme von Lohnarbeit soll durch eine Einschränkung des Warencharakters der Reproduktion insgesamt vermindert werden. Wenn eine gewisse kostenlose Versorgung mit Grundgütern wie Bildung, Gesundheit, Verkehr und Wohnung sowie eine Grundsicherung über der Armutsgrenze gewährleistet sind – so der Gedanke –, dann wird sich angesichts des fehlenden Drucks das Arbeitskräfteangebot soweit vermindern, dass Arbeitgeber ein Mindestmaß an Bezahlung und Arbeitsbedingungen als Anreiz zur Lohnarbeit bieten müssen. Damit sollen auch die Formen von Arbeit materiell abgesichert werden, die in den 1990er Jahren verstärkt in die Informalität abgedrängt wurden und meist von Frauen erledigt werden, wie Hausarbeit, Pflege usw. Hirsch gibt nicht an, welche gesellschaftlichen Gruppen und politischen Formationen Akteure und Unterstützer der von ihm vorgeschlagenen Politik sein sollen – er benennt zum Ende seines Textes lediglich, dass es eine »soziale(n) Bewegung« sein soll, »die nicht nur politische Kraft entfaltet, sondern alltagspraktisch wirksam wird« (6).

Autonomie der Gewerkschaften

Frank Deppe fragt vor dem Hintergrund, »dass die traditionelle Arbeiterbewegung [...], die in ihrem Kern auf der industriellen Arbeiterklasse beruht, nicht mehr besteht« (2003a, 73), ob und wie ein bewusster Bezug von politischen Akteuren auf den Klassenbegriff neu hergestellt werden und wie sich eine erneuerte Arbeiterbewegung in »einer Periode des Übergangs zu einer neuen kapitalistischen Formation« (76) konstituieren könnte. Charakteristisch für diese Übergangsphase sei, dass im 20. Jh. »das Kräfteverhältnis zwischen Kapital und Arbeit niemals so eindeutig und dramatisch zugunsten des Kapitals verschoben« (77) war wie zu Beginn des 21. Jahrhunderts. Die industrielle Arbeiterklasse habe ihre Aufgabe, den Kapitalismus durch Demokratie und Wohlfahrtsstaat zu zivilisieren, erfüllt und bilde nun nur noch »eine minoritäre Fraktion« (75) der Lohnabhängigen[4].

Deppe geht von zwei Annahmen aus:

1. Die Kämpfe der Arbeiter sind bestimmt durch objektive Bedingungen:

> Die Größe der Arbeiterklasse, ihre innere Struktur, ihre Verteilung über die Welt, ihre Verhältnisse zu anderen Klassen sind so historisch-dynamische Momente, objektive Bedingungen des Prozesses der Klassenformierung. Selbstverständlich erklären diese nicht allein die Intensität der Klassenkämpfe und/oder das Organisationsverhalten der Arbeiter. (78)

2. In der Geschichte der Arbeiterbewegung gibt es immer wieder bestimmte Klassenfraktionen, die die Rolle einer Avantgarde einnehmen. Deppe führt den Massenarbeiter für den Fordismus an und sieht seit Mitte der 1990er Jahre die Beschäftigten des öffentlichen Dienstes »an der Spitze sozialer und politischer Auseinandersetzungen« (78).

Er sieht es als notwendig an, die für jede Periode kapitalistischer Entwicklung spezifischen Bedingungen des Klassenkampfes zu untersuchen, was eine Bestimmung des Staates und des politischen Systems einschließe:

> Alle Prozesse der Klassenformierung werden immer auch durch den Staat strukturiert; allgemeiner: sie werden durch das politische System und den politischen Kampf mit dem Ziel, Machtverhältnisse innerhalb des politischen Systems zu ändern, gleichsam *gefiltert*. (79)

Daher situiert er die Bedingungen für soziale Kämpfe in den wesentlichen Aspekten der Übergangsphase des Kapitalismus: Mit der mikroelektronischen Revolution führen außerordentliche Steigerungen der Produktivkraft einerseits zu höheren und neuen Qualifikationsanforderungen, andererseits kommt es trotz Wachstum zu Massenentlassungen, Arbeit wird vom industriellen zum Dienstleistungssektor umverteilt.

3. Die neue Akkumulationsstruktur ist durch die Ausweitung von Lohnarbeit auf neue Bereiche sowie durch die Kapitalisierung von Kommunikations-, Bildungs-, Gesundheits- und Sozialsystem gekennzeichnet, die Bedeutung des Finanzkapitals hat zugenommen. Es gibt eine enge Verbindung zwischen der neuen Akkumulationsstruktur und dem Machtverlust der Gewerkschaften.
4. Neue Aufgabe des Staates ist es, die Wettbewerbsfähigkeit zu sichern. Dies geschieht durch die Deregulierung des Arbeitsmarkts, was zu prekärer Beschäftigung führt, die Transformation des Wohlfahrtsstaates durch den Abbau der

4 Unter Lohnabhängigen werden in diesem Artikel nicht nur die formellen Lohnarbeiter gefasst, sondern auch alle anderen Gruppen, die nicht oder nur unwesentlich über Produktionsmittel verfügen wie Arbeitslose, Ich-Ags und Scheinselbständige.

öffentlichen und die Einführung privater Sicherungssysteme sowie durch den Abbau von Arbeiter- und Gewerkschaftsrechten.

5. Mit der neuen Stufe der Internationalisierung der Produktion und des Austauschs wird »Weltmarktkonkurrenz als quasi-unveränderliche Naturkonstante akzeptiert«, was auch die »weitgehende Akzeptanz der Politik des Wettbewerbskorporatismus in der westeuropäischen Gewerkschaftsbewegung« (84) zur Folge hat.

In der Übergangsphase verstärke sich die Aufspaltung in Gewinner und Verlierer, sowohl zwischen den Klassen als auch innerhalb der Arbeiterklasse, wobei Prekarisierung als Etablierung eines neuen, ungesicherten Arbeitsverhältnisses vor allem als Integration weiblicher Arbeitskräfte in den Arbeitsmarkt stattfindet. Deppe unterscheidet drei Gruppen von Arbeitenden: die relativ Abgesicherten, die Prekären und die Überflüssigen, die von Sozialleistungen oder informellen Ökonomien leben. Er geht davon aus, dass »die Konstitution von Arbeiterklasse« (87) als sozialer und politischer Akteur von der Ebene des Betriebes aus erfolgt. Er denkt deren politische Konstitution allein im Sinne der traditionellen gewerkschaftlichen Form, so »dass über die gewerkschaftlichen Organisationen und ihre Kämpfe die Vermittlungen zur Branchenebene, zur nationalen Ebene insgesamt hergestellt werden« (ebd.).

In einem anderen, stärker politisch-strategisch argumentierenden Text setzt Deppe auf eine »Autonomie der Gewerkschaften« als Element einer »Neugründung« (2003b, 19) der politischen Linken. Mit der Verschiebung der politischen Ausrichtung der SPD, deren Parteiführung nunmehr die »*neue Mitte* und die Mittelklasse« (17) repräsentiere, könne die Kernkompetenz der Gewerkschaften, nämlich die »*Dekommodifizierung* der Arbeitskraft« (24), in außerparlamentarischen Bündnissen mit Sozialverbänden und der globalisierungskritischen Bewegung neue Relevanz erhalten.

Als Ausgangssituation sieht Deppe die Spaltung von Mittelklasse[5] und Unterklassen, deren Solidarität in den 1970er Jahren »die zentrale Achse eines Reformblockes« (7) war, sowie die strukturelle Schwäche der Linken. Die politische Haltung der Mittelklasse mache sich auf der Ebene der Klassenauseinandersetzungen darin geltend, dass die relativ privilegierten Teile der Bevölkerung ihre kurz- bis mittelfristigen unmittelbaren materiellen Interessen dadurch vertreten, dass sie erreichte Standards auf niedrigerem Niveau verteidigen. Deppe beschreibt damit treffend, dass die defensive Taktik des Facharbeiter-Milieus in seiner sozialen

5 Deppe versteht unter *Mittelklasse* nicht in herkömmlicher Weise nur die Schicht von Lehrern, Beamten, Ärzten und Kleinkapitalisten, sondern den relativ privilegierten Teil der Bevölkerung mit mittleren bis hohen Einkommen. Diese Verwendungsweise wird der Einfachheit halber im Text übernommen.

Wahrnehmung auf die eigene Klientel beschränkt ist. Die Option der Solidarität mit ärmeren Lohnabhängigen ist nicht mehr Teil der Perspektive, u. a. weil es gewerkschaftlich und politisch kein realistisches Konzept für eine solche Perspektive gibt.

Diese defensive Haltung prägt somit auch einen großen Teil der gewerkschaftlichen Politik: Verbetrieblichung der Interessenvertretung, Wettbewerbsorientierung, Konzentration auf Stammbelegschaften sind die bekannten Erscheinungen dieser strukturkonservativen Orientierung[6]. Deppe empfiehlt, dieses strategische Defizit durch eine konsequentere Verteidigung und Erkämpfung von Schutzfunktionen und durch eine Öffnung für die neuen Belegschaften und die neuen Formen von Arbeit zu beheben.

Er sieht das Ziel einer neuen gewerkschaftlichen Politik der Autonomie – d. h. die Wahrnehmung eines politischen Mandats über betriebliche Politik hinaus und ohne enge Bindung an eine bestimmte Partei – in einem »Systemwechsel der Politik [...], der davon ausgeht, dass eine andere Politik im Interesse der Lohnabhängigen (ohne eine radikale Umwälzung der Eigentumsverhältnisse und des Staates) möglich ist« (25).

Deppe benennt als mögliche Basis eines alternativen Blocks, der diesen Systemwechsel durchsetzen könnte, vier Fraktionen der Arbeiterklasse: Die lohnabhängige Mittelklasse und die Facharbeiter, den industriellen Kern der alten Arbeiterklasse, den Niedriglohnbereich des Dienstleistungssektors (dieser besteht zum größten Teil aus Frauen und ist in den letzten Jahren am stärksten gewachsen) sowie die *underclass*: aus dem Arbeitsmarkt Ausgeschlossene, die auch keine industrielle Reservearmee mehr bilden.

Eine Stärke des Ansatzes ist, dass Deppe seinen Vorschlag zur politischen Strategie vor dem Hintergrund der Veränderungen der kapitalistischen Akkumulationsstrategie und deren Auswirkungen auf Beschäftigungsstruktur und Gewerkschaftspoltitik situiert und auf diese bezieht. Er setzt sich aber nicht damit auseinander, dass sich die Oppositionsbewegung gegen den Neoliberalismus größtenteils außerhalb betrieblicher und/oder gewerkschaftlicher Politik konstituiert hat – etwa in attac, Arbeitslosengruppen, antirassistischen und antifaschistischen Gruppen, Umwelt- und Dritte-Welt-Gruppen etc., also dem, was gemeinhin als globalisierungskritische Bewegung bezeichnet wird.

6 Diese Spaltung zwischen den Mittel- und Unterklassen und den strategischen Optionen der Statusverteidigung der Facharbeiter sowie der klassenübergreifenden Solidarität hatte innerhalb der IG Metall spektakuläre Auswirkungen im verlorenen Streik im Frühjahr 2003, als die als *Betriebsfürsten* bekannten Betriebsräte der westdeutschen Automobilkonzerne die Unterstützung für den Streik der benachteiligten ostdeutschen Metallarbeiter aufgekündigt haben. Die Konfrontation fand dann im Konflikt um die Führung der IG Metall eine Fortsetzung.

Bei Deppe stehen Arbeiter und Gewerkschaften unhinterfragt als politische Akteure im Zentrum. Das Konzept einer Autonomie der Gewerkschaften beschreibt eine Politik, bei der sie ohne besondere parteipolitische Bindung ökonomischer *und* politischer Akteur sind – damit ist auch eine Aufhebung der im Fordismus bestimmenden Funktion als Transmissionsriemen der Sozialdemokratie gegeben.[7] Doch die konstatierte, quer durch die Einheitsgewerkschaft verlaufende Spaltung bedeutet ein ernstes Hindernis für die autonome Gewerkschaftspolitik, das Deppe unterschätzt: Diese würde einen Bruch mit dem Wettbewerbskorporatismus erfordern, der den Arbeitsbeziehungen in den industriellen Großbetrieben eingeschrieben ist – und dieser Bruch wäre nur um den Preis einer Spaltung der Einheitsgewerkschaft realisierbar. Eine Spaltung ist jedoch nicht, was Deppe anstrebt. Unter den gegebenen Kräfteverhältnissen in der Gewerkschaft resultiert aus den verschiedenen Orientierungen eine Mischung beider Konzepte: Die Bindungen zur Sozialdemokratie werden zwar formal gelockert[8], jedoch bleibt, wie angesichts der Einigung bei Daimler-Chrysler im Juli 2004 nochmals deutlich wurde, der Wettbewerbskorporatismus, der die Vorgaben des Marktes und der Konzernspitzen akzeptiert, bestimmend für die Tarifpolitik. Damit geht jedoch eine Politik der Lohnsenkungen und der Arbeitszeitverlängerung einher, die den mit dem Konzept der Autonomie verbundenen Schutzfunktionen der Gewerkschaft zuwider läuft.

Der Befund von Deppe, dass es die neue Rolle des Staates sei, die Wettbewerbsfähigkeit zu sichern, wird nicht damit in Beziehung gesetzt, dass die »strategischen Beziehungen zwischen Gewerkschaften und Staat im keynesianisch erweiterten Staat« nun »durch wettbewerbskorporatistische Formen der Erweiterung des Staates in strategischen Beziehungen zwischen Kapital und Staat sukzessive ersetzt« werden (Röttger 2003, 15). Die neue strategische Beziehung zwischen Kapital und Staat ist so angeordnet, dass in ihr die Gewerkschaften nur eine untergeordnete Rolle haben (sollen), die in einer sozial abfedernden Anpassung an die Imperative internationaler Wettbewerbsfähigkeit besteht und im Politischen nur eine betriebssyndikalistische Version des Korporatismus vorsieht, ohne eigenständige politische

7 Deppes Konzeption hat starke Übereinstimmungen mit dem seit Mitte der 1980er Jahre in unterschiedlichen Kontexten entstandenen *Social Movement Unionism*, der oftmals ohne Parteibindung stark auf lokalpolitische Bündnisse, politische Eigenständigkeit und die Eigenaktivität der Arbeiter setzt – exemplarisch zu nennen sind hier die Canadian Auto Workers und der brasilianische Gewerkschaftsverband CUT (Köhnen 2000, Niemeijer 2000, Harrod/O'Brian 2002).

8 Neben der *Modernisierer*-Fraktion in den Einzelgewerkschaften sind es vor allem Betriebsräte aus den drei Gewerkschaften IG BCE, NGG und Transnet, die die eher konfrontative Haltung der DGB-Führung gegenüber der Agenda 2010 wiederholt zu Gunsten eines konstruktiven Dialogs ersetzen wollten (FAZ, 22.6.04, 3).

Positionen über die arbeitspolitische Ebene hinaus. Vor diesem Hintergrund ist auch die neue Position der SPD gegenüber dem DGB zu sehen, als Regierungspartei orientiert sie auf eine Anpassung der Gewerkschaftspolitik an die Agenda 2010 – entsprechend der veränderten Kräfteverhältnisse sind die Kompromisse des bundesdeutschen Korporatismus deutlich stärker an den Interessen der Arbeitgeberverbände orientiert.

Klassenzusammensetzung, Gewerkschaften und globalisierungskritische Bewegung

Skizze zur technischen Zusammensetzung der Arbeiterklasse

Vor dem Hintergrund der von Deppe vorgenommenen Einteilung in Mittelklasse, industrielle Arbeiterklasse, Niedriglohnbereich und Unterklasse soll nun seine Idee hinterfragt werden, eine offensive Gewerkschaftspolitik könne erreicht werden, wenn die Interessen dieser Gruppen konsequenter vertreten werden. Dabei wird von den Veränderungen der kapitalistischen Produktionsweise und der realen betriebspolitischen Orientierung von Beschäftigten ausgegangen. Wie Deppe selbst festgestellt hat, steht linke Politik, die gesellschaftliche Hegemonie erreichen will, vor dem Problem, dass die Mittelklassen ihre Solidarität mit den Unterklassen aufgekündigt haben. Die Mittelklassen lassen sich grob in zwei Fraktionen aufteilen:

1. Die in stark regulierten Bereichen arbeitenden Angestellten und Facharbeiter bilden einen großen Teil der gewerkschaftlichen Basis: bei ihnen handelt es sich um die hochqualifizierten Stammbelegschaften mit relativ hohem Einkommen. Sie haben in den letzten Jahren vor allem auf eine Verteidigung des Status Quo auf niedrigerem Niveau orientiert. Ihre betriebliche Vertretung, die Betriebsräte der großen Firmen, stehen für die an den Neoliberalismus angepasste betriebssyndikalistische Orientierung.
2. Die wissenschaftlich-technische Intelligenz ist selten gewerkschaftlich organisiert, die Beschäftigten arbeiten oft als Selbständige oder projektorientiert mit häufig wechselnden Verträgen und/oder Arbeitgebern. Ihre Arbeitspraxis legt eine individuelle Aushandlung von Arbeitsbedingungen nahe, entweder als Einzelgänger oder in ehemals stark regulierten Bereichen in Großbetrieben, wo Tarifverträge nur noch einen Rahmen für individuelle Vereinbarungen darstellen (Boes/Baukrowitz 2002, 223 ff, 235 ff).

Für beide Bereiche ergibt sich die Tendenz, dass Tarifverträge nicht mehr dieselbe Funktion erfüllen wie im Fordismus: Sie geben durch betriebliche Öffnungsklauseln Raum für Anpassungen im Sinne des Arbeitgebers und definieren, welche Beschäftigtengruppen überhaupt in den Genuss von rechtlicher Absicherung kommen – und welche nicht. Ob für einen Betriebssyndikalismus im gewerkschaftlichen Rahmen oder eine entsprechende Betriebspolitik ohne Gewerkschaften – für beide Beschäftigtengruppen verwirklicht die aktuelle defensive und korporatistische Form der Interessenvertretung deren kurz- und mittelfristige Interessen, die angesichts von Sozialabbau und Wirtschaftskrise vor allem darin bestehen, die eigene Position in der sozialen Hierarchie zu halten.

Die industrielle Arbeiterklasse, die den zweiten großen Teil der Gewerkschaftsbasis bildet, ist vor allem daran interessiert, die Verschlechterung ihrer Arbeitssituation aufzuhalten und durch Lohnerhöhungen ihr materielles Niveau wieder aufzubessern. Hier wäre Unterstützung für eine offensive Gewerkschaftspolitik möglich – auf betrieblicher Ebene scheitert diese oft an den betriebssyndikalistisch orientierten Betriebsräten in den Großbetrieben oder an der wirtschaftlich schlechten Situation in den ausgelagerten Zuliefererbetrieben, die sich im Kampf um Aufträge von den Großbetrieben gegenseitig Konkurrenz machen. In dem, was Deppe als Niedriglohnsektor mit überwiegend weiblicher Arbeitskraft beschreibt, ist der gewerkschaftliche Organisierungsgrad – traditionell – eher gering. Die Arbeitenden haben in diesen oft prekären Arbeitsverhältnissen extrem differenzierte Bedürfnisse und Interessen, denen die an einheitlichen Standardlösungen orientierte Einheitsgewerkschaft oft ratlos gegenübersteht. Ein Einlassen auf die extrem fragmentierten, prekären Verhältnisse in Kleinbetrieben hat es nur in wenigen Fällen gegeben, da die Gewerkschaftsarbeit meist darauf gesetzt hat, dequalifizierte und prekäre Arbeitsplätze durch qualifizierte und regulierte zu ersetzen. Diese Strategie war von Beginn an eine Strategie der Ausgrenzung. Gescheitert ist sie daran, dass die Ausbreitung des Niedriglohnsektors zur Struktur des neuen Akkumulationsregimes gehört; ohne eine ihn unterstützende gesamtgesellschaftliche Strategie gleicht der Kampf gegen den Niedriglohnsektor statt *in ihm* einem Kampf gegen Windmühlen.

Somit lässt sich festhalten, dass Deppes Orientierung darauf, dass *die* Gewerkschaft die Interessen der Arbeitenden nur konsequenter und ohne Bindung an eine Partei vertreten müsse, lediglich den Wunsch artikuliert, der DGB möge durch eine gegen den Neoliberalismus gerichtete Politik eingebüßte Gestaltungsmacht zurückgewinnen, aber die Ursachen für eben diesen Machtverlust verkennt, der in veränderten Produktionsverhältnissen und ihnen entsprechenden Betriebspolitiken begründet ist. Die bloße Feststellung, dass verschiedene Gruppen der Arbeitenden *materiell* zu den Verlierern des Neoliberalismus gehören und daher deren objektives Interesse an oppositioneller Politik diese in der politisch unabhängig agierenden Einheitsgewerkschaft zusammenführen könnte, übersieht, dass deren Lebenslagen und Denkweisen erheblich unterschiedlich sind und ihre Bindung an Interessenvertretung, wenn überhaupt, nur durch sehr spezifische Lösungen und offene Herangehensweisen hergestellt werden kann. Zudem ist die Organisationsform der von oben nach unten strukturierten Gewerkschaft für viele an Selbstbestimmung in den Arbeitsprozessen und/oder lebensweltliche Selbstorganisierung gewöhnten neuen Beschäftigtengruppen, also die wissenschaftlich-technische Intelligenz und die Prekären, wenig ansprechend und entspricht nicht deren Bedürfnissen nach politischer Betätigung. Deppe nimmt zwar zur Kenntnis, dass Fragmentierungen innerhalb der (nationalen wie globalen) Arbeiterklasse an Gewicht gewonnen haben, geht aber nicht von ihnen aus, sondern zählt die Fraktionen der Arbeiterklasse so auf, dass sie wieder ein Ganzes ergeben – anstatt sich der Frage zu stellen, *wie* die mit der Fragmentierung gegebenen unterschiedlichen Lebenslagen und soziokulturellen Einstellungen politisch artikuliert werden könnten. Dass deren materielle Interessen abstrakt *potenziell* konvergieren könnten, sagt noch nichts über Mobilisierungspotenzial und -hindernisse aus, sondern verharrt in einer idealistischen Anrufung des Subjekts *Arbeiterklasse*. Implizit berücksichtigt die Forderung nach gewerkschaftlicher Autonomie von Parteipolitik, dass die Interessen der Arbeitenden im Niedriglohnsektor im Parteiensystem nicht mehr repräsentiert werden; eine Vertretung der Interessen der *working poor*, die eine Orientierung auf Lohnzuwächse bedeuten würde, kann aber angesichts der im DGB dominanten wettbewerbskorporatistischen Politik zur Zeit auch nicht gewerkschaftlich verwirklicht werden.

Welche Lebenslagen und politischen Praxen reflektieren die von Hirsch eingebrachten Vorschläge, die jenseits institutioneller Politik verwirklicht werden sollen? Die Forderungen von Hirsch nach Grundrechten auf kostenlose Infrastruktur und ein arbeitsunabhängiges Einkommen entsprechen den politisch artikulierten sozialen Bedürfnissen von Arbeitslosen und prekär Arbeitenden (Krebs/Rein 2000): Soziale Grundrechte haben für diese Gruppen deshalb große Bedeutung, da sie als Geringverdiener sich die verteuerten öffentlichen oder privaten Dienstleistungen vielfach nicht mehr leisten können und mit informellen Arbeitsverhältnissen und schwankenden Löhnen oft ohne materielle und rechtliche Absicherung arbeiten (Schwarzer 2003). Mit diesen Forderungen geht es darum, wieder größeren Zugang zum allgemeinen Reichtum der Gesellschaft zu erlangen und die unsicheren Lebensverhältnisse wenigstens so abzusichern, dass der Alltag nicht mehr aus permanenten finanziellen *Bedrohungen* besteht.[9] Dass es hier nicht um Mitgestaltung der Gesellschaft, sondern zunächst nur um die Absicherung der eigenen Existenz geht, entspricht der spezifischen Situation der Unsicherheit in den unteren

9 Die Forderung nach sozialen Grundrechten ist nicht zuletzt in der sozialpolitischen Diskussion der globalisierungskritischen Bewegung in den letzten Jahren inhaltliche Klammer des Protests geworden.

Klassen und ist Ausdruck der Position im gesellschaftlichen Kräfteverhältnis. Unter den gegebenen Umständen und dem von staatlicher Sozialpolitik und der Marktsituation ausgeübten Druck erscheint eine materielle und rechtliche Absicherung knapp über der Armutsgrenze für diese Segmente der Gesamtarbeitskraft als großer sozialer Fortschritt.

Dass Hirsch mit den sozialen Grundrechten »ganz andere Formen der gesellschaftlichen Arbeit und der Vergesellschaftung« (1) ermöglichen will, nimmt Erfahrungen vieler flexibel und selbstbestimmt Arbeitender auf, die sich nicht mehr vorstellen können, innerhalb fordistisch geprägter Hierarchien zu arbeiten, auch wenn dies mit größerer sozialer Sicherheit verbunden wäre – hier kann tatsächlich davon gesprochen werden, dass *Subjektivitäten* entstanden sind, deren soziale Bedürfnisse sich auf die positiven Aspekte von flexibler Arbeit beziehen. Die Erfahrung, verschiedene Jobs zu machen, von denen viele monotone und wenig erfüllende Arbeiten sind, wenige aber selbstbestimmte und qualifizierte, nährt den Wunsch, letztere in sozial abgesicherter Form verrichten zu können.

Zudem geht Hirsch davon aus, dass fortschrittliche politische Ansätze nur außerhalb von bestehenden Institutionen und Sozialverbänden entstehen: Diese Überlegung ist vor dem Hintergrund plausibel, dass die Interessen der Arbeitenden im Niedriglohnsektor aktuell nicht im politischen System vertreten werden, was mit einer bedeutenden Repräsentationskrise einhergeht. Dass aber diese Repräsentationskrise sich auch in Spaltungen und mal offenen, mal verdeckten Kämpfen innerhalb von Parteien und Gewerkschaften auswirkt, gerät Hirsch aus dem Blick: Während Deppe unhinterfragt am Konzept der Einheitsgewerkschaft festhält, verwirft Hirsch jeden Bezug auf die *lohnarbeitszentierten* Milieus, die von der neoliberalen Sozialdemokratie und dem stark wettbewerbskorporatistisch geprägten DGB nur noch unzureichend vertreten werden. Wie der Bezug auf soziale Grundrechte zu Stande kommen soll und wer diese erkämpfen soll, lässt Hirsch offen. Seine Perspektive der »Lockerung des Lohnarbeitszwangs« (5) verliert den notwendigen Kampf *in* der Lohnarbeit – deren Zwänge den Alltag der Kämpfenden auch weiterhin bestimmen werden – aus den Augen.

Gewerkschaftliche Defensive und globalisierungskritische Bewegung

Eine Stärke des Ansatzes von Hirsch ist, dass er die Bewegung der Abwendung von Gewerkschaften und Parteien zum Ausgangspunkt seines Konzepts nimmt. Er fragt aber nicht weiter, welche Gruppen der Bevölkerung sich in der globalisierungskritischen Bewegung organisieren. Hirsch hat mit dem Beispiel der unbezahlten Hausarbeit erwähnt, dass es zwischen den Geschlechtern eine asymmetrische Verteilung der Arbeit gibt, Deppe verweist auf den besonders hohen Anteil von

Frauen im Niedriglohnbereich. Dem Problem, wie dieser Asymmetrie politisch entgegengewirkt werden könnte, stellen sich beide nicht. Mit der über die Lohnarbeit hinaus erweiterten Perspektive von Hirsch könnte aber eher in den Blick geraten, dass die Privatisierung öffentlicher Dienste auch eine Vermehrung unbezahlter Pflege- und Erziehungsarbeiten von Frauen bedeutet. Ein Ausbau kostenloser Infrastruktur in Verbindung mit einer Grundsicherung könnte materielle Absicherung und Entlastung von unbezahlter Arbeit verbinden.

Die globalisierungskritische Bewegung hat Handlungsfähigkeit oft eher in Politikfeldern gesehen, die Ungerechtigkeiten fernab der eigenen Lebenswirklichkeit thematisieren (z. B. Aufstand der Zapatisten in Mexiko, Verschuldung der Dritten Welt, Irakkrieg). Mit den Massenprotesten gegen den rotgrünen Sozialabbau seit Herbst 2003 ist eine Zusammenarbeit zwischen Gewerkschaften und globalisierungskritischer Bewegung erstmals auch im nationalen Rahmen praktisch relevant geworden. Die Ansätze von Deppe und Hirsch stehen stellvertretend für beide politischen Kräfte. Sie stehen für unterschiedliche Ausgangspunkte, die sich zwar nominell, aber noch nicht inhaltlich aufeinander beziehen. Sie sollten daher auch nicht gegeneinander, sondern als sich ergänzende Ansätze diskutiert werden.

Das in den 1980er Jahren enstandene Konzept des *Social Movement Unionism* des niederländischen Soziologen Peter Waterman (1991, 1993) bezieht gewerkschaftliche Kämpfe und neue soziale Bewegungen in einer Weise aufeinander, in der beide Ansätze gleichberechtigt nebeneinander stehen sollen. Waterman will Elemente der sozialistischen Gewerkschaftstheorie, die Relevanz der Selbstorganisation von Arbeitern und die politische Bedeutung der kapitalistischen Arbeit, mit dem Bestehen auf der Gleichwertigkeit verschiedener radikaldemokratischer Kämpfe, dem Netzwerkcharakter und dem soziokulturellen Ansatz der neuen sozialen Bewegungen verbinden.

In den meisten Fällen, in denen dieses Konzept Anwendung gefunden hat – etwa beim Gewerkschaftsdachverband COSATU in Südafrika, dem brasilianischen Gewerkschaftsbund CUT oder den Canadian Auto Workers in Kanada –, wurde es so umgesetzt, dass Gewerkschaften konfrontative statt sozialpartnerschaftliche Politiken entwickelt haben und eine enge Zusammenarbeit mit lokalen Initiativen und nicht-gewerkschaftlichen sozialen Bewegungen pflegten (Waterman 2003). Dabei sind vielfältige neue Protestformen entstanden, jedoch blieb es bei einer von Waterman monierten Dominanz der Gewerkschaften und bei einem politischen Ansatz, der die Arbeiterklasse als Avantgarde unter den sozialen Bewegungen angesehen hat und stark auf die industrielle Arbeiterklasse konzentriert war (vgl. Moody 1997). Zudem haben die den Social Movement Unionism vertretenden Gewerkschaften keine erfolgreiche Strategie gegen den sich in den 1990er Jahren verschärfenden Neoliberalismus gefunden, so dass sie oft nicht einmal mehr in der Lage waren, traditionelle gewerkschaftliche Verhandlungsmacht auszuüben.

Waterman optiert für eine erneuerte Variante des Social Movement Unionism, die anerkennt, dass die globalisierungskritische Bewegung das Feld ist, auf das sich alle oppositionellen Bewegungen beziehen. Teil dieses Ansatzes ist, dass die Arbeiterbewegung nicht mehr die zentrale Position einnimmt und dass es innerhalb der globalisierungskritischen Bewegung selbst keine dominante strategische oder politische Position gibt.

Die Debatte um den Social Movement Unionism ist ein Dialog innerhalb der Gewerkschaftsbewegung sowie innerhalb der globalisierungskritischen Bewegung, der zugleich das Verhältnis zwischen beiden Bewegungen betrifft: »The old unions are both inside and outside the new movement. (Furthermore [...] the new movement is increasingly inside as well as outside the old international union institutions!).« (Waterman 2003)

Vor dem Hintergrund der Veränderungen in der Klassenstruktur und den politischen Artikulationen des Widerstands gegen den Neoliberalismus stellen sich folgende Probleme:

1. Die Gewerkschaftsbewegung ist gespalten, weltweit gibt es zwei Tendenzen: Die wettbewerbskorporatistische Variante setzt auf enge Kooperation mit der neoliberalen Sozialdemokratie; die auf Autonomie der Gewerkschaften setzende Variante versucht, in einer konfrontativen Strategie Widerstand gegen das neoliberale Politikmodell aufzubauen. Diese Spaltung verläuft je nach geographischem Kontext innerhalb von Gewerkschaften oder zwischen verschiedenen Gewerkschaftsorganisationen. Gerade die Gewerkschaften, die in den 1980er Jahren das Modell des Social Movement Unionism praktisch vertreten haben, schwanken in ihrer Politik seit der zweiten Hälfte der 1990er Jahre zwischen beiden Varianten. Das bedeutet, dass die Arbeiterbewegung sowohl Teil des neoliberalen Regimes als auch Teil der globalisierungskritischen Bewegung ist.[10]

In der deutschen Einheitsgewerkschaft stellt sich das strategische Problem, dass sie von den Interessen der kampf- und beitragsstarken Mitglieder und der entsprechenden wettbewerbskorporatistischen Politik dominiert wird. Wenn sie weiterhin die Interessen der Mehrheit der Arbeitnehmer vertreten will, muss sie Zugang zu den stark wachsenden, wenig organisierten und prekären Fraktionen der Arbeiter-

10 In den USA hat sich diese Spaltung im Juli 2005 organisatorisch im Austritt der Teamsters und der Dienstleistungsgewerkschaft SEIU (»Justice for Janitors«) aus dem Dachverband AFL-CIO manifestiert. Einer der Hauptkonflikte entzündete sich daran, ob Geld für die Unterstützung des Wahlkampfs der Demokratischen Partei oder die Gewinnung neuer Mitglieder eingeplant werden sollte.

klasse gewinnen und neue Formen gewerkschaftlicher Handlungsfähigkeit entwikkeln. Deren Interesse wäre aber eine Verbesserung der Arbeitsbedingungen und Lohnsteigerungen – dies kollidiert mit der defensiven Tarifpolitik des gewerkschaftlichen Mainstreams. Mit der Orientierung auf Niedriglohnsegmente bei ver.di (vgl. Giese 2004 zur Kampagne zu den Arbeitsbedingungen bei Aldi, Lidl und Schlecker) hat sich innerhalb der Einheitsgewerkschaft eine alternative Strömung nach der erfolgreichen Schlecker-Kampagne in den 1990er Jahren wiederholt öffentlichkeitswirksam bemerkbar gemacht. Wenn es gelingt, erfolgreiche Arbeitskämpfe in diesen Bereichen zu führen, kann sich der innergewerkschaftliche Konflikt dieser Strömungen verschärfen. Sollte die Orientierung auf Niedriglohnsegmente fehlschlagen, wird der DGB verstärkt eine Gewerkschaft der Arbeiteraristokratien sein. Langfristig wird dadurch die Herausbildung organisatorischer Alternativen wahrscheinlich.[11]

2. Wie kann die besondere strategische Bedeutung von Arbeitskämpfen anerkannt und zugleich die globalisierungskritische Bewegung zum politischen Fokus werden? Hirsch und Deppe geben unentbehrliche strategische und politische Anstöße für den Widerstand gegen neoliberale Politik, reproduzieren aber eine Perspektive, die entweder die Gewerkschaftsbewegung oder die globalisierungskritische Bewegung als Hauptakteur versteht – der Netzwerkcharakter des in Seattle und mit den Sozialforen begonnenen Prozesses, dessen Sinn darin besteht, in der eigenen Politik den Bezug auf andere oppositionelle Gruppen von vornherein zu verankern, hat hier noch keinen Einzug gefunden. Im Social Movement Unionism ist diese Offenheit verschiedener Akteure gegenüber jeweils anderen Akteuren zentrales Thema und wurde in vielfältigen, wenn auch oft defizitären Formen verwirklicht. Die eher zaghafte Unterstützung der DGB-Führung für die Montagsdemos im Sommer 2004 hat gezeigt, dass ein Bruch mit der Sozialdemokratie und die Gegnerschaft zu den Hartz-Reformen keinen Konsens im Apparat finden. Eine Mobilisierung des DGB hätte die Proteste auf Westdeutschland ausweiten und die Gesetze verhindern können. Da dies den Sturz von Rot-Grün beschleunigt hätte, haben die Gewerkschaftsführungen letztlich darauf gesetzt, kleine Verbesserungen durchzusetzen. Ein Bündnis mit der globalisierungskritischen Bewegung, das in der Lage ist, die Interessen der Ärmsten zu vertreten, wurde nicht gewollt.

11 In anderen westeuropäischen Ländern hat das Bemühen, gleichzeitig Standards zu halten in den gutbezahlten Sektoren und neue Sektoren zu organisieren, organisatorischen Ausdruck gefunden in besonderen Gewerkschaften für Prekäre innerhalb der etablierten Gewerkschaften oder in organisatorischen Neugründungen wie der Gewerkschaft SUD in Frankreich oder den COBAS in Italien (Mahieux 2003, Cobas 2003).

Ein ähnliches Szenario hat sich beim wilden Streik beim Opel-Werk in Bochum im Herbst 2005 abgespielt. Der Betriebsrat hat, eingeschüchtert durch die Drohungen von General Motors, dass bei einer Fortdauer des Streiks das Werk in Bochum komplett geschlossen werde, darauf orientiert, im Rahmen der Pläne der Arbeitgeber das Schlimmste zu verhindern. Die konfrontative Strategie der linken Automobilgewerkschaften in Kanada und in den USA (vgl. Köhnen 2000) hat gezeigt, dass auch unter neoliberalen Bedingungen gewerkschaftliche Erfolge möglich sind: Kräfteverhältnisse sind nicht nur von objektiven Bedingungen und Mitgliederzahlen abhängig, sondern ändern sich auch durch Kampfstrategien und politische Optionen.

Mit der Gründung der Linkspartei hat sich eine linke Fraktion innerhalb der Gewerkschaften als eigenständige Strömung auf der politischen Bühne organisiert, um in einem Bündnis mit der PDS die Ablehnung der Hartz-Gesetze politisch-parlamentarisch zu repräsentieren. Damit hat sich der von der Gewerkschaftsführung nicht mitgetragene Widerstand gegen die Agenda 2010 vom Protest auf der Straße auf die politische Ebene verlagert. Welche Rückwirkungen dies auf die künftige politische Orientierung des DGB haben wird, bleibt abzuwarten.

Wenn der DGB sich nicht dauerhaft als politische Kraft re-etablieren kann, die in der Lage ist, staatliche Angriffe auf die Rechte der Arbeitenden zu verhindern und sich mittelfristig auf eine defensive Schutzfunktion für die Kernbelegschaften konzentriert, wird der allmähliche Aufbau von neuen Organisationsformen von Arbeitern und Arbeitslosen jenseits der herkömmlichen Institutionen von Gegenmacht den gewerkschaftlichen Korporatismus ersetzen: »Diesmal sollte die beherrschende Klasse nicht hoch wetten, dass sie ungeschoren davonkommt.« (Reents 2005, 36)

Literatur

Boes, Andreas, und Andrea Baukrowitz, 2002: *Arbeitsbeziehungen in der IT-Industrie. Erosion oder Innovation der Mitbestimmung?*, Berlin

Cobas, 2003: »Selbstorganisation. Geschichte und Ziele der *comitati de base* in Italien«, in: *Express* 4, 2–4

Deppe, Frank, 2003a: »Arbeiterklasse und Arbeiterbewegung im 21. Jahrhundert«, in: *Z* 54, 71–96

ders., 2003b: »Gewerkschaften unter Druck. Autonomie und außerparlamentarische Bewegung«, Supplement zu *Sozialismus,* 30. Jg., H.9, 1–38

FAZ, 2002: »Von der eigenen Courage eingeholt. Gewerkschaften und die SPD«, 22.6., 3

Giese, Gudrun, 2004: »Alltägliche Schikanen. ver.di-Aktion stärkt Beschäftigten bei Billiganbietern den Rücken«, in: *Ver.di Publik* 5, 7

Harrod, Jeffrey, und Robert O'Brian (Hg.), 2002: *Global Unions? Theory and strategies of organized labour in the global political economy*, London

Hirsch, Joachim, 2003: »Eine soziale Infrastruktur ist notwendig«, http://www.linksnet.de/artikel.php?id=1254

Köhnen, Heiner, 2000: *Industrielle Beziehungen und betriebliche Auseinandersetzungen in Nordamerika. Neue Unternehmensstrategien und die Automobilgewerkschaften UAW und CAW*, Münster

Krebs, Hans-Peter, und Harald Rein, 2000: *Existenzgeld. Kontroversen und Positionen*, Münster

Mahieux, Christian, 2003: »Gewerkschaft als Bewegung. Über das Selbstverständnis und die Perspektiven von SUD Rail«, in: *Express* 5, 13

Moody, Kim, 1997: *Workers in a Lean World*, London

Niemeijer, Marsha, 2000: Die Ontario Days of Action *Mythos oder Grundstein einer neuen politischen Strategie für die ArbeiterInnenbewegung?*, Offenbach (= *Ränkeschmiede* No. 11, 3. Jg.)

Ohm, Cristoph, 2004:»Hochtechnologische Produktionsweise«, in: HKWM 6.I, hg. v. W.F. Haug, Berlin/Hamburg, 435–443

Reents, Edo, 2005: »Jetzt kommt der Proletarier-Terror«, in: FAZ, 21.7., 36

Röttger, Bernd, 2003: »Arbeit – Emanzipation – passive Revolution. Metamorphosen der Arbeitspolitik und die Zukunft der Gewerkschaften«, in: *Kurswechsel* H.3, 8–21

Schwarzer, Anke, 2003: »›Wir wollen ein großes Recht‹ Hausarbeiterinnen in Berlin verschaffen sich Gehör und fordern ein ›Recht auf Rechte‹«, in: *Analyse und Kritik* 478, 33. Jg., 10

Waterman, Peter, 1991: »Social Movement Unionism: Beyond Economic and Political Unionism«, Working Paper No. 19, International Institute for Research and Education, Amsterdam, 14 f

ders., 1993: »Social Movement Unionism: A New Union Model for a New World Order?«, in: *Review*, Vol. 16, No. 3, 245–78

ders., 2003: »Adventures of Emancipatory Labour Strategy as the New Global Movement Challenges International Unionism«, Vortrag auf dem Workshop International Trade Unionism in a Network Society, Leeds, 2./3.5., http://www.labournet.de/diskussion/gewerkschaft/smu/smuadvent.html

Oliver Brüchert, Alexander Wagner (Hg.)

Kritische Wissenschaft, Emanzipation und die Entwicklung der Hochschulen

Dieses Buch versucht Antworten auf die Fragen zu finden, »... wie sich kritische Wissenschaft im Neoliberalismus neu organisiert, welche Arbeitsformen, Themen und Zugänge praktiziert und erprobt werden, wie die Beziehung zwischen kritischen Intellektuellen und sozialen Bewegungen organisiert sind und welche Möglichkeiten der Reproduktion und Vernetzung dafür genutzt werden können ...«

ISBN: 978-3-939864-01-1, März 2007, 250 Seiten, 14,00 EUR